ALLENDE: CRÓNICA DE UNA TRAGEDIA ANUNCIADA

El épico fracaso de Allende, una lección
para la izquierda del siglo XXI

ALLENDE: CRÓNICA DE UNA TRAGEDIA ANUNCIADA

El épico fracaso de Allende, una lección
para la izquierda del siglo XXI

Antología de la revista *Punto Final* (periodo 1970-1973)

Compilación y prólogo
Juan Jorge Faundes

ocean
sur

7 SEVEN STORIES

New York • Oakland • London

Seven Stories Press/Ocean Sur
140 Watts Street
New York, NY 10013
www.sevenstories.com

ISBN: 978-1-925019-59-9

153519522

Índice

Prólogo

El épico fracaso de Allende, una lección para la izquierda del siglo XXI

Venceremos, venceremos,
con Allende en septiembre a vencer.
Venceremos, venceremos.
¡La Unidad Popular al poder!
Himno «Venceremos»*

Nixon: All's fair on Chile. Kick 'em in the ass. Ok?
*Kissinger: Right.***

La presente reflexión pretende situar una entrevista al periodista chileno Manuel Cabieses Donoso y una antología de artículos de la revista *Punto Final*, de la que Cabieses es director-fundador —entrevista y antología que son los cuerpos centrales de este libro—, en el contexto de un proceso mayor, de carácter global, planetario, que no responde al azar —salvo variables intervinientes que son inevitables—, sino a una científica planificación empresarial-político-militar que tiene su cerebro «humano-cibernético» en los Estados Unidos de América. Uno de los componentes principales de dicho cerebro es la Corporación RAND, a la que me referiré en detalle más

---

* Versión de la campaña presidencial de 1970, letra de Víctor Jara, música de Sergio Ortega (la versión original tiene letra de Claudio Iturra y reza: *Desde el hondo crisol de la Patria / se levanta el clamor popular / ya se anuncia la nueva alborada / todo Chile comienza a cantar*). La música original también es de Sergio Ortega *(Todas las notas del libro, salvo que se indique lo contrario, son del compilador. N. del Comp.).*

** Nixontapes.org. (Junio de 2010). *The Complete [Declassified] Nixon Tapes on Chile and Salvador Allende.* (L.A. Nichter, Ed.). Recuperado el 10 de julio de 2013, de Conversación n.º 584-003. Fecha: 05 de octubre de 1971. Lugar: Despacho Oval. http://nixontapeaudio.org/chile/584-003.pdf.

adelante. Inteligencia humana e inteligencia artificial unidas para crear un hábitat seguro al desarrollo del capitalismo en su fase mundial y a la burguesía global en su fase planetaria. Frente a eso, todo intento voluntarista, espontáneo, militante, heroico o entusiasta por golpear «al sistema» o por transformarlo en una sociedad socialista colapsará o será sangrientamente derrotado mientras desde la izquierda no se actúe de manera igualmente científica y racional.

La historia que se narrará en las citadas entrevista y antología ocurrió entre los años 1970 y 1973. Su destino estaba escrito, considérese a Allende un reformista o un revolucionario, por eso es una tragedia. Y anunciada, porque cada uno de los artículos de *Punto Final* que hemos seleccionado, incluso desde antes de que Salvador Allende ganara la elección presidencial, ya lo venía anticipando.

Y «épica». La Real Academia Española (RAE) define lo épico como una epopeya o poesía heroica. La muerte de Allende en La Moneda en llamas no es el referente de un texto epopéyico, *ella misma es el texto*. La muerte de Allende en el combate desigual de La Moneda, un puñado de valientes contra tanques y aviones, es el primer «poema de resistencia», un metapoema, una forma de lenguaje-acción, que inaugura la poesía de la resistencia chilena. Y con toda la fuerza del poder connotativo de la Palabra. Fue la rúbrica de su último discurso. Y su impacto mundial −y perenne− estuvo y está a la altura de su enemigo: el emperador Richard Nixon, y más que del emperador de entonces, del Imperio. Con su muerte-poema, Allende hizo y hace revivir con toda su intensidad, desde el inconsciente colectivo hasta la conciencia de la especie humana, el mito de los héroes precolombinos, chilenos, latinoamericanos y mundiales de todas las épocas. Con su casco de combate, el fusil que le regaló Fidel y su grito «¡Allende no se rinde!» fue la mímesis del arquetipo del Héroe: fue Caupolicán, Lautaro y Galvarino; fue Túpac Amaru, Túpac Katari y Bartolina Sisa; fue Espartaco, Juana de Arco, Manuel Rodríguez, Eloy Alfaro, Emiliano Zapata, Augusto César Sandino, Farabundo Martí, el Che... y hasta Jesucristo mismo.[1]

---

[1]   Juan Jorge Faundes: «La poesía de la resistencia chilena», conferencia en La Casa de Poesía Silva, en Santa Fe de Bogotá, Colombia, 11 de septiembre de 1987.

Patéenlos en el culo, ¿ok?

Por la mañana del 5 de octubre de 1971, conversan en el Despacho Oval de la Casa Blanca: Richard Nixon (Presidente), H.R. Haldeman (jefe de Gabinete), John Connally (secretario del Tesoro) y Henry Kissinger (Consejero de Seguridad Nacional). El tema: la decisión del presidente chileno Salvador Allende y del gobierno de la Unidad Popular (UP) de aplicar un impuesto al exceso de ganancias de las compañías mineras Anaconda y Kennecott y no pagar compensaciones por nacionalizar sus minas. Esta y otras conversaciones se han podido conocer gracias a la desclasificación de las cintas en torno al caso Watergate que provocaron la renuncia del presidente Richard Nixon el día 8 de agosto de 1974. El sistema de grabación de Nixon comenzó en la Oficina Oval el 16 de febrero de 1971 y terminó el 18 de julio de 1973, funcionando durante 883 días. Todo cuanto se decía en el Despacho Oval fue grabado secretamente y coincidió con el 85% del gobierno de Allende. Esas cintas hoy están disponibles en el sitio web nixontapes.org[2] que edita Luke A. Nichter, Ph.D., profesor asociado de historia en la Universidad A&M de Texas-Texas Central. El profesor Nichter es experto en las cintas de Nixon como resultado de sus esfuerzos para digitalizar cerca de 4 000 horas de aquellas grabaciones que ha puesto en el mencionado sitio a disposición de los cibernautas como un servicio público.

—He decidido remover a Allende —dice Nixon a Kissinger aquella mañana.

—El presidente de Chile nos ha arrojado el guante. Ahora nos corresponde un movimiento a nosotros. Lo único que usted puede esperar es derrocarlo —agrega Connally—. Y así podrá probar que está cuidando los intereses de Estados Unidos.

—Allende es un tipo al que podemos golpear. Entréguenme un plan —urge Nixon a sus asesores—. Jugaremos muy duro con él.

—Todo vale en Chile. Patéenlos en el culo, ¿ok? —ordena a Kissinger hacia el final de la reunión, dando por terminado el tema sobre Chile y Allende. En buen chileno, el sentido de la expresión gringa «*Kick 'em in the ass*» equivale a proferir: «¡Sáquenles la cresta!», «¡Háganlos mierda!»

---

2   http://www.nixontapes.org/chile.html.

o, más claro aún, «¡Vuélenles la raja!». En lenguaje de comic televisivo: «¡Acábenlos!».

—De acuerdo —responde Kissinger.

Revela Nichter que al momento en que Allende fue derrocado el 11 de septiembre de 1973, Nixon ya había apagado su grabadora del Salón Oval porque en julio de ese año, durante las dramáticas audiencias del caso Watergate en el Congreso, un asesor de la Casa Blanca había revelado la existencia de aquel sistema de grabación secreto y el Congreso inmediatamente exigió que la Casa Blanca entregara todas las cintas, lo que debió hacer tras un fallo de la Corte Suprema. Pero existía otro sistema de grabación secreto no detectado que se mantuvo operativo: el de Henry Kissinger. Y el 16 de septiembre de 1973, el sistema de grabación de Kissinger registró su primera conversación telefónica con Nixon después del golpe en Chile.

—La cosa en Chile se está consolidando y por supuesto los periódicos están balando por el derrocamiento de este gobierno procomunista —dice Kissinger en alusión a la prensa liberal y democrática que en Estados Unidos y el mundo lamentaba y condenaba el golpe de Estado.

—Quiero decir que en el periodo de Eisenhower habríamos sido héroes —explica Kissinger a Nixon.

—Bueno, nosotros no —dice Nixon—. Como sabes nuestra mano no aparece en esta [operación] siquiera.

—Nosotros no lo hicimos —asiente Kissinger—. Pero quiero decir que los ayudamos. [La CIA; *es un supuesto porque la referencia está borrada*] creó las mejores condiciones posibles.

—Eso es correcto —responde Nixon—. Y esa es la forma en que se va a jugar. Pero escucha, déjame decirte que esta vez la gente no se va a comprar la basura de los liberales.

—Absolutamente no —asiente Kissinger.

—Ellos saben que era un gobierno procomunista y así son las cosas —justifica Nixon.

—Y pro Castro —completa Kissinger.

—Olvidémonos de lo procomunista —dice Nixon—. Fue un gobierno antiamericano durante toda su existencia.

Otras investigaciones ya clásicas dan cuenta de cómo el Imperio contribuyó al «*Kick 'em in the ass*» de Allende y la Unidad Popular, como por ejemplo el Informe Church del Senado de los Estados Unidos (1975),[3] los documentos desclasificados de la CIA, la doctrina del Shock (de Noemí Klein) y otros.[4]

USA, América Latina y la Teoría del Caos

Los «sistemas dinámicos caóticos» —estudiados por la popularmente llamada Teoría del Caos— son sistemas en los que uno o más parámetros: la velocidad o la posición, u otro fenómeno, van cambiando con el transcurso del tiempo y manifiestan a la vez comportamientos estables e inestables. En estos sistemas opera un «atractor» principal y a veces atractores menores, hacia los cuales los componentes de un organismo o sistema son atraídos. El más propio de los sistemas caóticos y pertinentes para nuestro análisis es el llamado «atractor extraño», definido como un punto externo hacia el cual todas las variantes parecen tender. Aplicado a nuestro sistema regional latinoamericano, podría equivaler al modelo económico, político e ideológico global impulsado por los Estados Unidos y las corporaciones mundiales más influyentes.

A lo largo de su historia poscolombina, el sistema dinámico caótico llamado América Latina se ha mantenido por mayores o menores periodos estable-inestable, en equilibrio precario —como el de placas tectónicas de su corteza—, tironeado y disputado por diferentes imperios. En la segunda mitad del siglo XX fue triturado —con nosotros adentro— al ser disputado por los dos grandes atractores de la Guerra Fría, Estados Unidos (USA) y la Unión Soviética (URSS). La homeostasis en torno al Atractor USA se resolvió durante algunas décadas con las dictaduras militares. Desmoronado el Atractor URSS a fines de la década de los años 1980, las dictaduras ya no

---

3   94to. Congreso (primera reunión), Informe Church, también conocido como «Acción encubierta en CHILE 1963-1973: Informe del personal de la Comisión Especial para Estudiar las Operaciones del Gobierno con Respecto a Actividades de Inteligencia», Senado de Estados Unidos, 18 de diciembre de 1975: http://foia.state.gov/Reports/ChurchReport.asp.

4   Ver también: Departamento de Estado de Estados Unidos: «Estado de Chile Collections»: http://foia.state.gov/SearchColls/CollsSearch.asp; Peter Kornbluh, ed., «Brasil conspiró con EE.UU. para derrocar a Allende», National Security Archive Electronic Briefing Book n.° 282, 16 de agosto de 2009: http://www.gwu.edu/~nsarchiv/NSAEBB/NSAEBB282/index.htm; y Archivo de Seguridad Nacional: «Proyecto de Documentación de Chile»: http://www.gwu.edu/~nsarchiv/latin_america/chile.htm.

fueron necesarias para que el sistema se mantuviera ordenado y en órbita en torno al atractor triunfante. Al contrario, ya dificultaban el desarrollo de las fuerzas productivas. Estados Unidos fomentó entonces un tipo de democracias neoliberales, funcionales a su Pax Romana, que desde la década de los años 1990 florecieron en su «cuenca», expresión de la Teoría del Caos que designa el área de atracción; una especie de curvatura del espacio societal equivalente a la ancha boca de un embudo.

El episodio del virtual secuestro en el aeropuerto de Viena del presidente boliviano Evo Morales, el martes 2 de julio de 2013, por más de catorce horas, dado que Francia, Italia, España y Portugal habían impedido que sobrevolara su espacio aéreo en su retorno a Bolivia desde Moscú, por sospechar que transportaba secretamente a Edward Snowden, reclamado por Washington, revela hasta qué punto Europa es hoy «cuenca» de la potencia unipolar. Snowden es un técnico informático que en junio de 2013 hizo públicos, a través de los periódicos *The Guardian* y *The Washington Post*, documentos clasificados como alto secreto por los Estados Unidos, sobre varios programas para el espionaje de correos electrónicos y redes sociales en todo el planeta.

Otra de las características de los sistemas «caóticos» es que pequeñas alteraciones pueden producir grandes modificaciones: «el caos parece estar en todos lados: en la columna de humo de un cigarrillo, en el clima, en el movimiento de los automóviles, en las avenidas de alta velocidad, en los seguros, en la teoría política, en la astronomía. El caos ha eliminado barreras y fronteras entre disciplinas. El caos es una ciencia de la naturaleza global de los sistemas».[5] En la América Latina post Guerra Fría la «pequeña alteración» que inicia un impredecible proceso creciente de «retroalimentación fractálica positiva», perturbando el sistema dinámico caótico que se había ordenado en torno al Atractor USA-Corporaciones Mundiales, se llamó coronel Hugo Chávez.

En efecto, «retroalimentación positiva» se denomina en Teoría del Caos al hecho de que el valor de un parámetro vaya cambiando inesperada y progresivamente, y comience a alejarse cada vez más de su valor inicial

5   E. Braun: *Caos, fractales y cosas raras*, Fondo de Cultura Económica, México, 1996, p. 154.

hasta generar un cambio cualitativo en un sistema u organismo. Por ejemplo, la evolución de las especies y sus saltos cualitativos tras largos procesos de complejificación y centración crecientes, como diría Teilhard de Chardin, pasando de la materia inorgánica a la viva y a la pensante; o el paso de los organismos unicelulares a la sociedad global actual. Por el contrario, la «retroalimentación negativa» es el proceso de defensa de un sistema u organismo que actúa en sentido contrario a la retroalimentación positiva, para volver el parámetro alterado a su valor inicial y así mantener la homeostasis o estabilidad sistémica.

El «movimiento militar bolivariano» que comandó Hugo Chávez en febrero de 1992 es un hecho de retroalimentación positiva en el interior de la sociedad venezolana, que a su vez era un subconjunto del sistema dinámico caótico estructurado en torno al Atractor USA-Corporaciones Mundiales. El «movimiento militar bolivariano» tenía un objetivo estratégico de largo plazo: «El país tiene que enrumbarse hacia un destino mejor». Por lo tanto, el «movimiento militar bolivariano» debía alejarse cada vez más de su valor inicial —podemos suponer que al comienzo era cero—hasta «controlar el poder» y continuar llevando a Venezuela hacia aquel «destino mejor». Sin embargo, el sistema dominante puso en acción un proceso de «retroalimentación negativa» y el parámetro volvió a su valor inicial. Chávez pasó dos años en la cárcel. La siguiente vez, sin embargo, el proceso de retroalimentación positiva tiene éxito, adquiere fuerza, y Chávez asume electoralmente el poder el 2 de febrero de 1999 e inicia un proceso creciente y exponencial de Revolución Bolivariana. Es un desarrollo típico de retroalimentación positiva. Hay un intento de retroalimentación negativa mediante el frustrado golpe de 2002 y las siguientes y sucesivas acciones y conspiraciones opositoras, pero, desde entonces, se va gestando una nueva Venezuela, enrumbada hacia el socialismo del siglo XXI.

De ese modo, el fenómeno de la Revolución Bolivariana crece hasta transformarse en un atractor extraño y competitivo para el sistema USA-Corporaciones Mundiales. El Atractor Bolivariano ya no solo es un foco de atracción en el interior del país, sino que ha trascendido las fronteras y comienza a proyectarse hemisféricamente hacia América Latina toda, amenazando romper el equilibrio que hasta entonces se ordenaba en torno al Atractor USA-Corporaciones Mundiales.

Dijimos que el proceso bolivariano de retroalimentación positiva impulsado por Hugo Chávez es «fractálico». Un «fractal», tal como lo define la RAE, es una «Figura plana o espacial, compuesta de infinitos elementos, que tiene la propiedad de que su aspecto y distribución estadística no cambian cualquiera que sea la escala con que se observe». Agrega la RAE que se trata de una voz que proviene del francés *fractal*, y esta del latín *fractus*, «quebrado», inventada por el matemático francés B. Mandelbrot en 1975. En síntesis, un fractal es un objeto geométrico cuya estructura básica, fragmentada o irregular, se repite a diferentes escalas, mayores o menores.[6] Muchas estructuras naturales son del tipo fractal: el brócoli, la coliflor, un árbol y sus ramas y ramitas. La Revolución Bolivariana rompe las fronteras de Venezuela y continúa acrecentándose en su proceso de retroalimentación positiva, pero replicándose ahora, fractálicamente, por América Latina. Al iniciarse el nuevo siglo —y en torno al inesperado e impredecible Hugo Chávez— el sistema dinámico caótico latinoamericano oscila y se tensiona entre un subconjunto que ha iniciado una improbable evolución que propugna un diverso, potente y enriquecido socialismo del siglo XXI estructurado en torno al Atractor Bolivariano, y el subconjunto anterior que sigue estructurado en torno al Atractor USA-Corporaciones Mundiales.

El Atractor Bolivariano se configura hoy en la Alianza Bolivariana para los Pueblos de Nuestra América-Tratado de Comercio de los Pueblos (ALBA-TCP). Sus miembros son Antigua y Barbuda, Bolivia, Dominica, Cuba, Ecuador, Nicaragua, San Vicente y Las Granadinas, y Venezuela.

En este contexto, el sistema mayor, cuyo único polo magnético venía siendo el Atractor USA-Corporaciones Mundiales, no cesa en sus propósitos de retrotraer la situación al estado de equilibrio inicial, y genera un proceso de retroalimentación negativa que el año 2010, como consecuencia directa del golpe de Estado de 2009 que derroca al presidente Zelaya, logra desgajar a Honduras del creciente fenómeno bolivariano. Es así como la facilitación de condiciones para golpes de Estado y guerras civiles, y hasta la perpetración de invasiones militares directas, hacen parte del mecanismo homeostático de defensa sistémica contra el ya instalado Atractor Bolivariano.

---

6   Cfr. B. Mandelbrot: *La geometría fractal de la naturaleza*, Tusquets Editores, Barcelona, 1997.

En las proximidades del ALBA rondan Argentina, a ratos Brasil, y algunos otros de UNASUR. Ante la imposibilidad de revertir el proceso, el Atractor USA-Corporaciones Mundiales opta por instalar un subatractor regional que compita con el Atractor Bolivariano. Así, los presidentes Sebastián Piñera (Chile), Alan García (Perú), Juan Manuel Santos (Colombia) y Felipe Calderón (México) anuncian en Lima, el 28 de abril de 2011, a través de la Declaración de Lima, su acuerdo para crear una Alianza del Pacífico. García se refiere al acuerdo como un «triunfo claro y definitivo» de un modelo de democracia abierta y moderna. Y agrega que sin la ayuda económica y tecnológica de los pueblos más avanzados, léase los Estados Unidos de América, no se puede nunca superar el retraso y el subdesarrollo.

Pero el Atractor USA-Corporaciones Mundiales —en su guerra contra el Atractor Bolivariano—, además de sus maniobras políticas, despliega sus fuerzas bélicas en el campo virtual del ciberespacio y el espionaje electrónico, lo que ha quedado demostrado con el citado caso de Edward Snowden.

La aparición inesperada de Hugo Chávez y del Atractor Bolivariano, así como las respuestas estabilizantes del Atractor USA-Corporaciones Mundiales, ocurren porque un sistema dinámico caótico tiene, entre otras muchas características, la capacidad de generar variedades que, en el caso de los organismos biológicos, les permite la supervivencia. En cambio, un sistema regular o periódico, predecible, que produce confiabilidad y estabilidad, puede conducir directo a la muerte por falta de capacidades adaptativas.[7]

¿Cómo proseguirá en América Latina esta tensión entre el Atractor Bolivariano y el Atractor USA-Corporaciones Mundiales? La Teoría del Caos propone que la evolución de un proceso caótico es impredecible debido a su sensibilidad a las condiciones o perturbaciones iniciales, por lo que la manera más rápida de conocerlo es observándolo de manera permanente, monitoreando su dinámica[8] y evaluando cada cierto tiempo qué desviaciones es probable esperar alrededor de cierto valor promedio y predecir —como en la meteorología— cuáles serán los rangos de comportamiento probable para cierto periodo según tales y cuáles condiciones. Si ello prosperase, sería

---

[7]   E. Braun: ob. cit., pp. 100-101 y 123.

[8]   I. Schifter: *La ciencia del caos*, Fondo de Cultura Económica, México, 1996, p. 40.

esperable un aprendizaje sobre cómo dirigir un sistema utilizando sus facultades de autoorganización, al tiempo que se ajustan los criterios adecuados de control.[9]

Pronóstico preocupante

Sostener la activa retroalimentación negativa contra el Atractor Bolivariano no es solo una deducción derivada de aplicar la Teoría del Caos, es una confesión del Atractor USA-Corporaciones Mundiales. En efecto, en abril del año 2008 apareció el n.º 16 de la revista *Perspectiva*, portavoz del cerebro mundial del neoliberalismo, la *Atlas Economic Research Foundation*, creada por Anthony Fisher por recomendación de Friedrich August von Hayek. La revista fue lanzada en Chile por el Instituto Libertad y Desarrollo (LyD). El número estaba dedicado a denunciar al socialismo del siglo XXI como «el mismo comunismo del siglo XX, pero con una forma de implementación distinta. Si bien este último ponderaba la lucha armada como la vía más expedita para llegar al poder, el socialismo del siglo XXI cambia la fórmula y sugiere utilizar la ruta democrática, apoyarse en un nuevo partido político o camuflarse dentro de uno ya existente con inclinaciones populistas. La idea es tomar el liderazgo poco a poco y con un bajo perfil...». En consecuencia, Hugo Chávez (así como los presidentes Correa y Evo) aparecían para la *Atlas Economic Research Foundation* como el rostro político del nuevo enemigo del mundo diseñado por esa fundación.

¿Por dónde, además, veían ellos asomarse la amenaza? Ni por las bombas molotov de las revueltas estudiantiles callejeras, ni por las bombas de ruido, ni por las barricadas ardientes que sirven para entrenar a los policías del Estado con ejercicios reales, sino por las nuevas tecnologías de la información y la comunicación (¡las TIC!). En efecto, el editorial de *Perspectiva* proseguía: «La estrategia se fundamenta en el uso de las nuevas tecnologías electrónicas de la comunicación y la información, que permiten armar "silenciosamente" redes de grupos objetivo, para así penetrar la academia, el estudiantado, las clases trabajadoras y los estratos sociales más necesitados [...] El acceso fácil a Internet permite hoy organizar un movimiento

---

[9]   Ibídem, p. 103.

político, calle por calle, manzana por manzana, barrio por barrio, con cuadros administrativos proselitistas, hasta construir la pirámide que conecta la cúpula ideológica con las bases en tiempo real, para poder registrar y controlar los adeptos, adoctrinarlos y motivarlos con ayudas económicas, hasta llegar a las urnas [sic] en forma segura...». Ojo: ¡A las urnas! Es decir, su temor es que la proliferación y crecimiento exponencial del acceso a las redes sociales electrónicas — como otro factor de retroalimentación positiva del Atractor Bolivariano— profundice, amplifique y haga más participativa la democracia, o sea, conduzca al socialismo del siglo XXI.

Sin embargo, ya que los blogs, Facebook, Twitter y otros recursos, ofrecen una amplia capacidad de interactividad en red, a la vez que son un multimillonario negocio, parece más fácil que su neutralización venga vía espionaje, como el denunciado por Edward Snowden, y vía censura y prohibiciones bajo cualquier pretexto, en consecuencia, una guerra legislativa.

El temor del cerebro neoliberal del Atractor USA-Corporaciones Mundiales no deja de tener fundamentos: el sociólogo alemán residente en México Heinz Dieterich, uno de los teóricos del socialismo del siglo XXI, pertenece a la Nueva Escuela de Bremen, la que incorpora los principios de la cibernética, mecánica cuántica y de equivalencia a la sociología y a su modelo de socialismo. En 1996, contribuyó a la creación de Rebelion. org. El sociólogo Manuel Castells, en *La galaxia Internet* (2001), anticipa que «la red es el mensaje» y que avanzamos hacia la «cultura Internet», hacia la «sociedad-red», una nueva economía, un sistema global de comunicación y una forma global de organización.

Lo que está en juego para el Imperio no es «la democracia» ni «el estado de derecho» (categorías ideológicas que utiliza y respeta solo cuando le son útiles) sino prevenir e impedir la posibilidad real de que en América Latina se siga incrementando el conjunto de países que en torno al Atractor Bolivariano avancen cada vez con mayor fuerza hacia la consolidación de sistemas plurinacionales, de democracias participativas y por ende hacia estas nuevas formas de sociedad que se están gestando en la búsqueda de una sociedad más justa.

Al año siguiente de la publicación de *Perspectiva*, el 16 de abril de 2009, en la ciudad de Santa Cruz de la Sierra, la policía boliviana declaró haber frustrado un atentado contra Evo Morales. Y el 28 de junio del mismo año se produjo en Honduras el golpe que derrocó al presidente Manuel Zelaya tras una frustrada convocatoria a votar en una cuarta urna por una Asamblea Constituyente. Los sistemas políticos que encabezaban entonces los mandatarios Hugo Chávez (Venezuela), Evo Morales (Bolivia), Rafael Correa (Ecuador) y Daniel Ortega (Nicaragua), estaban muy lejos de ser socialistas; y no era socialista el gobierno de Manuel Zelaya. Sin embargo, el denominador común que es percibido como amenaza por la burguesía global propietaria de las transnacionales, la clase dominante del planeta, lo constituyen los pasos hacia un mayor control político popular desde las posiciones de poder político relativo que logran, con mayor o menor control, sobre las fuerzas armadas y policiales, ajustándose al mayor o menor campo de maniobras que permiten las respectivas Constituciones; con mayor o menor organización y capacidad de presión, acción política y respaldo del pueblo, saltándose, como intentó la Unidad Popular en Chile, la tesis ortodoxa del necesario derrocamiento de la burguesía «por la violencia». El presidente Zelaya disponía del poder relativo más débil. Como Lugo, después en Paraguay.

Está claro que a raíz del fallecimiento del presidente Chávez, del decrecimiento del voto con que fue electo el presidente Maduro en comparación con todos los comicios celebrados desde diciembre de 1998, y del aumento registrado por el candidato opositor, en Venezuela se ha iniciado una nueva fase de intensificación de la campaña de desestabilización —golpismo que apuesta por realizar referendos revocatorios contra los funcionarios bolivarianos a todos los niveles (alcaldías, gubernaturas, Asamblea Nacional y Presidencia), en busca de un golpe o colapso en un plazo no mayor a tres años.

¿Por qué este libro?

La guerra del Imperio contra la vía pacífica al socialismo y la implantación al mismo tiempo del experimento neoliberal, un solo fenómeno con dos aspectos, estuvo en la base de las motivaciones y de la conspiración en Chile contra la Unidad Popular y el presidente Salvador Allende que concluyó con el golpe militar del 11 de septiembre de 1973 y los posteriores diecisiete años de dictadura. Hoy, cuarenta años después, con particularidades muy diferentes, la historia coloca a la América Latina —nuestra América— en una polarizada tensión que podría ir *in crescendo*: el Atractor USA-Corporaciones Mundiales *versus* el Atractor Bolivariano, que más allá del ALBA emerge en otros países de la región desde las aspiraciones pluriculturales y autonomistas de los pueblos originarios, desde las aspiraciones y lucha por la exigibilidad de sus derechos de las minorías o mayorías de las distintas «diversidades», en fin, desde los movimientos sociales y ciudadanos, y desde las reivindicaciones históricas de los trabajadores asalariados urbanos y campesinos.

¿Qué hacer para fortalecer el Atractor Bolivariano, neutralizar los ataques que desde distintos ángulos lanza el Atractor USA-Corporaciones Mundiales y en definitiva sostener y desarrollar una democracia participativa en lo político, plurinacional donde sea pertinente, y que asegure una redistribución social y equitativa de la plusvalía, con énfasis en la salud, la vivienda, la educación y la previsión, sin importar que se llame socialismo del siglo XXI, capitalismo social o de otro modo, y con sus peculiaridades a la chilena, a la boliviana, a la ecuatoriana, etc.? ¿De qué manera la experiencia de lo ocurri-do en Chile entre 1970-1973 nos sirve hoy para desenmascarar, contrarrestar y derrotar las actuales campañas de desestabilización?

Presentamos una mirada testimonial del proceso que antecedió al golpe militar en Chile, visto desde una antología de la revista *Punto Final* (1970-1973) y de una entrevista a su director-fundador, el periodista Manuel Cabieses Donoso, en la que se evidencia —en el marco y contexto arriba descrito— la creciente tensión que se vivió en el seno de la izquierda entre quienes propugnaban desarrollar y fortalecer un Poder Popular armado para defender y sostener el proceso —aun a riesgo de una guerra civil— y quienes llevaban adelante negociaciones desde una posición cada vez más débil y a punto del colapso.

Esperamos que los lectores encuentren en este libro no una receta —que no la hay ni podría haberla— sino alfilerazos, estímulos, motivaciones para desde la historia, o mejor, desde un discurso sobre la historia, y desde su propia experiencia, observar y analizar el presente y diseñar una estrategia factible y viable para construir el futuro desde el piso de lo real, considerando las experiencias del pasado y con la vista en el horizonte.

Esta mirada desde la Teoría del Caos aplicada a las ciencias sociales es coloquial y básica, para los efectos de esta presentación, pero existe la posibilidad de construcción de modelos matemáticos y simulaciones prospectivas que contribuyan a diagnósticos, monitoreos y pronósticos sobre los destinos de nuestra América, el Atractor Bolivariano y la estructura que se ha ido configurando bajo su influencia.

Prospectiva, un instrumento necesario

Aún más, en el Chile actual, de fines de 2013 y comienzos de 2014, en el fragor de las elecciones y de un nuevo periodo presidencial, se alzó como tema central la abolición de la Constitución de 1980 —generada bajo la dictadura de Pinochet— y la elaboración participativa y democrática de una nueva Constitución. Otro tema central: la abolición del sistema binominal de elección de Parlamento, también originado en la dictadura de Pinochet en 1980, que privilegia la negociación y consenso entre dos coaliciones, marginando de hecho de la participación política a los sectores políticos ajenos a esas coaliciones. Lo relevante es que se trata de instrumentos jurídicos que a pesar de su origen ilegítimo tienen impacto político treinta y tres años después de su creación y veintitrés años después del término de la dictadura y, de hecho, prolongando por décadas la llamada «transición» a la democracia. Ello es así porque Pinochet fue un riguroso cultor de la Prospectiva (*prospective*, término usado en Francia, y *futures studies* o «estudios del futuro» en el ámbito académico anglosajón), disciplina que hace posible imaginar futuros deseables, determinar su probabilidad y condiciones para su realización, y planificar todas las acciones necesarias para que ese futuro imaginado se haga realidad con un determinado grado de certeza. Para implementarla, tempranamente, aún en los años 70, al poco tiempo del golpe de Estado, el dictador dispuso que un grupo de oficiales viajara a Europa y Estados Unidos, el tiempo que fuere necesario, para formarse y capacitarse en los más selectos centros del mundo dedicados al diseño de futuros posibles, denominados futuribles en la jerga de esta ciencia. Es así como las llamadas «amarras constitucionales» que dejó de herencia el dictador chileno no son fruto de la casualidad sino de una planificación político-militar.

Desde esta perspectiva, tanto Allende y la Unidad Popular, así como las fuerzas autocalificadas de revolucionarias y críticas de reformismo, carecieron de una visión y planificación prospectiva que les permitiese enfrentar con realismo el desafío —o determinar la factibilidad, la viabilidad— de la construcción pacífica del socialismo en Chile. Allí radica la tragedia. Cualquiera de las dos vías, la del poder popular armado o la de negociación, que primó, hubiesen tenido el mismo resultado a juzgar por las decisiones del Imperio conocidas hoy y por la carencia de poder de fuego y capacidad de combate de los grupos más radicales.

El aparato teórico y crítico del marxismo posibilita el diagnóstico histórico y del presente, e imaginar la Utopía, pero la herramienta para hacer de la utopía un *futurible* y desde el *futurible* diseñar el encadenamiento estratégico y táctico de actividades que generen las condiciones de su materialización con un alto grado de probabilidad, corresponde a la Prospectiva o Estudios del Futuro. Si efectivamente deseamos que se materialice alguna forma de socialismo en el curso del siglo XXI, el voluntarismo y el espontaneísmo, tan propios de nuestras izquierdas (revolucionarias o reformistas), deben abrir paso a esta disciplina que es de uso cotidiano en los organismos cerebrales político-militares-empresariales de los Estados Unidos, la Unión Europea y la OCDE, entre otros. En Estados Unidos la Corporación RAND (*Research and Development*) realiza trabajos de prospectiva de alto secreto para agencias de inteligencia y defensa. En su sitio web (http://www.rand. org) la RAND se autodefine así:

> Misión: La Corporación RAND es una institución sin fines de lucro que ayuda a mejorar la política y la toma de decisiones a través de la investigación y el análisis.
>
> RAND se centra en los temas que más importan, como la salud, la educación, la seguridad nacional, relaciones internacionales, derecho y comercio, el medio ambiente, y más. Con un equipo de investigación formado por algunas de las mentes más prominentes del mundo, RAND ha ido ampliando los límites del conocimiento humano por más de 60 años.

En el equipo de la RAND figuran matemáticos, físicos, economistas, ingenieros, químicos, sicólogos, sociólogos, historiadores, informáticos, etc., y sus aportes abarcan, más allá de contribuciones a las decisiones militares, desde tecnología espacial hasta desarrollo de Internet e inteligencia artificial.

Mientras en la izquierda no tomemos en serio el carácter científico y multidisciplinario, e incluso transdisciplinario, que debe determinar la planificación de las decisiones y actividades políticas, desde un enfoque prospectivo, continuaremos lamentándonos sobre la sangre derramada, o felicitándonos por épicas derrotas en una suerte de perpetua crónica de tragedias anunciadas. Allende fue un héroe, y héroes fueron también los cerca de 5 000 detenidos desaparecidos y ejecutados; los más de 35 000 presos políticos y torturados; los centenares de miles de exiliados. Podemos erigirles un Partenón en su honor, museos de la memoria, transformar en jardines las villas dedicadas a la tortura. Pero la construcción de una nueva sociedad requiere no solo de héroes y mártires, sino también y por sobre todo de analistas y planificadores científicos capaces de imaginar y diseñar el camino hacia un futuro posible. No solo soñarlo. Necesitamos nuestra propia RAND.

O, si queremos mirar desde el ángulo de la ciencia ficción, necesitamos ser un correlato de Hari Seldon,[10] protagonista de la saga de la *Fundación*, matemático, creador de la «psicohistoria», disciplina ficticia que combina la historia, la sicología y la estadística matemática para calcular y pronosticar el comportamiento de poblaciones extremadamente grandes, como el Imperio Galáctico, predecir su evolución con gran exactitud y programar hechos y procesos capaces de influir en el desarrollo histórico guiándolo hacia los futuros deseados. Inclusive, Hari Seldon previó la aparición de variables intervinientes fuera de todo control, como lo fue un inesperado mutante apodado *El Mulo*, y sembró secretamente el germen de quienes estarían en condiciones de actuar —e improvisar creativamente— ante tales eventualidades: los miembros de la Segunda Fundación. Hoy diríamos que en la psicohistoria de Hari Seldon hay mucho de teoría de las probabilidades, Teoría del Caos y teoría de las catástrofes, así como de Prospectiva.

Un avance importante en una dirección prospectiva, lo dio en los años sesenta y setenta el químico y matemático Oscar Varsavsky (Buenos Aires, 1920-1976) en conjunto con Alfredo Eric Calcagno y otros científicos sociales latinoamericanos, lo que se materializó en la obra *AMÉRICA LATINA: Modelos Matemáticos* (Editorial Universitaria S.A., Santiago de Chile, 1971). Registros y derivaciones de sus trabajos deben existir en el Departamento de Computación de la Universidad Central de Venezuela, en Caracas, en el Instituto de Cálculo de la Universidad de Buenos Aires, y en el Instituto Latinoamericano y del Caribe de Planificación Económica y Social (ILPES),

---

10   Isaac Asimov (1920-1992). *Fundación* (1951), *Fundación e Imperio* (1952) y *Segunda Fundación* (1953), trilogía que luego Asimov fue completando con precuelas y novelas posteriores.

de CEPAL, en Santiago de Chile, organismos e instituciones con los que él y su equipo trabajaron cuando la computación estaba en sus inicios. Hoy, no existen excusas para no rescatar sus esfuerzos y reiniciar una tarea de esa envergadura. Pero por ahora volvamos al periodo 1970-1973, observemos qué ocurrió, cómo ocurrió, en qué contexto, y reflexionemos si podría estar volviendo a ocurrir, o imaginemos cómo, en circunstancias semejantes, se podría haber evitado.

Juan Jorge Faundes
Santiago de Chile, 30 de noviembre de 2013.

Cronología*

1969

Diciembre: Se forma la Unidad Popular (UP) con motivo de las elecciones presidenciales de 1970, conformada por el Partido Radical, Partido Socialista, Partido Comunista, el Movimiento de Acción Popular Unitario (MAPU), el Partido de Izquierda Radical y la Acción Popular Independiente. Posteriormente se incorporan a la UP los partidos Izquierda Cristiana y MAPU Obrero y Campesino (escisión del MAPU).

1970

22 de enero: Salvador Guillermo Allende Gossens (Santiago, 1908-1973), médico cirujano y político socialista, es nominado candidato a Presidente de la UP. Allende había sido candidato a la presidencia de la República en tres oportunidades: 1952, 1958 (segunda mayoría relativa) y 1964 (38% de los votos).

25 de marzo: El Comité de los 40, encabezado por Henry Kissinger, director del Consejo Nacional de Seguridad de los Estados Unidos, está a cargo de los planes para prevenir que Allende llegue a la Presidencia de la República. Se aprueba el uso de 125 000 dólares para una operación de desestabilización.

8 de mayo: En respuesta a públicas llamadas de la ultraderecha que el Ejército recibía para intervenir e impedir la elección de Allende, el comandante

---

*   Fuentes: «Cronología Chile 1970-1973» preparada por James Cockcroft para el libro de Ocean Press *Salvador Allende Reader* y reproducida en *Chile, el otro 11 de septiembre* (Ocean Press); y también Cronologías de Allende y la UP en Internet: www.archivochile.com/S_Allende_UP/doc_sobre_gob_UP/SAgobsobre0003.pdf; www.abacq.net/imagineria/cronolo.htm; www.atinachile.cl/content/view/451492/Presidente-Salvador-Allende-Chile-cronologia-1970-1973.html; http://www.memoriapopular.cl/documentos/allendeotros/allende/biografia.html.

en jefe del Ejército, René Schneider Chereau (1913-1970), declara en una entrevista concedida al diario *El Mercurio*: «El Ejército es garantía de una elección normal, de que asuma la Presidencia de la República quien sea elegido por el pueblo, en mayoría absoluta, o por el Congreso Pleno, en caso de que ninguno de los candidatos obtenga más del 50% de los votos... Nuestra doctrina y misión es de respaldo y respeto a la Constitución Política del Estado». Instaura así la llamada «doctrina Schneider».

27 de junio: El Comité de los 40 aprueba ahora 300 000 dólares para más operaciones propagandísticas en contra de Allende.

16 de julio: John McCone, exdirector de la CIA y director de la ITT, se reúne con William Broe (CIA) y Harold Geneen (ITT) y acuerdan que la ITT destinará 350 000 dólares para apoyar la campaña de Alessandri.

4 de septiembre: Elección presidencial. Salvador Allende, izquierdista Unidad Popular (36,6%), Jorge Alessandri Rodríguez, derechistas Partidos Nacional y Democrático Radical (35,3%), centroizquierdistas Radomiro Tomic Romero, Partido Demócrata Cristiano y Partido Democrático Nacional (28,1%), porcentajes respecto de votos válidamente emitidos, sin nulos ni blancos. La abstención fue de solo el 16,53%.[1]

8 y 14 de septiembre: El Comité de los 40 aprueba el uso de 250 000 dólares más para que el embajador Korry influya en la decisión del Congreso del 24 de octubre, quien deberá elegir entre Allende y Alessandri.

15 de septiembre: Agustín Edwards, dueño del diario *El Mercurio*, se reúne con el presidente Richard Nixon en un «desayuno de trabajo» en la Casa Blanca, al que también asisten el asesor Henry Kissinger, el fiscal general John Mitchell y el presidente de la Pepsi Cola, Donald Kendall. En esa cita, Edwards pide ayuda para impedir que Allende llegue a la Presidencia. Esa misma tarde Nixon instruye al director de la CIA, Richard Helms: no hay que escatimar esfuerzos ni recursos en la desestabilización de Allende. El primer intento fue convencer a Frei Montalva de que

---

[1]   Eduardo Gomien Díaz: enero-junio de 1997. Análisis de cifras de elecciones presidenciales en Chile desde 1920 al año 1993. *Revista de Derecho* n.º 20. Citado por: http://es.wikipedia.org/wiki/Unidad_Popular#Elecci.C3.B3n_presidencial_de_1970.

se sumara a la operación, pero cuando el mandatario saliente se negó, la CIA activó una segunda opción: eliminar al comandante en jefe del Ejército, general René Schneider, confiando en que ello desencadenaría un golpe militar que abortaría la llegada al gobierno del representante de la Unidad Popular.

Octubre: Funcionarios de la embajada estadounidense en Santiago pagan suculentas sumas en dólares a los generales Camilo Valenzuela, Roberto Viaux (r) y Alfredo Canales, del Ejército; al almirante Hugo Tirado, de la Armada; al general Joaquín García, de la FACH; y al general Vicente Huerta, de Carabineros, involucrados en el complot. Paralelamente, llegan por valija diplomática tres subametralladoras, municiones, granadas lacrimógenas y máscaras antigases para utilizarlas contra el general Schneider.

22 de octubre: El automóvil oficial del comandante en jefe del Ejército, René Schneider Chereau (1913-1970), es bloqueado y atacado en la esquina de la avenida Américo Vespucio con Martín de Zamora por cuatro vehículos. Los atacantes disparan sobre el general impactándolo con tres balas y huyen. Su chofer lo traslada al Hospital Militar. Posteriormente la Justicia establece que los autores materiales, contratados por la CIA, fueron los civiles Juan Luis Bulnes Cerda, Diego Izquierdo Menéndez y Jaime Melgoza Garay. La sentencia establece que: «no hubo dolo homicida en el accionar de los culpables» porque los responsables lo que intentaban hacer era el secuestro del general Schneider. Después del golpe de 1973 fueron indultados por el dictador Augusto Pinochet. Las manos del gobierno de Estados Unidos y de sus cómplices intelectuales en Chile permanecieron ocultas por largo tiempo y sus responsabilidades eludidas hasta hoy.

24 de octubre: El Congreso Pleno ratifica la victoria de Salvador Allende por 153 votos a favor, 35 por Alessandri y 7 en blanco. El acuerdo se logra gracias al apoyo del Partido Demócrata Cristiano que condiciona su voto a la firma de un Estatuto de Garantías Democráticas.

26 de octubre: El Presidente Eduardo Frei Montalva nombra comandante en jefe del Ejército al General Carlos Prats González.

4 de noviembre: Allende asume la Presidencia de la República.

12 de noviembre: Allende anuncia que se reanudarán relaciones diplomáticas, comerciales y culturales con Cuba y países socialistas. Chile se declara Nación No Alineada.

19 de noviembre: El Comité de los 40 aprueba el uso de 725 000 dólares para un programa de acción secreta en Chile.

Diciembre: Se suscribe el acuerdo UP-Central Única de Trabajadores (CUT) que instaura la participación de los trabajadores. Se prepara la creación del Área de Propiedad Social. Se estatiza las compañías nacionales del carbón y se crea la Empresa Nacional del Carbón (ENACAR). Se inicia la nacionalización de la industria textil.

1971

28 de enero: El Comité de los 40 autoriza el uso de 1 240 000 dólares para el programa de acción secreta en Chile (compra de radioemisoras, periódicos y apoyo a partidos políticos opositores).

Enero-febrero: El Congreso nacional reforma la Constitución e introduce las cláusulas del Estatuto de Garantías. La movilización en el campo acelera el proceso de Reforma Agraria. Se inicia la nacionalización de los bancos y principales empresas.

Abril: En las elecciones municipales la Unidad Popular obtiene el 51% de los votos.

8 de junio: Es asesinado el exministro demócrata-cristiano Pérez Zújovic. Se atribuye el asesinato un grupo ultraizquierdista autodenominado Vanguardia Organizada del Pueblo (VOP). Se tensan relaciones con la Democracia Cristiana. Nace la Izquierda Cristiana, un sector de la DC que se une a la UP.

11 de julio: El Congreso aprueba por unanimidad la nacionalización de la Gran Minería del Cobre. Este día fue llamado por el gobierno Día de la Dignidad. La explotación y comercialización de lo producido en Chuquicamata, Exótica, El Teniente, Andina y El Salvador, quedó en manos chilenas. Dos meses después, el Contralor de la República, Héctor Humeres,

determinó que no debía pagarse indemnización, aplicándose un criterio de «utilidades excesivas» a las empresas estadounidenses que explotaban el mineral.

9 de septiembre: Después de varios aportes anteriores al PDC y otros partidos, el Comité de los 40 aprueba 700 000 dólares para apoyar a *El Mercurio* y su campaña propagandística anti UP y anti Allende.

Octubre: Allende presenta el proyecto de ley sobre las Áreas de la Economía y participación de los trabajadores. Se propone la creación de tres áreas de propiedad: privada, mixta y social; esta última se constituirá con 91 empresas básicas. Se dan, además, los pasos necesarios para estatizar la banca y el comercio exterior. Pablo Neruda recibe en Estocolmo el Premio Nobel de Literatura.

5 de noviembre: El Comité de los 40 aprueba 815 000 dólares más para los partidos opositores.

Noviembre: Fidel Castro visita oficialmente Chile.

1ro. de diciembre: Los partidos de oposición realizan la llamada marcha de las cacerolas vacías, primera gran movilización contra la UP.

1972
Marzo: El periodista norteamericano Jack Anderson denuncia la conspiración de la ITT y la CIA contra la asunción de Allende en 1970.

1973
Marzo: En elecciones parlamentarias la Unidad Popular obtiene un 43% de los votos, y la opositora Confederación Democrática, un 57%.

11 de septiembre: Golpe de Estado. Último discurso de Allende: «Colocado en el tránsito histórico, pagaré con mi vida la lealtad del pueblo, y les digo que tengan la certeza de que la semilla que entregamos a la conciencia de miles de chilenos, no podrá ser cegada definitivamente... Sigan ustedes sabiendo que, mucho más temprano que tarde, se abrirán las grandes alamedas por donde pasará el hombre libre para construir una sociedad mejor. ¡Viva Chile, viva el pueblo, vivan los trabajadores!».

PRIMERA PARTE

Entrevista a Manuel Cabieses

Capítulo 1

Prisionero de guerra en Chile

Manuel Cabieses es alto y corpulento, hoy con pelo y bigotes blancos. No logro imaginar cómo pudo vivir clandestino en Chile desde 1979 y hasta el fin de la dictadura, pasando inadvertido durante diez años, militando en la resistencia a la dictadura como dirigente del Movimiento de Izquierda Revolucionaria (MIR). Pero lo hizo. Y sobrevivió, aunque, como él mismo lo recuerda, la mayoría de sus compañeros que lo acompañaron en la fundación y primera etapa de la revista *Punto Final*, así como en la clandestinidad, están muertos. «Ojalá puedas mencionarlos para no aparecer como el "héroe" de la película...». Y me entrega una nómina, completo algunos datos en el archivo histórico de la revista y «San Google». Mario Díaz Barrientos, *El Chico Díaz*, cofundador y primer director de la revista entre septiembre de 1965 y febrero de 1966. A Mario Díaz correspondió llevar a Cuba el *Diario del Che Guevara en Bolivia*, cuyos originales llegaron a manos de *Punto Final*. La recuperación del *Diario* valió a la revista su publicación exclusiva para América del Sur. Fue la edición n.° 59, de julio de 1968, que vendió más de 65 mil ejemplares en Chile. El Chico Díaz murió en el exilio, en Buenos Aires, el 13 de agosto de 1984.

Augusto Olivares, *El Perro Olivares*, jefe de prensa de Televisión Nacional de Chile y asesor de Allende, combatió en La Moneda el 11 de septiembre de 1973 junto al presidente y para no rendirse se suicidó de un tiro poco antes de que lo hiciera Allende. Jaime Barrios, a quien Cabieses se refiere más adelante como colaborador del Che y el impulsor de la revista, también combatió en La Moneda y es uno de los detenidos desaparecidos de esa gesta. Máximo Gedda, cineasta y poeta, detenido por la DINA, desaparecido desde el 16 de julio de 1974. Jane Vanini, brasileña, secretaria de la revista, asesinada en Concepción por la Infantería de Marina el 6 de diciembre de

1974. Había ingresado a Chile en 1971 como exiliada política de la dictadura instaurada en su país y era compañera del periodista y dirigente del MIR José Carrasco Tapia. Augusto Carmona, periodista, asesinado por la CNI el 7 de diciembre de 1977 con disparos por la espalda. José Carrasco Tapia, asesinado por la CNI en 1986 como represalia por el atentado del Frente Patriótico Manuel Rodríguez (FPMR) a Pinochet. Julio Huasi, poeta y periodista argentino, el 11 de marzo de 1987 fue encontrado muerto en su departamento de Buenos Aires, presumiéndose suicidio. Jaime Faivovich, abogado socialista, murió exiliado en México, y Alejandro Pérez, abogado y primer gerente de la revista, murió en Chile después de un largo exilio en Cuba.

Ahora Manuel Cabieses está frente a mí, en su despacho de *Punto Final* —en calle San Diego con la Alameda, al lado de la casa central de la Universidad de Chile, en el corazón del centro de Santiago—, revista de la que es cofundador y director desde su primer número como tal, el n.º 10, en agosto de 1966. En sus nueve números anteriores, desde septiembre de 1965 y hasta febrero de 1966, *Punto Final* fue un folleto que publicaba un reportaje por vez, a fondo, hasta agotar el tema. Pero de todo ello nos hablará más adelante. Su escritorio soporta un viejo y voluminoso computador al que logró resignarse y habituarse tras sustituir la clásica máquina de escribir. En ese espacio escribe, edita y dirige su revista, siempre cordial y sin abandonar un a veces negro sentido del humor. Estamos a punto de iniciar esta entrevista cuando con su brazo izquierdo abre un cajón y me muestra un ejemplar del número 192, el que alcanzó a salir a los quioscos el día martes 11 de septiembre de 1973 con el titular: «Soldado, la patria es la clase trabajadora».

—Este fue el último número, yo lo vi en los quioscos —dice—. Me acuerdo de haberlo visto.

—Cuéntame cómo fueron esos momentos… ¿Dónde estabas tú? ¿Venías a la revista? ¿Te ibas a esconder? ¿Ibas a pelear?

—Yo vivía cerca de avenida Bilbao en la comuna de Providencia, en la calle Los Grillos. Ahí vivíamos en un apartamento con mi familia y ese día yo salí como todos los días a trabajar al diario *Última Hora,* que era un vespertino, por lo tanto se trabajaba en las mañanas muy temprano. Naturalmente, ya iba con la información que la radio estaba transmitiendo. Sobre todo se hablaba a esa hora del levantamiento de la Marina en Valparaíso. No había una información muy global o precisa. Había indicativos de un movimiento militar. A esa hora de la mañana uno podía suponer, falto de información detallada, que podía ser un nuevo intento como el tancazo de junio. Como te decía, iba rumbo al diario *Última Hora* donde además yo era presidente del sindicato de los trabajadores. Hacía el trayecto en locomoción colectiva, funcionaba en micro; en esa época no había Metro ni yo tenía auto, de manera que hacía un recorrido por Bilbao y Vespucio hasta el centro, a calle Tenderini 171, frente al Teatro Municipal, donde funcionaba la redacción. La imprenta estaba en calle Lira, y era del Partido Comunista. [1] En el trayecto vi un quiosco de diarios abierto y, como siempre me he preocupado de ver que la revista estuviera en los quioscos, miré y la vi, allí estaba.

Yo me bajaba en la Biblioteca Nacional y caminaba unas cuadras hasta el diario. Lo único extraordinario en el trayecto fue ver pasar a un carabinero con el revólver en la mano, muy apurado, eso sería como a las ocho y media. No vi desplazamiento de fuerzas militares. Y llegué al diario, donde fueron llegando todos los que trabajábamos ahí. Y bueno, comenzamos a trabajar y a escuchar la radio —por entonces no estaba generalizada la TV—, escuchábamos las radios amigas, el primer mensaje de Allende, y comenzamos a llamar por teléfono, a tomar contactos. Era un caos desde el punto de vista informativo. Ninguna fuente al alcance nuestro tenía una información dura, completa. No estábamos conectados con el presidente Allende, seguramente nos comunicamos con José Tohá, quien fue director del diario, y seguramente con otras personas vinculadas al diario, que en ese tiempo ya era del Partido Socialista. Y empezamos a organizar el trabajo. Por ejemplo, yo en esa época, si mal no recuerdo, cubría el Congreso.

Todavía no despertábamos a la realidad y suponíamos que íbamos a sacar una edición extraordinaria del diario, lo más rápido posible, llamando

---

1   Se trataba de la imprenta Horizonte, del Partido Comunista, en calle Lira 363, heredera de las prensas usadas por Luis Emilio Recabarren, padre de la prensa obrera en Chile, la que se modernizó gracias a Pablo Neruda, que donó parte del premio Lenin de la Paz y del Premio Nobel, renovándose las antiguas maquinarias y adquiriendo una rotativa alemana. En 1973 era la imprenta más moderna de Chile, donde se imprimían, además de *Última Hora*, los diarios *El Clarín* y *El Siglo*. Cfr. D. Cautivo (s.f.): *Hasta siempre comandante*. Recuperado el 6 de julio de 2013, de «Imprenta Horizonte: de Recabarren a Neruda»: http://www.hastasiempre.info/article. php?article=1153&lang=espagnol.

al pueblo a defender el gobierno. Esa era la línea editorial ese día y nos pusimos manos a la obra con esa perspectiva. El diario salía normalmente tipo tres de la tarde, se trataba de galopar y sacar lo más pronto posible una edición más resumida con lo esencial de lo que estaba ocurriendo. Y, sobre todo, llamando a la gente a defender al gobierno.

Todo esto se desmoronó a las once de la mañana cuando supimos que la imprenta había sido desocupada por los trabajadores y ocupada por militares o carabineros,[2] es decir no había imprenta. Luego, no me acuerdo los horarios, viene el ataque a La Moneda; primero el ataque por tierra, la rodean, hay carros blindados, disparos, y luego el bombardeo, como a mediodía creo.[3] En el tercer piso estaban los archivos y había una terraza. Me recuerdo que presenciamos el bombardeo aéreo de La Moneda desde esa terraza; la redacción estaba en el segundo. Tenderini es una calle que está a corta distancia de La Moneda, a cuatro cuadras y media. Desde esa

---

[2] Luis Barría Torres, último gerente general de Horizonte, relató que el 11 suspendieron las labores y dejaron una guardia de seguridad de unas 20 a 30 personas. Y que el día 12 fue asaltada por carabineros y los trabajadores detenidos y conducidos al estadio Chile. Él lo fue al regimiento Tacna. (Cfr. Cautivo).

[3] Aviones caza-bombarderos Hawker Hunter de la Fuerza Aérea de Chile (FACH) disparan cohetes Sura P3 sobre la sede del gobierno. Los caza-bombarderos vienen del Sur, dan vuelta por detrás del Cerro San Cristóbal (al Norte), pican perdiendo altura sobre el Centro y a la cuadra de la Estación Mapocho hacen fuego. El periodista Eduardo Labarca asegura que el primer disparo contra La Moneda, que perforó la puerta principal, lo hizo el teniente de veinticuatro años Ernesto Amador González Yarra (*Pekín*), «famoso por su talento de piloto y certera puntería». El segundo ataque estuvo a cargo de Fernando Rojas Vender (*Rufián*), quien llegó a ser comandante en jefe de la FACH. Su primer disparo apuntó al techo del palacio presidencial. En una última pasada, los pilotos usaron cañones de 30 mm. La operación fue coordinada desde tierra por el operador aéreo, comandante Enrique Fernández Cortez (*Gato*). Hay discrepancias en torno a la hora exacta del ataque a La Moneda. Según el coronel López Tobar, comandante de la operación, comenzó pocos minutos antes de las 11:30. El almirante Patricio Carvajal, jefe del estado mayor del golpe, sitúa el ataque entre las 11:52 y las 12:08. Según el general Gustavo Leigh, entonces comandante en jefe de la FACH, el ataque tuvo lugar «después de las 12». Hacen 17 impactos perfectos en el Palacio de La Moneda y se desata un violento incendio. A la quinta pasada los aviones disparan sus cañones automáticos Rolls Royce Aden calibre 30 mm. Cfr. E. Labarca (6 de julio de 2012): *El Mostrador*. Recuperado el 6 de julio de 2013, de «Estos pilotos bombardearon La Moneda»: http://www.elmostrador.cl/opinion/2011/07/06/estos-pilotos-bombardearon-la-moneda/.

altura vimos la acción del bombardeo, que para mí —y pienso que a muchos chilenos les ocurrió lo mismo seguramente— fue la evidencia del golpe. Por nuestra formación cultural cívica, por nuestra educación, era inimaginable un bombardeo aéreo a La Moneda. Y eso se correspondía, pienso, con una especie de estado de no saber qué hacer en ese momento. Como yo era el presidente del sindicato del diario, me arrogué ciertas facultades. Me di cuenta de que lo que había que hacer era que cada uno se fuera para su casa, ya no había caso sacar el diario, el golpe había llegado al nivel del bombardeo, habíamos escuchado el mensaje de Allende, el último mensaje que era inequívocamente la despedida de un hombre que va hacer lo que después hizo. Era evidente su propósito, además había manifestado muchas veces su decisión de morir si fuese necesario en defensa de su cargo, de la Constitución, las leyes y de todo eso en que Allende creía y que defendía.

De manera que nos fuimos. En esa época yo era militante del Movimiento de Izquierda Revolucionaria (MIR) y teníamos la orientación de tener un lugar seguro donde estar en caso de emergencia, un lugar alternativo a nuestros lugares habituales, una «casa de seguridad». Además, se habían establecido sistemas de emergencia con las instancias superiores del MIR. Tenía una vaga idea de que se iba a resistir, pero sin saber cómo ni con qué. Como después se pudo comprobar, junto a otros muchos compañeros miristas y de otras organizaciones, no estábamos preparados para el golpe.

Los exiliados brasileños y argentinos que habían llegado a Chile nos habían advertido de esta debilidad que tenía la izquierda chilena, que cojeábamos de ese lado; no teníamos idea clara de lo que era un golpe, no lo habíamos vivido; entonces teníamos una visión digamos romántica, o una sobreestimación de nuestras capacidades colectivas y de las organizaciones políticas y sindicales para resistir un golpe. Además, a esa altura, no teníamos la más remota idea de lo salvaje que iba a ser.

A lo que voy, quizá para disculparme, no me había preparado, sabía que tenía que tener un refugio, pero no me había preocupado de hacerlo. Porque sabíamos que venía el golpe, pero no sabíamos cuándo, cómo... ni qué era un golpe militar. El golpe fue el martes y el domingo anterior, en la noche, con mi mujer y un compañero cubano —que era el responsable del trabajo con el MIR—, fuimos al cine Las Lilas. El ambiente en Santiago era para cortarlo con un cuchillo. En el cine —un cine de barrio alto— pasaron un noticiero de Chile Films,[4] salía Allende y era una pifiadera total. Ese era el ambiente y con este amigo cubano, bien informado, pues la embajada tenía buena información, por supuesto hablamos del golpe, pero jamás pensamos que estábamos a menos de cuarenta y ocho horas del mismo. Te cuento esta anécdota porque refleja el estado de empelotamiento general que había respecto a esta situación. De manera que pedí irme para mi casa. Ya se había acabado la locomoción colectiva, las micros se estaban retirando, había patrullas militares; así, de alguna manera llegué a mi casa, estaba solo. Mi mujer era enfermera universitaria y trabajaba en un consultorio en la calle Maruri (en el sector Norte de Santiago). Mis hijos estaban en el liceo. De tal manera que yo estaba solo y pensando qué cresta hacer y para dónde ir. Y bueno, en ese momento —lo llamé o me llamó— me tiró un salvavidas un cuñado mío, que era un hombre de derecha, un hombre de derecha pero muy noble. El hecho es que me llamó para que me fuera para su casa, y para su casa me fui. Vivía cerca de Tomás Moro donde quedaba la casa de Allende que también bombardearon; vivía a unas cuatro cuadras de la casa de Allende.

Un pájaro triste

Desde donde yo vivía, había unas veinticinco cuadras hasta la casa de mi cuñado. Era una zona de pequeña burguesía alta y media acomodada. Me fui caminando, no tenía otra forma. Y pude ser testigo de algo que me marcó para toda la vida. Ver la alegría que reinaba en ese sector de la ciudad, la gente en las casas, las radios a todo volumen, las radios transmitiendo los bandos de la Junta y música militar. Era el alborozo. Era la patria liberada. La gente salía a la calle tomando tragos, en algunos lugares hacían asados, habían sacado carne para los asados a pesar de toda esa escasez

---

4   El noticiero al que se refiere Cabieses puede ser visto por los lectores en YouTube; hace referencia a la celebración, el día jueves 4 de septiembre de 1973, del tercer aniversario del gobierno de la Unidad Popular y fue proyectado en los cines el domingo 9 (cuando lo vio Cabieses). Cfr.: Chile Films (9 de septiembre de 1973). *Youtube*. Recuperado el 6 de julio de 2013, «Noticiero Nacional n.º 9, Chilefilms, 1973»: http://www.youtube.com/watch?v=FLzEvYDsQ2o.

terrible que había en aquellos tiempos. Era lo que tenían guardado; se abrazaban. Yo debí haber sido un pájaro muy raro, *weón*. Era un pájaro triste en medio de ese jolgorio, de esa alegría desbordante: ¡Por fin cayó! ¡Vivan los militares! ¡Vivan las fuerzas armadas! Música de baile.

Fue muy impresionante para mí hacer ese recorrido hasta llegar a la casa de mi cuñado, donde estuve pocos días, porque tomé contacto con el MIR, con Pepe Carrasco,[5] que era mi encargado superior, y con él acordamos encontrarnos en algún lugar porque me iba llevar a una casa de seguridad. Mi mujer estuvo dos días metida en el consultorio de Maruri, donde habían preparado un hospital de campaña, había buena organización de la UP y del MIR para recibir heridos y finalmente, en ambulancia, repartieron al personal, entre ellos a ella. Mis hijos se habían ido para la casa de una hermana de su mamá, estaban allá. Pero no nos habíamos comunicado. No sabíamos nada de qué había pasado con nosotros. A la Flora, mi mujer, solo cuando estuvo en la casa de su hermana, mi cuñado le llevó noticias mías y mi anillo de matrimonio como recuerdo. Le dije que se lo entregara como recuerdo por si me pasaba algo.

En ese contexto me conecté con Pepe Carrasco y me pasaron a buscar a un lugar cercano a la casa de mi cuñado. En esa casa fue donde yo vi por televisión la instalación de la junta militar, los discursos de Pinochet, las detenciones de gente de la Unidad Popular, la UP. Por cierto, habían salido bandos llamando a personas a presentarse ante las autoridades militares y en uno de ellos estoy yo también; dentro de los buscados. Entonces, seguir

---

5   José Humberto Carrasco Tapia, *Pepone* (Santiago, 24 de agosto de 1943-8 de septiembre de 1986). Dirigente del MIR y periodista. Fue secuestrado y ejecutado por agentes de la dictadura la noche del 8 de septiembre de 1986 como represalia por el atentado a Pinochet donde murieron cinco escoltas del dictador. Al momento de su muerte, era editor internacional de la revista opositora *Análisis*. El 28 de diciembre de 2007, la Corte de Apelaciones de Santiago confirmó el fallo que condenó a 14 exagentes de la disuelta Central Nacional de Informaciones (CNI) por su asesinato y el de otros tres profesionales: el militante del MIR Gastón Vidaurrázaga, y los militantes del Partido Comunista (PC) Felipe Rivera Fajardo y Abraham Mufkatblit Eidelstein. Los jefes del operativo fueron el mayor (r) del Ejército y ex jefe operativo de la CNI, Alvaro Corbalán Castilla; el capitán (r) del Ejército Jorge Vargas Bories y el mayor (r) de Carabineros Iván Quiroz, condenados dieciocho años y un día de prisión el primero, y a trece años y un día, los segundos.

en la casa de mi cuñado era una situación incómoda. No quería poner en peligro a esa familia que se había portado bien y que no tenía nada que ver conmigo políticamente, por el contrario. Estaban también nerviosos porque ya había una dimensión y cierta conciencia de lo duro que era la represión. Estaba cayendo gente, corrían rumores, hubo dos o tres días de estado de sitio, no se podía mover la gente de sus casas. Sin poder salir, se comunicaban por teléfono.

Bueno, entonces, como al tercer día de estar ahí, el Pepe y un compañero argentino que después lo matan, Patricio Biedma Schadewaldt,[6] un sociólogo casado con una chilena mirista, me pasan a recoger en un vehículo. Entonces Pepe Carrasco y yo, como buenos periodistas, no encontramos nada mejor que —antes de irnos a la casa de seguridad donde me iba a quedar— ver La Moneda. Y nos fuimos para el centro.

Un carabinero legalista

En la calle Santa Lucía, a pocas cuadras de La Moneda, nos encontramos con una cola de vehículos. Los estaban controlando los militares. Hacían bajar a la gente, abrir el maletero. Hasta que llegaron a revisarnos a nosotros. Todo iba bien porque no llevábamos armas. Pero me tuve que bajar y alguien de la fila de autos me reconoció y se lo dijo a los carabineros que hacían la revisión. Entonces me separaron del grupo y me llevaron a una comisaría de

---

[6] De nacionalidad argentina pero con residencia definitiva en Chile desde 1968, el sociólogo Patricio Biedma volvió a Argentina, posteriormente al 11 de septiembre de 1973, debido a la persecución política de la cual fue objeto en Chile. Mantuvo su actividad política al interior del MIR chileno, trabajando junto a los máximos líderes de este movimiento.

Se ha acreditado que Patricio Biedma fue detenido en un allanamiento «tipo rastrillo» en julio de 1976, en Buenos Aires, y llevado a varios recintos, entre ellos Automotores Orletti, dependencia del SIDE —organismo de seguridad con el cual la DINA mantenía estrechas relaciones—. En dicho recinto, Patricio Biedma fue interrogado por un militar chileno, lo que consta en varios testimonios de detenidos argentinos.

La suerte final del sociólogo debe ser relacionada con la de Edgardo Enríquez y Jorge Fuentes. Durante su cautiverio Patricio Biedma comunicó a un testigo su aprehensión de que sería trasladado a Chile. Cfr. Informe Rettig (17 de julio de 2010), *Memoria Viva.* Recuperado el 8 de julio de 2013, de «Patricio Biedma Schadewaldt»: http://memoriaviva.com/Desaparecidos/D-B/biedma_schadewaldt_patricio.htm.

tránsito en la calle Huérfanos. Era de los pacos de tránsito, y ahora ya no existe. A Pepone y a Patricio los dejaron ir. Luego, cuando mucho tiempo después nos volvimos a ver, Pepone me confesó que pensaba que me habían fusilado y estaba muy enojado consigo mismo por esta locura.

Bueno, entonces me llevaron a esa comisaría de tránsito con manos en la nuca, con un fusil apuntándome, y en la comisaría estaban muy felices porque hasta entonces no habían hecho ninguna captura notable. Es decir, de aquellos publicados por la prensa, en *El Mercurio*, en *La Tercera*, con fotos. Entonces estaban felices conmigo; digo «felices» para ser sarcástico. Entre varios me empezaron a golpear, a maltratar. Y empezó a llegar otra gente. Apareció un oficial de la FACH con una pistola apuntando a un joven en la nuca. Lo traía preso de esa forma para entregarlo a la comisaría y diciendo a gritos que era un guerrillero cubano —según la versión de la derecha había en Chile guerrilleros cubanos—, pero el joven gritaba que era panameño y que estudiaba en Chile. No le hacían caso. A mí me habían golpeado en forma relativamente delicada comparada con la forma en que le sacaban la cresta a este pobre muchacho.

Al rato apareció una patrulla en un *jeep*, con un oficial y un cabo, a buscarme. Y el oficial de carabineros que estaba de guardia en la comisaría —un tipo joven, sin importancia, de alguna manera me salvó la vida porque era muy formalista— redactó un parte de la detención mía: que yo era fulano de tal con carné número tanto y obligó al oficial del *jeep* a poner su firma recibiendo al preso, que era yo. Quizá me estoy poniendo demasiado legalista para justificar por qué no me mataron, pero pudo haber sido así. Y claro, después volví a encontrar a este carabinero, creo que debe haber sido buena gente o de izquierda, pues se preocupó por esos detalles administrativos.

El hecho es que me llevaron en el *jeep* hasta el ministerio de Defensa, frente a La Moneda, con un fusil en la frente. En el trayecto se escuchaban disparos, pienso que deben haber sido los mismos milicos para mantener el ambiente, porque a esa altura no había ninguna resistencia. Cuando íbamos entrando al ministerio, iban saliendo dos ilustres conspiradores de toda esta cuestión, Rafael Cumsille, presidente de la Confederación Nacional del Comercio Detallista y Turismo de Chile (Confedech), y León Vilarín, presidente de la Confederación Nacional del Transporte. Ambos todavía existen, son eternos. Venían los dos con una sonrisa de oreja a oreja saliendo del

ministerio de Defensa. Debió ser el 13 o 14 de septiembre, en la tarde. También salía un diplomático hindú. Entonces me llevaron a un piso, quinto o
sexto piso, a una oficina. No me preguntaban nada. A esa altura estaba el
despelote en el ministerio de Defensa. Circulaba gente, escuchaba gritos,
voces de mando, órdenes. De repente me empezaron a golpear. Me tiraron
al suelo. Me dieron patadas y culatazos, caminaban encima de mí, cómo
te diría, parecía como un ejercicio que estaban haciendo, porque no era un
interrogatorio o algo que se le pareciera, simplemente me golpeaban, sin
hacer preguntas. Luego de eso me sacaron de esa oficina, yo andaba tra-
yendo una bufanda, me la pusieron como venda en los ojos y me estaciona-
ron en un pasillo contra la pared, largo rato, una hora o más, no sé, porque
uno va perdiendo el sentido del tiempo. Después, otros decidieron seguir
divirtiéndose conmigo y me llevaron a algo que yo no veía, pero me hicieron tantear con el pie lo que era el piso del ascensor, diciendo que me iban a
tirar. Pero a cambio de nada; quizá si me hubiesen preguntado algo hubiera
confesado hasta el asesinato de Kennedy, pero nada.

Era, qué se yo, gritos como «¡concha de tu madre!», «¡hijo de puta!»,
cosas así. Luego me llevaron a una sala más grande y ahí me notificaron que
me iban a fusilar, me pusieron contra la pared y sentí que pasaban bala en
una pistola o fusil. Había varios, se oían voces, hicieron la comedia de que
me iban a fusilar y yo me la creí. Pensé que iba ser fusilado. Menos mal que
no me cagué ahí mismo y no pude pronunciar ninguna frase para el bronce.
Enseguida me amarraron los pies con una soga y me tiraron por una ven-
tana. Debe haber sido desde la parte de atrás del ministerio de Defensa.
Y ahí estaba como un péndulo, cabeza abajo, vendado, con las manos y
pies atados, y me decían que me iban a soltar. Eso debe haber durado unos
cuantos minutos, tres, cuatro. Yo no sé para qué hacían eso, quizá para
entretenerse. Luego me sacaron del ministerio. Yo no sabía por dónde iba,
pisaba lo que parecía basura y había un hedor, digamos, de basural. Pensé
que, como me iban a fusilar —y circulaban rumores de que habían fusilado
gente en basurales, aparte de la ribera del río Mapocho—, era aquí. Hicieron el simulacro con un par de tiros al aire. Terminado el *show* me llevaron
al Estadio Chile, hoy Estadio Víctor Jara.

Allí me llevaron a un lugar donde alguien da la orden de quitarme la
venda y soltarme las manos. Me encuentro en una sala grande en la que

había varios oficiales tomando café, fumando, como en descanso. La «reunión» la presidía un oficial mayor, debe haber sido un coronel. Al parecer habían elaborado un documento de quién era yo y el coronel entabla un diálogo conmigo. Era un oficial que tenía cierta formación política, digamos, y empezó a dialogar conmigo sin insultos ni groserías, en forma correcta, pero siempre de autoridad a prisionero. Su discurso central no lo recuerdo en detalle —pero lo volví a escuchar después de otros milicos, en campos de prisioneros—, y era que los militares habían dado este golpe o «pronunciamiento», como lo llamaban ellos, por el estado de caos que había en el país, escasez de alimentos, etc., por la situación caótica y la presencia de los comunistas en el gobierno y porque el país iba a una dictadura comunista. Sin embargo, precisó que ellos no pensaban quitar beneficios sociales, que su idea no era atacar a los trabajadores ni a las clases populares, sino que, al contrario, iban a hacer un gobierno honesto, patriótico. Era un tono de discurso nacionalista y progresista, ese era el discurso de este coronel. Y entabló un diálogo conmigo sobre el socialismo, sobre qué pretendíamos nosotros. Yo le contestaba con mucho cuidado. No me reprimieron ahí el derecho a hablar. El resto de los oficiales fumaba, tomaba café, escuchaban, no intervenían, solamente hablaba este señor. Debe haber durado un buen rato, pasó por lo menos más de media hora de este «diálogo» donde el que más hablaba era él.

Cuando termina el diálogo le ordena a uno de los oficiales que me lleve una celda. Este oficial me lleva. Íbamos por los pasillos interiores del Estadio Chile, donde había muchos presos. La mayor concentración de presos estaba en las canchas, en las galerías, pero a mí el oficial me conducía por los subterráneos. Había presos contra la pared, algunos vendados y otros manos arriba; a algunos les estaban dando como caja. Lo que más me impresionó fue uno que estaba tirado en el suelo, seguramente moribundo, el compañero había sido el director de Prisiones. Yo nunca he visto tantos golpes, culatazos, patadas, algunos estaban de civil, otros con brazaletes. Deben haber sido gente de Patria y Libertad que estaba operando junto con los milicos, deteniendo gente, torturándola. Todavía la tortura no se sofisticaba, eran golpes, producían dolor, pero no habían llegado a la etapa más «exquisita» de la tortura. Pasamos al lado de este compañero que estaba muriendo, y efectivamente murió. Se llamaba Littré Quiroga,[7] era comunista, le reprochaban por el general Viaux, que había estado preso.

Carrera política de preso

Llegamos finalmente a un camarín, a una puerta cerrada que llevaba a un camarín. El oficial había venido conversando conmigo durante el camino. Todo muy civilizado, iba con su fusil como quien anda cazando, conversando conmigo y siguiendo la corriente discursiva del coronel. Me contó que era descendiente de alemanes, que había nacido en el sur, que había estado en la RDA de visita y que le habían admirado muchas cosas, como la organización y sobre todo la agricultura, porque era de una familia de agricultores; también me contó que él había pilotado el tanque que botó la puerta del ministerio de Defensa para el tancazo. A este oficial lo han relacionado con un tipo que llamaban *El Príncipe*, que fue el torturador principal del Estadio Chile. Yo no creo que fuera El Príncipe, pero bueno, el hecho es que llegamos a la puerta del camarín conversando civilizadamente en medio de los gritos de los torturados, abre la puerta y aparece con un tajo en la cabeza y chorreando sangre este gallo que había sido ministro del Trabajo de Allende hasta el golpe, un dirigente sindical comunista llamado Jorge Godoy. El PC lo expulsó porque había aparecido en la tele en esos días haciendo un llamado a los trabajadores a que no se resistieran, a que se desmovilizaran, que la dictadura no los iba tocar, un llamado a la calma. Aparece en escena con un golpe en la cabeza y creyó que yo era un funcionario de la dictadura

---

7   Littré Quiroga Carvajal, 33 años, abogado, Director Nacional de Prisiones, militante comunista. La Comisión [Rettig] se formó convicción de que Littré Quiroga fue ejecutado por agentes del Estado al margen de todo proceso, constituyendo ello una violación a sus derechos humanos fundamentales. Se basa su convicción en que se encuentra acreditada su detención, así como su presencia en el Estadio Chile; que su muerte fue producto de múltiples heridas de bala y su cadáver fue encontrado junto al de otros ejecutados en similares circunstancias; y que tales heridas, por su carácter y fecha de ocurrencia, razonablemente solo pudieron ser causadas por agentes del Estado. Su cuerpo fue encontrado en la madrugada del día 16 de septiembre, junto con otros cinco cadáveres, entre ellos el de Víctor Jara, cerca del Cementerio Metropolitano. Cfr. Informe Rettig (17 de julio de 2010), *Memoria Viva*. Recuperado el 8 de julio de 2013, de «Littré Quiroga Carvajal»: http://www.memoriaviva.com/Ejecutados/Ejecutados_Q/quiroga_carvajal_littre_.htm.

—tal vez porque no venía chorreando sangre y con este oficial que se mostraba tan amistoso conmigo— y se transformó. Me dice: «¡Señor, señor, mire como me tienen! ¡Mire como me están tratando!», algo así —como ya murió no quiero ponerle palabras que no recuerdo bien—. Pero estaba según él sufriendo un maltrato injustificado. Entonces tuve que decirle con mi mejor sonrisa que yo también era preso, que no le podía solucionar el problema. Es una de las cosas divertidas que recuerdo.

El oficial nos dejó a los dos solos. Había una ducha, una banca. Él no me conocía, le dije quién era y me contó que lo habían obligado, bajo amenaza de fusilamiento, a dar esas declaraciones. Estaba muy arrepentido de haberlo hecho, pero era la única forma de salvar su vida. Ahí debemos haber estado como tres días. En este periodo nos dieron una marraqueta y la compartimos. Comíamos de a pedacitos para que nos durara. Teníamos agua en abundancia, pero de comida nada. Para ser justos, creo que nos deben haber dado un café o una taza de té, algo así. Bueno, pasaron dos o tres días quizá y nos sacaron y llevaron a otro camarín más grande donde había otro lote de presos. Varios habían sido subsecretarios[8] del gobierno de Salvador Allende. Algunos eran socialistas, comunistas, funcionarios de alto nivel, digamos. De ahí nos sacaron en fila india rumbo a unos camiones —de esos frigoríficos que usaban las pesqueras que existían en aquella época—. A la pasada, entre la celda y la salida hacia el camión frigorífico, vi a un lado a Víctor Jara. No iba en la fila, íbamos caminando rumbo al camión y a mi izquierda lo vi. Había una luz que le daba en la cara, lo que lo hacía más distinguible. Aparentemente no estaba torturado; se me quedó grabada su sonrisa medio irónica, era como un gesto de ironía, o yo lo interpreté así. Tal vez era una mueca. No sé. Todo lo que se ha dicho sobre la suerte de Víctor Jara y lo que le sucedió creo que es posterior a ese día. Porque hasta ese momento no se hablaba de ello en las galerías del Estadio. Se veía entero en esa actitud un tanto desafiante, estaba de pie, en el pasillo.

Nos metieron al camión como sardinas, era asfixiante. El camión se fue por unas calles con tierra y pensamos que nos llevaban a fusilar. En esa situación de no saber para dónde íbamos ni si nos iban a fusilar, salían tallas

---

8   En la administración pública chilena un subsecretario es un viceministro.

que hacían reducir la tensión, de humor negro por supuesto. Y este hombre, el exministro del Trabajo, Godoy, seguía al lado mío. En un momento me tomó de la mano. En esa época yo era bastante homofóbico y que me tomara de la mano un hombre me produjo una sensación de rechazo; pero entendí que estaba angustiado. No era para criticarlo, todos estábamos angustiados. Unos más calmados, otros con más sentimientos. Hice el trayecto hasta el Estadio Nacional tomado de la mano de Godoy. Nos bajaron del camión. Ya estaba medio desmayado por la falta de aire. Algunos se habían desmayado. Nos bajaron y nos dieron una tanda de palos. Había una fila de pacos y nos hicieron pasar por el medio corriendo. Nos iban dando culatazos, patadas, golpes, todo ese tipo de cosas, hasta que fuimos a parar, en el caso mío —a Godoy lo llevaron para otro lado—, a un camarín. Después nos enteramos de que además había presos en las galerías del Estadio Nacional. Me tocó un camarín donde estaba la mayoría de esos subsecretarios —de Educación, del Trabajo— y varios médicos, pero no era una selección especial, sino que tocó eso. Y ahí quedamos. Inicialmente disponíamos solo de las bancas peladas, no había con qué abrigarse, pero luego distribuyeron mantas y más adelante colchonetas; también después nos dieron de comer. Y en esos camarines comienzan las primeras organizaciones de presos porque, entre otras cosas, los milicos a cada rato pedían listas de nombres de los que estábamos ahí y las teníamos que hacer nosotros. Quizá eso mismo nos llevó a pensar en organizarnos y a elegir un jefe de camarín. Eso se produjo también en los otros camarines. El jefe de camarín se elegía democráticamente y su primera función fue hacer las listas. Entonces me tocó ser jefe de camarín y ahí comenzó mi carrera política de preso. Había que preocuparse por la administración interna, por la relación con los militares, pedir algún medicamento, recibir a los presos nuevos que llegaban, en fin, todo ese tipo de cosas. El camarín es ese espacio donde se desvisten y duchan los equipos de fútbol. Pero nos metían mínimo sesenta personas, hasta noventa, entonces había que distribuir colchonetas, frazadas y los espacios para dormir. Nos dimos también un tipo de organización para pasar el tiempo, inventar cosas. Por ejemplo: si algún gallo sabía recitar un poema o cantar, contar la vida de cada uno, quién era, qué hacía. Más adelante nos enteramos de la muerte de Pablo Neruda e hicimos un pequeño acto, alguien recitó un poema.

Hacíamos actos de recepción y de despedida cuando alguno se iba. Porque a algunos los liberaban. A otros los iban a buscar para torturarlos.

En el Estadio Nacional se instaló un centro de tortura asesorado por brasileños. Así nos fuimos dando formas iniciales de organización que alcanzarán mucho desarrollo en los campos de prisioneros. Pero, en general, creo que todavía no captábamos el significado del golpe. En el camarín en que yo estaba, el inicial, porque nos fueron cambiando, seguía yo de jefe de camarín, y llegó un grupo de obreros de una industria de Puente Alto. Llegaron con overoles, sin ropa interior. Los habían agarrado presos en sus industrias y llevado para el Estadio. Eran un grupo de 10 o 15 compañeros obreros, la mayoría comunistas, el jefe era un hombre de más edad. Después de varios días los soltaron y les hicimos un pequeño acto para despedirlos. A mí me tocaba decir algunas palabras y el compañero jefe del grupo, o el que hacía las veces de tal, me dice: «Mire, compañero Cabieses, yo tenía una idea tan diferente de usted; pero he visto su desempeño, su comportamiento, y quiero decirle que si usted mañana se presenta de candidato a diputado por Puente Alto, cuente con nosotros. Aunque el partido diga otra cosa nosotros vamos a votar por usted, vamos a trabajar por usted». Naturalmente yo debo haber agradecido tan sentidas y sinceras palabras; es que yo tampoco cachaba nada. Estábamos en octubre, rodeados de miles de presos, fusilados por todas lados, torturas al por mayor, ¡y nosotros hablando de la próxima elección parlamentaria! Siempre me acuerdo de eso y me da risa. No cachábamos la cuestión.

Son jodidas estas cosas del golpe, son como traumas colectivos que desorientan. Ahí llegó gente torturada; a mí no me torturaron, me interrogaron un par de veces, me llevaron a los altos del Estadio, donde estaban unos oficiales de carabineros —seguíamos viviendo en el camarín pero nos sacaban a las tribunas—. Era en el casino. Los interrogatorios no iban muy a fondo, no tenían muy estructurados sus servicios de seguridad. Sabían en el caso mío que era fulano de tal, periodista que trabajaba la *Última Hora*, en *Punto Final*, en el mejor de los casos que era militante del MIR, para ellos éramos todos comunistas. Tras unos cuantos golpes de puño un oficial me cortó el pelo a tijeretazos, me sacó mechones de pelo, pero nada más que eso en materia de violencia. La segunda vez me sacaron a un interrogatorio con un oficial de la Armada: de nuevo los mismos pasillos y ahí por primera vez escuché o él me habló sobre el famoso Plan Z. Habían descubierto un supuesto Plan Z que pretendía asesinar a montones de militares y me preguntaba qué sabía yo. También me preguntaba mucho del paradero de Carlos Altamirano,[9] pero nunca me preguntó por Miguel Enríquez.[10] El oficial de la Armada me interrogó sin violencia y luego me enteré del cahuín ese del Plan Z, así que regresé al camarín cargado de noticias.

En otra oportunidad nos sacan del camarín y nos hacen alinearnos en el pasillo y de repente vemos que del fondo del pasillo viene un tipo encapuchado, acompañado de militares y civiles. Era el famoso encapuchado del Estadio Nacional. Dicen que hubo más de uno, probablemente los encapuchaban para que uno no los reconociera. Ese tipo iba señalando gente, a las cuales sacaban de la fila y los ponían a un lado. Yo imaginé que me iba a señalar a mí y efectivamente me apuntó el *weón*. Y me sacaron. Entonces nos pusieron en una fila larga, de rodillas y manos en la nuca, y nos llevaron así, caminando de rodillas, por el pasillo del Estadio a otra sección más allá. Nos hicimos mierda las rodillas y llegamos a otro lugar donde nos dejaron. Pasaron cerca de tres horas y no ocurrió nada. Al final nos devolvieron a los camarines respectivos.

Estuve en el Estadio Nacional hasta que lo cerraron en diciembre para un partido de fútbol de la Selección con no sé quién. Mi familia, a todo esto, a través de un amigo que era *pololo* de una amiga de alguien, supo de mí. Para ellos yo estuve desaparecido durante un tiempo, pues circulaban rumores de que me habían fusilado, incluso en un diario en Caracas publicaron que me habían sacado los ojos, que había tenido una tortura horrible. Cuando leí el artículo, después, pucha que la sufrí. [*Ríe*]. Cuando nos iban a trasladar por el partido de fútbol permitieron que las mujeres fueran a llevarnos ropa y cosas, pero tampoco dijeron para dónde nos llevarían, pero les dijeron que nos trajeran cosas. Se había instalado la Oficina Nacional del Detenido

---

9   Carlos Altamirano Orrego (1922), abogado, secretario general del Partido Socialista de Chile (1971-1979), diputado (1961-1965) y senador (1965-1973). La derecha le imputaba la infiltración de la Armada.

10 Miguel Humberto Enríquez Espinosa (27 de marzo de 1944-5 de octubre de 1974), médico, Secretario General del Movimiento de Izquierda Revolucionaria (MIR) desde 1967 hasta su muerte en combate en un barrio de Santiago.

y ahí los familiares iban a buscar noticias. Los convocaron además porque las familias pasaban el día frente al Estadio buscando noticias y como soltaban a alguna gente entonces les preguntaban por quienes estaban adentro. Bueno, entonces un día nos llevaron los familiares ropa y cosas. La visita fue a través de las rejas. Y luego, una madrugada, nos subieron a unos buses y nos llevaron a Valparaíso. Nos metieron en un barco salitrero, *El Andalién*, en las bodegas, y emprendimos viaje sin saber para dónde. Los más pesimistas pensaban que nos iban a tirar al mar. Ese viaje duró dos o tres días hasta que llegamos a Antofagasta. Ahí nos desembarcaron y nos metieron en un tren. En ese tren llegamos a la estación Baquedano, que era la más cercana al campo de prisioneros de Chacabuco. En camiones nos llevaron a Chacabuco.

Chacabuco era una ex oficina salitrera que habían acondicionado para meter presos. A las antiguas casas de los trabajadores les habían puesto camarotes de madera y sacos de café brasileño en lugar de puertas. Eran casas abandonadas, semiderruidas, pero todavía se conservaba algo. Ahora es un desastre. Llegamos y nos llevaron a un descampado, a una cancha de fútbol, y nos hicieron desnudar para revisar las ropas. El oficial a cargo nos hizo un discurso sobre las condiciones ahí y entre otras cosas nos declaró que éramos «prisioneros de guerra» y se refirió a un manual o algo así del Ejército, del año de la cocoa, pero vigente aún según él, que entre otras cosas disponía que si uno intentaba huir lo fusilaban y que si uno intentaba suicidarse y no lo conseguía habría sanciones.

Luego nos fuimos por grupos a las casas donde cabíamos unos seis por cada habitación pues los camarotes eran de tres pisos. Y ahí comenzó un nuevo proceso de organización y creamos los «consejos de ancianos», que era un grupo de compañeros —elegidos por los demás presos— que se constituían en la dirección del campamento. Eran elegidos democráticamente desde la base. Los miembros de una casa elegían un jefe de casa, equivalente al jefe de camarín en el Estadio. Los jefes de casas —por agrupaciones de casas— elegían un jefe de pabellón que pasaba a ser miembro del consejo de ancianos. Dentro del consejo se elegía el presidente, el secretario general y otros cargos que se inventaban para estar ocupados. A mí también me tocó ser presidente del consejo de ancianos, cargo que era rotatorio. El primero fue Mariano Requena, un médico comunista que había sido un alto funcionario del Servicio Nacional de Salud; está vivo, era una gran persona.

Él fue nuestro primer presidente. Se duraba un tiempo en el cargo. Nunca he trabajado tanto en mi vida como en ese cargo, porque organizamos una universidad popular ya que había profesionales y especialistas en todo. Había unos veinte médicos de distintas especialidades incluyendo ginecólogos; había astrónomos, artistas, periodistas desde luego —que hicieron un diario mural—, éramos como catorce periodistas, había poetas, campesinos, obreros, profesores. Se organizaron cursos, gente que sabía idiomas enseñaba francés, inglés, portugués. Había clases y conferencias de todo tipo. Los milicos en ese sentido nos dieron chipe libre porque les ahorrábamos trabajo. Eran muy flojos, y toda la organización corría por cuenta nuestra. La administración del campo entregaba los alimentos a la cocina, pero los cocineros eran presos.

Instalamos una pulpería, un correo, y así se nos fue normalizando la vida. También, una posta de auxilios médicos, un club de fútbol. Había un famoso cirujano especialista en manos que lo llevaron a Antofagasta a operar milicos. Organizamos un *show* dominical con artistas muy buenos. Se creó el conjunto musical Chacabuco, donde estaba Ángel Parra y otra gente de mucha calidad. En fin, una diversidad de actividades. Había mucho desecho, alambre, lata, vidrios, libros de la oficina con los salarios de los trabajadores de la salitrera, materia usable que sirvió para una amplia gama de artesanía de todo tipo. El astrónomo encontró un vidrio e inventó un telescopio; se consiguió un mapa astral y en la noche, antes de recogernos, daba clases de Astronomía incluido el catalejo para ver las estrellas. Organizamos concursos de poesía y de cuentos. Una multiplicidad de actividades.

Después nos permitieron tener radio y escuchábamos Radio Moscú, Radio Habana. De ahí tomábamos mucha información que los periodistas colocaban en el diario mural. Los militantes, cuando nos permitieron visita de familiares, establecimos contacto con nuestras respectivas organizaciones y me empezaron a llegar cartas con comunicados de la dirección del MIR, con mi promoción al Comité Central, y todo esto camuflado en mil cosas: en pasta de dientes, en jabones, alimentos. Había una vida clandestina muy intensa aprovechando que teníamos cierta libertad. Aunque había todo lo típico de un campo de concentración, dentro del campo éramos amos y señores. De vez en cuando hacían allanamientos, especialmente en las noches. Todas las mañanas nos obligaban a formar filas y contarnos para que no se escapara nadie. Después se iba el oficial y su acompañante y quedábamos nosotros. Funcionaban los partidos en clandestinidad, el Partido Comunista, el Partido Socialista, inclusive con ciertos rituales. Por ejemplo, cuando matan a Miguel, como yo aparecía como *el* mirista —la mayoría de los otros miristas que había pasaban desapercibidos, colados—, entonces la dirección del PC, los socialistas y otros, van a darme sus condolencias. Efectivamente, la muerte de Miguel fue un impacto muy fuerte en nosotros y en la izquierda en general. Porque era una esperanza imaginar que por ahí estaba Miguel Enríquez, resistiendo, combatiendo en la clandestinidad. La leyenda se iba formando. El hecho de que lo encontraran y mataran fue otra derrota más.

Capítulo 2
Develando la trama conspirativa

JUAN JORGE FAUNDES: Con todo lo que se sabe ahora: investigaciones del Comité Church del Senado USA (1975), los documentos desclasificados de la CIA, la Doctrina del Shock de Naomi Klein, etc., etc., hay suficientes evidencias como para construir ese proceso conspirativo que partió desde la oficina misma de Nixon en la Casa Blanca, e involucró a empresas multinacionales, empresas nacionales, prensa, partidos políticos, organizaciones gremiales patronales, militares, entre otras. Sin embargo, **Punto Final** *pudo denunciar aquella conspiración golpista desde el inicio del gobierno de Allende, con nombres y datos que después la historia ha mostrado como exactos. ¿Cómo lo hicieron? ¿Cómo fue el modo de trabajo periodístico que pudo llegar a tal grado de certeza en el diagnóstico de lo que estaba ocurriendo y de lo que iba a ocurrir? ¿Cuál es la lección para los periodistas y medios de progresistas, de izquierda o revolucionarios de hoy en lo que respecta al trabajo periodístico? Da la impresión, al leer los artículos de* **Punto Final** *del año 1973, que hubo un trabajo periodístico de investigación que permitió ir «pre-viendo», construyendo discursivamente, casi premonitoriamente, lo que iba a pasar. ¿Era resultado lógico de un análisis o había información dura o ambas cosas? Hoy sabemos que todo estaba programado y financiado, pero eso no se conocía en ese momento, sino que se iba observando los hechos a medida que ocurrían.*

MANUEL CABIESES: Buena pregunta porque no sé cómo contestarte; no quiero mentir, no quiero presumir, yo también me he sorprendido al ir revisando los artículos de la colección de *Punto Final*, porque le estábamos dando en el clavo a una pila de cosas y hay un montón de información, en lo que apoyábamos esos análisis. Es muy bueno. Me carga autoaplaudirme, pero, bueno, es un mérito compartido con otros compañeros, estoy impresionado. Estábamos claros en la *weá*, disculpa la expresión, pero no teníamos ninguna capacidad de proceder de acuerdo con eso. Nosotros teníamos la revista, teníamos una cierta relación con Allende vía *El Perro Olivares*. La relación de Augusto con Allende era muy estrecha, pero siguió trabajando en la revista hasta el final como miembro del consejo de redacción. A pesar de todos sus quehaceres en Televisión Nacional y como asesor de Allende, él siguió preocupado por la revista. Teníamos acceso, te quiero decir —también a través de Jaime Barrios, que estaba en la gerencia del Banco Central y era del equipo de la revista—, teníamos acceso a fuentes de información y también podíamos hacer llegar mensajes a Allende, y de alguna manera lo hicimos. Pero no solo éramos nosotros, hubo organizaciones diversas, políticas, montones de gente que teníamos claro lo que iba ocurrir; pero a la vez estábamos como incapacitados de hacer nada concreto, de corregir, para evitar lo que se veía venir como inevitable.

Mira, yo creo que fue una mezcla de los elementos que describes. La base de nuestra posición estaba dada por una formación ideológico-política determinada que te permitía visualizar las posibles vías de desarrollo de un proceso como el que tenía lugar en Chile. En ese sentido fue una formación que era común en el conjunto de la izquierda, pero particularmente de los que militábamos en el MIR. Que, lamentablemente, éramos más bien —y solo— un *proyecto* revolucionario; pero no teníamos la dimensión de un *partido* revolucionario, un partido de vanguardia que fuera conduciendo la revolución. Éramos un proyecto que marchaba hacia eso. De todos modos, los instrumentos ideológicos y políticos existían y permitían visualizar alguna de las cosas que pasaban ignoradas al común de los observadores. Creo que eso estaba en la base.

Luego estaba la condición de periodistas del grupo de *Punto Final*, digo predominantemente periodistas, porque también había quienes no lo eran de profesión, como el caso de Jaime Faivovich y Alejandro Pérez, que eran abogados, o de Jaime Barrios, que era economista. Pero que redondeaban y completaban el cuadro del resto que éramos periodistas de oficio, periodistas políticos y politizados a la vez —no todos miristas—, con conocimientos de sectores representativos de la sociedad chilena, de distintos sectores: culturales, militares. Por ejemplo, El Perro Olivares era hijo de militar. Estaba el hecho de conocer de cerca el trasfondo de la política chilena, de la derecha chilena, de distinguir sectores dentro de esa derecha. Estaba esa habilidad que tiene el periodista en general —y sobre todo el politizado— de captar el ambiente que se está viviendo mediante conversaciones, mediante lo que se lee, mediante lo que se escucha, mediante la cercanía con otros. En ese tiempo había mucha mayor cercanía, más interrelación en la sociedad chilena, hoy día vivimos aislados. Entre el automóvil, la computadora y la televisión, qué sé yo, nos han reducido al aislamiento. Y eso, estimulado por el individualismo que inyecta el modelo, peor todavía. Entonces, somos islotes. Pero en esa época había una interrelación mayor entre los protagonistas de esta historia. Y ese es otro factor, que tiene que ver con la línea editorial informativa de la revista. Eso, como pilares básicos, pero no hubo, aunque me hubiera gustado que así fuese, un trabajo de investigación como hoy día lo entendemos, de llegar a determinar esto es así, o va a pasar tal cosa, sino que nosotros vivíamos la vorágine que vivía la sociedad chilena. Una vorágine en la que se embarca la sociedad y que se va acentuando. Era una vorágine de acontecimientos, de cada día, de cada hora, de los rumores que van y vienen, de los problemas que van ocurriendo, entonces no teníamos ni el tiempo ni los recursos para, digámoslo así, sesudas investigaciones periodísticas.

JJF: Me da la impresión de que ello evidencia el valor de un instrumento de análisis ideológico-político adecuado, que permite llegar a estos diagnósticos con la información que se va recogiendo del ambiente, del contexto, de unas fuentes más informadas, de otras menos informadas, de los rumores, etc. A este conjunto de datos se le aplica la matriz de esta herramienta de análisis ideológico-política que se manejaba y se puede llegar a una conclusión acertada. Y me parece que esta herramienta consistía en aplicar el materialismo dialéctico, el materialismo histórico…

MC: Lo has descrito magistralmente. Lo suscribo. Para qué lo voy a repetir… [*Risas*].

JJF: …en identificar las contradicciones principales, las secundarias, cómo se relacionan, o sea, Mao Tse Tung…

MC: …claro, claro. [*Risas*]. Y eso es lo que resalta el valor de un instrumento como fue esta publicación —pudo ser otra cosa—, que en momentos determinados juega sin quererlo —porque no es que lo hubiéramos pretendido— las veces de un partido. Suena como petulante pero es algo así… es como una simbiosis…

JJF: ...un partido que entrega orientaciones pero que carece del aparato. Da las orientaciones, pero carece de la estructura que permite hacerlas operativas, ir alcanzando los objetivos.

MC: Exacto, me sumo una vez más a lo que acabas de decir. Y el otro punto en contra es que, a diferencia del partido, una publicación está obligada a pronunciarse, a definirse. Cada día si es un diario, cada semana si es un semanario, cada quincena si es un quincenario. Estás obligado a pronunciarte, a definirte. Yo creo que un partido puede eludir un pronunciamiento, irse por las ramas, ganar tiempo. Mientras que en esta cuestión hay que jugarse el todo por el todo, cada quince días. No desearía ahondar en esto porque me suena como autoelogio.

JJF: No hay autoelogio, Manuel. Lo que haces es, por un lado, valorar el instrumento teórico, metodológico, analítico, y, por otro, lo que acabas de decir: esa obligación, esa responsabilidad de pensar, de reflexionar sobre lo que está ocurriendo; ese desafío de ir pensando al instante y haciendo un diagnóstico permanente, en cada periodo de aparición, sin el riesgo de esclerotización ideológica que suelen sufrir los partidos al ir dejando la reflexión sobre la práctica cotidiana y posponiendo los análisis para más adelante. Creo que asociar una revista, una publicación, a un partido es esclerotizarla.

MC: En eso nosotros también tuvimos y hemos tenido la ventaja de que nunca fuimos ni somos el órgano oficial de un partido. Por supuesto, siempre nos han tildado de la revista mirista; cuando nos sacaba la cresta la derecha, éramos una revista «castro-comunista». Pero nunca fuimos órgano de un partido. Es cierto, no vamos a negar lo evidente, la línea de *Punto Final*, sobre todo en los últimos tiempos antes del golpe, era marcadamente coincidente con la del MIR. Eso es real, pero nunca tuvimos —aunque yo era militante del MIR desde 1969—, nunca la hubo, dependencia de ninguna naturaleza, no hubo aporte económico, influencia para la línea editorial, eso jamás. Jamás alguien, ni Miguel Enríquez, hizo amago de decirme nada; salvo pedirme a veces un favor —oye, ¿puedes publicar esta entrevista?—, y eso lo hace todo el mundo. No hubo ningún tipo de imposición, eso te quiero decir. La línea se elaboraba en el consejo de redacción en el que había de todo: Alejandro Pérez venía de años y años de militancia comunista; Jaime Barrios, también, sobre todo de formación con el Che en Cuba, durante años trabajó ahí. Más adelante podemos detenernos un poco más en él porque es un personaje fundamental en la creación de esta revista. Jaime Faivovich, socialista desde siempre y hasta su muerte. El Chico Díaz no era militante de nada, se hizo militante del MIR en el exilio, fue teniendo afinidad con el MIR, pero llegó a la militancia en el exterior. Pero en verdad no era militante, es que era un tipo muy divertido, en el sentido de reírse un poco de todo, de poner en cuestión todo, era un descreído de las creencias. Hernán Lavín era un cristiano, y un poeta. Es decir, en ese consejo había mucha variedad. Había gente del MAPU.[1] El hecho es que había un grupo heterogéneo en cuanto a militancias. Lo que nos unía era una gran amistad personal y, en lo político-ideológico, la Revolución Cubana, no me cabe duda. Eso fue la amalgama, y no solo en Chile, que logró que gente tan heterogénea se juntara para empresas comunes. Desde fundar un partido, instalar una guerrilla o hacer una revista. Eso fue lo que compactó a estos grupos. Y fue la influencia ideológico-política determinante en nosotros. Esa actitud nuestra en la revista de polemizar, contradecir a lo que hemos llamado la izquierda tradicional, viene de eso, de esa impronta.

---

[1]   Movimiento de Acción Popular Unitaria (MAPU), partido formado por sectores izquierdistas de la Juventud de la Democracia Cristiana, al igual que la Izquierda Cristiana (IC), y que pasan a formar parte de la Unidad Popular (UP) en 1970 para apoyar la campaña de Salvador Allende.

Capítulo 3

Jaime Barrios o el impulso del Che

JJF: ¿Por qué se llamó Punto Final? *¿Cuándo la bautizaron, cómo, dónde?*

MC: Mira, es una cuestión que no he podido dilucidar, no sé bien si se le ocurrió a El Chico Díaz o a mí. Los dos fundamos la revista. Lo que sí sé es dónde ocurrió. Ocurrió en la calle Ahumada, frente a Falabella, frente al Banco de Chile. Tengo viva la cuestión de cuando íbamos pasando frente a esos lugares, repasando nombres: que *Alborada, La Voz, La Calle,* no sé qué, y de repente uno de nosotros dice *Punto Final,* y a los dos se nos prendió la lámpara porque en ese nombre estaba lo que queríamos hacer. ¿Qué queríamos hacer? Era una publicación. Primero, que no censurara a los periodistas —era pensando en periodistas—, que no censurara, que los dejara decir lo que ellos querían, que no censurara en lo posible por tema de espacio, había —claro— una limitante lógica que es el número de páginas de las publicaciones, pero queríamos que no estuviera restringida por el espacio. Era nuestra propia experiencia como periodistas. En este caso los dos trabajábamos en *Última Hora.* El Chico había trabajado en *Ercilla* y habíamos experimentado ese tipo de censura. Otros periodistas amigos nuestros nos transmitían sus experiencias, que eran como sigue ocurriendo hoy, censura por los avisadores, por la línea editorial del dueño y además por el espacio. Que te obligaba, cuando habías trabajado un tema, y tenías un montón de antecedentes, a reducirte a la octogésima parte.

Esas eran las cosas que nos llevaron a querer una publicación como esta y *Punto Final* representaba algo que le pusiera punto final a un tema... La revista nace como un folleto.

[*Busca en el cajón de su escritorio*].

Aquí está:

[*Muestra un ejemplar del primer número de la revista*]. [1]

La tragedia del *Janequeo* [*lee*]. Como tú ves, es un folleto. El primer tema fue ese, escrito por un periodista, Miguel Torres, que ya murió. Periodista de temas policiales que escribía muy bien, un estilo como el de Nicomedes Guzmán. El *Janequeo* era un barco de la armada que se hundió. Era un folleto quincenal [*lee…*] sobre los grandes temas de nuestro tiempo. *Punto Final* es un folleto que aparecerá dos veces al mes y divulgará reportajes sobre asuntos que inquieten a la opinión pública. [*Ahora lee la contratapa*]. *Punto Final* le seguirá informando cada quince días de sucesos, política nacional e internacional, economía, deportes, ciencias, arte. *Ediciones Punto Final.* Dirección: Huérfanos 1011 Oficina 321. Impresores: Sociedad Impresora Horizonte Ltda. Lira 363, la imprenta del PC [*termina de leer y deja el folleto sobre la mesa*]. En Huérfanos 1011 creo que estaba la oficina de Alejandro Pérez. Después nos trasladamos a la calle Unión Central. De estos folletos se publicaron hasta nueve números. Después aumentó un poco de tamaño pero nunca llegamos al tabloide que es ahora.

Este fue el tamaño inicial. Hasta el número nueve era un solo tema. Hasta dónde llegaría nuestra amplitud política [*ríe*] que en ese momento hasta Rafael Otero, súper reaccionario, escribió sobre el caso Laguna del Desierto, donde mataron a un oficial de Carabineros, al teniente Merino, en un problema fronterizo con Argentina.

JJF: Durante la Unidad Popular Rafael Otero tuvo la revista SEPA, *un órgano de propaganda golpista.*

MC: En ese tiempo todavía no mostraba las garras… En el número diez dimos el salto a transformarnos en revista con distintas secciones: política, economía, cultura, etc. [2] Y ese salto fue bajo los impulsos de Jaime Barrios, como te decía, economista y militante comunista al que su partido había mandado a Cuba,

---

[1]   Los lectores lo pueden ver y leer en el Archivo Histórico de *Punto Final* (www.pf-memoriahistorica.org/) y en http://es.scribd.com/doc/55181554/Punto-Final-1-La-tragedia-del-Janequeo-1965.

[2]   Este primer número de *Punto Final* como revista política está en: http://es.scribd.com/doc/73671921/Punto-Final-n%C2%BA-010-1966-Carta-de-los-escritores-de-Cuba-a-Neruda.

junto con un grupo de otros militantes, para ayudar a la Revolución Cubana naciente. Jaime trabajó con el Che en el Banco Nacional y en el ministerio de Industria. Jaime Barrios va a venir posteriormente a Chile a sondear algunos partidos de izquierda y ver si se embarcaban en la guerrilla del Che. Aunque él no dijo a nadie, no sé si él lo sabía, que el Che estaba en Bolivia; aquí le fue pésimo, salvo con el Partido Socialista. Pero eso es otra historia.

El asunto es que Jaime viene a Chile y toma contacto con El Chico, Augusto Olivares, conmigo, y este hombre es el que nos mete en la cabeza la idea de por qué no hacer una revista propiamente. Ya que estábamos embarcados en este proyecto en que comenzaba a irnos mejor, no bien, pero sí mejor, ¿por qué no hacer el esfuerzo de pasar a ser una revista? Además nos inflamó del ardor revolucionario cubano. Imagínate, un hombre que está trabajando con el Che, venía con todas las pilas puestas. Fue el hombre que nos dio el impulso, que nos hizo pensar seriamente: ¿por qué no? Y partimos con todos los esfuerzos que implica una publicación nueva, compromisos de deudas, etc. Primero, nosotros salíamos a vender, cuando era folleto, con El Chico Díaz, al café Haití. Pero cuando fue revista ya teníamos una estructura de distribución.

Jaime Barrios nos prometió colaboraciones de autores cubanos, salvadoreños, de Roque Dalton. Él era el vínculo nuestro con La Habana. Estamos hablando del año 1966 en que el ejemplo cubano, la Revolución y la rosca con los partidos comunistas tradicionales estaba en auge. En Chile mismo comenzaban a darse manifestaciones de esa influencia. Gente que empezaba a transmitir en la onda insurreccional, vía armada, ese era el clima que se vivía en la izquierda en esa época. De hecho, en el segundo número de la revista como tal, el número 11, publicamos un discurso de Fidel Castro donde hace una crítica feroz a Orlando Millas, el dirigente comunista chileno que a su vez había criticado a la OLAS.[3] Era la polémica entre la vía pacífica *versus* la vía armada. En ese escenario, surge *Punto Final*, y casado con esa posición, la que representaba la Revolución Cubana, sobre todo la posición del Che.

---

[3]   Organización Latinoamericana de Solidaridad (OLAS). Fue una organización creada en agosto de 1967 en Cuba, compuesta por diversos movimientos revolucionarios de América Latina que compartían las propuestas estratégicas de la Revolución Cubana. Cfr. Emir Sader: «OLAS», *Latinoamérica: Enciclopedia Contemporánea de América Latina y el Caribe*, AKAL Ediciones, Madrid, 2009, pp. 909-910.

Capítulo 4

«Un proceso revolucionario acorralado desde su inicio...»

...los procesos en marcha, en Bolivia, en Venezuela, en Ecuador, corren peligro si no desarrollan con mucho vigor y con mucha decisión el poder popular.

Yo te diría —a riesgo de parecer muy simplista— que la enseñanza principal es que para empeñarse en un proceso de cambio revolucionario hay que perder la ingenuidad.

El factor armado —como el factor político, el factor ideológico, el factor organizativo— creo que es absolutamente indispensable en una estrategia revolucionaria, aunque tome distintas formas en distintos periodos históricos, distintas situaciones nacionales.

JJF: ¿Crees que la historia pudo ser diferente si se hubiera escuchado a PF y al MIR, que sostenían una misma postura, la del poder popular?

MC: A mí no me cabe duda de que la historia hubiera sido muy diferente si la política a implementarse por el gobierno de la Unidad Popular hubiese sido diferente, porque se hablaba del poder popular, que es la esencia de estas propuestas. Yo pensaba, y sigo pensando, hoy, a la luz de lo que está ocurriendo en América Latina, que la viga maestra —para usar una expresión de la época, en realidad la «viga maestra» era el cobre— de una revolución es el poder popular. Si no es el pueblo el que manda, en sentido de organización, de opinión, de decisiones, el gobierno se atasca, en el mejor de los casos se burocratiza —y no es «el mejor de los casos» tampoco, como muestra la historia—, o perece, como nos ocurrió a nosotros en Chile. Proceso que, indudablemente —aunque en aquella época discutíamos su carácter, su esencia—, visto con una perspectiva histórica, era un proceso revolucionario, que estaba germinando, que estaba comenzando a desarrollarse, que tenía enormes [*se corrige*], muchas contradicciones internas. Era una coalición de partidos diversa, por eso representaba intereses de clase distintos, tenía una carga de complejidad interna enorme, y, aparte de eso, estaban los enemigos a los cuales enfrentaba. Partiendo por el imperio, y siguiendo con una derecha, con una burguesía, que es la más ingeniosa y falta de escrúpulos de América Latina. De manera que no era fácil. Pero en la propuesta de la Unidad Popular, del conjunto de estos partidos, y en el pensamiento mismo de Allende, más allá de algunas expresiones discursivas, digamos, retóricas, no existía una concepción seria de lo que estamos hablando, del poder popular. Muy distante de eso, era seguir operando con el mismo Estado heredado, con la misma institucionalidad heredada, dentro de los cauces que imponía, o que impone, el Estado burgués. Un proceso revolucionario acorralado desde su inicio. Y jaqueado por fuerzas externas e internas.

Los intentos de poder popular que se hicieron son bien conocidos: de consejos comunales, de cordones industriales. Todas aquellas experiencias partieron con atraso, partieron con la oposición de partidos, de sectores de la Unidad Popular. El Partido Comunista vino a integrarse a los consejos comunales al final ya, el año 1973. A meses del golpe. Cuando se dio cuenta, claro, de que lo que venía había que enfrentarlo con un pueblo a la ofensiva. Pero ya fue tarde. Los intentos que se habían hecho de formar estructuras del poder popular, que se hicieron en varias partes del país —no solo en Santiago, también en el Sur, en el Norte, se hicieron experiencias—, no tuvieron el importante apoyo estatal que hubiesen tenido si el gobierno y los partidos de la Unidad Popular hubiesen estado convencidos de que ese era el camino. Pero ya la iniciativa la había perdido a esa altura. La iniciativa ya no estaba en manos de la Unidad Popular, sino de la derecha.

La última manifestación de respaldo popular vinieron a ser las elecciones parlamentarias de marzo de aquel año 1973, donde la Unidad Popular fue derrotada por la coalición derecha-democracia cristiana; pero la Unidad Popular retiene una cantidad suficiente de votos e impide a la derecha alcanzar los dos tercios que buscaba para derrocar constitucionalmente a Allende. Hasta ese momento, hasta marzo, la línea central de la conspiración no era el golpe militar sino el golpe legal, constitucional, usando todos los mecanismos que la institucionalidad dejaba en manos de la oligarquía, de los reaccionarios, del propio imperialismo que estaba metido hasta el cuello en el accionar interno, que era la guerra sicológica. Esa fue la última manifestación que el pueblo le dio a un gobierno que ya venía en declive, que podía contar con un 40 y tanto por ciento de apoyo electoral (en este momento no recuerdo exactamente la cifra) que habría permitido, al menos, intentar un vuelco, porque era evidente que cerrado el camino constitucional para derrocar a Allende lo que venía inevitablemente era el paso a primer plano de la línea golpista, golpista militar, que estaba a la orden del día; había quedado demostrado que no se podía a la buena, entonces era a la mala. Y justamente lo único que habría podido frenar esto —y quizá tampoco, porque ya era tarde— era un enorme impulso al poder popular, a los embriones, a los atisbos del poder popular. Y fue por eso que varios sectores de la Unidad Popular hasta entonces renuentes a estas expresiones del poder popular, como los consejos comunales, se incorporan a ello, pero ya a la hora nona, a la hora undécima. Resumiendo, sigo creyendo en el día de hoy, a la luz incluso de lo que está sucediendo hoy, que la esencia de la revolución es el poder popular, no es —como creíamos muchos antiguamente— el partido de vanguardia, con su dirección esclarecida, su organización monolítica, etc., la piedra de toque fundamental. Evidentemente el partido, el creador de ideas, de líneas, es fundamental en un proceso revolucionario. Pero donde está la clave del asunto es en el poder popular. Y tiene que ser algo más allá de lo puramente retórico. No basta con decir aquí tenemos poder popular si en la realidad no es el pueblo el que está dirigiendo el proceso.

Afortunadamente, en América Latina creo que se ha recogido esta experiencia, la experiencia nuestra, la de Chile, y se volvió a reactivar, así como se ha vuelto a reactivar la idea del socialismo, se ha vuelto a reactivar la idea del poder popular como algo central. Pero aún no conozco el caso en América Latina en que el poder popular esté funcionando plenamente. Evidentemente, en Bolivia, en Ecuador, en Venezuela, nos encontramos con el poder popular en construcción, pero todavía está, a mi juicio, lejos de alcanzar la fuerza, las potencialidades que la idea del poder popular contiene. Por eso los procesos en marcha, en Bolivia, en Venezuela, en Ecuador, corren peligro si no desarrollan con mucho vigor y con mucha decisión el poder popular.

JJF: Los militares también tuvieron un rol en el gobierno de Allende. Existió esa contradicción entre los constitucionalistas, con el general Carlos Prats a la cabeza, y los golpistas. ¿Es también importante un trabajo con los militares para poder sostener una experiencia revolucionaria hacia el socialismo?

MC: Sí, yo creo que sí. Es innegable y la experiencia chilena lo demuestra. Si no hay una idea de maniobra política que consista en la unidad pueblo-ejército, los procesos revolucionarios corren serio peligro. No se puede dejar el instrumento militar en manos de la reacción y menos en un continente como este donde las fuerzas militares han sido preparadas, adoctrinadas y equipadas por el imperialismo; donde las escuelas militares son escuelas de formación de cuadros reaccionarios, los preparan para defender la propiedad privada, los intereses, etcétera, etcétera.

JJF: ¿Pero eso es realista pensarlo dada la experiencia chilena? ¿Pudo ser distinto?

MC: Claro, en el caso chileno hubo expresiones positivas de lo que pudo ser. Una fue la llamada conspiración de la Marina, una de las ramas más elitistas, más reaccionarias, más ligadas a la oligarquía chilena, donde impera, imperaba, una disciplina militar férrea, y es allí donde surge una formación política de marinos, de suboficiales, que defienden el gobierno de la Unidad Popular y que toman contacto con partidos de izquierda. En otros casos se integran como militantes de partidos de izquierda. El MIR desarrolló una política de trabajar con las fuerzas armadas y encontró eco receptivo. Una buena cantidad de elementos del Ejército y de la Fuerza Aérea. Me recuerdo que en esta revista, a mediados de 1973, era relativamente habitual que nos visitara un compañero de la FACH, en algunas oportunidades llegó hasta de uniforme. En el MIR hubo militantes de la FACH, del Ejército, de Carabineros. No sé si de la Marina, pero en todo caso este movimiento que hubo en la Marina tomó contacto con la dirección nacional del MIR, etc. Y hubo generales, como el general Bachelet, por ejemplo. El mismo Prats. Con todas las limitaciones que tenían estos generales, democráticos, masones, para efectos políticos podrían haber sido catalogados como socialdemócratas, pero eran elementos que estaban dispuestos a colaborar con lo que se estaba desarrollando en Chile y también quizá dispuestos a contener los desbordes revolucionarios, seguramente. Pero, bueno, para los efectos de lo que estamos hablando, también el caso de Chile, a pesar de lo que ocurrió, demuestra que era posible trabajar con y ganar a sectores de las fuerzas armadas. Con una existencia de poder popular, con partidos políticos de izquierda bien organizados y con una línea clara, y con sectores de las fuerzas armadas comprometidos, no hubiese sido golpe de estado, habría sido una guerra civil. Cuyos resultados serían imposibles de predecir.

O las actitudes como la de Prats —lo que está registrado históricamente— de sugerirle a Allende: «Vamos a cortar todas estas cabezas». El presidente de la República en aquella época tenía la facultad, si se le daba la gana, de nombrar a un sargento primero como jefe del Ejército; estoy exagerando, pero podía nombrar al coronel fulanito...

JJF: ¿Y por qué crees que Allende no le hizo caso a Prats?

MC: Porque era un hombre de una formación democrática absoluta. Democrático-burguesa. Por supuesto muy adelantado a su época. Allende es de una generación de políticos latinoamericanos, de la izquierda latinoamericana, que en su mayoría traicionan los procesos revolucionarios. Estoy hablando de Haya de la Torre, José Figueres, Muñoz Marín en Puerto Rico, Rómulo Betancourt en Venezuela. Surgen en organizaciones como el APRA, o en el Partido Socialista chileno, en organizaciones socialdemócratas en esencia, pero que finalmente se ponen al servicio del imperialismo. Allende, en cambio, es una de las excepciones notables de esa generación de políticos. En su devenir, en su proceso de formación política, Allende se encuentra con una Revolución Cubana, surgente, entusiasta, ello le hace adherir a eso; se encuentra en un Chile que va cambiando, esto explica las relaciones cordiales, con diferencias grandes, entre Allende y el MIR, de confianza, de hablar las cosas diciendo al pan pan, pero claro, desde la óptica de un Allende formado, no sé cuántos años estuvo de parlamentario, formado en la política tradicional chilena y consecuente con lo que él siempre dijo: hacer los cambios dentro de la Constitución y las leyes. Nunca se planteó pisotear los derechos de nadie; respetó escrupulosamente la llamada libertad de expresión, jamás, aunque hubo sectores que se lo pedían, osó limitar ninguna de las libertades públicas, de las reconocidas en la Constitución, que le dejaban las manos libres a la conspiración, no estaba en su esquema mental transgredir esas normas constitucionales para fortalecer el proceso revolucionario.

JJF: En Venezuela las fuerzas armadas han sido fundamentales, pero porque estaba Chávez, que había sido, que era militar. Es decir, las fuerzas armadas fueron las protagonistas principales del proceso...

MC: Claro; y con la franqueza con que estamos hablando, el futuro de la revolución en Venezuela va a depender a mi juicio, entre otras cosas, aparte del poder popular, de que realmente la lealtad y la adhesión de las fuerzas armadas al proceso sea consistente y real. Y yo no sé hasta qué punto eso es así. No cabe duda de que el proceso que encabezó Chávez con la participación de las fuerzas armadas era como lo máximo que uno podría imaginar en materia de alianza, de construcción de fuerza revolucionaria; el contar con el apoyo popular con que contaba Chávez y a la vez con el apoyo organizado y disciplinado de las fuerzas armadas. Además de que las fuerzas armadas en Venezuela, a falta de cuadros profesionales, han permitido que el gobierno se desempeñe en numerosos campos donde son los oficiales de las fuerzas armadas los que llevan la carga administrativa. Resumiendo, un proyecto revolucionario que no cuente con el pueblo y con las fuerzas armadas, y que no convierta en realidad el axioma de que son el pueblo con uniforme, como se decía aquí y como se dice en Venezuela, si no conviertes eso en realidad estás sonado. Además, hay que partir de la base de que una importante cuota de la oficialidad es potencialmente traidora a un proceso revolucionario, porque están intrínsecamente formados para un papel diferente; de modo que tienes que actuar con esa prevención. Pero no es imposible, fíjate que están las experiencias de Torrijos, en Panamá; de Velasco Alvarado, en Perú; Caamaño en República Dominicana, te demuestran que no se puede absolutizar eso de que es impracticable ganar a las fuerzas armadas para un proceso revolucionario en América Latina.

JJF: Pero en esos casos se ha partido por la cabeza, han sido los comandantes en jefe, los generales, quienes han asumido el rol e ideologizado las fuerzas armadas hacia abajo. No se ha visto el proceso a la inversa.

MC: En el caso chileno hubo trabajo de lo que la derecha llamaba de infiltración de la izquierda en las fuerzas armadas. Un trabajo de reclutamiento, desde abajo. Todo eso lo iniciamos. Estamos hablando de un proceso que dura, ¿cuánto?, mil días. El hecho de que un partido como el MIR, no fue el único, pero el MIR con sus características, revolucionario, la izquierda de la izquierda, hubiese tenido ya acercamientos, incluso en oficiales, como el caso Melo y otros oficiales. Es significativo que en un proceso revolucionario comiencen a hervir fuerzas que te permitan abrir nuevos caminos; y en ese proceso se va creando conciencia, se va creando organización, etc., es como una bola de nieve. Pero eso es cuando uno lanza un proceso revolucionario con la voluntad de hacer la revolución realmente, y no de quedarte en el camino, porque el camino es la muerte.

JJF: Habría que empezar a hacer un trabajo de larguísimo plazo con las fuerzas armadas...

MC: Acuérdate de que había esos planes —nosotros mismos participamos en eso— de mandar a nuestros hijos, primero, a hacer el Servicio Militar y no sacarse los balazos. Y luego, los que estuvieran en condiciones de quedarse en las fuerzas armadas. Todo eso se puede hacer en un cuadro como el que vivíamos en los años setenta. Después ya no, porque ya no te aceptaban tampoco ni en el Servicio Militar a hijos de gente conocida como de izquierda. La inteligencia militar actuaba ya hasta en ese plano.

JJF: Lo que ocurre contra los actuales gobiernos de izquierda, progresistas, de América Latina, ¿podría considerarse una especie de repetición de la estrategia que se usó contra Allende, o qué elementos nuevos tienen?

MC: No sé si lo mismo, pero ha habido casos, por ejemplo en Bolivia, donde la conspiración contra el gobierno de Evo Morales llegó a plantearse hasta la fractura del país. En el caso de Venezuela, hay versiones, no sé hasta qué punto firmes, pero se ha hablado hasta de pedir la intervención de las fuerzas armadas norteamericanas. Y es un hecho evidente lo que se pretende hacer vía Colombia; la amenaza de acción de fuerzas militares extraterritoriales, etc., son como elementos nuevos de la gran estrategia para contener los procesos revolucionarios en América Latina, pero en esencia los aspectos fundamentales: la utilización de los partidos opositores y su financiamiento, los medios de comunicación, como el elemento fundamental de un proceso de ablandamiento del gobierno que se quiere derrocar, la utilización de los mecanismos institucionales. El caso de Venezuela es un paradigma, hay que recordar cómo la oposición actual rechazó la constitución bolivariana, e incluso rehusó ir a elecciones parlamentarias, recusaba la misma constitución que hoy enarbola para intentar destituir al gobierno sucesor de Chávez. La utilización de la Iglesia, en el caso de Chile no fue toda la Iglesia, por cierto, y luego del golpe parte de la Iglesia salvó su honor. Pero, en la Iglesia chilena, como hoy en Venezuela, parte de su jerarquía, etc., se incorpora al esquema conspirativo. En ese sentido, la utilización de determinados valores o eslóganes para la guerra sicológica es reconocible, es lo mismo. El proceso de acaparamiento de alimentos y de artículos de primera necesidad para producir escasez y por lo tanto irritación en la población, todos esos elementos centrales siguen siendo lo mismo. Y lamentablemente con éxito. Lo más lamentable también es que conociendo nosotros el libreto, los que dirigen los procesos revolucionarios no se apresuran a golpear primero. No terminan de convencerse de que se trata de una guerra, de una guerra de clases, y en una guerra si tú no golpeas primero te golpean. De manera que se sigue reproduciendo el fenómeno. Y no me cabe duda de que estos aires revolucionarios, renovadores en América Latina, sobre todo a partir del año 1999, la elección de Chávez, están en riesgo, corren serio peligro, sobre todo el pivote de este proceso que es el gobierno de Venezuela. Por lo tanto todo lo que tenga que ver con denuncia, solidaridad y apoyo, bienvenido sea, pero en definitiva serán el pueblo venezolano y sus dirigentes los que tengan que afrontar la situación y resolverla, y ojalá se inspiren en experiencias bien claras como fue la chilena.

JJF: A propósito de Colombia y Venezuela, ¿la vía armada, las guerrillas, el foco guerrillero, están ya obsoletos, fuera de época, no son una estrategia válida, o en algunas partes sí?

MC: Yo creo que está claro que en este momento no es la forma principal de lucha que tienen los pueblos; han ocurrido muchas cosas en el mundo en general, como la desaparición del mal llamado campo socialista. Y las experiencias en América Latina. Y la realidad actual; la vía armada no está a la orden del día como la forma de lucha principal. Pero de ahí a sostener que la guerrilla está obsoleta, que hay que olvidarse de eso... Yo creo que no hay que olvidarse para nada de eso; puede llegar el momento, y así ocurre en la Historia, ciclos, retrocesos, avances, que la vuelvan a poner a la orden del día. Naturalmente será en otras condiciones, en otras formas, dada la experiencia recogida. Pero, en el fondo de lo que tú planteas, de lo que preguntas, está latente, más que la guerrilla, el factor armado; de si en un proyecto revolucionario sigue siendo válido el factor armado. Yo creo que sí. En Venezuela el factor armado es el apoyo de las fuerzas armadas, y se ha dado un paso más con la creación de las milicias, cosa muy importante. En Venezuela se concretiza esta idea en el Ejército constituido, en las fuerzas armadas. En otros casos será de otra manera. Pero no tener en cuenta el factor armado es darle la espalda a la Historia, a la realidad del mundo en que vivimos. El factor armado —como el factor político, el factor ideológico, el factor organizativo— creo que es absolutamente indispensable en una estrategia revolucionaria, aunque tome distintas formas en distintos periodos históricos, distintas situaciones nacionales.

JJF: Haciendo un resumen, porque ya lo has venido diciendo, ¿cómo crees que la experiencia chilena puede ser útil, después de cuarenta años, a los procesos revolucionarios?

MC: Me resulta difícil hacer una síntesis, porque hay tantos aspectos. No solo fue el golpe, también la dictadura militar, la situación actual. Desde el golpe militar hasta el día de hoy hay un corte en la Historia chilena que hace un todo, y que lo fundamental de la lucha política, revolucionaria, de liberación, se siga dando. Yo te diría —a riesgo de parecer muy simplista— que la enseñanza principal es que para empeñarse en un proceso de cambio revolucionario hay que perder la ingenuidad. Creo que el talón de Aquiles de la experiencia chilena, y que ojalá no cometan otras experiencias, es que era de una ingenuidad asombrosa, opinión que compartimos todos los que de una u otra manera participamos en ella. Todos pecamos de lo mismo, de una ingenuidad que tiene algo de angelical; que está asociada a una bonhomía, a una forma de ser muy bondadosa del ser humano. En este caso, los seres humanos que componíamos la izquierda chilena. Lo diré con una pequeña anécdota. A mí el que me hizo claridad de lo que había pasado en Chile fue un campesino, un dirigente campesino comunista, que estaba preso también en el campo de prisioneros de Chacabuco. Era un tema recurrente, lo es siempre cuando uno está preso, el preguntarse por qué uno está preso. Me acuerdo que íbamos caminando por unas callecitas polvorientas de Chacabuco, con este dirigente campesino, hablando de política, de por qué estamos aquí, de por qué fuimos derrotados, y este compañero campesino, dirigente de un asentamiento, me dice: «¿Sabe, compañero, por qué nos sacaron la cresta? Porque no teníamos odio». ¡Porque no teníamos odio! Para mí fue como un deslumbramiento. Había participado en conversaciones mucho más ideologizadas, más políticas, complejas, densas, y en ese momento sentí que este hombre, con una claridad como suele ser el campesino, ponía el dedo en la llaga: la razón última de nuestra derrota era que no teníamos odio, que creíamos en la buena fe de los demás, que no nos atrevíamos a apretarle el cogote a quien había que apretarle el cogote. Creo que esa es la enseñanza principal. Esto se puede rellenar con elementos de análisis político, económico, etc., pero en esencia el problema fue que no teníamos odio.

JJF: Pero, imagino que la enseñanza no es que ahora sea necesario tener odio. Creo que no se trata de tener odio, sino de tener claridad, decisión y voluntad de hacer las cosas.

MC: Sí, no digo que ahora se trate de matar gente. Sino de ese ingenuo apego a valores que no son los nuestros, que son de la institucionalidad que hemos heredado. Ponernos a ser los mejores defensores de esa institucionalidad es absurdo. Te encajona en un camino sin salida. Mira en Chile como aún hoy se enaltecen los valores «republicanos» y se elogia a figuras de la izquierda porque son perfectos y connotados republicanos. Caer en esa trampa, de creerse el cuento, de creer que esta es *la* institucionalidad y de que los valores que de ella fluyen son «los valores» que requiere una institucionalidad democrática, real, y por lo tanto revolucionaria según las aspiraciones nuestras, es un absurdo. Es una ingenuidad total. Yo no quiero desmerecer en absoluto la imagen de nadie ni en particular la de Salvador Allende, por quien tengo una gran admiración, pero expresión de esa ingenuidad es que el mismo día del golpe Allende se está preguntando qué será del pobre Augusto, de Pinochet, hasta que se entera de que el pobre Augusto está a la cabeza del golpe. Se pregunta, qué será de él, porque lo consideraba un general leal. Porque se lo había recomendado el propio Prat, de quien era su segundo. También, la ingenuidad de Prat. Son expresiones de lo que quiero decir, de esa ingenuidad.

JJF: ¿Cómo no ser ingenuos?

MC: Habría que hacer un Manual [*risas*]… Hay algo en la formación nuestra que nos hace ingenuos. Otro ejemplo: la Constitución de Venezuela, que tiene más de 300 artículos, es una muestra excelente de esa ingenuidad. En los comienzos del gobierno de Chávez, yo le decía al vicepresidente Rangel que era una constitución demasiado democrática y que le permitiría a la oposición maniobrar de tal forma que le complicaría mucho la vida a Chávez. Y José Vicente, somos muy amigos, me dice, mira, lo que pasa es que esta constitución es fruto de gente que sufrió la persecución, las cárceles, el exilio, el asesinato político, la tortura. El porcentaje mayor de constituyentes está expresado en el espíritu de esa constitución bolivariana. ¡Es una constitución de gente buena, buena, que fue perseguida, que querría que jamás aquello volviera a ocurrir! Y esos ideales los expresan en la Constitución. Y sin quererlo se deja la puerta abierta a la contrarrevolución. Es difícil de explicar esto.

Es tanta la sangre derramada en esta lucha que lo único que uno quisiera es que aprendamos, que no volvamos a hacer las mismas huevadas. Y lo que está ocurriendo aquí, en política interna, es una muestra de que no hemos aprendido nada. Ya la derecha está amenazando con golpe —hay editoriales, *El Mercurio*, Hermógenes Pérez de Arce— si se insiste en una Asamblea Constituyente. ¡Lo están diciendo con todas sus letras![1]

---

[1]   «Respecto a qué pasaría si en un próximo gobierno confluyen una crisis económica con la asamblea constituyente [...] Pérez de Arce dice que una intervención militar "no se puede descartar nunca; cuando la gente hace trampas en el juego político y sobrepasa la Constitución, la solución puede venir de cualquier lado [...] no puedo predecir, pero sí predigo que si se lleva a cabo el proyecto de sus asesores constitucionales (de Bachelet) va a haber una crisis institucional en Chile..."». H. Pérez de Arce: *The Clinic* (3 de junio de 2013), recuperado el 24 de agosto de 2013, de «Hermógenes Pérez de Arce no descarta una intervención militar si se lleva a cabo el proyecto constitucional de Fernando Atria»: http://www.theclinic.cl/2013/06/03/hermogenes-perez-de-arce-no-descarta-una-intervencion-militar-si-se-lleva-a-cabo-el-proyecto-constitucional-de-fernando-atria/.

Hermógenes Pérez de Arce (Santiago, 1936), abogado y periodista, fue director del diario *La Segunda* entre 1976 y 1981, y columnista de *El Mercurio* hasta el año 2008. En 1973 era diputado por el Partido Nacional.

SEGUNDA PARTE

Antología de *Punto Final,* periodo 1970-1973*

*   Digitación de los artículos de *Punto Final*: Ana Osorio. Corrección y edición de los artículos de *Punto Final*: Andrés Letelier. Ambos, miembros del equipo permanente de la revista *Punto Final*.

Introducción

«Quisiéramos puntualizar algunas cosas»

Tal como ha relatado Manuel Cabieses en la entrevista, solo a partir de su n.° 10 (de la segunda quincena de agosto del año 1966) la revista *Punto Final* adquirió su carácter actual y dejó de ser un folleto monotemático. «En el número diez dimos el salto a transformarnos en revista con distintas secciones: política, economía, cultura, etc.» bajo los impulsos de Jaime Barros, militante comunista que había estado en Cuba trabajando con el Che (ver Capítulo 3 de la Primera Parte). Es por ello que nos ha parecido pertinente iniciar esta antología de la revista, aunque referida al periodo 1970-1973, incluyendo este comentario editorial del n.° 10 que es una declaración de principios vigente hasta la actualidad.

Editorial

Al reiniciar nuestro contacto con los lectores quisiéramos puntualizar algunas cosas. Desde luego, nuestra posición política. Todo órgano de prensa tiene una posición, aun aquellos que se escudan en una aparente «objetividad». Nosotros no queremos engañar a nadie. Estamos en la izquierda, o sea, entre las fuerzas políticas y sociales que combaten por el socialismo. Somos, en consecuencia, antiimperialistas y antioligárquicos. Estamos contra el feudalismo y sus nuevas expresiones: el neocapitalismo y el «gorilismo». No creemos, por cierto, que el reformismo sea un remedio aconsejable para los países en vías de desarrollo, como el nuestro. Por el contrario, estimamos que es un factor de retraso, si no se le combate y denuncia, en el proceso de liberación de nuestro pueblo. Buscamos divulgar, por lo tanto, un auténtico pensamiento revolucionario. En esa tarea seremos todo lo amplios que exige la inquietante y compleja realidad nacional. Pero seremos firmes y consecuentes en nuestro propósito. Consideramos que, si bien nuestro pueblo no necesita tutores que encuadren la dirección de sus luchas, ni de pontífices que digan la última palabra, hay urgencia de entregar antecedentes que actúen como factores estimulantes de combate. Una corriente renovadora del pensamiento revolucionario recorre América Latina. No es ningún misterio que ella emana de la Revolución Cubana. Se está manifestando en cada uno de nuestros países, en diferentes formas. Es necesario, por eso, contar con amplios elementos de juicio. No ocultaremos lo que otros esconden. Trabajaremos con armas ideológicas limpias, sin odios ni resentimientos y no rehuiremos la polémica. Pero siempre nos guiará el convencimiento de que las organizaciones políticas que el pueblo se ha dado son instrumentos cuyo perfeccionamiento debe buscarse con lealtad, nunca su destrucción o división. Combatiremos, entonces, al verdadero enemigo. Estamos, en resumen, en el gran cauce del movimiento político y social empujado por las aspas de la revolución socialista que llama a la conciencia latinoamericana. En esta corriente pueden existir, y de hecho existen, matices y opiniones diferentes. Pero todas confluyen en un mismo objetivo. Eso lo tendremos presente.

Punto Final

1970

Capítulo 1

«Unidad» popular: el fracaso de una política*

Manuel Cabieses Donoso

> *Me atrevería a decir que posiblemente antes de Navidad vamos a tener un candidato único de izquierda.*
>
> P. NERUDA, *El Siglo*, 14 de diciembre de 1969

> *...las fuerzas de la derecha y el imperialismo habían hecho creer que la Unidad Popular era una olla de grillos, que no iba a resultar nada, ni programa, ni pacto, ni entendimiento, ni candidato.*
>
> P. NERUDA, *El Siglo*, 30 de diciembre de 1969

> *Tengo el deber de expresar públicamente mis sentimientos ante el hecho de que llegado el año 1970, aún no tengamos un acuerdo unitario sobre la candidatura presidencial única.*
>
> P. NERUDA, *El Siglo*, 4 de enero de 1970

Las dificultades que ha encontrado la designación del candidato que represente a los partidos de izquierda tradicional, trascienden la pequeña historia de zancadillas, codazos y personalismos que rodean ese proceso. Hay algo mucho más importante. Se trata del fracaso de una política que se insiste en aplicar a sabiendas de que no resulta. La política de «unidad popular», entendida como una coalición que no reconoce fronteras ni contradicciones clasistas o ideológicas,[1] es un error que conduce también a la derrota electoral.

---

*   *PF* n.º 96, 20 de enero de 1970, pp. 6-7.

[1]   «En la coalición de la izquierda participan distintas clases y capas sociales y diferentes tendencias ideológicas, así como diferentes "partidos"». O. Millas: *El Siglo*, 28 de diciembre de 1969. *[N. del A.]*.

Convierte al reformismo, en su variante de izquierda, en eje de la lucha política. Los programas y la conducta de los partidos obreros se acondicionan a las exigencias de los sectores moderados. Se trata de ganar aliados a cualquier precio y de incorporar a «distintas clases y capas sociales». Es así como toda «personalidad» o «movimiento» adquiere los mismos derechos que un partido que reclame la vanguardia de la clase obrera por su composición militante y su ideología. Después de la derrota de 1964, tanto el PC como el PS se hicieron la autocrítica en este sentido. Comprobaron que la captura de «bacalaos» y su ubicación en lugares de honor del movimiento popular obligaba a renunciar a postulados ideológicos mínimos y tornaba incolora la campaña presidencial (o sea ni siquiera servía para educar a las masas), y gravitaba de modo fundamental en la derrota.

Sin embargo, como era fácil prever, seis años después se insiste en el mismo error que sin duda llevará al mismo fracaso. Sostenemos (*PF* n.º 95) que la raíz del problema está en la concepción del partido que mantiene la hegemonía del FRAP. La estrategia del «Estado de democracia nacional» —al que conduciría la vía pacífica— fue ideada en 1960. Su documento teórico es la Declaración de los 81. Después de diez años de aplicación por numerosos partidos comunistas, no ha obtenido éxito alguno que pruebe su justeza. A su vez, la coexistencia pacífica —piedra angular del sistema— no ha impedido que el imperialismo lleve adelante sus agresiones en el sudeste asiático, en el Medio Oriente y en América Latina.

En 1958, el FRAP (socialistas y comunistas) estuvo a 34 000 votos de la victoria. Nunca se ha colocado más cerca. La deducción que se sacó de esa derrota (siempre han existido dudas de la veracidad de las cifras oficiales) fue que había que conquistar nuevos aliados. El primero que surgió a mano fue el zigzagueante Partido Democrático Nacional (PADENA). Este partido[2] se incorporó con plenos derechos. Sus personeros llegaron a presidir el FRAP y a encabezar delegaciones al exterior, incluso a Cuba. Es el caso de Carlos Montero Schmidt, que en su calidad de presidente del PADENA recibió

---

[2]   Una fracción participa en el actual gobierno y otra —que tomó el nombre de Partido Social Demócrata— en la «unidad popular». Otros sectores se encuentran en el alessandrismo. [*N. del A.*].

también entusiastas aplausos en el XII Congreso del PC (marzo de 1962) cuando afirmó: «Debemos terminar con el latifundio. Terminar con el feudo político del gran terrateniente... Debemos por lo tanto estatizar los latifundios, creando granjas modelo e integrar los minifundios en cooperativas...».

Durante los últimos años el señor Montero ha protagonizado sonados actos de resistencia a la Reforma Agraria, incluyendo la preparación de grupos armados de latifundistas, según denuncias de *El Siglo*. Aparecieron asimismo otros movimientos, como la Vanguardia Nacional del Pueblo, el Partido Radical Doctrinario (fusionados enseguida en la desaparecida Federación Nacional del Trabajo), el Movimiento Católico Allendista y otros. El resultado fue que en 1964 se perdió por más de 400 000 votos, después de una campaña desteñida, carente de contenido, no digamos revolucionario sino izquierdista. Se tuvo que pasar por la vergüenza de esconder la Revolución Cubana (incluso hubo oradores que fueron retirados de la tribuna por excederse en su adhesión al socialismo) y se ofreció un compacto frente en retirada ante la «campaña del terror». Cabe agregar que muchas de las «personalidades» allendistas del 64 son alessandristas o tomicistas en 1970. El fracaso comprobado de los frentes amplios, sin fronteras, que por su contenido más bien parecen bolsillos de payaso donde se confunden toda clase de objetos, no ha servido de lección. Es así como echarle la culpa al imperialismo y a la oligarquía es un eufemismo que pretende ocultar una equivocada dirección política.

Si la conquista del poder fuese algo tan sencillo, bien valdrían las cuentas alegres que sacó *El Siglo* en una fecha sugestiva (28 de diciembre de 1969). Señala que la «unidad popular» parte con un 42% sin considerar al MAPU y API, a lo que habría que agregar el 2,2% de la Unión Socialista Popular. Al frente estarían el PDC con 29,8% y el Partido Nacional con 20%.[3] O sea, que el triunfo de la «unidad popular» está asegurado. Solo se trata de designar el candidato que representará al bloque. Pequeño detalle que consiguió paralizar la «unidad popular». Sin mayores problemas el bloque fue capaz de dar a luz, el 5 de noviembre del año pasado, un programa de gobierno.

---

3   Estas cifras se basan en los resultados de las elecciones parlamentarias de marzo de 1969 (PC, 15,9%; PR, 13%; PS, 12,2% y PSD, 0,9%). *[N. del A.].*

Solo el PS objetó algunos aspectos, pero se acogieron sus sugerencias. El programa quedó listo el 15 de diciembre. Se fijó un primer plazo para designar candidato alrededor del 20 de diciembre. En vez de ello, el 23 se firmó un Pacto de la Unidad Popular, documento elaborado sobre un borrador que presentó el PC, y el 26 se firmó un documento llamado Conducción y Estilo de la Campaña, donde predominan ideas que presentó el PS. En el intervalo se fijó plazo hasta el 31 de diciembre para designar al candidato. Pero no hubo acuerdo, aunque el número de postulantes bajó a cuatro.

Un dirigente político que participa en el Comité Coordinador de la Unidad Popular, Orlando Millas, comunista, explicó así la situación: «El Partido Radical apoya la candidatura de Alberto Baltra y acepta, además de ella, solo la de Rafael Tarud. Por lo tanto, aparece rechazando las de Pablo Neruda, Salvador Allende y Jacques Chonchol... De la misma manera, el PSD y la Acción Popular Independiente apoyan la candidatura de Rafael Tarud y aceptan fuera de ella, exclusivamente, la de Alberto Baltra; el Partido Socialista apoya la candidatura de Salvador Allende y acepta, también, nada más que la de Pablo Neruda, y el MAPU, que retiró su postulación de Jacques Chonchol, ha declarado que acepta la de Pablo Neruda... El Partido Comunista es el único que acepta todas las demás candidaturas... con la única condición de que conciten el entendimiento general» (*El Siglo*, 4 de enero de 1970).

La izquierda tradicional había asegurado enfáticamente que lo «primero» era el programa, o sea la cohesión ideológica, y que la designación del candidato presidencial no revestía ninguna dificultad ya logrado ese entendimiento de principios. Quizá eso era válido para el PC, que «acepta todas las demás candidaturas», y que en la última reunión de 1969 sugirió como eventual candidato al senador Rafael A. Gumucio (MAPU), lo cual es síntoma de la debilidad que afecta la alianza socialista-comunista.[4]

La realidad vino a demostrar los puntos vulnerables de alianzas que son anchas, pero que carecen de profundidad. En el problema que detuvo el proceso de «unidad popular» juegan personalismos y algunas maniobras

---

[4]   Gumucio ha pasado a jugar importante papel en la perspectiva del PC desde que, a nombre del MAPU y hablando en el XIV Congreso Comunista, atacó duramente al «ultraizquierdismo». *[N. del A.].*

que dudosamente podrían calificarse de «políticas». Sin embargo, todo ello es el sabroso caramelo de una pugna que se define en función de clases antagónicas.

La unidad en cuanto una táctica que permite avanzar a las masas trabajadoras es un concepto político inobjetable. Relativamente fácil es encontrar aliados circunstanciales de la clase obrera para objetivos también transitorios. Pero cuando se trata del poder, los obreros, campesinos y capas revolucionarias de la pequeña burguesía solo encuentran aliados oportunistas, cuyo objetivo es birlarles la victoria. Cuando menos llegan para realizar una labor de zapa contra la verdadera unidad.

Los reformistas de todos los pelajes están encantados de dirigir un frente electoral amplio sustentado por las clases trabajadoras. Pero no aceptan de ningún modo ser furgón de cola en un convoy guiado por revolucionarios. La trampita del juego electoral en la democracia burguesa reside precisamente en que siempre deben ganar los sectores de la propia burguesía. La «unidad popular» —que podría dar a luz todavía una candidatura traumatizada por las contradicciones del partido— es una táctica equivocada en lo político y sin destino en lo electoral. Desarma ideológicamente a amplias capas de trabajadores a los que convence de que es posible alcanzar el poder sin más esfuerzo que sumar «personalidades» y «movimientos». Desalienta a las masas —que son arrastradas por otros polos de atracción política de la propia burguesía— y finalmente desprestigia la verdadera unidad que podría construirse sobre la base de la cohesión de intereses clasistas e ideológicos, en el fragor de una intensa lucha contra el sistema capitalista. Sin embargo, el esquema que traza la izquierda tradicional para alcanzar el poder sugiere que en realidad no hay interés en llegar a una confrontación con el sistema, aunque los indicios de resquebrajamiento de la «institucionalidad» están a la vista. En el último tiempo ha tenido manifestaciones elocuentes en las fuerzas armadas y en el Poder Judicial. Aunque ellas no signifiquen, todavía, extrema debilidad, la falta de audacia y firmeza revolucionaria están dándole otra opción al sistema para que recupere su salud.

Capítulo 2
Posibilidades y limitaciones del reformismo de izquierda*
Manuel Cabieses Donoso

El senador radical Alberto Baltra Cortés, excandidato a la Presidencia de la República, ha salido en defensa del reformismo de izquierda. En *PF* n.º 96 admite que el programa que él definió de esa manera en 1966, fue hecho suyo por el Partido Radical en las convenciones de 1967 y 1969, y pasó luego a convertirse en programa de la Unidad Popular.

La honestidad intelectual del senador Baltra está fuera de discusión; más todavía cuando él señala que al bautizar como «reformismo de izquierda» ese conjunto de medidas económicas (*PF* n.º 95), cometió un error que ahora rectifica. El reformismo de izquierda se convierte en «estrategia socialista de reformas». Ella privaría a las clases dominantes de sus factores de poder y desencadenaría un proceso de etapas dinámicas en la perspectiva de la creación de una sociedad socialista.

Hasta ahí el pensamiento del senador Baltra, según creemos.

Ahora bien, queda en claro que el programa de la Unidad Popular —en lo medular, o sea en su parte económica— se basa en las ideas expuestas por Baltra en 1966, entonces definidas como «reformismo de izquierda» y hoy como «estrategia socialista de reformas».

En teoría resulta difícil objetar que un programa de esa naturaleza pudiera efectivamente conducir al socialismo. Faltan, claro está, los ejemplos históricos que abonen tal perspectiva. Pero eso no la descalifica *a priori* ya que su éxito o fracaso dependería de su aplicación real, para lo que primero habría que crear la opción concreta para que se materializara.

---

*   *PF* n.º 97, 3 de febrero de 1970, pp. 16-18.

En este caso se trata, simplemente, de ganar las elecciones presidenciales de septiembre de 1970.

Es perfectamente lícito pensar, como lo hace Baltra y con él el conjunto de partidos de la Unidad Popular, que el reformismo de izquierda o estrategia socialista de reformas puede «terminar con el dominio de los imperialistas, de los monopolios, de la oligarquía terrateniente e iniciar la construcción del socialismo en Chile».[1]

Es un pensamiento reformista, claro está. Pero es a la vez un pensamiento político avalado por un significativo respaldo de masas.

Si a la estrategia de reformas económicas se suma la garantía de que el futuro gobierno popular será pluripartidista, que respetará los derechos de la oposición y que los cambios se harán de modo pacífico y respetuoso de las vallas legales, puede concluirse que el programa sería aceptado por grandes sectores de población, no importa cuál sea su condición social o ideológica.

En ese sentido el programa satisface lo que se ha dado en llamar la «sensatez» del chileno medio: recoge las exigencias del Partido Radical en orden a que el camino al socialismo se recorra dentro de un «régimen constitucional fundamentado en la separación de los poderes y el respeto a la ley»;[2] y acoge en igual sentido pronunciamientos del PC, que se inclina por el acatamiento a la «tradición democrática» del país.

Reconozcamos por lo tanto que un programa de reformas orientadas hacia el socialismo puede tener suficiente respaldo electoral. ¿Para ganar? No lo sabemos, pero supongamos que sí.

Lo que nos parece más difícil es que de verdad se pueda impulsar el «proceso de lucha y de cambios» de que habla Baltra para convertir en un proceso dinámico «la perspectiva de la creación de una sociedad socialista».

Para que ese proceso tenga algún asidero, incluso teórico, hace falta aunque sea el esbozo de una práctica. Tenemos entonces que volver a la realidad, salir de los marcos esotéricos y volver a los hechos.

La Unidad Popular no tenía necesariamente que esperar un candidato y menos que este gane la elección para demostrar su poderío de masas. Pero

---

1   *Programa básico de la Unidad Popular,* introducción, punto 9, Santiago, 22 de diciembre de 1969. *[N. del A.].*

2   Declaración del PR, 28 de julio de 1969. *[N. del A.].*

ahí está lo que ocurrió con las reformas constitucionales aprobadas por el Parlamento el 29 de diciembre.

Fue calificada como el «más cobarde atentado contra los trabajadores chilenos» porque convirtieron al presidente de la República «en un dictador cuyos poderes omnímodos le permitirán barrer con las conquistas sociales que tanta sangre y luchas les han costado a los trabajadores», y se llamó «a todos los trabajadores, pobladores, estudiantes, dueñas de casa, a movilizarse hacia el Parlamento el día lunes 29... a ¡combatir pueblo de Santiago!... a parar en la calle, en la industria, en todos los sitios de trabajo, los artículos 44to. y 45to. de la reforma constitucional».[3]

La verdad es que en el mejor momento no se reunieron más de mil trabajadores en las cercanías del Congreso —cuyas galerías estaban vacías—, custodiado por el Grupo Móvil de Carabineros. Y eso que se trataba del «más cobarde atentado contra los trabajadores», como en efecto era.

El proceso dinámico que requiere el reformismo de izquierda solo puede tener como protagonistas a la clase obrera y al campesinado. Son las únicas fuerzas llamadas a imprimirle un curso hacia el socialismo.

Pero la clase obrera, particularmente, ha sido erosionada en su capacidad de lucha por el propio reformismo. Desde luego, el riguroso apego a las cortapisas legales ha influido en el propio volumen de la organización. Según últimas cifras (a diciembre de 1968) el 19,6% de la población económicamente activa está afiliada a sindicatos industriales (obreros), profesionales (empleados) y campesinos.[4]

Salvo en el sector campesino, donde el avance es espectacular (en 1959 había 27 sindicatos con 2 131 socios y en 1968 pasó a 352 sindicatos con 81 674 socios), la organización obrera es deficiente.

En diez años el número de obreros afiliados a sindicatos solo aumentó de 162 274 a 197 259. Esta última cifra —el 2% de la población del país— correspondería en términos reales al proletariado organizado, capaz de dinamizar un proceso de cambios.

---

3   Declaración conjunta de los comités regionales en Santiago del PC, PS, PR, API y MAPU, 22 de diciembre de 1969. *[N. del A.].*

4   C. Blest: «Organización de la clase trabajadora», *PF*, 22 de marzo de 1969. *[N. del A.].*

Sin embargo, la cifra habría que expurgarla más. Organizaciones católicas europeas y el influyente Instituto Americano para el Desarrollo del Sindicalismo (IADSL) han hecho lo suyo para corromper a ciertas capas de trabajadores, despojándolas de conciencia de clase y convirtiéndolas en auxiliares del capitalismo. El reformismo no ha obstaculizado esa tarea sino en los términos menguados de una lucha por el control de aparatos sindicales. La disputa —por llamarla de algún modo— ha degenerado en la estructuración de verdaderas elites sindicales, económicamente poderosas y políticamente influyentes. Es improbable que acceda a sacrificar sus privilegios y lo más seguro —por el contrario— es que un proceso hacia el socialismo tendría que enfrentarlas como a otros grupos de presión oligárquica. Esa «aristocracia obrera» es la que más influye sobre los partidos, incluso los marxistas.

Una investigación realizada en 1965 entre dirigentes sindicales mostró a lo vivo el efecto de tantos años de reformismo y de abierta intromisión norteamericana. Un 48% de los dirigentes consultados señalaron como «positiva» la actitud de la empresa hacia los sindicatos. Interrogados sobre sus objetivos a corto y a largo plazo, se pronunciaron en más de un 60% por los de orden económico. Solo un 1% se inclinó por consolidar una «conciencia política» en los trabajadores. El autor del estudio llegó a la siguiente conclusión:

> Con respecto a la orientación ideológica que caracteriza a la práctica sindical debemos concluir que se acerca más a la idea «tradeunionista» que a las diversas orientaciones revolucionarias. Por lo demás, la CUT ha modificado en su tercer congreso, realizado en 1962, su declaración de principios, quitándole el énfasis marxista para hacerla más aceptable a las diversas corrientes ideológicas que se encuentran en el sindicalismo chileno, siendo ahora de contenido más amplio y de naturaleza más bien reformista... En el análisis realizado de los objetivos y métodos sindicales, constatamos que la lucha sindical, a nivel de las bases obreras, no tiene una orientación revolucionaria ni siquiera reformista del orden social, sino que pretende alcanzar leves mejoramientos de la condición económica y social de los trabajadores.[5]

---

[5]   Manuel Barrera Romero: *El Sindicato Industrial: anhelos, métodos de lucha, relaciones con la empresa*, Inst. de Organización y Administración (INSORA), Facultad de Ciencias Económicas, Universidad de Chile, 1965. *[N. del A.].*

Las tendencias reformistas se expresan con claridad en cada uno de los actos de la izquierda tradicional. *El Siglo* (21 de enero de 1970), anunciando el mitin del día siguiente en la Avenida Bulnes para proclamar al candidato de la Unidad Popular, manifestación organizada por el PC, señalaba: «los niños tendrán globos multicolores que serán lanzados al aire... Cada mujer llevará en sus manos una flor como símbolo de amor a la Humanidad».

Sentimientos de esta índole nos parecen dignos del mayor respeto. Pero creemos que solo el odio a los explotadores podría poner en marcha un «proceso de lucha y de cambios» como los que necesita hasta el propio reformismo, según admite Baltra.

La situación bajísima de la conciencia revolucionaria en la clase obrera se refleja como es natural en las elecciones políticas que agudizan el vaivén oportunista. Los partidos Comunista y Socialista, cuyo candidato presidencial obtuvo en 1964 el 38,6% de los votos, bajaron en 1967 al 28,7% y en 1969 al 28,2%, revelando la incapacidad del reformismo de consolidar y ganar nuevas posiciones.

Un estudioso llegó a determinar que un 36% de la clase baja vota por la izquierda; pero un 49% lo hace por los partidos de centro y un 15% por los de derecha. La clase media-baja se inclina en un 34% por la izquierda, en un 50% por el centro y en un 16% por la derecha.[6]

Es digno hacer notar que esta investigación clasifica al Partido Radical en la derecha, lo cual «se debe fundamentalmente al significado que adquirió la votación individual por ese partido en 1967... Por su tradición política reciente, por el significado de su alianza en el Frente Democrático en 1963 y la ideología con que se presentó a las elecciones de 1964, hemos decidido incorporarlo a la categoría de derecha».

Si a los antecedentes que da el sociólogo añadimos la participación del PR en la administración Alessandri y su comportamiento legislativo en los últimos años —por ejemplo en la aprobación de los convenios del cobre—, no es raro que el elector radical tenga de su partido la visión de una colectividad de derecha.

---

6   Augusto Varas F.: *Antecedentes y condiciones de una acción política de clase en Chile*, Centro de Investigaciones Sociológicas, Universidad Católica, 1969. *[N. del A.]*.

Conviene registrar lo que el citado estudio define por clase media-baja. En la primera incluye empleados, comerciantes minoristas o empresarios pequeños, técnicos no universitarios, obreros especializados o con funciones directivas. En la segunda, obreros no especializados, personal de servicio doméstico, trabajadores con actividades inestables, etc. Puede apreciarse que es la clase media-baja la que orienta y define los partidos de izquierda, aun cuando como clase es centrista.

Las conclusiones del investigador, entre otras, son que «la tendencia que permanece a través del análisis de la preferencia partidaria se da en torno a posiciones centristas, presentándose los partidos políticos como multiclasistas. Pero a su vez se descubre que las clases medias son más homogéneas que sus colaterales alta y baja en su preferencia partidaria, lo cual establece que las clases sociales no son multipartidistas sino que tienen una orientación definida, a partir de posiciones de centro».[7]

Una enérgica actividad política, encuadrada a las exigencias de una verdadera lucha de clases, posiblemente conseguiría romper la hegemonía centrista en lo electoral. Pero es muy dudoso que pueda hacerse en las actuales circunstancias. Prima una orientación reformista nítida en la izquierda tradicional que se traduce en lo que un político llamó «una sórdida cacería de votos».[8]

Es probable que la izquierda busque ampliar aún más sus posibilidades de agrupamiento y ello significará, como es lógico, nuevas negociaciones y mayores renunciamientos de tipo programático e ideológico. El efecto conocido debe repetirse: la emigración de las «clientelas electorales» a candidaturas que prometen garantizar las aspiraciones mínimas que la «sensatez» nacional ha puesto en el orden del día.

Un candidato proyanqui puede ofrecer fácilmente — por ejemplo — hacer participar a las organizaciones obreras en la planificación de las tareas nacionales. El propio Nelson A. Rockefeller, en su informe a Nixon sobre América Latina, observa que «la fuerza laboral está ahora excluida del planeamiento gubernamental para el desarrollo» y recomienda que «Estados Unidos debiera alentar a los gobiernos del hemisferio a incluir representaciones laborales en el planeamiento de sus programas de desarrollo». ¿Significa

---

7   Ob. cit., p. 66. *[N. del A.]*.

8   Raúl Ampuero: *La izquierda en punto muerto*, p. 76. *[N. del A.]*.

esto, acaso, lo que afirmaba *El Mercurio* respecto a la «nueva política» exterior norteamericana? «Si algún pueblo prefiere ser socialista o darse una dictadura militar —publicó el vocero criollo de los monopolios yanquis—, Washington no pretenderá oponerse como lo hizo en el pasado suspendiendo la ayuda económica o cortando las relaciones diplomáticas».

No creemos que la coexistencia pacífica llegue al punto de que Estados Unidos permita —sin hacer lo posible por evitarlo— que surjan regímenes socialistas en América Latina; salvo que la Casa Blanca esté pensando en fórmulas socialdemócratas que rebajen el contenido antiimperialista y anticapitalista de cualquier programa de izquierda. Por cierto, estamos lejos de pensar que la izquierda tradicional chilena pudiera llegar a un extremo tal de transacción.

Lo que sí opinamos, en cambio, es que resulta utópico diseñar una «estrategia socialista de reformas» sobre bases tan endebles como las que hemos repasado en este artículo.

Incluso para requerimientos en apariencia modestos, como los que indica el reformismo de izquierda, se necesita un mínimo de conciencia revolucionaria en las masas obreras y campesinas. Tal conciencia, estimamos, solo se crea en la práctica revolucionaria, en este caso, cuando menos, en el enfrentamiento con los explotadores.

En el VII Congreso de la Federación Sindical Mundial, en Budapest, el secretariado ejecutivo de la Organización de Solidaridad de los Pueblos de África, Asia y América Latina (OSPAAAL), señaló: «El movimiento obrero sindical en América Latina tiene que estar alerta ante las diferentes formas que utiliza el imperialismo para someter a los pueblos y a la clase obrera. El espectro de la llamada "democracia representativa", donde se conjugan la demagogia, el reformismo y el oportunismo, es uno de los elementos de que se vale el imperialismo para mantener su dominio sobre los pueblos».[9]

Esto parece aplicable al caso chileno. «Los obreros son arrastrados tras el espejismo de las luchas electorales...».[10] El juego de antemano está calculado para que gane la burguesía, incluyendo la variante de un testaferro

---

9   *Tricontinental* n.º 45, diciembre de 1969. *[N. del A.].*
10   Ídem. *[N. del A.].*

barnizado de promesas reformistas o de un candidato populista que, en caso de ganar, no tendrá acceso al poder sino a cambio de compromisos inviolables.

¿Por qué la izquierda tradicional ha esperado seis años para «autorizar» a la clase obrera a que sea el «motor que dinamice el proceso»?[11] Durante este lapso lo único que se ha hecho es desautorizar toda acción enérgica, frenar a las masas, calificar de «aventureros» a los trabajadores y pobladores que elevaron el nivel de la lucha y a los estudiantes que salieron a la calle. En unos pocos meses —hasta septiembre— se quiere (¿se quiere?) que las fuerzas sociales desencadenen una batalla y, más aún, que en caso de ganar impulsen un proceso dinámico hacia el socialismo. ¿No es como pedirle peras al olmo?

No es necesario repasar el proceso de la Unidad Popular para comprender que se está lejos de contemplar un enfrentamiento real con el sistema.

Nos parece revelador lo que ocurrió la víspera de la proclamación del candidato. *El Siglo* (22 de enero de 1970) informó que los dirigentes de la Unidad Popular «en forma sigilosa habían marchado a El Arrayán, donde la comisión política del Partido Comunista ofreció un almuerzo al aire libre en una parcela con piscina de esa localidad precordillerana... A esa hora ya las conversaciones se hallaban lo suficientemente adelantadas como para que en todos los asistentes primara un total optimismo. Plato fuerte fue una cazuela de ave y hubo más ambiente de paseo que de reunión política».

Siguen dominando viejas prácticas ejecutadas en el marco de un chispeante criollismo. Este no es censurable en sí mismo, sino en cuanto molde donde se fraguan combinaciones politiqueras, muy distantes de una política de clase.

Resumiendo: la perspectiva reformista de izquierda —aun ella— necesita lanzar al combate a las masas. No hay síntoma alguno, sin embargo, de que ello se pretenda hacer, al menos en un grado sustancial. Se pretende, simplemente, revivir un espejismo. La lucha social queda subordinada a metas tácticas moderadas y sujeta a la amenaza golpista, método efectista de reconocida capacidad de disuasión en Chile. Esto permite poner en duda —creemos— que el reformismo de izquierda tenga éxito.

---

11   «Conducción y estilo de la campaña», diciembre de 1969. *[N. del A.]*.

Capítulo 3

Propósitos del MIR*

Sergio Pérez Molina (CC MIR)

1969 abrió para Chile un periodo de acción ilegal y clandestina, como nueva forma de lucha política emprendida por el MIR.

Desde comienzos de ese año la dirección del MIR pasó a tomar una serie de medidas internas tendientes a llevar a la totalidad de la organización hacia la clandestinidad.

Estas medidas coincidieron con un afán de elevar el nivel de lucha hacia acciones que permitan cuestionar la estructura misma del sistema y abrir así, en forma directa, el camino hacia la lucha armada para la conquista del poder, fin para el cual fue creado el MIR.

Las expropiaciones

La organización del aparato clandestino que pudiera enfrentar con éxito las tareas impuestas y sobrevivir a la represión posterior de los aparatos armados de las clases dominantes, hizo que la dirección del MIR considerara como primera medida la realización de acciones expropiatorias, que permitieran el financiamiento de la organización y asimismo asestar a la banca privada, pilar de la economía capitalista, los primeros golpes de la joven organización.

¿Quiénes poseen los bancos?

En nuestro país, la banca concentra casi la totalidad del poder económico. Es la mayor accionista de todo tipo de empresas e industrias, o las posee en su totalidad como en el caso de Yarur, con su industria textil y el Banco de Crédito e Inversiones, además de medios de difusión como la radio Presidente

---

*   *PF* n.º 98, 17 de febrero de 1970, pp. 14-15.

Balmaceda, compañías de seguros, etc. A su vez, el Banco del Estado está convertido en el banco del partido que gobierna; la DC ha administrado los créditos que este otorga (50% del total de los créditos bancarios del país) con gran inteligencia, con miras a permanecer en el poder por algunos periodos más.

Por otro lado, las ganancias líquidas de los bancos en Chile arrojaron una suma superior a los 71 millones de escudos (ver *PF* n.º 96) en el año recién pasado. Por supuesto, todo este dinero tiene su origen en la explotación despiadada de los obreros que se mantienen con sueldos de hambre, que viven en chozas de latas y sacos y que tienen que soportar los aludes de alzas regaladas por la «revolución en libertad».

Lucha similar en toda América Latina

Partiendo de estas premisas fundamentales, es que el MIR realiza, al igual que los demás grupos insurreccionales de América Latina, las expropiaciones como una manera de financiar sus actividades y golpear a los explotadores.

La revolución se hará con el dinero robado por la burguesía y no con el financiamiento de quienes no tienen qué comer. No es posible, como algunos sostienen, financiar la revolución con el dinero del pueblo, so pretexto de ver en las expropiaciones acciones alejadas de las masas. El pueblo no tiene dinero, el dinero está en los bancos y recuperarlo para la revolución es recuperarlo para el pueblo.

En la lucha revolucionaria iniciada por nosotros, las expropiaciones no son sino el primer paso hacia acciones cada vez de mayor envergadura y que vayan cuestionando más profundamente el poder a las clases dominantes.

Dispuestos a luchar

A las recientes quemas de garitas y atentados a microbuses, seguirán otras acciones que irán mostrando al pueblo quiénes están de su parte y quiénes lo explotan.

Las acciones iniciales ya partieron, y la burguesía organiza sus elementos de defensa. Ya está dispuesta a matar y a continuar torturando. Ha formado su «escuadrón de la muerte» con elementos de Investigaciones, bendiciendo así oficialmente la DC los deseos de la gran burguesía capitalista, contra la cual entró a «luchar» en 1964 desde el gobierno.

Por nuestra parte, estamos dispuestos a vender caras nuestras vidas. No nos importan ni las torturas, ni las vejaciones de los esbirros del gobierno. Sabremos responder, como lo hicieron en Bolivia el Che, Inti y Rigoberto Zamora, uno de nuestros compañeros; Camilo Torres, en Colombia; Marighela en Brasil, etc., luchando en la misma forma en que nosotros hemos comenzado. En Chile ya hay también quienes arriesgan la vida.

Al igual que en esos países, las cárceles chilenas tienen presos condenados por luchar y organizar los aparatos armados de obreros y campesinos. El compromiso está tomado y seguiremos adelante.

Voluntad revolucionaria

Para hacer la revolución no basta la necesidad de hacerla, sino la intención de ello. Y solo puede lograrse con el enfrentamiento y la destrucción de la clase dominante, desmantelándole sus aparatos burocráticos y represivos. Esto no se logra a través de una elección ni ofreciendo una esperanza electoral ya gastada por la repetición del proceso.

Cuando el sistema entra en una crisis como la que atraviesa el país, con una inflación descontrolada, aumento de huelgas, ocupaciones de terrenos y fábricas, más represión, un gobierno cada vez más débil, con una superestructura que se cae en pedazos, una Iglesia revolucionaria, universidades comprometidas con el cambio social, el Ejército y Poder Judicial en descomposición, cualquier salida desesperada de la reacción es esperable. Frente a esto, la única seguridad de respuesta para el futuro de la revolución es la unidad de la izquierda revolucionaria y la creación de aparatos armados de obreros y campesinos.

Formándose en la ilegalidad, endureciéndose en la clandestinidad, perseguidos por los sostenedores del orden burgués, está naciendo un nuevo tipo de revolucionario, difícil de derrotar pues, aunque caiga, su ejemplo perdura y tras el caído otro tomará su lugar.

¡Hasta la victoria siempre!

Capítulo 4

El MAPU y su papel en la campaña electoral*

JCM

Punto Final entrevistó a Jaime Gazmuri, subsecretario general del Movimiento de Acción Popular Unitaria (MAPU), organización que está participando en la campaña electoral apoyando, junto con otras colectividades de izquierda, al Dr. Salvador Allende.

El siguiente es el texto de la conversación de *PF* con Jaime Gazmuri:

¿La actual Unidad Popular responde a la imagen que de ella se había formulado el MAPU? Por ejemplo: ¿cómo se concilia con la estrategia del frente revolucionario que entendemos alguna vez planteó el MAPU?

El MAPU no solo ha planteado «alguna vez» la estrategia del frente revolucionario, sino que la considera su línea estratégica permanente para todo el periodo de la toma del poder.

La cuestión de fondo que plantea la pregunta es que si hay alguna contradicción entre la estrategia del frente revolucionario y la participación del MAPU en la Unidad Popular que se ha gestado en torno a la elección de 1970. Nosotros creemos que no. Por el contrario, al participar en el proceso de Unidad Popular, el MAPU está aplicando en esta coyuntura su línea estratégica permanente. No existe contradicción entre nuestra línea estratégica fundamental y la acción política que desarrollaremos en esta etapa. Para aclarar esta cuestión es necesario analizar la forma en que el MAPU concibe el frente revolucionario, así como su planteamiento sobre la Unidad Popular.

---

*   *PF* n.º 99, 3 de marzo de 1970, pp. 28-29 (el MAPU).

El MAPU ha formulado un conjunto de consideraciones estratégicas que, a nuestro juicio, constituyen los supuestos indispensables para la toma del poder por la clase obrera.

En primer lugar, en nuestra opinión, el poder se alcanza en la medida en que las fuerzas revolucionarias logren crear un núcleo de dirección o vanguardia que sitúe a la clase obrera y sus aliados en la perspectiva del poder. Este núcleo debe cumplir con rigurosidad ciertas condiciones, sin las cuales su potencial dirigente se agota y se pierde. Primero, tiene que ser un núcleo de dirección proletaria, tanto por su composición fundamental como por las posiciones de clase que imprima al desarrollo de su tarea.

Esta primera condición de toda dirección revolucionaria se identifica con otra: la dirección debe estar ligada a las masas y sus luchas, y debe ser reconocida como cabeza de la revolución por el más amplio número de masas trabajadoras. ¿Cuál es el origen de este núcleo de dirección? Este no es otro que la confluencia de la práctica y el combate común de los partidos identificados con la clase obrera y los trabajadores por su composición y objetivos.

Este núcleo de la dirección revolucionaria tiene como tarea central —y este es el segundo supuesto de nuestra línea estratégica— la construcción de un poderoso frente de masas estructurado en torno a dos cuestiones fundamentales: el agigantamiento del poder de la clase obrera y la multiplicación de la lucha de masas en todas sus formas y niveles. Este no es por tanto un núcleo que protege su «virginidad» política en un claustro al que solo tienen entrada los revolucionarios probados, sino por el contrario, es una dirección que por su audacia es capaz de poner tras la locomotora de la clase obrera a las más amplias masas del país.

Este núcleo debe tener la flexibilidad suficiente para utilizar todas las formas y métodos de lucha que aseguren el triunfo final, para aprender de los nuevos métodos que el pueblo va creando en su lucha, para no dogmatizar sobre cuestiones estratégicas ni tácticas y para recoger creadoramente —sin servilismos ideológicos— la experiencia revolucionaria de todos los países del mundo. Creemos, por último, que el frente necesita una dirección orientada —obviamente— a aislar al enemigo y no ser aislada por este, que utilice este criterio para la selección de sus aliados, de sus objetivos tácticos y de las formas de lucha a usar en cada etapa.

Un asunto importante es asegurar que la amplitud del frente que postulamos no signifique perder de vista sus objetivos socialistas ni su dirección proletaria. Estos objetivos y la dirección se aseguran en la medida en que la correlación interna del frente es favorable al proletariado de la ciudad y del campo y sus partidos, en que se active la lucha social y en que su programa, acogiendo reivindicaciones de las capas no proletarias del pueblo, las ligue en la doble tarea de la construcción socialista y de la liberación del imperialismo.

¿Cómo se corresponde la Unidad Popular con el frente revolucionario que el MAPU postula?

La Unidad Popular surgida en 1969 en torno a la elección presidencial significa, a nuestro juicio, un avance significativo en el plano del acuerdo político, programático y en la concepción de un estilo de trabajo electoral que —de realizarse— servirá eficazmente los intereses del pueblo y de la revolución chilena. Los documentos aprobados por la Unidad Popular muestran el avance en este sentido.

Sin embargo, el proceso de génesis de la unidad tuvo un carácter centralmente superestructural. Se dio solo al nivel de la directiva de los partidos y movimientos políticos. Aunque este nivel es importante, la unidad que le sirve al pueblo debe ser construida básicamente en torno a las luchas concretas de las masas, en la base social; la unidad debe surgir como el producto de las luchas dadas en común, en un proceso donde existe participación directa y decisiva de los trabajadores. Solo de este modo es posible construir una Unidad Popular capaz de ofrecer una perspectiva revolucionaria que sirva para enfrentar el proceso electoral de 1970 y que, a la vez, pueda proyectarse más allá de él. Si ello no sucede, las tendencias electoralistas y reformistas se verán fortalecidas e inutilizarán la unidad como instrumento de lucha.

Reconociendo las fallas que la Unidad Popular tiene y luchando por corregirlas, el MAPU considera que es hoy la alternativa que mejor sirve los intereses de los trabajadores, por cuanto fortalece la unidad de la clase obrera, abre la posibilidad de elevar el nivel de conciencia, organización y combate de las masas y señala una perspectiva de poder para el pueblo. Al plantearse estos objetivos en la unidad, el MAPU está aplicando en esta coyuntura política su estrategia de frente revolucionario.

¿Cómo entiende el MAPU su participación en la campaña de la Unidad Popular?

El MAPU no ha nacido en función de la elección presidencial de 1970. Sus objetivos van más allá.

Ellos son construir un movimiento que junto a los otros sectores del pueblo aporte creadoramente al proceso de la revolución chilena.

Sin embargo, a nuestro juicio, la elección de 1970 representa una coyuntura política cuyo desarrollo y resultado son importantes para el pueblo de Chile. Desde nuestro punto de vista las elecciones de 1970 representan un desafío a la izquierda chilena, que consiste en utilizar revolucionariamente el proceso electoral de manera de elevar el nivel de conciencia de las masas acerca de sus verdaderos intereses, de aumentar las fuerzas y el volumen de sus luchas, vinculándolas al problema del poder y de fortalecer significativamente su organización. Se trata de construir desde ya un poder capaz de destruir y reemplazar el poder de la burguesía y el imperialismo. Una elección planteada en estos términos permite a nuestro juicio vencer y, además, estar en condiciones de mantener el poder e iniciar la construcción del socialismo. Si el resultado electoral fuera adverso, de todas formas el movimiento popular quedaría fortalecido y dispuesto a continuar la lucha en otras condiciones.

El MAPU está participando en la campaña tratando de lograr que estos objetivos se cumplan cabalmente. A esto contribuye el acuerdo sobre estilo y conducción de la campaña, que señala en forma clara las ideas que aquí he expuesto. Nosotros creemos que el trabajo fundamental de la campaña está en los Comités de Unidad Popular como organismos de educación política a través del programa de agitación, de movilización social: gérmenes del poder popular. La actividad del MAPU está orientada hacia los Comités, como la forma concreta de realizar una campaña electoral no tradicional ni electorera, donde la lucha electoral se combine con una profundización de las luchas reivindicativas y con una lucha ideológica y política de gran intensidad.

Esta orientación del MAPU en la campaña hace que no exista diferencia entre el trabajo político y de masas normal del Movimiento y el trabajo electoral, sino más bien que este último acelere y facilite el desarrollo del primero.

¿El MAPU cree que la vía electoral es la única manera que tiene la clase trabajadora de acceder al poder?

El MAPU cree que la gestión de las «vías» para llegar al poder es un asunto que está normalmente mal planteado. No hay una «vía» electoral. Hay elecciones que las fuerzas revolucionarias deben evaluar en cada caso, y ver qué perspectivas presentan para el avance de la revolución. Tampoco hay una «vía» armada. Lo que se ha dado en todas las revoluciones socialistas contemporáneas es que, en un momento del proceso revolucionario, las masas y sus partidos han debido luchar por las armas —usando diversas formas de lucha según cada situación particular— contra el poder armado de las burguesías y/o el imperialismo. Estos enfrentamientos se han dado después de intensos procesos de lucha social en los que se han usado formas diversas de lucha, incluidas muchas veces las electorales.

Entendido así este asunto, la discusión sobre las «vías» es irrelevante. No hay, a nuestro juicio, «vías» armadas o pacíficas. Hay procesos revolucionarios que —combinando distintas formas de lucha en cada etapa— son capaces de conquistar el poder del Estado, desalojando las clases que lo utilizan para dominar y explotar a los trabajadores, y construir un Estado de Trabajadores. Lo importante es que cada forma de lucha sea respaldada por las masas y aplicada en medio de una lucha de clases ampliada y activada. Entre estas formas de lucha no descartamos las formas armadas; más aún, creemos que la experiencia histórica demuestra que cuando la burguesía y el imperialismo se ven amenazados decisivamente, ambos se defienden utilizando todos los medios que tienen a su alcance. Los ejemplos son numerosos. En el caso chileno creemos que los trabajadores, aun cuando la Unidad Popular triunfe en la elección del 70, deben estar preparados a enfrentar mediante todas las formas de lucha —incluso la armada— la reacción de la burguesía y el imperialismo.

¿Cuál ha sido la acogida dentro de la Unidad Popular de la iniciativa del MAPU en orden a dar a conocer próximamente la lista de las primeras empresas a ser expropiadas por el gobierno popular?

La iniciativa del MAPU en este sentido ha tenido buena acogida. Creemos que en las próximas semanas estará concluido el estudio respectivo y corresponderá —seguramente— al comando o al candidato dar a conocer la lista de empresas a expropiar.

Asimismo —en su último pleno nacional— el MAPU ha propuesto que se inicie con máxima rapidez el estudio de las medidas inmediatas que realizará el Gobierno Popular una vez en el poder, así como de la invitación a estudiar, conjuntamente con las otras fuerzas políticas que participan en la Unidad Popular y de las organizaciones sindicales, las distintas luchas que los trabajadores deberán enfrentar durante 1970 para asegurar que la campaña electoral se dé en el contexto de una activa movilización del pueblo y se ligue directamente a sus intereses.

Capítulo 5

El PR no será factor «moderador»*

PF

PF entrevistó al presidente de la comisión política del Partido Radical, Orlando Cantuarias. El diálogo con el dirigente radical fue el siguiente:

¿Por qué el Partido Radical apoya la candidatura de la Unidad Popular?
El Partido Radical está apoyando la candidatura de la UP porque en el mes de octubre del año pasado aceptó formar, conjuntamente con los otros partidos y fuerzas de izquierda, un frente común para entregar adecuada solución a los problemas que actualmente enfrenta Chile. De acuerdo con el criterio radical estos problemas derivan fundamentalmente de la estructura capitalista que actualmente nos rige y que permite la concentración de la riqueza en un escaso número de personas, privando a las grandes mayorías nacionales de los medios adecuados para la satisfacción de sus necesidades.

Asimismo creemos que esta estructura económica impide el normal desarrollo de una economía sana, independiente y capaz de un crecimiento autónomo que pueda proporcionar a todos los chilenos un estándar de vida compatible con la dignidad humana.

En consecuencia, el Partido Radical señaló su coincidencia con los otros partidos y fuerzas populares y de izquierda, en orden a acelerar en Chile un proceso revolucionario que imponga democráticamente los cambios sociales, profundos, rápidos y generalizados que sustituyan las estructuras e instituciones del ordenamiento capitalista y su reemplazo por una socie-dad socialista. Mantenemos estos postulados de izquierda y lucharemos por la candidatura de la UP porque creemos que ambos se identifican con la

---

*   *PF* n.º 101, 31 de marzo de 1970, pp. 12-13.

composición humana del radicalismo, integrado por hombres y mujeres que viven de su trabajo manual o intelectual.

La Democracia Radical, formada por elementos que militaban en el PR, afirma que controla a la mayoría del radicalismo. ¿Cuál es su opinión?

Creemos que esta aseveración hecha por la llamada Democracia Radical, y difundida profusamente por otros adversarios del radicalismo, debe ser categóricamente respondida con algunos antecedentes que demuestran, en forma terminante, dónde se encuentra la fuerza electoral del PR. Para esto, basta observar el hecho de que de los 24 diputados que obtuvimos en la última elección, solo 3 han dejado de pertenecer al partido, 2 expulsados y uno marginado voluntariamente; de los 9 senadores radicales solo 2 están en el partido de la derecha radical; de los 328 regidores que elegimos, solo 29 han dejado de pertenecer a nuestras filas. Estas cifras demuestran que la gran mayoría de los representantes radicales designados por elección popular se encuentran no solo en actitud de disciplina partidaria, sino que trabajando lealmente por el senador Allende, candidato de la Unidad Popular y por ende del Partido Radical. De nuestros cuadros directivos, tanto comunales como regionales y nacionales, no hemos tenido deserciones que permitan aseverar que hay disminución de nuestro contingente electoral. Por el contrario, hemos observado en todas partes que el militante y el simpatizante radical se han volcado en los Comités de la Unidad Popular y en una gran cantidad de ellos son precisamente nuestros militantes los que están dirigiendo dichos organismos.

Podemos afirmar, de acuerdo con lo expuesto, que los expulsados han sido incapaces de arrastrar en su aventura alessandrista a la mayoría formada por incorruptos militantes. No podría haber sido de otra manera, porque la salida de algunos elementos del Partido Radical, ya sea por expulsión o por marginación voluntaria, obedece a una causa más profunda que una circunstancia electoral. Ello es así si nosotros observamos la composición humana de la DR y la del Partido Radical. En la primera se asila aquella escasa minoría de exmilitantes radicales, formada por directores de grandes sociedades anónimas, abogados de empresas imperialistas, terratenientes, dueños de empresas bancarias, en fin, todo lo que con propiedad se puede decir que conforma el capitalismo criollo. En cambio, el Partido

Radical se encuentra formado por aquella inmensa mayoría de trabajadores medios como son los profesionales, artesanos, pequeños y medianos agricultores, comerciantes, mineros, industriales, empleados, obreros, en síntesis, como ya lo señalamos, todos aquellos que viven de la venta que hacen de su esfuerzo al sector capitalista.

Entre estas dos posiciones irreconciliables por la dinámica económica social del mundo en que vivimos, no hay posibilidad alguna de establecer un común denominador que les permita mantenerse unidos en un mismo partido político. Por el contrario, hemos sostenido que la expulsión de la derecha radical se imponía como una necesidad de moralidad política y, también, como una necesidad que permitiera al radicalismo proyectarse como una fuerza creadora y realizadora al servicio de los trabajadores. Creemos que la coexistencia de ambos sectores dentro del partido fue posible mientras existió un consenso que les permitió una acción conjunta. Así, en el siglo pasado, el anhelo común de mayores libertades públicas y la necesidad de implantar la libertad de conciencia. En la primera parte de nuestro siglo XX, la lucha por facilitar el acceso de los sectores medios al proceso de discusión y dirección del país; con posterioridad, una visión y un interés compartido por llevar a cabo el desarrollo económico de Chile.

Es decir, una serie de factores comunes que permitían el accionar conjunto dentro de un mismo partido. Pero hoy día, cuando uno de los grandes desafíos que tiene el hombre es la definición en torno al problema económico, esta unidad se hizo solo ficticia y por ello necesariamente se produjo un enfrentamiento definitivo entre ambos sectores económicos. Uno formado por unas cuantas individualidades que usando de sus influencias se incorporaron a los sectores oligárquicos e imperialistas, y el otro formado por una gran mayoría de trabajadores medios, que son los que componen el actual Partido Radical.

¿Cuál es el aporte que el Partido Radical hace a la campaña de la Unidad Popular?

Creemos que esta pregunta involucra dos tipos de consideraciones, una de carácter cuantitativo y la otra cualitativo. Con respecto a la primera, repetimos categóricamente —por las argumentaciones ya formuladas en la respuesta anterior— que la inmensa mayoría del radicalismo votará y trabajará decididamente por la candidatura de la Unidad Popular.

Sostenemos del modo más enfático que incluso nuestro aporte a la candidatura de Allende será superior a la votación obtenida por el partido en la última elección de parlamentarios. Ello porque, al revés de lo que se afirma, la votación lograda por nuestros candidatos es ya una votación depurada, desde el momento en que no concurrieron a ella los elementos que hoy día forman el partido de la derecha radical y que, encontrándose en esa fecha aún en el partido, hicieron todo lo posible por procurarnos una derrota electoral que les sirviera como argumento para esgrimirlo en contra nuestra en la convención nacional. Sostenemos en cambio que será determinante en el triunfo del senador Allende la votación que concurra a su favor motivada por el efecto multiplicador que la presencia del Partido Radical involucra como integrante de la Unidad Popular.

Pero creemos que desde el punto de vista cualitativo, también es importante el aporte que hacemos a la candidatura de la izquierda. Ello desde el momento en que postulamos que el poder político emana del pueblo y que debe ser este el que regule y periódicamente genere los órganos y autoridades del Estado, mediante el ejercicio del sufragio universal, secreto y verdaderamente libre.

Asimismo, sostenemos que en un futuro gobierno popular debe establecerse un sistema político en el cual se respete la libertad de las personas, de sus opiniones y creencias; y se reconozca la pluralidad de los partidos políticos, la existencia de las minorías, la plena vigencia de los derechos humanos y un régimen constitucional basado en la separación de los poderes.

Desde este punto de vista de nuestra concepción democrática creemos que el Estado debe asegurar y garantizar que se den las condiciones económicas y sociales necesarias para que los chilenos ejerciten plenamente sus derechos y libertades, de modo que estos no sean, como en la actual ordenación capitalista, meras declaraciones o que favorezcan solo a una minoría privilegiada.

Finalmente, a este respecto debemos decir que nuestro gran aporte a la Unidad Popular será nuestro pensamiento y nuestra acción, encaminados al establecimiento de una democracia socialista para reemplazar al sistema capitalista, fundamentado en el individualismo económico.

Hay sectores que piensan que el PR es un factor «morigerador» del programa de la Unidad Popular, que actuará como freno de los partidos marxistas. ¿Qué consideración le merece esta crítica?

Simplemente, creemos que esos «sectores» no han captado, por ignorancia o mala fe, la profunda significación de las convenciones de 1967 y 1969. Estos eventos fueron la consecuencia de un largo proceso de maduración de las ideas, estrategias y tácticas que, durante más de 15 años, venían sosteniendo grupos generacionales dentro del viejo Partido Radical.

Creer que somos «moderadores» de los impulsos revolucionarios que se anidan en el núcleo de la Unidad Popular es «minimizar» el rol del radicalismo moderno. Esta falsa creencia revela, además, una desinformación o un pensamiento crítico congelado (aquí debo destacar que los «divulgadores» —no los políticos— han ignorado por años la presencia del radicalismo y mal pueden entonces «interpretar» o «juzgar» al nuevo PR).

Ahora, contestando directamente la pregunta, diremos que el PR no solo no será una fuerza de contención, sino que, por el contrario, usará su influencia relativa en el gobierno pluripartidista de la Unidad Popular para provocar la aceleración de los cambios e impetrará todas las medidas que sean necesarias para lograr el establecimiento de una sociedad socialista, democrática y humanista. Ocurre, sin embargo, que nuestra adhesión al régimen de derecho o al sistema de convivencia democrática nos puede valer el remoquete de moderadores. En este sentido, no puedo menos que reafirmar nuestra fe en el Estado de derecho como elemento insustituible del futuro Estado socialista. El radicalismo es heredero natural del pensamiento creador y crítico de Aguirre y también recoge lo mejor del dinamismo dialéctico del socialismo. El Partido Radical cree sinceramente que la Unidad Popular, además de ser una real alternativa de poder, es la antesala de un vigoroso movimiento unificador del pensamiento socialista, exento de toda idea petrificadora, dogmática o seudoideológica.

Finalmente, queremos recordar que al Partido Radical no se le regaló el programa, sino que la participación nuestra en la elaboración de los documentos de la campaña fue activa, creadora y comprometida. Siendo así, mal podemos ser morigeradores de lo que estamos ayudando a construir.

Capítulo 6

Una definición política para la Unidad Popular*

PF

> *Yo, como revolucionario, estimo útil cualquier medio que con-*
> *duzca a la meta, tanto el más violento como el más pacífico.*
>
> ENGELS

En agosto de 1967, la primera conferencia de la Organización Latinoamericana de Solidaridad (OLAS), reunida en La Habana, proclamó que «la lucha
revolucionaria armada constituye la línea fundamental de la revolución en
América Latina» y «que todas las demás formas de lucha deben servir y
no retrasar el desarrollo de la línea fundamental». La declaración de OLAS
señaló que aun en aquellos países en que no esté planteada la lucha armada
de modo inmediato «de todas formas han de considerarla como una perspectiva inevitable en el desarrollo de la lucha revolucionaria en su país».

A tres años de esa declaración, cuyos postulados *PF* comparte, está planteada en Chile una elección presidencial. Los dos partidos políticos chilenos
que asistieron a la conferencia de OLAS —Socialista y Comunista— participan en esa elección y el candidato es un militante de uno de ellos, el senador
Salvador Allende. ¿Significa esto una inconsecuencia? Bajo ciertas condiciones no lo creemos así.

Un acto electoral puede perfectamente servir al desarrollo de la línea
fundamental, la lucha armada, que es la perspectiva inevitable en la tarea de
conquistar el poder que se plantean obreros y campesinos de América Latina.
Que una elección presidencial revista el carácter de hecho revolucionario,
depende por lo tanto de la medida en que sirva a la línea fundamental.

---

*   *PF* n.º 102, 14 de abril de 1970, pp. 2-5.

En el campo electoral específico de Chile, se advierte como primera cuestión que la candidatura presidencial del senador Allende representa los intereses populares. Ella plantea un programa antiimperialista y anticapitalista, por lo tanto recibirá el apoyo de los que anhelan cambios profundos y que, a la vez, han logrado escapar al control ideológico que ejercen las minorías dominantes.

Con todo, y representando en el esquema vigente los intereses de las mayorías explotadas, la candidatura de Allende no escapa a las contradicciones que se derivan de su heterogénea composición clasista e ideológica. Dentro de la Unidad Popular, que es la alternativa electoral de izquierda, se mueven corrientes revolucionarias y reformistas. Estas corrientes, aparte del caso del Partido Radical, la Acción Popular Independiente (API) y el Partido Socialdemócrata, situados en clara posición reformista, también se registran en el seno de los otros partidos: Comunista, Socialista y MAPU.

La tendencia predominante en el conjunto es la reformista. Su peso mayor en la candidatura de la Unidad Popular puede medirse no solo por su influencia en las limitaciones del programa, sino también en algunos hechos relacionados con el curso que se va dando a la campaña.

El secretario general del PC, senador Luis Corvalán, da la tónica al declarar que «hay que rechazar a los provocadores, combatiendo toda acción que conduzca a crear un clima favorable al golpe, como cierto reciente llamado a formar "milicias populares". Toda contemporización con estas actitudes aventureras es una ayuda a la derecha» (*El Siglo*, 5 de abril de 1970). «Del mismo modo —añade— le hacen un flaco servicio a la Unidad Popular aquellos que caen en la verborrea seudorrevolucionaria, deformando también el programa en materias tan importantes como la administración de justicia».

El diputado Orlando Millas, miembro de la comisión política del PC, connotado representante de la corriente reformista, hace por su parte un grosero enfoque político. Luego de advertir que la derecha ha lanzado «una nueva campaña del terror», similar a la de 1964, sostiene: «La nueva Juana Castro se llama ahora Víctor Toro y la técnica se ha perfeccionado, consistiendo en que alguna gente irresponsable formule día a día declaraciones tremebundas o efectúe actos de bandolerismo...».[1]

---

[1]   Víctor Toro, militante del MIR, jefe del Campamento 26 de Enero. *[N. del A.]*.

Dejemos de lado por ahora la gratuita agresión a sectores de la izquierda. Lo que vale la pena destacar es que en la práctica política de nuestro país, estas connotaciones no son pura retórica. Obedecen a una línea central que orienta y define las campañas electorales de la izquierda. Aunque parezca ingenuidad, obedecen al propósito de «no asustar». ¿Y a quién no se quiere asustar? A la burguesía y al imperialismo, que a través de sus máquinas de publicidad son capaces de manipular la conciencia de una masa electoral titubeante, que oscila entre sus anhelos íntimos y el temor que le infunden las amenazas del sistema.

Algunos sectores de la burguesía económica e ideológica, como el Partido Radical y otros grupos menores, han sido ganados para el frente electoral bautizado Unidad Popular. A estos también se les trata de infundir confianza sobre el supuesto de que la lucha de clases no es necesariamente violenta. Quienes han olvidado el contenido revolucionario del marxismo, pueden sostenerlo sin sonrojo porque en verdad han llegado a creerlo. Abandonaron el campo de la revolución y están ahora en el del reformismo. La política de frentes heterogéneos en lo ideológico, sustituye la política correcta de frentes revolucionarios homogéneos en sus objetivos, en este caso la lucha por la independencia nacional, la derrota de las oligarquías y el socialismo.

La vía pacífica es el método irreemplazable en la primera de esas políticas, y eso define a tales frentes policlasistas. Mientras esté en juego el poder, sin embargo, siempre habrá una «campaña del terror» que los reaccionarios internos y extranjeros agitarán para atemorizar a los que aún no están ganados para la causa revolucionaria.

Veamos ejemplos. Las contramanifestaciones al candidato Alessandri en Concepción —que *PF* elogió— suscitaron una «campaña del terror». Los parlamentarios del Partido Radical acordaron protestar por la «violencia» popular y lo hicieron públicamente, llevando además el problema al comando de la Unidad Popular. En el seno de ese organismo ya habían protestado anteriormente por un discurso del senador socialista Carlos Altamirano, que aludió al «paredón» y a los «tribunales populares», lo cual fue desautorizado a petición del PR. El mismo tipo de protesta de la corriente reformista se planteó en la Unidad Popular por la actitud de los socialistas de la comuna de San Miguel, en Santiago, que salieron a impedir la propaganda de Alessandri y Tomic.[2]

Estos hechos han sido usados por las candidaturas reaccionarias como «campaña del terror» contra la izquierda.

Sin embargo, al parecer, el efecto ha sido mayor en la propia Unidad Popular. Los requerimientos moderadores del Partido Radical —apoyado por otros grupos, entre ellos la representación del PC y del MAPU en la Unidad Popular— han dado como resultado que se dicten normas severas para impedir las «provocaciones» que pueda utilizar la «campaña del terror».

El senador Corvalán ha dicho: «Ni el PC ni los demás partidos de la Unidad Popular tienen el propósito de convertir la campaña electoral en una especie de guerra civil, en una sucesión de reyertas que desemboquen en la violencia física». Y el epígono ya mencionado agrega: «Es indispensable... dejar de lado toda actitud de tolerancia suicida con los que hagan el juego al enemigo, actuar con el máximo de responsabilidad y nitidez. Por ejemplo, debe tomarse nota del afán de la derecha de enredar a la Unidad Popular con los "anticomunistas de izquierda", de hacer una mescolanza para atribuir a la candidatura de Allende toda suerte de barbaridades».

Este es un lenguaje en clave que no está dirigido solamente a los sectores voluntaria u obligadamente marginados de la Unidad Popular, sino que se enfila contra la corriente revolucionaria ubicada en el seno de la candidatura de Allende, dentro del propio PC, PS o MAPU.

Estas contradicciones se resuelven en oportunidades de manera curiosa. Por ejemplo, mientras el comando de la Unidad Popular se ciñe a su pedido a la Corte Suprema de Justicia [*sic*] para que impida la propaganda «ilegal» de Alessandri y Tomic, la comisión política del PS «felicita a aquellos que, con riesgo de su integridad física y aun de sus vidas, tratan de evitar que sean, en definitiva, el dinero corruptor, la propaganda de los clanes millonarios y el fraude de banqueros y terratenientes, los que definan la campaña presidencial».

---

[2]   Según la ley, la propaganda solo puede hacerse en los noventa días que preceden al acto eleccionario. El PS —en una declaración oficial— calcula en más de 20 mil millones de pesos el gasto de Alessandri y Tomic en propaganda «ilegal». [*N. del A.*].

Está a la vista —y los ejemplos son muchos— que existen dos líneas, dos formas de concebir la campaña electoral de la izquierda. Un sector piensa que todo enfrentamiento directo con el sistema sembrará el terror y por ende traerá la derrota en septiembre. Incluso teme la aceleración de la lucha revolucionaria en otros países, porque eso puede repercutir negativamente en la campaña de la Unidad Popular. El otro sector cree que precisamente se perderá la elección si no se fortalece la candidatura mediante un estilo agresivo que vaya creando conciencia de lucha. Las ideas de ese sector, al parecer, quedaron incorporadas al documento llamado «Conducción y estilo de la campaña», sosteniendo que la lucha social se opondría a las máquinas publicitarias de la reacción. Algo de esas ideas se incorporaron también al acta de nacimiento de los Comités de Unidad Popular, que se definieron como «expresiones germinales del poder popular».

Muchas expectativas se abrieron sobre esos comités, a los que otro documento oficial califica como «instrumento organizador y movilizador de las masas, capaz en cualquier momento de sacarlas a la calle y orientarlas hacia los objetivos del movimiento popular», que deberían «actuar a la ofensiva» y desbaratar «implacablemente las maquinaciones de nuestros enemigos». Ese documento se preocupó de un aspecto descuidado en campañas electorales anteriores: la defensa del posible triunfo.

Vigente en América Latina la doctrina Johnson, y luego de las experiencias de Joao Goulart en 1964 y de República Dominicana en 1965, se puso de relieve que la defensa de la victoria popular y de las primeras medidas que traten de configurar un camino socialista requiere un pueblo movilizado y preparado para un enfrentamiento con golpistas internos o invasores yanquis. Esa inquietud la recoge en forma lacónica, pero elocuente, el documento a que nos referimos: «el comité (de Unidad Popular) debe constituir una real garantía para la defensa del gobierno popular, contra las pretensiones de la reacción y el imperialismo».

Sin embargo, no hay otro párrafo en el documento (cuatro carillas oficio) que ahonde en ese punto vital. No se trata en este caso de una discreción necesaria. En realidad sucede que esta misión fundamental de los comités está siendo soslayada. Los antecedentes recogidos por *PF* indican que las normas impartidas por el comando de la Unidad Popular relegan esa función, poniendo por encima las tareas típicamente electorales de propaganda, inscripción y captación de adherentes. Aun más, la línea que se está aplicando en la mayoría de los comités es colocar al frente de ellos a representantes de los sectores reformistas o moderados, en especial radicales. En algunos casos concretos en que un adherente del comité ha planteado organizarse para la eventual defensa de la victoria o del futuro gobierno popular, se le ha tildado de «provocador» y «ultraizquierdista», o en el mejor evento se le ha ignorado. Colocándose en un plano estrictamente electoral cabe preguntarse cuál es la táctica justa. Si utilizar la coyuntura política para agudizar al extremo la lucha de clases o si moderar todo lo posible la conducta para no contribuir a la «campaña del terror». La respuesta nos parece obvia. La autocrítica de la izquierda tradicional, después de la derrota de 1964, dejó en claro que las «desviaciones derechistas», como las llaman algunos que fueron responsables de la conducción de esa campaña (y que hoy vuelven a serlo), tuvieron consecuencias funestas.

Desde luego, nadie propone en su reemplazo provocaciones o actos de terrorismo. Pero protestas populares como las de Lota y Coronel contra la visita de Alessandri no son una ni otra cosa. Enfrentar con decisión el abuso publicitario de las candidaturas millonarias, en vez de confiar en tribunales que se sabe qué intereses representan, tampoco lo es. Organizar los Comités de Unidad Popular en función de defender el gobierno popular o la victoria electoral si esta —como es posible— intenta ser escamoteada, tampoco es provocación ni terrorismo. Asimismo, no puede calificarse en esa forma que los pobladores sin casa y los campesinos se organicen para tomarse la tierra, y que para protegerse de la violencia reaccionaria constituyan milicias populares.

¿O es que para proteger la alianza con sectores de la burguesía debe apaciguarse aún más la lucha de clases, dejar que la publicidad reaccionaria inunde el país, permitir que como en 1958 se roben la victoria popular o derriben tranquilamente al gobierno que abrirá camino al socialismo, o dejar que se repitan impunemente las masacres de El Salvador y Puerto Montt sin oponer ni el amago de una resistencia organizada?

Si todo esto ocurriera por temor a perder aliados inestables, a los que de todas maneras una derrota de cualquier tipo alejará, ¿qué valor tiene la campaña electoral? No serviría ni para formar conciencia revolucionaria ni para organizar a los obreros, campesinos y otras capas patrióticas de la población.

Mucho menos contribuiría a la línea fundamental de la revolución. Por otra parte, suponiendo que la Unidad Popular es derrotada, ¿no es mil veces preferible dejar andando una estructura nacional combativa que contemplar una tropa en desbande, terminada la única batalla a que fue convocada?

Desde el punto de vista reformista cualquier asomo de enfrentamiento directo será una provocación, por insignificante que sea. ¿Esta será la conducta que regirá la campaña de la Unidad Popular?

Toda lucha de clases involucra algún grado de violencia. Solamente apaciguando la lucha de clases, por ejemplo a través de los entendimientos de la CUT con el gobierno, podría impedirse la «provocación» de masas entendida como perjuicio para la candidatura de la Unidad Popular. Es digno de observarse que ante una manifestación concreta de organización para la lucha — como es el caso de las milicias populares que forman sectores de pobladores y campesinos—, la reacción de reformistas y reaccionarios es similar. Ambos forman parte del sistema y eso les hace observar con temor ese tipo de manifestaciones que tienen el signo inequívoco de la organización popular para la lucha. Para los reaccionarios, ese y otros indicios de rebeldía constituyen la notificación de un desafío en marcha. Para los reformistas —cualquiera sea la ubicación que tengan en los partidos políticos— significan un síntoma de su paulatino alejamiento de las masas trabajadoras que van siendo ganadas por las ideas revolucionarias.

La candidatura de Allende, en esta oportunidad, puede ser la llave que abra una ruta más vigorosa y definitiva en la lucha de los trabajadores chilenos por llegar al socialismo. Y eso puede ocurrir tanto si gana como si pierde. En cualquiera de las dos alternativas, la dirección que se le dé a la campaña es definitoria y de ahí la importancia que adquiere —para el interés general de la revolución— la forma como se resuelva la pugna ideológica que en su seno están librando reformistas y revolucionarios.

No basta, desde luego, con sentarse a observar. Hay diversos frentes de lucha ideológica y de lucha de clases desde los cuales se puede contribuir a inclinar el fiel de la balanza.

Esta lucha ideológica puede revestir cierta aspereza aunque lo conveniente sería soslayar por ahora los aspectos más sensibles. Sin embargo, lo que está en pugna, en realidad, son dos estrategias para ganar el poder. Una de ellas, los frentes amplios que guardan en su seno intereses clasistas contradictorios, se está jugando la vida. El resultado electoral le es vital para demostrar su justeza o para caer en definitivo descrédito. Equivocadamente se traza una táctica pacifista y conciliadora bajo el chantaje de la «campaña del terror». Eso demuestra la debilidad del concurso que le están prestando, más formal que realmente, los sectores ideológicos reformistas. Pudiera —en cambio—, sin abandonar su estrategia general de vía pacífica, luchar en el campo político movilizando combativa y audazmente a las masas. Creemos que le rendiría mejor provecho electoral. Al mismo tiempo cumpliría —en el peor de los casos— un rol histórico al proyectar a un nivel más elevado la lucha revolucionaria, o sea, serviría a la línea fundamental ya mencionada.

Capítulo 7

Justicia popular*

Jaime Faivovich

El programa presidencial de la Unidad Popular fue elaborado por un grupo de dirigentes de los diversos partidos y movimientos que integran esa combinación política. En ella conviven distintas ideologías y tendencias que representan toda la gama y variedad del pensamiento de la izquierda tradicional. Entre estas fuerzas hay coincidencias y divergencias. Por eso, para unirse y ponerse de acuerdo sobre un programa han tenido que conciliar. El programa es el reflejo de esa transacción. En su conjunto es moderado, porque la mesura y la prudencia es la característica de los equipos directivos de la izquierda chilena.

No se consultó al pueblo. Los trabajadores, los campesinos, los pobladores, la mujer, la juventud, los estudiantes, los intelectuales, los profesionales, los militantes y simpatizantes de los partidos de izquierda no participaron en la gestación, preparación, discusión y redacción definitiva del programa. En consecuencia, no están obligados a acatarlo, respetarlo y aplaudirlo como dogma de fe.

Justamente porque el programa popular es solo el fruto de las reflexiones y elucubraciones de un puñado de dirigentes, no puede considerarse inamovible o irreversible. ¿Qué opina el pueblo? Es el momento de escucharlo y de recoger sus críticas y sus aportes. Si los líderes populares no demuestran preocupación e interés por promover un debate amplio y sin reservas, el pueblo debería tomar la iniciativa para hacerse oír a través de los diversos conductos a su alcance.

---

*   *PF* n.º 103, 28 de abril de 1970, pp. 16-19.

Un capítulo del programa trata específicamente de la organización de la justicia en el gobierno popular. Es conveniente analizar esos planteamientos, que dan la impresión de ser vagos, imprecisos, precipitados o insuficientemente madurados. Ello explica que se den las más dispares versiones de lo que será la justicia popular. No pretendemos hacer un examen exhaustivo de la materia, sino más bien incitar al diálogo, a la profundización del tema, a su esclarecimiento y a la confrontación de ideas. Hemos escogido este aspecto del programa, porque ha causado controversia pública de la que las otras candidaturas intentan sacar provecho político. Además, porque desde hace tiempo está de actualidad el Poder Judicial. En 1967, la izquierda presentó una acusación constitucional contra la Corte Suprema por abusos y atropellos cometidos en el ejercicio de sus funciones. Dos años después, se adoptó igual medida contra un ministro de la Corte de Apelaciones de La Serena, por deshonestidad y arbitrariedades en el desempeño de su cargo.

Las recriminaciones surgen, incluso, del seno del propio Poder Judicial y algunos de sus miembros; los que no están comprometidos con el sistema expresan privada o públicamente severas críticas a la administración de justicia, como es el caso de Sergio Dunlop, ministro de la Corte de Apelaciones de Talca y presidente de la Asociación de Jueces.

El destacado profesor universitario y brillante penalista, Eduardo Novoa Monreal, ha sido un impugnador infatigable de las actuaciones arbitrarias del Poder Judicial. En numerosos artículos publicados en diarios y periódicos ha venido señalando las deficiencias de la justicia. En el último, aparecido en la revista *Mensaje* del mes de abril, denuncia, con ejemplos reales demoledores e irrefutables, el espíritu clasista que inspira la conducta y las resoluciones de la Corte Suprema. El documento, cuyos conceptos compartimos y suscribimos, es el estudio más serio, completo y abrumador que se ha escrito sobre este problema.

El ciudadano Víctor Toro, auténtico hijo del pueblo, revolucionario, dirigente del Campamento 26 de Enero, compareció hace poco en televisión y allí, frente a las cámaras, dijo, entre muchas otras cosas que han provocado conmoción: «No creemos en la justicia burguesa. Para los pobres no hay justicia». A través de él habló el pueblo. El combativo líder de los pobladores expresó un sentimiento profundamente arraigado en las masas.

En las diferentes capas sociales está bastante generalizado el repudio a la justicia actual. Hay conciencia pública en el sentido de que de todas las arcaicas y ruinosas instituciones del régimen capitalista, la más anacrónica y la que revela un mayor grado de descomposición y de crisis es el Poder Judicial.

También hay uniformidad y concordancia en cuanto a las lacras, vicios, defectos y fallas del sistema judicial. Todas las personas que alguna vez han debido tomar contacto con la judicatura, los han padecido y experimentado. Pero nadie sufre tan íntimamente las imperfecciones de la justicia chilena como el hombre del pueblo. Frente a él todos los males de la administración judicial se exacerban.

Para litigar hay que tener recursos. El desvalido cuenta con escasas posibilidades de obtener el reconocimiento de sus derechos o de defenderse. Cualquier juicio implica para las partes interesadas gastos cuantiosos en honorarios profesionales, aranceles de funcionarios auxiliares y otros tantos rubros. Generalmente gana un pleito o se defiende mejor el que dispone de más medios económicos. La fortuna suele inclinar la balanza de la justicia. Teóricamente, la gente humilde puede recibir asistencia judicial gratuita. Pero en la práctica, el pobre queda en la indefensión total o parcial, porque los organismos encargados de cumplir esa misión no reciben todos los casos, ni disponen de personal suficiente para atender con eficiencia todos los asuntos.

La justicia es insoportablemente lenta, y no solo por escasez de tribunales, de funcionarios o de fondos, como se afirma, sino básicamente porque toda la estructura judicial así como las leyes de procedimiento están tan anticuadas como el régimen que se trata de sustituir. Los procesos civiles y criminales se arrastran durante años. La prolongación de los juicios perjudica a las personas modestas: a menudo prefieren perder un pleito civil o del trabajo, ante la sangría económica que significa. O bien, un reo purga en la cárcel un delito del que es inocente o por el que recibirá una pena inferior al tiempo durante el cual estuvo recluido.

La justicia es ineficaz, inoportuna y atrabiliaria. ¡Cuántos delitos quedan impunes; en cuántos procesos se sobresee o absuelve a culpables y en cuántos se condena a inocentes!

Muchas veces se sanciona a un individuo que se ha regenerado o que ha perdido su peligrosidad, o cuando ya han desaparecido las consecuencias de su acción delictiva. Mientras tanto, en el plano civil y laboral ocurre que la sentencia tardía hace inoperante, ineficaz o inútil el derecho reclamado. ¡Y qué influencia suele tener en los fallos judiciales la posición social y económica y hasta ideológica del afectado!

La justicia es dependiente de la autoridad que la designa. La autonomía del Poder Judicial es un mito. Los nombramientos y ascensos judiciales se producen por la filiación política del candidato, más que por sus méritos. El presidente de la República es el máximo dispensador de canonjías. Él nombra a todos los jueces, ministros de las Cortes de Apelaciones y de la Corte Suprema. El funcionario más idóneo y competente queda siempre postergado si no comulga con las ideas del gobernante de turno. Previamente, para alcanzar los más altos cargos del Poder Judicial, es imprescindible contar con el apoyo de la Corte Suprema, pues esta forma las quinas y ternas de las que elige el jefe de Estado. Durante los seis años de su mandato, el presidente de la República es el amo del Poder Judicial. Cuenta con la segura simpatía de los funcionarios promovidos en su administración y el temor reverencial y el halago de los que esperan sus favores. Los magistrados que se atreven a desafiar la voluntad del Ejecutivo o del partido que está en el poder son la excepción. Esto se hace más evidente en los procesos políticos. Un caso reciente así lo confirma.

El diputado Carlos Garcés, tesorero de la Democracia Cristiana, se querelló por el delito de injurias sancionado en la Ley de Seguridad del Estado contra el director de *Punto Final*, el periodista Hernán Uribe, con motivo de la publicación en esta revista de una portada y un artículo en que se aludía a la extorsión de que había sido víctima la industria textil Banvarte. Como se sabe, esta empresa tuvo que pagar una «coima» de cien millones de pesos a la caja electoral demócrata-cristiana para que le tramitaran un préstamo de mil millones de pesos en el Banco del Estado. La firma mencionada no obtuvo el crédito, aunque efectuó el aporte exigido.

El ministro sumariante, después de investigar los hechos, estimó que no había mérito para someter a proceso a nuestro director y cerró el sumario. En un proceso criminal, cuando se cierra el sumario sin encargar reo al inculpado hay que sobreseer. Además, en la Ley de Seguridad del Estado no se puede apelar de la resolución que declara cerrado el sumario, de manera que este dictamen del ministro sumariante no podía modificarse. Sin embargo, la segunda sala de la Corte de Apelaciones de Santiago, por dos votos contra uno y en forma sorpresiva, ordenó reabrir el sumario y encargó reo a Hernán Uribe. Da la casualidad de que los ministros que dictaron el fallo de mayoría, señores Aburto y Cereceda, fueron designados por el actual presidente de la República.

La justicia desprecia los derechos humanos y las garantías individuales y procesales: la policía detiene y allana sin orden judicial o con una orden amplia, lo que es ilegal.

Los detenidos deben ser puestos de inmediato a disposición del juez de la causa. Sin embargo, habitualmente permanecen en los cuarteles y calabozos policiales mucho más tiempo que el permitido por la ley. La policía tortura a los detenidos políticos y no solo a estos, sino a todos los que caen en sus manos, especialmente cuando son personas modestas.

Los reclamos que se formulan ante los tribunales se estrellan siempre con la indiferencia de los magistrados. No se investigan los abusos y excesos policiales y tampoco se sanciona nunca a los culpables.

La principal acusación que se formula a la justicia es su carácter clasista. Los funcionarios judiciales son designados por los gobernantes de una clase social, la burguesía, que es la que detenta el poder político y económico, aunque es minoritaria dentro de la sociedad. La burguesía les asigna a los jueces una doble misión: proteger sus intereses, su patrimonio, sus riquezas y defender el orden establecido, o sea, el sistema capitalista. La justicia está al servicio de la clase social dominante, aunque algunos jueces por su extracción social no pertenezcan a ella. Pero el bastión, el baluarte, la fortaleza más poderosa de la burguesía es la Corte Suprema. Quien la controle tiene la llave de la administración de justicia, porque el Tribunal Supremo dice la última palabra respecto a cómo debe aplicarse e interpretarse la ley. Por razones económicas, sociales e ideológicas, los ministros de la Corte Suprema —con una u otra salvedad— tienen afinidad con la burguesía, están unidos a ella por un cordón umbilical que nunca han cortado. La Corte Suprema es la burguesía con toga; es la cara judicial de la burguesía; es la burguesía ejerciendo la justicia; es la representante o mandataria de la burguesía, o sea, de todos los latifundistas, banqueros, financistas, grandes industriales y comerciantes, gerentes, monopolios nacionales y extranjeros. Esto en el plano económico.

En el campo ideológico, el Tribunal Supremo encarna la mentalidad conservadora de la burguesía. Esto significa que la Corte Suprema tiene una posición *a priori*, intrínseca, de partida, favorable a esa clase social y adversa a los obreros, a los empleados, a los campesinos, a todos los asalariados, a todos los pobres. Por eso mismo, la Corte Suprema tiene una actitud visceral antagónica y hostil a las ideas progresistas y revolucionarias, ante las cuales es impermeable, y a los hombres que las sustentan o divulgan. La Corte Suprema no es neutral en los pleitos sociales, económicos y políticos. Toma bando o partido en la barricada de la burguesía y, por consiguiente, es enemiga de los sectores mayoritarios de la población, los cuales no obtienen ni conseguirán jamás que la Corte Suprema les haga justicia.

Los ministros del Tribunal Supremo se defienden con el argumento de que ellos se limitan a aplicar la ley vigente. Esto no es efectivo, porque también la interpretan y en eso está la «trampita». La ley más retrógrada puede interpretarse con un criterio moderno, evolutivo, avanzado. A la inversa, la legislación más revolucionaria puede ser interpretada en sentido retardatario. La Corte Suprema siempre está interpretando la ley en los términos más propicios para la burguesía y más perjudiciales para los individuos de las otras capas sociales, especialmente para los trabajadores y para los que preconizan sustituir el sistema. Aún más, frente a un mismo hecho, la Corte Suprema modifica la interpretación que antes le dio a la ley, si ello es necesario para beneficiar al patrón, al terrateniente, al capitalista, al propietario, al arrendatario. En muchas oportunidades la Corte Suprema, en su afán de proteger a la burguesía y lesionar o anular los derechos y reivindicaciones de los asalariados, distorsiona o vulnera un precepto legal claro y preciso.

¿Qué hacer frente a una justicia como la actual, tan repudiada, desacreditada e irrecuperable? No hemos encontrado una respuesta satisfactoria en el programa de la Unidad Popular. Se afirma allí tímidamente que la justicia será menos onerosa. ¿Cómo se abaratará la justicia? ¿En qué porcentaje o proporción disminuirán los actuales costos de un litigio?

Pero el problema esencial es otro: asegurar la gratuidad de la justicia para las masas, para la mayoría de la población. El Estado popular está en la obligación de impartir justicia en beneficio de todos y no solo de una minoría privilegiada como ocurre ahora. Habrá algunos que estarán en situación de pagar total o parcialmente las costas de un juicio. Pero la gran mayoría seguirá desvalida e indefensa si no se concreta el principio de la gratuidad de la justicia. Esto implica que la asistencia judicial se convierta en una función del Estado. Ahora los organismos de asistencia judicial dependen de una institución privada, como es el Colegio de Abogados, que dispone de muy escasos medios para cumplir su cometido.

El programa asevera que la justicia será expedita. Pero, ¿cómo se logra este objetivo? La expedición o celeridad en la administración de justicia exige una nueva organización del Poder Judicial y otros sistemas procesales que supriman trámites, papeleo, diligencias y recursos inútiles o dilatorios. El programa no da ninguna luz al respecto.

¿Existirán los mismos tribunales actuales o se establecerán otros con características, atribuciones y composición distintas? ¿Qué intervención tendrá el pueblo en el aparato judicial, en el funcionamiento, orientación y decisiones de los tribunales? ¿Subsistirá la actual estructura jerárquica y rígida de los tribunales? ¿Habrá solo tribunales letrados o de derecho o se instalarán también tribunales populares?

El programa de la Unidad Popular modifica el actual mecanismo que genera el Poder Judicial. Despoja al presidente de la República de sus atribuciones para nombrar a los miembros de la magistratura. En lo sucesivo, el Parlamento, que constará de una Cámara Única o Asamblea del Pueblo, elegirá a los ministros del Tribunal Supremo, quienes designarán a todos los demás funcionarios judiciales.

En el supuesto de que se instale la Asamblea del Pueblo, ¿no es prematuro anticipar su composición? ¿Qué sectores políticos tendrán mayoría? ¿No existe el riesgo de que los diversos partidos traten de repartirse los diferentes cargos del Tribunal Supremo?

Es indiscutible, después de todas las acusaciones e imputaciones que se le hacen a la Corte Suprema, que la primera preocupación de un gobierno popular será la de separar de sus cargos a sus actuales integrantes. La Unidad Popular debería expresar, en términos muy claros, contundentes y categóricos, esta decisión. Cualquier debilidad o contemporización retrasaría o dificultaría la aplicación de las transformaciones sociales, económicas y políticas que proyecta introducir el nuevo gobierno.

Los futuros miembros del Tribunal Supremo tendrán que ser hombres dotados de una mentalidad distinta y estar identificados con los ideales de la nueva sociedad. ¿Es suficiente garantía, en este sentido, la intervención de la Asamblea del Pueblo en la designación de esos funcionarios? ¿Los ministros del Tribunal Supremo, y los jueces, en general, durarán perpetuamente en sus cargos o se renovarán periódicamente? ¿Es indispensable que exista un Tribunal Supremo? ¿No sería más conveniente crear varios tribunales u organismos que ejerciten separadamente las distintas funciones que competen a la Corte Suprema? ¿Por qué un gobierno popular tendrá que someterse a esquemas y cánones clásicos en la organización del Poder Judicial?

¿Es el Tribunal Supremo el más indicado para nombrar con entera libertad a los demás funcionarios judiciales? ¿No significaría convertirlo en un dictador de la justicia? ¿Qué injerencia tendrá el pueblo en la designación de los magistrados de los diferentes tribunales? ¿En el caso de no existir tribunales populares o jurados, cómo participará o estará representado el pueblo en la administración de justicia?

Según el programa, el Poder Judicial será autónomo. ¿Es importante que haya una justicia independiente en un régimen popular? ¿Es conveniente? ¿Es posible que exista un Poder Judicial autónomo? ¿Se ha alcanzado este ideal en algún modelo de sociedad?

El programa afirma que la magistratura tendrá una nueva concepción, pero no la precisa.

Es evidente que en un régimen popular o en una sociedad socialista la justicia conserva su carácter clasista, pero con una diferencia. Mientras en el sistema actual la justicia está al servicio de la minoría privilegiada que constituye la clase dominante, en una sociedad popular ampara, protege y defiende los derechos e intereses de los trabajadores, de los que hasta entonces han vivido sometidos y explotados, de las clases mayoritarias. La justicia popular tampoco puede ser neutral. Tiene que aplicar la ley con un sentido social favorable al desarrollo y progreso de la nueva sociedad. Debe estar imbuida e impregnada de los nuevos principios jurídicos, éticos, ideológicos y políticos.

Una justicia por encima de las clases es una concepción idílica, una utopía. La justicia siempre está al servicio de la clase social que domina. En el capitalismo, es la burguesía; en un régimen popular o en el socialismo, es el proletariado.

En la Unidad Popular está prohibido hablar de tribunales populares, no obstante que esta idea simboliza para el pueblo, con más claridad que cualquier otra, el concepto de una nueva justicia. Es un mensaje que le llega más directamente al trabajador que el que le envía el lenguaje técnico, abstracto, ambiguo y de difícil comprensión para el hombre común que emplea el programa al referirse a la administración de justicia en el gobierno popular. Para las masas, la justicia popular es el pueblo administrando justicia.

Algunos se aterran. Otros consideran que los tribunales populares son sinónimo de arbitrariedad, desatino, inseguridad e intromisión de la política militante en la administración de justicia. Sin embargo, no hay justicia más sabia, correcta, equilibrada y ecuánime que la que emana del pueblo. Desde luego, la justicia popular tiende a corregir, a rehabilitar, a reformar al individuo, a transformarlo en un elemento útil, a remediar las causas que determinan su conducta antisocial, antes que a castigar por espíritu de venganza o por el prurito de sancionar. La justicia popular procura encontrar una rápida solución al conflicto o problema planteado antes de castigar. Nadie mejor que el pueblo conoce los dramas, las angustias, las condiciones de vida, la personalidad, las privaciones, la situación ambiental en que nace, crece y vive el trabajador, el poblador, el campesino, la gente humilde. Por eso, nada más acertado que sea un tribunal formado por hombres y mujeres del pueblo los que conozcan, fallen y resuelvan pleitos o delitos en que aparezcan implicados hombres de su misma clase. La justicia burguesa es fría e inhumana. No valoriza ni investiga los motivos que determinan el comportamiento del individuo.

Actualmente, en el Campamento 26 de Enero se están aplicando algunos rudimentos de lo que podría ser una verdadera justicia popular. En el número anterior de *Punto Final* se publica, entre otros documentos, el reglamento interno de esos pobladores. Allí se señalan una serie de faltas o delitos menores que son juzgados por los dirigentes y la asamblea, y las sanciones que se aplican a los culpables, que pueden consistir en amonestación pública, tareas extras de cooperación en el campamento y expulsión del mismo. Esta es la pena más grave. Se trata por lo demás de hechos de ordinaria ocurrencia en las poblaciones y barrios obreros, que ninguna autoridad o tribunal burgués se interesa en resolver.

Esta es una iniciativa novedosa, original y un ejemplo que podría prender en muchas otras poblaciones. Es una de las tantas formas que podría revestir la justicia popular. Por tratarse de una experiencia del pueblo, no hay que menospreciarla. Al contrario, habría que destacarla, divulgarla, aprovecharla, enriquecerla y ampliarla.

Capítulo 8

La elección: golpe antes o después*

Observador

Las fuerzas armadas han estado siempre presentes en las decisiones políticas más importantes de Chile. Pero los habitantes del país, especialmente los que tienen acceso a los medios de difusión, prefieren señalarlas como ajenas a los fenómenos políticos. Así establecen una diferencia con las restantes naciones latinoamericanas, en las cuales la intervención militar en la vida política es un hecho público y notorio.

La aparente prescindencia de los militares en los asuntos políticos es otro de los mitos que el hombre medio chileno mantiene para avalar uno de sus espejismos más queridos: la alta politización de los ciudadanos del país.

¿Hay «gorilas»?

Diversas encuestas se han encargado de empezar a demoler ese mito sobre el cual se han edificado equivocadas tácticas políticas. Persisten, sin embargo, una serie de mitos, creados por la oligarquía y la burguesía, para engañar a la clase trabajadora y explotada, la que unen mañosamente a su destino con falsas imágenes de la realidad socioeconómica para así distraerla de sus auténticas preocupaciones y hacerla olvidar que el origen de sus males nace de la subsistencia de un régimen que se basa en la injusticia social.

El ciudadano chileno, especialmente el que viaja a Argentina, por ejemplo, se complace en mofarse de los habitantes de ese país, mostrándolos como individuos dominados por militares, a los que justamente el argot argentino bautizó como «gorilas», expresión que se ha extendido a todos los pueblos del continente, que la hacen suya.

---

*   *PF* n.º 105, 26 de mayo de 1970, pp. 30-32.

En una declaración formulada el 10 de mayo pasado, el senador ultrade-rechista Julio Durán reveló que dos ciudadanos que fueron elegidos legal-mente para ocupar la Presidencia de la República pudieron llegar a ella luego de pedir visto bueno a los militares. El senador Durán declaró: «En Chile hay precedentes sobre consultas formuladas a los jefes militares por el jefe del Poder Ejecutivo, como fueron los casos de la formulada al gene-ral Oscar Novoa, al término del gobierno del presidente Arturo Alessandri, con ocasión del triunfo de don Pedro Aguirre Cerda sobre don Gustavo Ross Santa María; pero la consulta se hizo después del acto eleccionario y ante una votación estrecha y reclamada. El otro caso sucedió al término del gobierno del presidente González Videla, quien consultó al general Arnaldo Carrasco, con ocasión del triunfo por mayoría relativa de don Carlos Ibáñez del Campo, el cual no tenía fuerzas parlamentarias suficientes, y el general le informó que estimaba conveniente el respeto a la primera mayoría, ya que ella representaba la voluntad popular expresada en las urnas».

El senador Julio Durán contó parte de la verdad, porque el general Oscar Novoa, que además de ser un militar conservador mantenía docili-dad extrema ante el presidente Alessandri, intentó desconocer el triunfo de Aguirre Cerda y fue un sector de oficiales de Ejército, entre ellos los tenien-tes coroneles Carlos Vargas y Guillermo Barrios, los que se opusieron a las órdenes que para tal objetivo dio su superior.

Es posible que la diferencia fundamental que existe entre el comporta-miento de los elementos castrenses de Chile sea su apego a las formas lega-les, que no les ha impedido intervenir en los asuntos políticos.

El poder de decisión

Basta preguntarse qué habría ocurrido si el general Arnaldo Carrasco res-ponde al presidente González Videla que las fuerzas armadas estaban dis-puestas a desconocer el amplio triunfo electoral de Carlos Ibáñez, para advertir que el poder de decisión, en un momento culminante, estuvo en manos de los uniformados.

El senador Julio Durán trajo a la memoria tales recuerdos para atacar al actual comandante en jefe del Ejército, porque, según dijo, no tiene simpa-tía por el candidato presidencial de la ultraderecha, Jorge Alessandri, al que apoya el parlamentario del Partido Democracia Radical. Durán agrega que el general René Schneider Chereau es amigo personal de Radomiro Tomic, candidato del Partido Demócrata Cristiano, y que tiene «respeto intelectual» por el senador Salvador Allende, candidato presidencial de la Unidad Popular.

El senador Durán, formado en las asambleas radicales, en las que ganó el dominio de la técnica de las triquiñuelas políticas, no solo atacó al comandante en jefe del Ejército porque este no es partidario de Alessandri, según sus propias palabras, sino que de paso recordó que en los momentos decisivos hay una tradición interventora de las fuerzas armadas. Con habilidad la recuerda citando dos hechos concretos ya mencionados, para luego establecer que aún quedan por conocer los pronunciamientos de los más altos jefes de otras ramas de las fuerzas armadas (Aviación y Armada) y del Cuerpo de Carabineros. Con sutileza el senador Durán, después de revelar dos decisiones de las fuerzas armadas ante elecciones presidenciales, invita a sus jefes a pronunciarse políticamente frente a la de 1970, con la íntima esperanza de que alguno discrepe del juicio público emitido por el comandante en jefe del Ejército. El senador Durán persigue el enfrentamiento.

El general René Schneider desató la ira de la ultraderecha, luego de que esta por intermedio de su vocero más importante, el diario *El Mercurio*, consiguió una declaración del alto jefe militar respecto a la elección presidencial de septiembre. Consultado el general Schneider al respecto, el 8 de mayo, por el mencionado matutino ultraderechista, respondió: «El Ejército es garante de una elección normal, de que asuma la Presidencia de la República quien sea elegido por el pueblo, en mayoría absoluta, o por el Congreso Pleno en caso de que ninguno de los candidatos obtenga más del 50% de los votos».

El Partido Democracia Radical, colectividad formada con los elementos más conservadores del antiguo Partido Radical, dominado por el senador Julio Durán, dijo sobre las declaraciones del general Schneider: «Aun cuando en su contenido no expone ninguna idea que pudiera tildarse de contraria a la letra de la Constitución Política, ella importa una indebida intromisión en el acto eleccionario».

El senador Durán, como vocero de Jorge Alessandri, protesta porque a su juicio, de acuerdo con la tradición que él crea con las anécdotas que menciona en su declaración del 10 de mayo (caso de generales Novoa y Carrasco), el general Schneider debió dar su decisión política después del 4 de septiembre, y no antes.

Está claro que eso es lo que persigue Durán cuando confiesa que mantuvo su candidatura presidencial, en la campaña de 1964, consciente de que no tenía chance. Debe recordarse que en marzo de 1964 se efectuó una elección complementaria en la provincia de Curicó, en la que fue elegido parlamentario el socialista Oscar Naranjo, apoyado por las mismas fuerzas que postulaban la candidatura presidencial de Salvador Allende, acontecimiento que determinó que tanto los intereses económicos norteamericanos como los de la oligarquía y burguesía chilenas resolvieran apoyar la candidatura del demócrata-cristiano, abandonando a Durán, para detener el eventual triunfo del socialista Allende.

El ministro consejero de la embajada de Estados Unidos, en esa época Joseph J. Jova, que además era el «hombre de la CIA» en Chile, desempeñó un rol destacado en el cambio de frente de los políticos de la oligarquía y burguesía chilenas, con una intervención directa y decisiva, para la cual contó esencialmente con el apoyo del presidente del Banco Francés e Italiano para la América del Sur, el expresidente de la República, Gabriel González Videla.

En su declaración el senador Durán (10 de mayo) dijo: «Si al término del gobierno del señor Jorge Alessandri, y después de la derrota del candidato a diputado del Frente Democrático en Curicó, el general en jefe, que creo era el señor Izurieta, hubiera hecho de oficio la misma declaración desafortunada del señor Schneider, con la cual se habría convertido de hecho en generalísimo de mi campaña presidencial, podría haberme impulsado a continuar en la lucha para obtener la segunda mayoría en las urnas y haber derrotado con las fuerzas parlamentarias que me acompañaban y que eran ampliamente mayoritarias en el Congreso Pleno, al candidato que me hubiera podido derrotar en las urnas, con votos directos del pueblo».

El apoyo uniformado

El senador Durán no desaprueba la intromisión de los uniformados en la política, ya que él mismo revela que si hubiera tenido el apoyo de ellos en 1964, habría continuado en la lucha. El locuaz parlamentario ha puesto sobre la mesa algo que se está manejando desde algún tiempo para callado. Durán aparece en la corriente de los que piensan en la necesidad de un golpe de

Estado después del 4 de septiembre, una vez que se conozca el resultado de la elección directa.

En la ultraderecha hay dos corrientes. Una es la que dibujó el senador Durán, revelada con su afirmación de que a él le parece normal que se consulte a los militares después de la elección directa de los ciudadanos, y otra, la que considera peligroso para los intereses que están en juego que se llegue a la elección.

Dentro de *El Mercurio* ambas corrientes están reflejadas. Una la observa el director René Silva Espejo, amigo personal del actual presidente de la República, y otra el subdirector del mismo diario, Arturo Fontaine, quien fue subsecretario de Hacienda cuando era titular de esa cartera Jorge Prat, connotado fascista, quien en 1954 instó oficialmente al presidente de la época, general Ibáñez, a dar un autogolpe. El presidente Frei, que prepara su campaña presidencial para 1976, es contrario a impedir que se desarrolle la elección presidencial.

En La Moneda se comenta que hay dos situaciones en la historia del Perú que sirven para ilustrar la que podría ocurrir en Chile. Una es la planteada por las fuerzas armadas peruanas al presidente Manuel Prado, a raíz del triunfo presidencial de un hombre del APRA, y la otra la provocada por las mismas fuerzas al presidente Fernando Belaúnde, antes de la realización de la elección presidencial (octubre de 1968). Prado dejó el poder ante el atropello castrense, pero quedó como un «república» con chance política futura mientras que Belaúnde se desprestigió con la expulsión violenta. No debe olvidarse que este último estaba informado de las maniobras de los militares y que el golpe no le sorprendió. Por eso, justamente, la caída de su respetabilidad republicana, incluso entre sus partidarios.

Detrás de la irritación del senador Julio Durán y de *El Mercurio*, que luego de entrevistar al comandante en jefe del Ejército le ha atacado por sus declaraciones, puede medirse la frustración que provocó en la ultraderecha la opinión del alto jefe militar. Este dejó abierto el camino de la lucha electoral hasta octubre, cuando deberá reunirse el Congreso Pleno, en lugar de bloquearlo antes del 4 de septiembre para evitar el riesgo que representa el eventual triunfo de Salvador Allende, o clausurarlo el mismo 4 de septiembre de acuerdo con el resultado que se obtenga.

Se busca un «naranjazo»

La ultraderecha presiona para que se produzca este año el mismo fenómeno de 1964, que determinó el entendimiento de los intereses imperialistas con los de la oligarquía y burguesía criollas y con ello el triunfo del populista Eduardo Frei.

La ultraderecha necesita en 1970 un «naranjazo». Así se denomina en argot político a una elección como la que en marzo de 1964 precipitó el vuelco derechista en favor de un candidato único.

El ansiado «naranjazo» no aparece y la ultraderecha se impacienta, y con las declaraciones del general René Schneider se distancia más.

Algunos creen que la precipitación de una elección complementaria con la inhabilidad de un parlamentario, puede convertirse en el esperado «naranjazo». Como en 1964, la izquierda tradicional sería la vencedora, y ante el fenómeno los estrategas de la operación ultraderechista propondrían, como en 1964, el eslogan «todos contra Allende». Eso significaría la eliminación de Tomic o de Jorge Alessandri.

Este último aparecía hasta octubre de 1969 con la mejor chance de la ultraderecha. Pero luego del pronunciamiento militar que se registró por esa fecha, acontecimiento que le obligó a anticipar el lanzamiento de su campaña, perdió terreno. En cambio experimentó un mejoramiento la postulación de Radomiro Tomic, hábilmente proyectada en el terreno de la izquierda, maniobra ya desarrollada por la burguesía y el imperialismo en la campaña de 1964. Tomic, con un fuerte aparato de propaganda, apoyado en una fortuna inconmensurable, ha logrado descontar distancias en la carrera presidencial.

Tomic y el engaño

Con un lenguaje ambiguo como el que usó Frei en 1964, consigue desorientar a la masa trabajadora, sobre la cual, esencialmente, ejerce influencia la propaganda de sus enemigos de clase. La televisión, la radio, el cine, la prensa escrita y la misma educación que se imparte en los colegios básicos y medios, tienden a conformar en Chile una mente conservadora cuyos frutos se cosechan en los «limpios comicios».

En la actualidad, Tomic y su comando, basados exclusivamente en la propaganda, han logrado concentrar el debate político sobre la lucha en el frente agrario, como si se tratara del gran dilema de Chile. Así como en 1964 Salvador Allende, con su pronunciamiento sobre la necesidad de nacionalizar el cobre, obtuvo que la lucha presidencial se hiciera sobre el dilema real: intereses nacionales *versus* intereses imperialistas norteamericanos, en 1970 el tomicismo ha conseguido que el dilema electoral se concentre en la lucha entre los sectores industriales «desarrollistas» capitalistas (amamantados por la literatura de Cepal), y los minoritarios grupos feudales, parapetados en la extrema derecha, una ultraderecha de corte fascistizante.

El tomicismo, por intermedio del control que mantiene en la Corporación de Reforma Agraria (CORA), ha conseguido centrar la lucha presidencial sobre el dilema agrario y hasta ha conseguido «industrializar» la memoria de un honesto mártir, el ingeniero agrónomo Hernán Mery, víctima de su sinceridad funcionaria.

En los últimos quince días los titulares sobre el conflicto agrario —Reforma Agraria capitalista *versus* últimos reductos feudales— copan la atención de los lectores y muchas materias que realmente inquietan al pueblo han quedado relegadas. Eso ha determinado que la iniciativa propagandística, tan útil en luchas legales, la tenga en sus manos el fuerte aparato de la democracia cristiana.

El robustecimiento de Tomic y las declaraciones del comandante en jefe del Ejército hacen difícil por ahora que se produzca el entendimiento entre alessandristas y tomicistas. Mientras se espera su llegada, el presidente Eduardo Frei se esfuerza por evitar que se acentúen las pasiones en los frentes alessandristas y tomicistas, porque de ocurrir esto se haría difícil la maniobra destinada a contener la victoria de la izquierda por la vía electoral. La falta de este entendimiento coloca el golpe de Estado como alternativa indispensable, lo que no agrada a Frei. Él está construyendo su plataforma para 1976 y para eso necesita algunas cosas: que Tomic no sea elegido, que sea derrotado Allende y que no se produzca un golpe de Estado que lo cubra de oprobio. Pero esto último será resuelto de acuerdo con las necesidades más apremiantes de los intereses económicos del imperialismo y de la burguesía chilena.

Capítulo 9

Vamos hacia el fascismo*

Augusto Olivares

Armados de metralletas Carabineros y detectives invadieron el Campamento 26 de Enero el martes 7 de julio. El diario *Las Últimas Noticias*, de marcada posición derechista, informó al respecto: «Según el prefecto de Santiago, Jorge Maluenda, lo hicieron en cumplimiento de una orden de detención de Víctor Toro emanada del ministro sumariante José Cánovas. Sin embargo, este demostró su extrañeza por la acción policial, que desconocía. La orden expedida por él solo requería la detención de Toro».

La «extrañeza» del ministro de la Corte de Apelaciones de Santiago no se tradujo ni siquiera en una amonestación para los policías, los cuales destruyeron muchas puertas de las pequeñas chozas de madera donde viven hacinadas las familias del Campamento 26 de Enero. Los policías se llevaron incluso dinero de los pobladores, como lo señala el diario *Las Últimas Noticias* en el relato ya mencionado: «María Tapia, una mujer lavandera, contó que de su pequeña choza habían desaparecido 260 escudos que guardaba en un cajón».

Una vez más se demostró que Carabineros y detectives pueden sobrepasar las atribuciones legales cuando se enfrentan con los pobladores de modestos recursos.

Por esos mismos días el decano de la Facultad de Ciencias de la Universidad de Chile, Mario Luxoro, denunció el asalto cometido contra la sede de su facultad por el Grupo Móvil. Luego de relatar los daños materiales y humanos causados por los policías, dijo: «No es atrevido decir que el gobierno no tiene el control de la policía».

---

* *PF* n.º 109, 21 de julio de 1970, p. 32.

Una estudiante de segundo año de Física de la Facultad de Ciencias de la Universidad de Chile, Graciela Salazar, contó ante las cámaras de televisión que ella fue detenida por el Grupo Móvil en el interior del edificio de la Facultad donde estudia y llevada primero a la 13ra. Comisaría y de allí a la 16ta. Fue golpeada en el suelo por los carabineros. Vio cómo los policías daban puntapiés a sus compañeros, a uno de los cuales (José Henríquez Cornejo)[1] le fracturaron la pelvis, dos costillas y le provocaron un traumatismo encéfalocraneano.

La joven, aún impactada por el mal trato recibido, contó ante los televidentes que en la 16ta. Comisaría ella y sus compañeras fueron desnudadas y sus órganos genitales palpados con el solo propósito de causarles daños morales.

El decano de la Facultad de Arquitectura de la Universidad de Chile, Fernando Kutnetszov, expresó en un foro en la televisión que el asalto a la Facultad de Ciencias representaba el tercer atentado a la autonomía universitaria bajo el actual gobierno demócrata-cristiano. Recordó que en febrero de 1968 fueron expulsados de Chile catorce profesores universitarios argentinos, la mayoría de los cuales trabajaban para la Facultad de Ciencias, y que en 1969 fue detenido por la policía civil el profesor francés de la Escuela de Sicología de la Universidad de Chile, Benjamín Fabre, al cual le destrozaron un tímpano en la tortura.

En 1969, Carabineros y detectives realizaron un asalto masivo contra la Universidad de Concepción, bajo el pretexto de que buscaban a estudiantes implicados en un aparente secuestro de un periodista de la zona.

---

[1]   A la sazón estudiante de periodismo de la Universidad de Chile, José Luis Henríquez Cornejo nació en Santiago de Chile en 1947. Reside en España desde 1976, donde adoptó la nacionalidad española. Es posgraduado en Educación por la Universidad Complutense de Madrid. Desde 1984 se especializa en periodismo cultural y teatral.Fue creador, y jefe de redacción entre 1996 y 2008, de la revista *Ubu*, de la Red de Teatros Alternativos. En la actualidad, es jefe de redacción de la revista *Primer Acto*. En 2007 recibió el Primer Premio Internacional de Periodismo Cultural «Paco Rabal» que convoca la fundación AISGE. En 2010 resultó ganador de la XXIII edición del Premio de Ficción Radiofónica Margarita Xirgu, que conceden Radio Exterior de España y la Agencia Española para la Cooperación Internacional para el Desarrollo (AECID), con una obra ambientada en el Chile de la dictadura de Pinochet que se centra en el mundo del fútbol. Cfr. http://www.casamerica.es/otras-artes/premios-margarita-xirgu-y-tirso-de-molina-2010.

En los casos de las torturas del profesor Fabre, del asalto contra la Universidad de Concepción y contra la Facultad de Ciencias de la Universidad de Chile, hubo querellas criminales contra la policía, las cuales, como ocurre con todos los procesos en los que el gobierno y su aparato represivo son los acusados, vegetan en los carcomidos tribunales de justicia.

Los casos mencionados —solo algunos de los muchos que se registran a diario en el país— van configurando el deslizamiento de Chile hacia el fascismo. Eduardo Frei es un político que por su formación intelectual, social y económica, calza en un proceso de fascistización.

Muchos pueden pensar que la afirmación constituye una arbitrariedad que no resiste análisis serio. Pero es conveniente examinar la situación actual de Chile, y ubicar dentro de ella la figura de Frei, para comprender que él es uno de los más adecuados para una alternativa fascista.

La Falange Nacional, la que Frei contribuyó a fundar, surgió como una copia de la Falange española, fuerza política creada por el líder fascista José Antonio Primo de Rivera. La Falange Nacional surgió en un periodo en que se gestaba en el país un movimiento progresista amplio, similar al que existía en España y que mundialmente llevaba el nombre de Frente Popular. En España, la Falange fue uno de los elementos básicos en el complot contra el gobierno progresista existente, y tuvo como jefes a los miembros más reaccionarios de las fuerzas armadas.

Los falangistas aglutinaron en España a los clérigos, los militares y a todos los sectores más reaccionarios del país para contener el proceso de cambio que se iniciaba en su país.

En Chile las arbitrariedades que a diario se cometen para contener la voluntad de cambio de los sectores más avanzados, ocultadas o estimuladas por la mayoría de los órganos periodísticos, que en conjunto conforman el periodismo más reaccionario de América Latina, marcan el comienzo de un proceso que desembocará en un enfrentamiento definitivo entre las fuerzas que mantienen el *statu quo* y las que propician la revolución.

Hay quienes hablan de las tradiciones chilenas para defender el orden establecido, como en España lo hicieran Onésimo Redondo, José Antonio y Ramiro Ledesma, los líderes del fascismo hispano, pero no vacilan en pisotearlas cada vez que tienen que destruir manifestaciones progresistas o revolucionarias. Indiscutiblemente, Chile camina hacia el fascismo y frente a él se alzará un movimiento revolucionario.

Capítulo 10

Las posibilidades de la izquierda*

PF

A un mes de la elección presidencial, cabe formular algunas reflexiones sobre el papel que en ella va a jugar la izquierda. Desde luego, partimos de un hecho cierto, cual es que en este momento coexisten en nuestro país dos tipos de izquierda, una de ellas reformista y la otra revolucionaria. Es la primera de estas izquierdas, que por su larga trayectoria se suele llamar tradicional, la que conduce la participación de las masas trabajadoras en la elección.

La otra, la izquierda revolucionaria, en gran medida está ausente de las actividades propiamente electorales, pero no está al margen del proceso político en curso.

Ambas formas de la izquierda chilena se complementan si se quiere, en cuanto a ofrecer a nuestro pueblo caminos de alternativa. Deliberadamente no pretendemos, en este instante, volver a destacar las diferencias ideológicas y estratégicas que separan a ambas corrientes de la izquierda y que, en oportunidades, llevan inevitables confrontaciones. Esas diferencias existen y deben dilucidarse en el terreno de la lucha ideológica, a la cual *PF* nunca ha sido renuente. Sin embargo, lo que nos interesa analizar en esta ocasión es el papel que la izquierda en su conjunto entra a jugar en una situación histórica determinada, como la que vive nuestro país.

En ese sentido queremos repetir que la izquierda reformista y la izquierda revolucionaria son dos alternativas distintas de acceso al poder, no obstante lo cual, es la primera la que hoy tiene, en términos relativos, el peso hegemónico de la conducción y, por ende, de las posibilidades de éxito. Por lo tanto, es mayor la responsabilidad de la izquierda reformista, y ello con-

---

*   *PF* n.º 110, 4 de agosto de 1970, pp. 2-4.

duce a un enjuiciamiento que se hace desde el punto de vista de los intereses generales de la izquierda chilena, involucrando en ello, en primer término, el interés específico de la clase trabajadora.

Está en claro dentro del esquema electoral que la candidatura presidencial del senador Salvador Allende representa los intereses populares, insertos en un frente llamado Unidad Popular que comprende también a capas sociales que no pertenecen al proletariado.

Las candidaturas de Jorge Alessandri y de Radomiro Tomic, a su vez, representan, con distinto vigor en el matiz ideológico, la continuidad del sistema capitalista en Chile y la dependencia del país con respecto al imperialismo norteamericano. La candidatura de Alessandri se enmarca en las formas conservadoras más tradicionales del sistema. La de Tomic pretende lo mismo, pero con un barniz reformista más acentuado quizá que la de su correligionario Frei en 1964, pero igualmente falsa en cuanto a propósitos de cambio. Ambas candidaturas son la expresión del continuismo y en ese sentido son antagónicas respecto a los auténticos intereses de los trabajadores. No obstante ello, se recubren de una retórica política, obligadas por necesidades publicitarias, para dar al electorado la impresión de cambio respecto al actual gobierno, casi agotado ya en su estilo.

De este modo, los intereses del pueblo, en el mejor sentido de la frase, están representados por la Unidad Popular.

Sin embargo, y desde aquí arrancan las diferencias de apreciación entre la izquierda tradicional y la izquierda revolucionaria, el peso del reformismo se ha vuelto incontrarrestable en la conducción y estilo de la campaña presidencial. El sector socialdemócrata —que reconoce filas en varias colectividades políticas— se ha adueñado de la Unidad Popular y es su sello inconfundible el que asoma a cada paso. Esa tendencia —cuyos aspectos relevantes son el oportunismo y la conciliación— impide que la candidatura presidencial del Dr. Allende tome un rumbo más definido. De esta manera, como ha ocurrido anteriormente, en particular en 1964, la candidatura de la izquierda tiende a diluirse políticamente. Sus características se confunden, e importantes sectores populares encuentran difícil distinguir sus intereses clasistas en ella. Si a esto se suma lo que algunos estudiosos han dado en llamar «falsa conciencia», o sea el anticomunismo infiltrado en la población mediante el manejo prolongado de los medios de comunicación de masas, se llega a temer que otra vez el verdadero interés de la mayoría nacional sea burlado. Si esto ocurre —y no es nuestro deseo— naturalmente habrá que buscar a los responsables en la izquierda tradicional que entregó a los elementos más reformistas y conciliadores la conducción estratégica de la campaña.

Pero encontrar culpables (de los cuales incluso habrá voluntarios dispuestos a presentarse en ese carácter para neutralizar crisis partidarias) no sería suficiente. Lo que está en juego no es la prosperidad o miseria política de tal o cual burócrata, sino la suerte y destino de grandes masas de chilenos. Desde ese ángulo es que debe analizarse la actual coyuntura política y trazar de antemano perspectivas que protejan los intereses de los trabajadores.

A nadie cabe duda de que una derrota electoral en septiembre puede significar una crisis muy profunda en la izquierda tradicional. Hay grietas que están a duras penas bajo control, y que pueden convertirse mañana en rajaduras por las que broten con fuerza las decepciones largamente acumuladas. Un fenómeno de esa especie tampoco es favorable si ocurre de modo irracional, provocado únicamente por la frustración, y el caudal militante va a morir en las playas de la inactividad. Crisis de esa naturaleza se han conocido, incluso en Chile, sin que favorecieran para nada al proceso revolucionario. Avizoramos, en cambio, la necesidad de marcar desde ahora una política de acercamiento y colaboración entre los sectores revolucionarios de la izquierda. Porque mirado el problema desde otra perspectiva, en el caso de un triunfo electoral, los requerimientos para entenderse serán los mismos.

Ciertamente podría ocurrir —y así lo deseamos— que la mayoría del pueblo, superando la alienación que provoca la contrapropaganda reaccionaria, diera la victoria al candidato de la Unidad Popular, sin dejarse confundir por las maniobras de sus enemigos.

En ese caso, creemos, la burguesía y el imperialismo se sacarán los guantes blancos de la publicidad o de las negociaciones políticas para empuñar el sable golpista. En la escala de recursos que tienen a la mano, figura también el fraude electoral, el robo de la elección, lo que podría definirse como un «golpe seco», incruento. La estructura del sistema electoral ideado por la burguesía permite que un fraude tenga grandes posibilidades de consumarse. En 1958, por ejemplo, existe conciencia de que al candidato del FRAP le fue robada la elección. Ese tipo de manipulaciones se ve favorecido por los hábitos políticos que la ideología burguesa dominante ha logrado crear en

Chile. El sector reformista de la izquierda ha hecho lo suyo para que parte importante del pueblo considere que las elecciones presidenciales son un juego deportivo limpio en que gana el mejor. El gobierno y su aparato represivo son considerados, así, como árbitros imparciales de una competencia que se define en las urnas.

La verdad es muy distinta, pero ya no es tiempo —ni está al alcance de los medios con que cuenta la izquierda revolucionaria— para alterar esa equivocada concepción. De modo que un fraude electoral en perjuicio del candidato de la Unidad Popular es perfectamente previsible.

Ahora bien, producido ese fraude —que es una forma «a la chilena» de dar un golpe— es casi seguro que los reformistas dentro de la Unidad Popular presionarán para que se reconozcan los resultados «oficiales» y mantener así la imagen pulcra de las instituciones en cuyo marco vegetan y profitan. En ese instante se habrá producido, también, una necesidad vital de entendimiento entre los sectores revolucionarios que están dentro y fuera de la Unidad Popular. La necesidad de defender el triunfo y de imponer su reconocimiento no puede hacerse con simples declaraciones, por más amenazadoras que ellas sean. Se requerirá, en primer lugar, movilizar a las masas trabajadoras para impedir que les arrebaten su decisión electoral. Pero tal movilización va a necesitar una dirección revolucionaria que cuente con un mínimo de recursos para hacer frente a la fase inicial de un enfrentamiento con los aparatos represivos encargados de imponer el fraude. En este terreno, aunque incipiente, la izquierda revolucionaria chilena tiene un potencial ofensivo que poner en juego junto al pueblo.

La defensa de un eventual triunfo está determinada, como se ve, por la capacidad de movilización de las masas que deberán imponer los sectores revolucionarios que están dentro de la Unidad Popular, y por la participación activa de los instrumentos revolucionarios que han ido creándose en Chile a partir de los últimos años. En este sentido vuelve a verificarse la utilidad de una tarea que ha sido duramente atacada por los sectores reformistas de la izquierda tradicional.

En ambos casos —derrota o victoria electoral— la izquierda revolucionaria va a pasar dentro de poco a tomar la dirección del movimiento de masas en nuestro país. Esto es, si se quiere, una cuestión hasta biológica o, si se prefiere, dialéctica. La izquierda tradicional está gastando sus últimos cartuchos, lo cual no significa que sus estrategas pretendan abandonar el terreno a las nuevas fuerzas que vienen despuntando, abonadas por las enseñanzas del marxismo revolucionario. No será tan fácil como eso que cedan el campo a destacamentos de reemplazo. Pero una adecuada articulación, desde ya, entre los núcleos revolucionarios que todavía se mueven en el seno de los partidos de izquierda, y aquellos que están operando fuera del esquema de la izquierda tradicional, debe dar frutos positivos. Podría, por ejemplo, darle a la coyuntura político-electoral el carácter de una coyuntura revolucionaria, claramente perceptible para las masas trabajadoras.

Y desde luego, si aquello no resulta viable, ya sea por el mayor peso del reformismo en caso de una derrota electoral o por la imposibilidad de movilizar adecuadamente una eficaz defensa de la victoria, estará planteada, de todos modos, la estructuración de una izquierda revolucionaria que abra una alternativa a los trabajadores. Estos comienzan a mirar con simpatía a la izquierda revolucionaria y a sus primeras acciones en Chile.

Encuestas de organismos generalmente consultados para efectos electorales o por otros motivos de opinión pública, señalan que esa simpatía hacia las nuevas formas de lucha podría cuantificarse en un 17%. Si se piensa lo reciente que en el panorama chileno es la aparición de una izquierda revolucionaria responsable, con metas definidas y métodos claros, ese porcentaje viene a resultar estimulante para quienes se empeñan en movilizar a obreros, campesinos, pobladores y estudiantes por un camino revolucionario hacia la conquista del poder.

Si bien es cierto que los procedimientos de la izquierda tradicional entran en este instante a una prueba suprema, la izquierda revolucionaria no puede contentarse con velar sus armas para el caso de que la historia le entregue el relevo en la conducción del pueblo. Le corresponde, más bien, actuar desde ahora con claridad para ganar ese derecho. En el juego electoral propiamente tal, la conducción la ha tomado el reformismo, desplazando a todos los que pudieron darle un carácter más definido y clasista. A estas alturas no se puede entrar en una lucha por dirigir la campaña o por darle un vuelco. Sería una lucha en vano e improductiva. Al contrario, quizá deban dárseles a los responsables todas las oportunidades para que terminen su tarea sin tropiezos o estorbos gratuitos, sin regalarles argumentos para que justifiquen un posible fracaso. Pero eso no significa inactividad o desinterés en un proceso que puede generar una situación favorable al proceso revolucionario.

En la misma medida en que la izquierda tradicional entra en una zona de crisis, explotando al máximo sus métodos electoralistas, la izquierda revolucionaria comienza a asomarse a su destino. Para afrontarlo debe redoblar su preparación y equipamiento y su conducción política debe ser rigurosa pero flexible, como para hacerse cargo de las responsabilidades que se le pondrán al frente. De este modo, a la izquierda revolucionaria también le afecta la etapa política que comienza a vivirse. Se va a poner a prueba su capacidad de interpretar correctamente una serie de hechos fundamentales. Se va a probar su capacidad operativa real y sus condiciones para participar en la dirección de un movimiento de vastos alcances. Aún más: en el caso de que la izquierda tradicional acepte resignadamente una derrota real o fraudulenta, llegará para la izquierda revolucionaria el momento de decidir acciones que no solo la conviertan en polo de atracción de los sectores más radicalizados de los partidos en crisis, sino además, y principalmente, en auténtica vanguardia armada del pueblo.

Para encarar este futuro próximo, creemos, deben superarse, en lo posible, las condiciones que hoy presentan a los revolucionarios chilenos repartidos en segmentos, dentro y fuera de los partidos.

Debe abordarse sin dilaciones un proceso de coordinación que ya ha dado algunos resultados prácticos, fuera de la esfera de acción partidaria tradicional, de modo de presentar una alternativa revolucionaria coherente, nucleada y capaz, por eso mismo, de abordar con responsabilidad el prolongado sacrificio que se pedirá a nuestros trabajadores para conquistar el poder.

Capítulo 11

Los votos, más el fusil*

PF

El 4 de septiembre no será una simple fecha en el calendario político-electoral de Chile. Puede ser —por ejemplo— el día del triunfo de una coalición electoral de izquierda. La candidatura del Dr. Salvador Allende plantea iniciar la construcción del socialismo, liberando a nuestro país del imperialismo y de los monopolios. Es por eso que aun quienes consideramos que el método electoral no es el más idóneo para alcanzar ese propósito, hemos asumido la actitud de apoyar la lucha de las masas, procurando al mismo tiempo no entorpecer la táctica utilizada por quienes dirigen ese proceso. *PF* ha señalado con toda claridad que, poniendo a un lado discrepancias y críticas legítimas, queda en pie que los intereses de los trabajadores en lo electoral concreto están representados por la Unidad Popular.

Más todavía: si la UP alcanza la victoria, como debería ser ya que jamás los estrategas de la vía pacífica habían logrado estructurar una coalición electoral más vasta, comenzará una etapa erizada de asechanzas que los trabajadores tendrán que afrontar unidos.

Solo una combativa unidad bajo una dirección revolucionaria lúcida podrá hacer respetar los resultados de la elección. La historia no conoce una situación de traspaso pacífico de poder desde las clases dominantes a las clases explotadas. Lo saben vastas capas de trabajadores chilenos, que, además, no ignoran que nuestro país pertenece a un continente que el imperialismo considera una prolongación de sus fronteras.

La evidencia de que el imperialismo no ha cambiado su naturaleza agresiva y de que la burguesía tampoco hará cesión de sus privilegios sin

---

*   *PF* n.º 112, 1 de septiembre de 1970, pp. 2-5.

oponer resistencia, ha llevado a algunos sectores a preparar la defensa de una posible victoria electoral. Aun cuando deficiente y tomada con retraso, esa preocupación es adecuada. Puede restarle efectividad, sin embargo, el prolongado periodo de dirección reformista que pesa sobre las masas.

Es correcto, no obstante, recalcar que para iniciar la construcción del socialismo no bastan los votos. Se necesitan también los fusiles que hagan respetar la voluntad del pueblo trabajador.

Si la Unidad Popular es derrotada, o si su triunfo es escamoteado por los «brujos» que manejan los secretos del aparato electoral, de todos modos se abrirá una nueva perspectiva. El camino hacia el socialismo no estará cerrado. Pero, en cambio, quedará cancelada una táctica cuya aplicación en América Latina está quedando reducida al solitario y dudoso caso chileno.

En cualquiera de las dos eventualidades, la situación se caracteriza por las ricas posibilidades que brinda a las fuerzas revolucionarias, que operan dentro y fuera de los partidos de la Unidad Popular. En ninguna de las dos alternativas —victoria o fracaso electoral— esas fuerzas de creciente desarrollo podrán estar ausentes.

La situación —en extremo fluida y compleja— va a requerir claridad en un análisis que forzosamente se elaborará al calor de los acontecimientos. Pero si se posee una línea central de orientación —cual es la lucha por la conquista del poder— ese análisis y las decisiones correctas se verán facilitadas.

La vía pacífica, o electoral, afronta el 4 de septiembre una prueba de fuego. Lo más probable es que no pueda imponerse dentro de los marcos tradicionales de la política reformista.

Las aspiraciones populares amenazan con hacer saltar el esquema tradicional. Tales aspiraciones, que se orientan al socialismo, son aplastadas por los métodos compulsivos que usa la burguesía. Esos métodos van desde una monstruosa publicidad reaccionaria, financiada en gruesa proporción por las compañías imperialistas, hasta las amenazas golpistas, pasando por el peligro evidente de un fraude o de maniobras politiqueras a nivel del Congreso Nacional.

La acumulación de legítimas esperanzas, frustradas en sucesivos torneos electorales, está emergiendo vigorosa en capas de trabajadores que logran deshacerse de la falsa conciencia creada por la ideología dominante. No será fácil al reformismo controlar ese proceso, aunque intentará —como otras veces— desviarlo hacia las playas de un compromiso apaciguador.

Por otra parte, una derrota electoral que resulte inapelable para quienes dirigen la Unidad Popular también hará entrar en escena a una izquierda revolucionaria, símbolo de esas aspiraciones, que aparece todavía secundaria e incipiente. En ese caso, ella deberá asumir un precoz rol protagónico. Esto porque a nadie cabe dudas de que la conducción política de obreros, campesinos, pobladores y estudiantes que luchan por el socialismo pertenecerá de modo legítimo a los que sin abandonar a las masas en esta coyuntura no han perdido oportunidad de llamarlas a prepararse para seguir una vía revolucionaria.

A diferencia de elecciones anteriores, en 1970 existe una izquierda revolucionaria cuya capacidad, es cierto, también se pondrá a prueba en el futuro inmediato, al menos en lo político. La lucha histórica de los trabajadores por el socialismo no quedará, en consecuencia, sujeta al albur de un resultado electoral que, en gran medida, depende del aparato institucional creado por la burguesía. El 4 de septiembre significará un impulso y cualquier análisis coincidirá en que el método de lucha, de aquí en adelante, necesariamente será revolucionario, o sea no pacífico.

El camino hacia el socialismo no estará de ningún modo bloqueado, ni la frustración será el signo de los días siguientes, aun cuando haya que encarar un fraude, un golpe o una derrota admitida.

En todo caso se habrá agotado una etapa de lucha política, explotada hasta el máximo de sus posibilidades. Pero seguirá otra en la que ocurrirá un relevo en la dirección de los trabajadores y un cambio de métodos a fin de continuar luchando en mejores condiciones.

Optimismo justificado

El optimismo de la izquierda tradicional tiene un asidero objetivo. Se basa en la suma de votos que alcanzaron los partidos de la Unidad Popular en las últimas elecciones parlamentarias. Hace un año y medio los partidos Comunista, Socialista, Radical y Social Demócrata obtuvieron el 42% de los votos. Habría que añadir ahora la fuerza electoral desconocida del Movimiento de Acción Popular Unitaria (MAPU) y de la Acción Popular Independiente (API).

Si ningún candidato alcanzara la mayoría absoluta, la designación del nuevo presidente correspondería hacerla al Congreso Nacional, que elige entre las dos mayorías relativas. En ese evento, la Unidad Popular también tiene mayoría en el Congreso, si se mantiene el actual cuadro político.

El Ejército, a través de su comandante en jefe, ha dicho que las fuerzas armadas respetarán el veredicto de las urnas o la decisión constitucional del Congreso.

Nada parece pues obstruir el camino hacia un gobierno que plantea «terminar con el dominio de los imperialistas, de los monopolios, de la oligarquía terrateniente e iniciar la construcción del socialismo en Chile».[1]

Aunque *PF* ha examinado algunas limitaciones del programa básico de gobierno de la Unidad Popular, no hay dudas de que este va más allá de lo que se plantearon en otra época coaliciones electorales de izquierda.

Desde luego, plantea nacionalizar un sector de actividades económicas: la gran minería del cobre, salitre, yodo, hierro y carbón mineral; el sistema financiero del país, en especial la banca privada y seguros; el comercio exterior; las grandes empresas y monopolios de distribución; los monopolios industriales estratégicos; la producción y distribución de energía eléctrica; los transportes ferroviario, aéreo y marítimo; las comunicaciones; la producción, distribución y refinación del petróleo y sus derivados, incluido el gas licuado; la siderurgia; el cemento; la petroquímica y química pesada; la celulosa y el papel. También el programa plantea acelerar la Reforma Agraria, incluyendo los predios destinados a la explotación frutícola, vitivinícola y forestal e involucrando la totalidad o parte de las maquinarias, herramientas, animales, etcétera.

Por lo tanto, un gobierno de la Unidad Popular afectará severamente a los explotadores, comenzando por el imperialismo norteamericano que ha consolidado en Chile un enclave de proporciones.

Las dudas

Es en este punto donde surgen dudas que oscurecen los simples cálculos electorales. De seguir el curso de antecedentes estadísticos, el 4 de septiembre

---

[1] *Programa básico de gobierno de la Unidad Popular*, Santiago, 17 de diciembre de 1969. [*N. del A.*].

tendría que ganar Allende, seguido a gran distancia por Tomic; Alessandri quedaría reducido a un distante tercer lugar. ¿Pero hay seguridad de que ocurrirá de este modo?

Lamentablemente esa seguridad no existe porque, en primer lugar, el electorado del país —superior a tres millones— regularmente no toma posiciones clasistas. Aun cuando la masa electoral de los explotados es infinitamente superior a la de los explotadores, la ideología dominante pertenece a la burguesía.

Resulta pueril culpar exclusivamente a la «campaña del terror», o sea a las publicaciones anticomunistas amplificadas por los aparatos propagandísticos que asesora y financia el imperialismo. El chileno es víctima de una «campaña del terror» permanente, que lo acompaña desde su infancia. La educación, la religión, la literatura, el cine, la prensa, la radio, la televisión, etc., forman un compacto circuito ideologizador. Su finalidad es entregar a la voracidad del sistema capitalista un hombre alienado, cuyas defensas están vencidas, dispuesto a secundar la explotación mediante la pasividad o el reformismo. Las «campañas del terror» en periodos electorales activan los prejuicios que subyacen en la conciencia de las víctimas del capitalismo. Sacan a flote y fijan una idea central, cual es un oscuro e inexplicable temor al socialismo.

No obstante, los hechos objetivos, la declinación de un sistema cuyas grietas anuncian el desplome, coaccionan en sentido inverso. Es así como una gran masa electoral logra asumir un comportamiento lúcido y definirse en términos de intereses de clase. Pero nadie puede asegurar que en este momento exista una situación óptima. Los métodos tradicionales de la izquierda, la conciliación y el constante frenar de las luchas de masas, han hecho lo suyo para fortalecer el espejismo de una «Inglaterra de América del Sur». En ese esquema, resulta dudoso un vuelco que entregue el poder a quienes proyectan destronar a la burguesía.

Además del factor subjetivo que representa la conciencia erosionada de grandes sectores de trabajadores, desarmados ideológicamente por el reformismo, hay que tener presente otros hechos que se interponen entre el pueblo y el poder. En la escala de recursos que maneja la burguesía a continuación figura el fraude electoral. No solo consiste en la rapiña de votos (en 1958, según el testimonio del Dr. Allende, los resultados fueron adulterados en su perjuicio). Hay que agregar el manejo de los aparatos de información. Los políticos tradicionales han acostumbrado al pueblo a creer a pies juntillas en los resultados que anuncia el ministerio del Interior. Son considerados «oficiales» y su veracidad es respaldada por la creencia —producto de esa falsa conciencia que venimos analizando— de que el gobierno es un árbitro imparcial. La verdad es muy distinta. Todo el aparato del Estado está al servicio de los intereses de la clase dominante. Por lo tanto, el gobierno no es indiferente respecto a la suerte de la clase que él representa. Verá modo de arbitrar procedimientos para impedir el colapso del sistema que lo generó y mantiene en pie.

La variante golpista

Lo fundamental del Estado burgués, en todo caso, es su aparato armado. Se puede creer que la burguesía y el imperialismo no querrán destruir la fisonomía democrática de la «Inglaterra de América del Sur», sino en un último extremo. Pero a ese punto se puede llegar con relativa facilidad si los procedimientos «pacíficos», anteriormente reseñados, experimentan una falla.

El aparato armado de la burguesía no tolera cuerpos extraños en su seno. En los últimos meses han sido arrestados y dados de baja de las filas del Ejército y la Fuerza Aérea numerosos oficiales, suboficiales y soldados a los que se acusó de profesar ideas de izquierda. Esto permite señalar que en los mandos existe una lealtad ideológica al sistema. En consecuencia, salvo quizá excepciones, las fuerzas armadas y la policía estarán alineadas junto a los demás instrumentos defensivos del sistema.

El imperialismo norteamericano posiblemente está accionando sus mecanismos en algunas de las formas ya conocidas. Un estudio reciente, por ejemplo, demuestra que la ayuda militar norteamericana guarda directa relación con los acontecimientos políticos.[2] «Es fácil constatar —dice el autor— que el súbito crecimiento de la ayuda corresponde claramente con el periodo de radicalización de la Revolución Cubana; que el recurso masivo a las fuentes extraordinarias de financiamiento corresponde al periodo de la campaña

---

[2]   Alain Joxe: *Las fuerzas armadas en el sistema político de Chile*, Editorial Universitaria, Santiago de Chile, 1970. *[N. del A.].*

presidencial, cuando no se descartaba la posibilidad de un triunfo electoral del FRAP; y que el aflojamiento se insinúa al día siguiente del triunfo de la Democracia Cristiana».

Además de la ayuda militar, donde figura entre los países más «favorecidos» por el Pacto de Ayuda Mutua con Estados Unidos, Chile también aparece entre las naciones latinoamericanas que más militares ha enviado a entrenarse a Norteamérica y Panamá: 2 613 hombres entre 1950-1965, por sobre países donde existen guerrillas. En cuanto a la policía, ocurre lo mismo. La Oficina de Seguridad Pública de la Agencia para el Desarrollo Interamericano (AID), que financia programas represivos en el continente, otorga gran atención a Chile y una muestra concreta es el Grupo Móvil. Suministra equipos y adiestra oficiales en la Academia Internacional de Policía de Washington. Pero, además, ha destacado unos noventa asesores (principalmente exagentes del FBI) en América Latina para dirigir programas de entrenamiento, lo cual incluye a Chile.

Esta preocupación norteamericana —destinada a impedir otra Cuba en el continente— tiene una razón poderosa. El Informe Rockefeller señala que la inversión directa de Estados Unidos en la región alcanzaba, en 1967, a 10 213 millones de dólares. El gobierno demócrata-cristiano, en el caso chileno, ha facilitado grandemente la colonización de la economía por Estados Unidos. Incluso se ha servido del desplazamiento de rubros de las inversiones norteamericanas, originado en las conveniencias de los monopolios, para montar comedias de «chilenización». Como se sabe, el interés norteamericano se ha volcado desde la minería a las manufacturas, renglón este último que ya supera al petróleo, la inversión clásica de Estados Unidos.

Chile es un enclave imperialista con todos los agravantes. No solo rinde grandes ganancias a la metrópoli por la vía de las inversiones. Es también un comprador importante, cuyas adquisiciones en el mercado norteamericano llegaron en 1969 a la cifra récord de 314 millones de dólares. Nuestro país está, pues, en el radio de control diseñado por el expresidente Johnson a raíz de la invasión de República Dominicana. Esa «doctrina» destinada a combatir la «subversión comunista» ha sido reforzada por el Informe Rockefeller que el actual presidente norteamericano, Nixon, hizo suyo. Resultaría a lo menos ingenuo creer, entonces, que el imperialismo va a aceptar resignado el duro golpe que significaría el término de sus privilegios, injerencia y dominación en Chile.

Es cierto que el imperialismo aparece interesado en reducir las tensiones con la URSS en algunas regiones del mundo, como Europa y Medio Oriente, donde han surgido acuerdos que se ajustan dentro de la política de coexistencia pacífica. Pero mantiene viva la hoguera de Vietnam, y en América Latina finge aceptar la arrogante realidad de la Revolución Cubana, a la que amenaza constantemente, no cejando en su esfuerzo por hacer del continente su zona depredatoria.

El imperialismo tiene dos candidatos en la elección presidencial: Alessandri y Tomic. Este último, exembajador en Washington, donde recibió especiales muestras de confianza y distinción de la Casa Blanca, ha logrado confundir a muchos con la careta de una «izquierda cristiana». En un análisis estricto se podría colegir que su postulación tiene por objeto drenar las posibilidades de la izquierda socialista. Resulta por eso desconcertante que algunos sectores reformistas de la Unidad Popular den la impresión de haber «caído» en las redes de la nueva táctica de la Democracia Cristiana. Se puede presumir una confluencia de reformistas a la sombra de la elección para coordinar acciones después del 4. Esta posibilidad podría darse exclusivamente con el propósito de cerrar el paso a un proceso revolucionario. Es por lo tanto una traición potencial que debe ser denunciada en sus orígenes.

El oportunismo clásico de los reformistas se pone de bulto con el visible acercamiento de esos sectores, enquistados unos en la Unidad Popular y dueños absolutos los otros de la Democracia Cristiana. Estos últimos, profitadores habituales de la «campaña del terror» y de las inyecciones de dinero que el imperialismo aplica a la política chilena, han quedado de pronto libres de polvo y paja. Usaron el sencillo expediente de sumarse a la Unidad Popular para condenar las tenebrosas formas de la publicidad antisocialista que en 1964 los llevó al poder. Es imposible creer en la sinceridad de esa condena, más aún cuando se tiene en cuenta lo que ha significado el gobierno demócrata-cristiano en materia de penetración norteamericana. Es notorio, por lo tanto, que se trata de una maniobra política y no resulta aventurado afirmar, examinando declaraciones del sector reformista de la UP y de dirigentes del PDC, que el punto de coincidencia se produce en la lucha contra los «ultraizquierdistas», como llaman a los revolucionarios. El interés objetivo es atajar cualquier proceso revolucionario y estructurar una alianza socialdemócrata que permita seguir engañando a los trabajadores, alejándolos de su verdadera meta.

Este panorama en que se dan las elecciones, cuando aún la alternativa armada no llega a su etapa adulta, lleva a concluir que el voto para el candidato de la Unidad Popular debe estar acompañado de la decisión de aplastar las maquinaciones de toda índole que se van a presentar.

Una equivocada dirección de muchos años, y que solo algunos sectores han logrado romper, casi siempre al margen de los partidos tradicionales, lleva a los trabajadores a afrontar esta coyuntura sin adecuada preparación. Esto involucra el riesgo de que se consume una nueva burla. No obstante, hay una real posibilidad de convertir la actual en una coyuntura de contenido revolucionario, iniciando el combate por el poder. Es imposible prever cada uno de los giros que puede tomar la situación. Pero resulta claro que el poder no se obtendrá sin lucha, y que esta radicalizará el proceso en cualquier nivel a que se dé. Es por eso que los elementos reformistas se preparan desde ya para frenarlo. La táctica correcta debe ser, por lo tanto, su contrario: agrupar a los revolucionarios donde quiera que estén, sin sectarismos, tomar la dirección, encauzar el proceso y llevarlo a la victoria. No será fácil ni una tarea breve. La desproporción de recursos es grande. Pero creemos que se aproxima para los revolucionarios el momento de reclamar, en los hechos, el papel de vanguardia.

Capítulo 12

¿Es golpista el Ejército?*

FCM

En las páginas finales de su libro,[1] Alain Joxe plantea una observación que tiene obvia relación con el actual proceso político: «...la idea largo tiempo difundida de que los golpes de Estado, el militarismo, el fascismo no eran en Chile peligros reales, a nuestro juicio debe borrarse, ante la toma de conciencia en el sentido de que Chile, pese a su tradición, no escapa ya al destino común de los países latinoamericanos, destino que hoy día ya no procede de alguna particular fatalidad histórica local, sino de su integración, más y más empujada hacia el sistema de relaciones capitalistas mundiales». Joxe, sociólogo francés, investigador del Instituto de Estudios Internacionales de la Universidad de Chile, aborda un tema que por lo regular es considerado tabú en nuestro país: el de la participación política de las fuerzas armadas. El misterio que rodea las actividades que exceden el plano específicamente profesional de las fuerzas armadas, y aun aquellas mismas, es una de las contradicciones que revelan el peligroso equilibrio del sistema político vigente en Chile.

En efecto, prácticamente no existen trabajos de investigación serios y completos efectuados en el país sobre las fuerzas armadas y su papel político. En una u otra forma, acudiendo casi siempre al eficaz recurso de un mal entendido patriotismo, las clases dominantes han impedido en Chile que se examine libremente el rol de las fuerzas armadas, sus relaciones con grandes potencias imperialistas (en el pasado Alemania y Gran Bretaña y ahora Estados Unidos), sus funciones de gendarme interno, etc.

---

*   *PF* n.º 112, 1 de septiembre de 1970, pp. 20-21.

[1]   Alain Joxe: *Las fuerzas armadas en el sistema político de Chile*, Editorial Universitaria, 1970, 176 páginas. *[N. del A.]*.

La izquierda tradicional ha contribuido también a la tarea que dirige la burguesía de hacer creer que las fuerzas armadas constituyen una suerte de árbitro imparcial —fuera del juego— en la contienda histórica entre explotados y explotadores. Por extensión, esa creencia generalizada en vastas capas de nuestro pueblo alcanza también al gobierno y a los tribunales, en los que muchos ven una superestructura institucional ajena a las luchas que dividen a los chilenos entre los intereses antagónicos de una gran mayoría y los de un sector minoritario, pero económicamente poderoso. En realidad —salvo excepciones personales que no vulneran la regla—, todo el aparato del Estado responde a los intereses de la burguesía capitalista, cuyos nexos con el imperialismo son de gran envergadura. Las fuerzas armadas vienen a ser, en consecuencia, el aparato armado del sistema y la tarea que se les asigna es la de velar por la integridad de ese sistema. Llegado el caso, en una situación extrema en que la alianza burguesía-imperialismo no pueda controlar de un modo más eficaz para proteger la «imagen» democrática del sistema, no cabe duda que las fuerzas armadas también jugarán en Chile el papel de gendarme protector de los fueros económicos de esa minoría.

Pero si bien el análisis descarnado del verdadero papel de las fuerzas armadas está vedado en Chile a los analistas locales, no ocurre lo mismo con especialistas extranjeros, en particular si ellos son norteamericanos. Joxe cita el caso de Roy A. Hanson, de la Universidad de Berkeley, California, que hizo un estudio sociológico acerca del Ejército chileno con el consentimiento de las autoridades militares, y mediante entrevistas directas a un gran número de oficiales del Ejército, lo cual habría resultado seguramente imposible para expertos chilenos.

Joxe refresca la memoria de los lectores acerca de las conclusiones del Informe Rockefeller, respecto a las fuerzas armadas latinoamericanas. Parece conveniente y oportuno, en efecto, recordar que Rockefeller planteó a Nixon aumentar la ayuda en equipos y asesoría para luchar contra «la subversión creciente» en el continente, y recomendó la creación de un Consejo de Seguridad del Hemisferio Occidental, cuya finalidad específica es la de crear una Fuerza Interamericana de Policía.

Las fuerzas armadas, por lo tanto, han ido perdiendo en forma acelerada el carácter convencional de ejércitos y tomando ellas mismas —o cuerpos paralelos como Carabineros en nuestro país— una función marcadamente represiva. La Escuela de las Américas, en Panamá, y otros centros de adiestramiento en territorio norteamericano capacitan anualmente a miles de oficiales y suboficiales latinoamericanos para la lucha antisubversiva, que ha desplazado las finalidades de resguardo de la soberanía nacional que tuvieron inicialmente las fuerzas armadas en nuestro continente.

El libro de Alain Joxe ayuda a desmitificar esta clase de asuntos y otros que enrarecen una adecuada comprensión de los fenómenos políticos chilenos. «El Ejército chileno —dice—, lejos de no haber intervenido nunca en asuntos políticos, ha sido, por el contrario, el agente principal en la corporación del Estado que hoy subsiste». También señala que el Ejército chileno siempre ha sido uno de los más importantes de América del Sur, y por eso ha recibido atención especial por parte de Estados Unidos.

Joxe afirma que «hoy, como en la época de Balmaceda, el sector de las fuerzas armadas constituye, pues, una pieza maestra en el sistema de dependencia: aunque no sea seguro que tenga plena conciencia de ello, si se considera el papel ambiguo que desempeña en el interior del sistema político chileno».

Capítulo 13

El MIR frente a las elecciones*

*Movimiento de Izquierda Revolucionaria (MIR)
y otras organizaciones revolucionarias*

En vísperas de las elecciones, el MIR y otras organizaciones revolucionarias entregaron una declaración dirigida a los obreros, campesinos, pobladores y estudiantes. Los siguientes son algunos aspectos de ese documento.

Mal o bien, los trabajadores y sus intereses están representados por la candidatura de la Unidad Popular, y los patrones de los fundos y fábricas por Tomic y Alessandri.

La candidatura de la izquierda ha crecido y los patrones enfrentan la elección divididos entre Tomic y Alessandri. Eso es lo que ofrece posibilidades a los allendistas de obtener una mayoría electoral.

Los trabajadores, si le dan la mayoría de sus votos a la izquierda, lo que buscan es la conquista del poder por ellos, y la construcción del socialismo en Chile.

¿Una mayoría electoral de la Unidad Popular significa la conquista del poder por los trabajadores?

1) Un triunfo electoral de Allende no significa la conquista del poder por los trabajadores. Los dueños de las fábricas y fundos, los dueños de los bancos, la tierra y de las minas, los que tienen el poder y la riqueza en sus manos desde hace muchos años, no querrán entregarlo a los trabajadores. Buscarán primero engañar y estafar su triunfo al pueblo, y luego, si no lo logran, no vacilarán en usar la fuerza de las armas para conservar lo que han robado por siglos.

---

*   *PF* n.º 112, 1 de septiembre de 1970, pp. 26-27.

2) Más aún, si incluso le llegaran a entregar el gobierno a la Unidad Popular, lo que vemos enormemente difícil, ello no significa que automáticamente conquisten el poder los trabajadores. Que cargos públicos sean ocupados por gente de izquierda, sean estos de presidente o de ministros, no significa que haya socialismo en Chile o que los problemas de los trabajadores estén resueltos.

La conquista del poder por los trabajadores solo será una realidad cuando estos ejerzan efectivamente el poder, cuando las fábricas sean de los obreros administradas por ellos en beneficio de todos los chilenos, cuando los fundos estén en manos de los campesinos y la producción de ellos sea en beneficio de la mejor alimentación del pueblo, cuando los pobladores tengan en los hechos un sitio y una casa, cuando las empresas extranjeras sean de los chilenos, cuando los bancos sean propiedad de todo el pueblo, etc. Solo entonces el pueblo habrá realmente triunfado. Esa es la meta por la que luchamos.

3) El posible enfrentamiento de clases que se produzca alrededor de un triunfo electoral de la izquierda puede ser el comienzo de un nuevo periodo en la lucha por la conquista del poder para los trabajadores, en que nuevos contingentes de masas se incorporen a esta larga lucha. Por ello es deber de los revolucionarios en Chile hoy participar en este combate si él llega a darse, desarrollando su propia política, pero sin tampoco aislarse por esquemas puristas y teóricos.

Para nosotros este proceso electoral ha tenido dos aspectos: uno, la actividad electoral propiamente tal, en la que no creemos y de la que no hemos participado; y otro, la movilización de masas, la que hemos empujado alrededor de sus reivindicaciones todo el último periodo. En la posible coyuntura revolucionaria de septiembre-octubre, participaremos e impulsaremos todos los aspectos relacionados con la movilización de masas que pueda darse, considerando que desde allí pueda lucharse por la conquista del poder por los trabajadores, bajo nuevas formas.

¿Qué se opone a que el pueblo pueda defender un triunfo electoral?

1) Los dueños del poder y la riqueza son fuertes en este momento y jugarán todo su poder por defender sus privilegios. Tienen para ello un poderoso aparato militar formado por Carabineros, Investigaciones, si es necesario el Ejército, y en último caso, no dudarán en traer a los infantes de marina norteamericanos.

2) También hace difícil la defensa de un triunfo electoral la política que los sectores reformistas de la izquierda están llevando a cabo. Desarma a los trabajadores una política que apacigua las protestas callejeras contra los asesinos, que frena las luchas de los trabajadores detrás de una esperanza electoral, que busca el entendimiento con algunos patrones, que quiere «tranquilizar» a los dueños de la riqueza, que acusa de provocadores a los que quieren luchar, etc.

¿Qué empuja a favor de una movilización de masas en el posible enfrentamiento?

1) Empuja a favor de una movilización de masas por la defensa de un triunfo electoral el hecho de que los trabajadores del campo y la ciudad, desde hace años, vienen desarrollando cada vez más numerosas y más combativas luchas por sus reivindicaciones. Los trabajadores en los últimos meses, a pesar de los intentos reformistas de frenar sus movilizaciones, han continuado sus combates reivindicativos: se desarrolló un excelente paro nacional campesino, un aceptable paro nacional de la CUT, entre los obreros y los campesinos abundan las huelgas y las ocupaciones de los fundos y las fábricas, los pobladores han ocupado terrenos en Santiago y Concepción y los estudiantes se arrojaron a las calles después de los sucesos de Puente Alto.

2) Fuerza importante es la de los grupos revolucionarios que existen en el seno del PS, del MAPU y del PC. Aunque un tanto silenciosos durante la campaña, estos grupos han seguido creciendo y con seguridad se jugarán por la defensa de un triunfo electoral.

3) Otra fuerza favorable es la existencia de la izquierda revolucionaria. En esta elección presidencial, a diferencia de las anteriores, se han desarrollado varias organizaciones revolucionarias, que en el curso de la campaña han ganado cierta influencia de masas y capacidad operativa, que sin duda pondrán al servicio de la defensa de un posible triunfo electoral de la izquierda.

¿Qué debe hacerse?

1) En primer lugar la izquierda debe decidirse a conquistar el poder, a defender un triunfo que históricamente le pertenece. En segundo lugar, debe decirse al pueblo lo que se acerca, que si triunfa electoralmente no le entregarán el poder, y que este tendrá que ser conquistado. En tercer lugar deben empujarse las movilizaciones de masas a todos los niveles y en todos

los frentes por sus reivindicaciones, y así los posibles sucesos de septiembre encontrarán un pueblo movilizado y alerta, y no pasivo. En cuarto lugar, debe organizarse y prepararse política, orgánica y militarmente la defensa del triunfo electoral, y desde allí la lucha por la conquista del poder por los trabajadores.

2) Debe enseñarse al pueblo a no confiar en los resultados que entregue el ministerio del Interior, debe prepararse a las masas a no creer en los fraudes electorales, a confiar en su victoria electoral. Debe enseñársele a no esperar nada del Congreso, a no tener esperanzas en arreglos o acuerdos de pasillos sino a solo confiar en sus fuerzas, en sus movilizaciones. Decirle que solo serán gobierno los obreros y campesinos en la medida de si son o no capaces de defender su triunfo, de conquistar el poder, de movilizarse y combatir por lo que aspiran.

3) Si el enfrentamiento se produce y la movilización de masas es suficiente, a los sectores más maduros y conscientes de los trabajadores debe empujárseles a hacer efectivo en los hechos y en ese momento el programa de la izquierda. Deberá empujarse a los obreros a intentar hacer producir las fábricas ocupadas; a los campesinos a hacer suyas las tierras ocupadas y, si es posible, también a hacerlas producir; los sin casa a conquistar sus terrenos, etc. Solo trabajadores ejerciendo sus derechos y el poder estarán dispuestos a jugarse por entero por la defensa de un triunfo electoral.

¿Cuál será la tarea de la izquierda revolucionaria?

1) Los militantes de la izquierda revolucionaria deberán plantear su política al resto de la izquierda, explicarles a los trabajadores la situación y ofrecerles un camino. Tarea suya también será la de impulsar el paro nacional, y la de empujar la toma de los sitios de trabajo, y encabezar la lucha callejera. Para ello deberán aumentar su capacidad de propaganda y habrán de vaciarse en los frentes de masas que influyen, llevando esta política. Después, si el enfrentamiento se produce, y las masas se movilizan, su tarea será la de empujar al pueblo al ejercicio del poder por ellos mismos.

2) Elevaremos el nivel de nuestros nacientes aparatos operativos y los prepararemos para tratar de castigar y golpear a los que asesinen trabajadores en las calles, fábricas y fundos. Intentaremos desarrollar formas de armamento que permitan responder en las calles a los que disparen contra el pueblo.

3) Factor fundamental para cumplir con todas estas inmensas tareas necesarias será la coordinación y el entendimiento entre las organizaciones de izquierda revolucionaria y los sectores revolucionarios que existen en el interior del PS, del MAPU y del PC.

Solo a través de esta coordinación para organizar y preparar la defensa de un posible triunfo electoral de la izquierda será posible preparar el entendimiento y el acuerdo político que surgirán como necesidad de una reagrupación de los revolucionarios en Chile, que debería ser consecuencia de una crisis de la izquierda tradicional si Allende es derrotado electoralmente.

4) Algunas organizaciones revolucionarias y sectores de los partidos de la izquierda ya lo han entendido así. Grupos con bases obreras, campesinas, pobladoras y estudiantiles ya coordinan sus esfuerzos, desarrollan tareas comunes y caminan hacia la integración.

Los grupos o militantes de la izquierda, sean ellos del PS, del MAPU o del PC, y las organizaciones revolucionarias, grandes o pequeñas, que coincidan con este manifiesto, que empujen entre las masas las nuevas formas de lucha, que luchen por el socialismo y que comprendan que solo la lucha revolucionaria de los trabajadores permitirá la conquista del poder, podrán y deberán ocupar un lugar en el amplio Frente de Fuerzas Revolucionarias que tendrá que surgir después de septiembre. Emplearse en la defensa de un posible triunfo electoral del pueblo, y desde allí luchar por la conquista del poder, trabajar en conjunto, eliminar los sectarismos y reagruparse es la tarea de los revolucionarios.

Capítulo 14

¡Defender el triunfo!*

PF

El proceso político ha entrado a una fase muy delicada. Los enemigos del socialismo —encabezados por el imperialismo norteamericano— intentan frustrar la victoria electoral de los trabajadores chilenos.

A pocas horas del triunfo de Allende, abanderado de la Unidad Popular, se descargó una campaña internacional manipulada desde Washington. Tiene características similares de otras que afectaron antes a Cuba, Brasil, Perú, República Dominicana, etc.

Las agencias noticiosas UPI, AP y publicaciones yanquis que sirven de voceros a los monopolios abrieron el fuego. Esto se produjo aun antes de que aflorara la reacción de la derecha interna, derrotada el 4 de septiembre.

Apenas comprobó que podía contar con respaldo del imperialismo, la derecha se lanzó a la acción en diversos frentes. El comando alessandrista, envalentonado por la prensa imperialista, se negó a admitir la derrota, utilizando falaces argumentos. A la vez, sacó a la calle a los primeros grupos de manifestantes, desató una campaña de rumores en todas las ciudades y, simultáneamente, pasó a la etapa de crear pánico financiero, agudizar la fuga masiva de capitales y paralizar sectores industriales y agrícolas. A parejas con esas medidas, inició trotes conspirativos, buscando gorilas para que se encarguen del trabajo sucio.

Respecto del gobierno, convicto de masacres de obreros y pobladores y eficaz aliado durante seis años de la burguesía y del imperialismo, no es aventurado desconfiar de él en este momento. Más bien, todo hace presumir que facilitaría cualquier operación destinada a escamotear una victoria que pertenece a las clases trabajadoras.

---

*   *PF* n.º 113, 15 de septiembre de 1970, p. 1.

Los obstáculos que se interponen entre los trabajadores y el poder, por lo tanto, son todavía enormes. La burguesía y el imperialismo mantienen sus aparatos coercitivos intactos.

¿Qué cabe hacer?

Por una parte, creemos, reforzar el triunfo electoral que ha conseguido el pueblo. Esto debería traducirse en organizar a obreros, campesinos, pobladores y estudiantes —mediante la ampliación y fortalecimiento de los Comités de Unidad Popular— para defender el triunfo. Se necesita crear una conciencia popular de tal vigor que sea capaz de hacer frente a cualquier contingencia.

El ejemplo de Brasil, en 1964, nos indica que no basta una movilización a nivel de las superestructuras políticas o sindicales. Hace falta una organización popular creadora, que nazca desde abajo, sin sectarismos, provista de conciencia revolucionaria y de elementos para una confrontación clasista que puede ser decisiva.

Las características del proceso chileno, que surge de una elección y que por lo tanto se ciñe a periodos legales determinados, hace que el tiempo juegue en favor del reagrupamiento de las fuerzas reaccionarias. Ellas fueron golpeadas en lo electoral por un error que ahora intentan rectificar. Por eso no hay que darles tregua. Si bien las circunstancias políticas aconsejan cautela, deben tomarse medidas que fortalezcan de verdad a los trabajadores en su capacidad de golpear al adversario.

El enemigo del pueblo trabajador es poderoso y goza todavía de buena salud. No lo perdamos de vista.

Capítulo 15

El enemigo del pueblo prepara un contragolpe*

PF

El presidente electo, Dr. Salvador Allende, ha dicho que la victoria del 4 de septiembre no es el triunfo de un hombre, sino de un pueblo. La afirmación de Allende es correcta, porque ha sido el pueblo chileno, en particular sus capas trabajadoras, el que ganó las elecciones. Al sector más concientizado de nuestro pueblo, que logró evadir las presiones alienantes de la propaganda reaccionaria, le corresponde en justicia este triunfo.

Mirado desde esta perspectiva y sobre la base de ampliar en forma urgente el soporte social que requiere un gobierno popular, se puede afirmar que en Chile se abre una perspectiva revolucionaria. Corresponde por lo tanto al pueblo defender, en primer lugar, la victoria del 4 de septiembre; más adelante, desde el poder, al que debe incorporarse de modo efectivo, corresponderá al pueblo convertir en realidad el programa por el cual votó. Ese programa plantea como idea central iniciar la construcción del socialismo en Chile.

No escapa a ningún criterio político que las medidas para poner en marcha ese programa, si cuentan con suficiente respaldo popular, tendrán la virtud de acelerar el proceso a través del cual los trabajadores chilenos entrarán al socialismo.

De modo que, en torno a estas dos cuestiones, defender la victoria electoral e impulsar el programa de gobierno de la Unidad Popular, debe centrarse la actividad de los revolucionarios chilenos. En su primera fase, la defensa del triunfo de Allende, la tarea se plantea en dos planos simultáneos. El primero es de conducción política, y tiende a aislar a quienes se niegan a admitir su derrota. Nadie podría disputar el manejo de esa situación

---

*   *PF* n.° 113, 15 de septiembre de 1970, pp. 2-5.

—que involucra delicadas negociaciones— al propio presidente electo y al comando de la Unidad Popular. Son ellos, en definitiva, los que deben administrar la victoria electoral que legítimamente les pertenece.

No está de más señalar, sin embargo, que ciertas manifestaciones de sectarismo arrojan sombras peligrosas y excluyentes en el terreno político.

Pero la defensa del triunfo no se plantea solamente a nivel de las superestructuras políticas. Al contrario, la fortaleza de la Unidad Popular depende de la armazón organizativa que la sustente. Es en este plano —en el de los comités de defensa del triunfo popular— donde la izquierda revolucionaria debe estar presente. Si bien aquí también se han producido algunas manifestaciones de sectarismo, son muchas más las que han comenzado a operar en favor de una combativa unidad por la base.

Las fuerzas más significativas de la izquierda revolucionaria estuvieron de una u otra manera insertadas en el proceso político que precedió a la elección del 4 de septiembre. En muchas partes se integraron a los Comités de la Unidad Popular o al menos evitaron el error de llamar a la abstención. La izquierda revolucionaria comprendió oportunamente que, aun cuando ella no compartiera el método ni tuviera fe en sus resultados, debía estar junto a los obreros, campesinos y pobladores que aún cifraban esperanzas, quizá las últimas, en la elección presidencial. En este sentido, salvo la equivalencia sectaria del reformismo en el campo revolucionario, representada por el pekinismo, que se pronunció contra la candidatura de la Unidad Popular y llamó a boicotear la elección, las fuerzas más organizadas y lúcidas supieron caracterizar correctamente la coyuntura y ubicarse en una posición clasista.

Sin embargo, no dudamos de que aun esos destacamentos proletarios que cayeron en un análisis erróneo están ahora firmemente alineados en la defensa de la victoria popular, dispuestos a respaldar y empujar enseguida el cumplimiento del programa.

El desarrollo de los acontecimientos posteriores a la elección demuestra que el reformismo —aunque predominante entre las masas— no se la podrá para enfrentar el reagrupamiento y la ofensiva de la reacción. De ninguna manera significa reforzar al reformismo plantearse hoy como tarea fundamental defender la victoria de la Unidad Popular. A partir de este triunfo electoral, conseguido por los trabajadores en desigual lucha contra la burguesía y el imperialismo, se abre la perspectiva de radicalizar el proceso y de convertir la elección en una auténtica coyuntura revolucionaria.

Pero aun cuando no existiera más remedio que apoyar a los sectores reformistas que dominan en la Unidad Popular, sin ninguna otra perspectiva, y no es el caso presente, a la izquierda revolucionaria no le cabría hoy otro papel. Desde luego porque, como ya hemos analizado otras veces, todavía no tiene el vigor de una alternativa válida. Además, porque marginarse del proceso que se ha abierto significa objetivamente restarles fuerzas a los trabajadores en un enfrentamiento con la reacción que se aprecia inevitable. En consecuencia, sería apoyar a los vacilantes, a los conciliadores y a los claudicantes, fortaleciendo al reformismo, sostener una actitud que entrañara la pasividad o la marginación de las tareas que ahora se plantea el pueblo.

La burguesía, recuperada de la sorpresa inicial, se ha lanzado a complotar para frustrar la victoria popular. Se empeña en sembrar el pánico financiero y económico, intenta aumentar la cesantía con pretextos artificiales, fomenta la fuga de capitales, especula con moneda extranjera, difunde rumores alarmistas, planifica atentados personales (incluso contra el presidente electo), etc. Quiere crear un clima caótico que sea el pretexto para un golpe «gorila». La situación actual no puede ser más delicada. En lo político, la derecha ha dejado a un lado todo pudor. Quienes olvidan los puntos de referencia clasistas para analizar los fenómenos políticos, pudieron creer que Alessandri jugaría limpio.

No resultó así. Reaccionando en defensa de la clase que representa, Alessandri se embarcó personalmente en una sucia maniobra. Consiste en la posibilidad de que el Congreso Pleno lo elija a él —con apoyo demócratacristiano— bajo el compromiso de renunciar inmediatamente y provocar así una nueva elección. Esto daría oportunidad a la burguesía para corregir el error del 4 de septiembre, agrupándose en torno a un candidato que acumule el total de fuerzas partidarias del sistema capitalista. Es difícil creer que en esa maniobra no esté implicado el actual presidente de la República, Eduardo Frei, que ya en 1964 supo actuar de manera tal que consiguió el apoyo de la derecha política y económica. Son bastante conocidos los esfuerzos de los áulicos de Frei para presentarlo como aspirante a un segundo periodo presidencial.

Por otra parte, en las maniobras especulativas para crear pánico financiero, ha sido ostensible la actitud pasiva del gobierno. En el caso del retiro masivo de fondos de las Asociaciones de Ahorro y Préstamo, por ejemplo, bastaban simples medidas administrativas para ponerle atajo. En lo que respecta a las cuentas corrientes bancarias, ocurrió lo mismo. El gobierno del presidente Frei se lavó las manos, dejando operar tranquilamente esa campaña siniestra, destinada a crear un caos económico en el país. No cabe ninguna duda, por lo tanto, de que el gobierno también está actuando guiado por los intereses de la clase dominante a la que representa.

No era posible esperar una cosa distinta. La burguesía y el imperialismo, este último enclavado de modo muy firme en el país, no se van a suicidar mansamente solo porque la Unidad Popular haya ganado una elección. La batalla, en verdad, recién comienza y los recursos de la reacción son infinitos. Si los dirigentes de la Unidad Popular consiguen ganarle la mano en el juego político propiamente tal, en el que tiene un papel clave la conquista del Partido Demócrata Cristiano, se podrán saltar limpiamente las vallas que conducen a la proclamación de Allende por el Congreso Nacional, el próximo 24 de octubre.

Sin embargo, eso solo resolverá una parte del problema. Desde luego, una vez que la derecha gaste todos sus cartuchos políticos, le quedarán todavía en la manga cartas ilegales para impedir que Allende se convierta en presidente de la República. Y aún más, si la habilidad política del presidente electo y del comando de la Unidad Popular corona con éxito la etapa que culmina el 3 de noviembre, comenzará el periodo más difícil: el de tomar las medidas que consulta el programa del gobierno popular.

Ya en esa situación habrá, sin dudas, intentos reaccionarios para anular el programa de profundas reformas que permitirían iniciar la construcción del socialismo en Chile. La derecha amenazará, chantajeará, buscará contactos con los sectores reformistas más moderados dentro de la Unidad Popular, procurando frustrar desde adentro la realización del programa. Si no tiene éxito, se lanzará a la acción sediciosa y esto es lo más probable, porque no existe indicio alguno que permita poner en tela de juicio el sincero propósito del presidente electo de llevar a la práctica el programa prometido.

Está claro —a *PF* le resulta evidente— que en la actual etapa o más adelante, la reacción interna, apoyada por el imperialismo, provocará un enfrentamiento. Si bien conviene retardar esa confrontación hasta tanto se fortalezcan las posiciones revolucionarias, no es sensato perder el tiempo. Debe pasarse de inmediato a una preparación ideológica y militar a nivel de los Comités de Unidad Popular que permitan ahora defender el triunfo y mañana, asegurar el cumplimiento del programa.

En los hechos se ha iniciado un periodo de lucha de clases que no tiene otro cauce lógico que subir de nivel. Si bien es cierto que nace de una elección, o sea, se gesta en el seno de la democracia burguesa y pretende desarrollarse por un largo periodo en el vientre materno, no podrá sino dar a luz en el futuro una coyuntura revolucionaria. Es un destino natural y aun quienes discrepamos del sistema usado para engendrar ese proceso no podemos sino tomar nuestro puesto en la lucha que ha comenzado.

Hay que estar conscientes, no obstante, de que lo peculiar de la situación estriba en que sería un error provocar un parto prematuro; se convertiría en un aborto y no en un alumbramiento revolucionario. Por ejemplo, la debilidad de la ideología revolucionaria entre las masas es notable, aunque su desarrollo se puede acelerar, como ha ocurrido en Cuba con efectos que producen asombro. Hay en este sentido una tarea concreta a impulsar por los Comités de la Unidad Popular, cuyas múltiples iniciativas deben ser alentadas a objeto de que en verdad no sean simples organismos electorales, sino «intérpretes y combatientes de las reivindicaciones inmediatas de las masas y, sobre todo, [que] se preparen a ejercer el poder popular», tal como señala el programa. En el periodo actual de defensa del triunfo deberían, por ejemplo, asumir tareas que signifiquen frustrar los sabotajes y atentados que prepara la derecha. Resultaría fatal que la posibilidad que se presenta de llegar al poder quedara librada al manejo de una superestructura política y sindical burocratizada. El error en que se cayó en Brasil hace seis años, donde el golpe «gorila» aventó el amago de defensa de burócratas sindicales y masas inermes, debe servir de lección.

Crear una conciencia revolucionaria y darles a los Comités de Unidad Popular una estructura que permita contar con ellos para un eventual enfrentamiento, es una cuestión de alta prioridad y que requiere la colaboración activa de aquellos sectores que han logrado desarrollar algunas técnicas militares.

Por cierto, una acción ideológica orientada hacia las fuerzas armadas y la policía debe ser encarada con el máximo de seriedad, y en ese plano también pueden avizorarse líneas de relación a través de los Comités de Unidad Popular. Lo que nos interesa poner de relieve, en todo caso, es que el enemigo del pueblo chileno no está derrotado, ni mucho menos. Quien crea que el 4 de septiembre se dijo la última palabra y que se puede cantar victoria está desvariando.

El imperialismo norteamericano no va a soportar indiferente la nacionalización de sus intereses en Chile, ni el golpe a su prestigio que significa la apertura de relaciones diplomáticas y comerciales con Cuba, China Popular, Vietnam, República Popular de Corea y Alemania Democrática.

La campaña imperialista contra la Unidad Popular ya comenzó a través de su bien articulado aparato de propaganda internacional.

La burguesía, por su parte, ha reagrupado sus fuerzas. Sería iluso pensar que una simple mayoría electoral, por grande que fuere, bastará para liquidar a una clase que ha gobernado desde que existe la República.

Los partidarios de la vía pacífica solo han demostrado —con apoyo de quienes discrepan— que una coalición de izquierda puede ganar una elección planteando como programa iniciar la construcción del socialismo.

Correcto. Tenían razón en el caso chileno. (Sin embargo, esa posibilidad nunca fue puesta en duda por la izquierda revolucionaria). Si lo que se busca es un laurel teórico, concedido.

Ahora bien, por la fuerza de los hechos, hoy se produce una convergencia de estrategias en la lucha por el poder. Sería bizantino —y solo puede producir goce en espíritus sectarios— dilucidar quiénes tenían la razón. Es una discusión estéril —que algunos tratan de llevar al seno de las masas con propósitos mezquinos—, porque la cuestión del poder sigue pendiente, y el enemigo se robustece.

La situación actual es amenazante para la izquierda. Ya hemos visto que la victoria electoral puede volverse una pompa de jabón. Si no se actúa con flexibilidad política, respaldada por una vasta organización popular capaz de encarar cualquier situación, la victoria no pasará de ser una ilusión.

Para el manejo político puede darse por buena la tesis de que en Chile existe una democracia burguesa perfecta, que abrirá de par en par sus puertas, versallescamente, a quienes pretenden iniciar la construcción del socialismo. Pero esa apreciación no puede llevarse al extremo suicida de hacerlo carne en la conciencia de los trabajadores. Estos deben estar conscientes de que no es así, y de que el enemigo apelará a todo tipo de expedientes, sin ninguna clase de pudores éticos, para retener el poder financiero, político y militar que actualmente maneja.

En estas circunstancias, se hace necesario no abrir brechas en las filas del pueblo, donde las discrepancias ideológicas pueden encontrar vías apropiadas para resolverse en función de la realidad. Lo que se necesita es mostrar al enemigo un ejército compacto, capaz de hacer respetar la victoria electoral y, posteriormente, de imponer las medidas que adoptará el nuevo gobierno, para iniciar la construcción del socialismo en Chile. De algún modo, la Unidad Popular combativa ha venido produciéndose. Pero hay que impulsarla más a fondo, extenderla, estimular su ampliación y profundización. Toda actitud sectaria o de «purismo» ideológico resulta contraproducente para los intereses de los trabajadores en estos momentos.

Los obreros, campesinos, pobladores y estudiantes deben ser organizados en la perspectiva de un enfrentamiento de clases. Esa preparación debería contemplar la posibilidad de que la confrontación sea a corto o a largo plazo. Para ambas alternativas deben existir planes concretos.

La experiencia brasileña, repetimos, debe ser tomada en cuenta. La equivocada conducción del reformismo en ese país dio como resultado una dictadura fascista que no pudo ser conjurada a tiempo, porque las masas carecían de organización revolucionaria. El reformismo tenía la ilusión de una fuerte organización de masas que en realidad no existía: los trabajadores estaban desarmados ideológica y militarmente. Con los comités de defensa del triunfo popular, en el caso chileno, no debe ocurrir lo mismo.

Capítulo 16

Sedición: única salida de los derrotados*

Varilarguero

A las dos de la tarde del miércoles 9 de septiembre, cuando la sucursal «Cerrillos» del poderoso Banco Edwards cerró sus puertas, en la cuenta personal de Sergio Onofre Jarpa, presidente del Partido Nacional, permanecían intactos alrededor de 300 mil escudos depositados allí antes de las elecciones presidenciales del día 4. Sin embargo, aquel miércoles 9 marcaba ya el tercer día de una «corrida bancaria» con retiros de fondos que totalizaban más de seiscientos millones de escudos, extraídos tanto de los bancos comerciales como de las Asociaciones de Ahorro y Préstamo.

Expertos consumados en cábalas financieras, los grandes magnates no retiraron sus depósitos en caja —o si lo hicieron, siempre les quedó bastante—; mas los que cayeron redondos en el juego fueron los poseedores de pequeñas y medianas cantidades de dinero. (Algunos adinerados que viajaron al extranjero retiraron fondos y joyas de las cajas de seguridad incluso los días sábado 5 y domingo 6, para lo cual se les abrieron de manera extraordinaria e ilegal las puertas de los bancos).

El falso clima de terror —origen directo de la corrida— ante el advenimiento del primer gobierno auténticamente popular en la historia de Chile, fue provocado tanto por la multimillonaria campaña publicitaria previa a los comicios, como por los rumores diseminados de modo planificado con posterioridad a ellos.

El primer día laborable luego de las elecciones —el lunes 7— se retiraron de los bancos 180 millones de escudos, cifra que el miércoles había crecido hasta cerca de 500 millones, mientras que una cuota de 100 millones de

---

*   *PF* n.º 113, 15 de septiembre de 1970, pp. 6-7.

escudos restada a las arcas de las Asociaciones de Ahorro y Préstamo amenazaban a esas entidades con la falencia.

La corrida bancaria conformaba el inicio de una acción planificada por los sectores de las altas finanzas y los partidos que constituyen su expresión política, dirigida a impedir la ascensión al poder del doctor Salvador Allende una vez consumada la derrota de su abanderado, el empresario Jorge Alessandri. Antes, había fracasado el primer punto del plan, el desorden callejero que se intentó llevar a la práctica a la voz de una declaración del excomando alessandrista que desconocía la victoria popular y planteaba la tesis conocida: el proceso electoral no ha finalizado. Aquel domingo 6 se buscó y atizó, pero sin éxito, una intervención militar que de un solo golpe eliminara el veredicto de las urnas.

Muerta aquella posibilidad se inició la operación «sabotaje económico» centrada en los bancos privados y la Bolsa de Comercio, símbolo y praxis del mar financiero en el que los derrotados navegan como peces en el agua. Se procuraba una crisis artificial que, agotados los encajes, obligaría al cierre de los bancos, detonante del pánico. En la Bolsa, los financistas de la oligarquía fueron víctimas de su propio juego. Autosugestionados con un éxito electoral que no llegó, adquirieron antes de los comicios numerosas acciones con fines especulativos. La victoria de la Unidad Popular los dejó en la estacada. Una reacción rápida y hábil del presidente electo y de su comando, así como una posición realista —a lo menos en lo verbal— del gobierno saliente, tendían, al escribir esta nota, a paralizar la maniobra referida a los fondos depositados. Mas algo que no debe despreciarse es la capacidad de desplazamiento de este enemigo que, ya a fines de la semana pasada, orientaba su quehacer saboteador hacia la suspensión del pago de obligaciones privadas, a la cancelación de las órdenes de adquisiciones y a la amenaza del cierre de fuentes productivas y de trabajo. Un discurso del doctor Allende en la noche del miércoles 9 debía contribuir a destruir la campaña de falacias, pero al mismo tiempo, en algunas esferas de gobierno se enarbolaba la peligrosa —y falsa— teoría de «que el pánico es inevitable».

Actuando en los frentes económico y político, la derecha procura —y procurará— desvirtuar el triunfo popular en las urnas y reponerse del mal cálculo con el único recurso a su mano: la sedición. Toda su acción está hoy dirigida hacia esa meta, bajo el lema proclamado por *El Diario Ilustrado* veinticuatro horas después de los comicios: el futuro de Chile es oscuro, tenebroso y lamentable. ¿Quién fue el hombre que durante la pasada campaña electoral sostuvo que si en Chile se entronizaran fuerzas extrañas —léase marxistas— la fuerza pública «salvaría» al país «aun a riesgo de perder nuestra apreciada libertad»? Tal frase acuñada por Jorge Alessandri vaticinaba ya que sus sostenedores recurrirían al trastorno institucional si ello era necesario. En seguida, ya derrotado, ha sido este mismo Alessandri quien ha sugerido la más deshonesta propuesta conocida en la historia política del país: elíjanme en el Parlamento y renunciaré de inmediato, para que haya nuevas elecciones.

Detrás de estas maniobras, desesperadas, pero efectivas si no son combatidas a tiempo, se ubican los poderosos intereses del imperialismo norteamericano y de la oligarquía criolla. Sus actos son secundados por un también fuerte conglomerado de medios de expresión, que ya el 5 de septiembre habían renovado la campaña del terror, demostrando de paso que una cosa es ganar las elecciones y otra acceder al poder.

Si se debe admitir hoy la singularidad de Chile al ganar la izquierda unas elecciones que le abren la puerta de la Presidencia —suma del poder político— la excepcionalidad, de ninguna manera, rige para diseñar un idílico abandono de sus privilegios de parte de la clase dominante. Antes que eso, el pueblo chileno está recibiendo hoy una muy práctica lección política sobre la violencia reaccionaria, aplicada por el momento en la esfera económica.

Y estamos en los comienzos, porque la oligarquía, en amplia gama, lucha hoy en todos los frentes. A círculos de la Unidad Popular han llegado serios indicios sobre la preparación de atentados personales en contra del presidente electo y cuidadosas medidas de seguridad rodean hoy la actividad del doctor Allende. En Brasil se intentó primero asesinar a Joao Goulart. El 12 de septiembre de 1963, la guardia del presidente brasileño logró detener a conspiradores y requisar las armas que en la hacienda del multimillonario Alberto Ferreira da Silva se habían concentrado para materializar el atentado. Fracasado el intento, se recurrió al golpe de Estado.

En el plano inmediato, la sedición es la única salida para los derrotados de la derecha tradicional y para ello, allí está la colaboración de siempre, la Agencia Central de Inteligencia norteamericana (CIA), aquel organismo de espionaje al servicio directo de los monopolios estadounidenses que para algunos ingenuos es nada más que un motivo de propaganda de los revolucionarios. Los 200 mil funcionarios y colaboradores de la CIA en todo el mundo, provistos de los millones de dólares de su presupuesto, desarrollan activamente una labor que en América Latina ha depuesto y repuesto presidentes, según convenga a Washington, y esto sin hablar de la confesa invasión mercenaria a Cuba. Se recuerda que en Brasil, al ser derribado Goulart, la intervención de la CIA fue tan descarada que un telegrama de felicitación dirigido por Johnson a los conspiradores llegó veinticuatro horas antes de consumado el golpe... Para Chile, en este aspecto, tampoco vale la excepcionalidad.

Capítulo 17

Tareas de los Comités de la Unidad Popular*

Victoria

El triunfo de Allende no es solo el triunfo de los allendistas, es el triunfo del pueblo de Chile, de los obreros, de los campesinos, de los pobladores, de los estudiantes, de todos aquellos que ganan su vida con su trabajo.

El triunfo de Allende es una derrota para el imperialismo y la oligarquía de nuestro país.

Un triunfo, una derrota. No el triunfo o la derrota, ya que este triunfo no es el final de la lucha. La lucha electoral ha terminado. Nadie puede desconocer que la mayoría del pueblo estuvo con Allende, y que esta mayoría representa al sector más consciente del pueblo. Pero, una nueva lucha comienza hoy: la lucha por la conquista del poder. La lucha por que Allende, apoyado por el pueblo, pueda gobernar, pueda vencer las resistencias de todo orden que pondrán en práctica los enemigos del pueblo, pueda realizar consecuentemente el programa por el cual el pueblo votó.

El reciente proceso político chileno ha demostrado que, en condiciones muy determinadas (una derecha dividida, un elevado nivel de conciencia política en el pueblo, una coyuntura latinoamericana favorable, un debilitamiento relativo del imperialismo, etc.), es posible llegar al gobierno por la vía electoral.

Sin embargo, queda en pie el mayor desafío: la construcción del socialismo sin que haya derramamiento de sangre, sin que se produzcan enfrentamientos violentos con las fuerzas de derecha destinadas a desaparecer.

La calma que siguió al anuncio oficial del triunfo de Allende parecía pronosticar un final feliz a la gran aventura en que se embarcaron las fuerzas de la Unidad Popular. Sin embargo, en menos de cuarenta y ocho horas, en el hasta entonces diáfano horizonte, empiezan a aparecer las primeras nubes.

---

*   *PF* n.º 113, 15 de septiembre de 1970, pp. 28-29.

Las fuerzas que apoyan la candidatura de Alessandri no reconocen el triunfo de la izquierda y llaman a las fuerzas «democráticas» a aunar fuerzas contra el marxismo. Pensamos que son los primeros indicios de una lucha larga y prolongada, cuyo carácter pacífico o violento dependerá de la actitud que adopten las fuerzas de derecha. Y que esta actitud dependerá, a su vez, de la forma en que el pueblo se prepare para defender el triunfo y avanzar hacia el socialismo. Un pueblo armado ideológica, política y militarmente para defender sus intereses es la mejor garantía para un tránsito pacífico al socialismo.

Los Comités de Unidad Popular, que fueron el núcleo orgánico medular de la campaña electoral, deberán transformarse ahora, como lo plantean sus propios dirigentes, en núcleos de defensa del triunfo y en gérmenes del poder popular que todavía es necesario conquistar.

Fortalecer los Comités de Unidad Popular, crear nuevos Comités allí donde antes no existían, llamar a participar en estos Comités a todos los que hasta entonces estuvieron marginados, sea porque apoyaron a otro candidato, sea por indolencia, sea porque no hicieron un análisis político correcto del verdadero carácter del momento histórico que estaban viviendo, es la consigna política correcta del momento actual.

Pero junto a este llamado amplio a participar en los Comités de UP es necesario redoblar la vigilancia para que quienes se integren a ellos, en esta nueva etapa, estén realmente dispuestos a trabajar por los nuevos objetivos que la coyuntura actual plantea.

Debemos estar conscientes de que la situación actual es el mejor caldo de cultivo para todo tipo de oportunismo. Sin embargo, esta no debe ser una razón válida para restringir la integración de nuevos elementos; pensamos que es en el trabajo práctico concreto y no en las declaraciones de adhesión verbal donde los nuevos integrantes deberán demostrar su deseo real por trabajar dentro de la Unidad Popular.

La tarea actual dominante es la de consolidar la defensa del triunfo, constituyendo los Comités en núcleos germinales de poder popular. Para ello es necesario organizarse de tal modo que, en caso de un estado de emergencia, cada miembro del Comité esté en su puesto de combate con el máximo de medios de defensa de que pueda disponer. Este es un nuevo desafío al ingenio de nuestro pueblo. Sin embargo, las tareas de defensa no deben desligarse de las tareas de concientización política. Solo un pueblo políticamente consciente de los objetivos que se propone alcanzar será capaz de jugarse por entero en la lucha por conseguirlos.

Junto a la tarea de consolidar la defensa, está también, por lo tanto, a la orden del día la tarea de elevar el nivel de conciencia política del pueblo.

Los Comités de Unidad Popular deben prepararse para la defensa de la región geográfica en la que les corresponde actuar. Deben plantearse, por lo tanto, tareas de tipo militar. La directiva del Comité, sin que lo sepan necesariamente todos sus miembros, debería hacer un fichaje de todos los instrumentos técnicos de que se dispone. Debería luego destacar un grupo dentro del Comité, el más decidido y de mayor iniciativa, para las tareas directamente militares. El resto del Comité debería desempeñar una tarea de vigilancia constante del sector en que le corresponde actuar. Deberían organizarse canales de información para que se conozca, en el plazo más breve posible, cualquier anomalía que ocurra en el sector. En esta tarea de vigilancia, los jóvenes tienen un papel importante que desempeñar. Deberían buscarse formas de organización, en grupos más pequeños, que facilitaran el contacto en caso de estado de emergencia en que no se pueden realizar reuniones masivas. Debería realizarse un esfuerzo por integrar a estas tareas, aunque solo fuese como instructores, a todos los elementos de las fuerzas armadas y Carabineros que viven en el sector y que apoyan al gobierno popular. Esta preparación militar debe estar al servicio del orden popular, evitando caer en cualquier tipo de provocación. Lo que nunca ha entendido la burguesía es que la preparación militar del pueblo no es para hacer la guerra sino para evitar la guerra, que la necesidad de la preparación militar del pueblo nace de la actitud que ha tomado la burguesía a lo largo de la historia frente a todos los triunfos populares que han existido. El pueblo ya aprendió la lección; el fracaso de la Comuna de París porque el pueblo no estaba armado, porque no estaba preparada la defensa, no puede volver a repetirse.

Decíamos anteriormente que solo un pueblo políticamente consciente de los objetivos que pretende alcanzar será capaz de jugarse por entero en la lucha por conseguirlos. Por ello la defensa del triunfo implica también importantes tareas de educación política. En este sentido, pensamos que los Comités de Unidad Popular tienen una doble tarea: 1) elevar el nivel de conciencia política de sus propios miembros; 2) hacer una adecuada propaganda política en el sector, de modo de ir ganando nuevos adeptos para la causa del pueblo.

Pensamos que para cumplir esta tarea los Comités deben tener el máximo de iniciativa, no esperar que todo llegue preparado desde arriba. Sería conveniente formar, dentro de cada Comité, un grupo encargado específicamente de cumplir estas tareas de educación política. Quizá sería conveniente que este grupo realizara una pequeña encuesta dentro del Comité para detectar cuál es el nivel de formación política en el que se encuentran sus miembros y planear, a partir de estos datos, cómo organizar cursos, charlas, lecturas dirigidas, etc., para sus miembros. En aquellos casos en que los comités de trabajadores, campesinos o pobladores no contaran con las personas suficientemente preparadas para dar esta formación política, podrían pedir colaboración a otros Comités de Unidad Popular que cuenten con equipos mejor preparados. Volvemos a insistir en la importancia de la iniciativa creadora en la búsqueda de los mejores métodos de formación política. Las experiencias adquiridas en los diversos comités podrán ser intercambiadas, enriqueciendo de esta manera una pedagogía política revolucionaria. La tarea de propaganda política externa es de suma importancia. Son muchas las personas que no nos apoyan porque han sido engañadas por la propaganda de la derecha, por la propaganda del terror. Un solo ejemplo basta: la derecha plantea que el régimen marxista va a destruir toda propiedad privada, que se le quitarán las casas, el sitio, el auto, etc. ¿Por qué no sacar una hojita a mimeógrafo que explique la diferencia entre la propiedad privada de los medios de producción y la propiedad privada de los medios de consumo? El equipo de educación política debería, ayudado por todos los miembros del Comité, ir detectando cuáles son las informaciones incorrectas que tiene la gente del sector, que no son las mismas en todos los sectores, para ir atacándolas punto por punto.

Para realizar este trabajo, no basta con el equipo de educación política; este debe estar apoyado por un equipo especializado en realizar la impresión de los materiales que se necesite difundir. Ojalá se lograra que cada Comité de Unidad Popular contara al menos con un mimeógrafo, aunque sea de construcción muy rústica. Los mismos trabajadores pueden construirlos. Aquí nuevamente sería importante investigar los métodos más fáciles para cumplir con estas tareas. En caso de una situación de emergencia, el que cada Comité pudiera contar con estos medios de difusión propia sería de gran utilidad.

Como se ve, las tareas no faltan. El desafío a la iniciativa creadora del pueblo chileno está planteado. Y estamos seguros de que el pueblo sabrá responder. El pueblo unido jamás será vencido. VENCEREMOS.

Capítulo 18

Elección de Allende: cambio en el esquema*

Augusto Carmona A.

Triunfador el Dr. Salvador Allende el 4 de septiembre, cambian las condiciones materiales para hacer la revolución socialista en Chile. Esta es la consecuencia más importante de la elección recién pasada. El Partido Comunista —que sostuvo enconada polémica con la izquierda revolucionaria, sosteniendo que el país no estaba preparado para iniciar un proceso revolucionario— afirmó que el método electoral era válido, en el caso chileno, para imponer un gobierno que evolucionara pacíficamente hacia el socialismo. Esta táctica supone que el factor subjetivo para la instauración del socialismo vendrá en la forma de un «convencimiento» por las ventajas que aportan las nacionalizaciones y otras medidas populares. Estas, sin ser necesariamente profundas, prepararían el ánimo de la mayoría del pueblo al mostrarle un nuevo estilo de gobierno, acorde con las conveniencias nacionales.

Esta táctica del Partido Comunista chileno, sostenida y profundizada a lo largo de casi toda su existencia, demostró ser justa en cuanto se dio un triunfo electoral concreto e irrefutable.

El éxito resulta más espectacular si se examinan los comentarios de la prensa extranjera, que coinciden en destacar que «por primera vez en la historia del mundo» un marxista ganó una elección realizada mediante voto universal y secreto.

La sorpresa es comprensible. Las elecciones en el sistema burgués no se hicieron para que las ganaran los candidatos de la clase obrera.

La izquierda revolucionaria, surgida después de la derrota electoral del FRAP en 1964, planteó la necesidad de nuevos métodos de lucha, del

---

* *PF* n.º 113, 15 de septiembre de 1970, pp. 30-31.

enfrentamiento directo de clase, de la aplicación de la vía armada como método básico ante la «evidencia» de que la burguesía y el imperialismo no entregarían el poder pacíficamente. Y para esa lucha se prepara.

Piensa igualmente este sector que la agudización de la explotación de las masas (condiciones objetivas) justifica la iniciación del periodo armado con «acciones directas» ligadas a la lucha de masas, que desarrollen y profundicen el clima revolucionario (condiciones subjetivas) hasta llevarlo a su clímax.

El gobierno de la Unidad Popular cambia el esquema político, pero no automáticamente, sino en la medida en que sea conducido con criterio revolucionario, si margina las actitudes empatistas y echa afuera cualquier temor injustificado que los electores de Allende evidenciaron no compartir.

Los documentos de la Unidad Popular y las declaraciones del presidente electo, antes y después del 4 de septiembre, dejan en claro que el nuevo gobierno no será socialista, sino una «transición» al socialismo.

En el programa de la UP se expresa: «Terminar con el dominio de los imperialistas, de los monopolios, de la oligarquía terrateniente e iniciar la construcción del socialismo en Chile». Aún más, Allende fue categórico en señalar el 1ro. de septiembre, en su última proclamación, que el gobierno de la UP será «un Estado de derecho» con «sentido social distinto». En este «Estado de derecho» se mantendrá el aparato político y militar heredado del Estado burgués, con algunas reformas de carácter técnico que lo harán más eficiente. *La Nación*, el martes 8, expresó su satisfacción por la conferencia de prensa de Salvador Allende y señaló que ella devolvía la tranquilidad al país.

Ese editorial dijo: «La primera idea importante, formulada por al senador Allende, es que su programa incluye la prolongación y aun el fortalecimiento de la democracia política». Y agregó: «Afirmó que, una vez concluido su periodo constitucional, era el pueblo chileno el que tendría que decidir si la izquierda seguiría en el poder o debía ser reemplazada». Dentro del criterio de la Unidad Popular no se plantea, pues, la transformación de los aparatos políticos del Estado (conserva la naturaleza del Estado burgués), con lo cual las características de la sociedad chilena bajo el nuevo gobierno serán muy complejas si se introducen, a la vez, cambios radicales en las estructuras económicas.

Las declaraciones, en tal sentido, sin duda contribuyen a amortiguar el desasosiego de sectores reformistas de las capas burguesas, pero de ninguna manera acercan al gobierno popular al socialismo. Tal vez la única novedad que presenta la UP, según declaraciones de Allende, es la incorporación del Comando Nacional, o sea el bloque pluriclasista de partidos, como factor informal al aparato político del gobierno. Será el elemento de decisión más importante y en el cual basará su gestión el nuevo presidente.

Evidentemente, puede ser el germen de una futura transformación de la estructura política del Estado, y aun funcionando como método de transición representa un esquema original en el camino que recorre nuestro pueblo en su búsqueda del socialismo. Esto si aquel Comando opera como receptáculo de las líneas políticas que están fijando los organismos de base, que al transmitírselas al jefe del Estado lo conviertan en un «ejecutor» de la voluntad popular.

Una revisión esquemática de las bases comunes del socialismo (los sistemas en la URSS, Cuba o China) determina claramente las diferencias con el programa de la Unidad Popular. Estos elementos comunes[1] son: 1) la acción directiva nacional de un partido vanguardia de la clase obrera, que establece la alianza, considerada básica, con el campesinado u otros sectores en el momento de la toma del poder; 2) el cambio revolucionario de la naturaleza clasista del Estado burgués, reemplazándolo por otro aparato que no es sino «ejecutivo» de la política definida por la clase obrera y su vanguardia, en lo que se llama la Dictadura del Proletariado; 3) la expansión del sector económico público (nacionalizaciones) hasta el punto de dirigir y controlar la economía nacional, pues domina los bienes de producción, el comercio interior y exterior y el sistema bancario; y 4) una reforma o revolución agraria que elimina las relaciones de producción capitalistas en el campo, y las sustituye por relaciones de producción socialistas.

«Coincidimos en que el triunfo de Salvador Allende» en las urnas es el acontecimiento más importante en América Latina después de la Revolución Cubana. Su valor es doble porque la campaña se hizo en base al programa de la UP, que fundamentalmente propone la creación de «un área estatal dominante, formada por las empresas que actualmente posee el Estado, más las empresas que se expropien».

---

[1]   Condensado de Charles Bettelheim: *La construcción del socialismo en China*, p. 21. [N. del A.].

La victoria del 4 de septiembre tiene una significación social, sin la cual habría ganado uno de los dos candidatos del «sistema» Alessandri o Tomic.

El 8 de septiembre, *Puro Chile* publicó una información sobre las condiciones del PDC para apoyar a Allende en el Congreso Pleno y que demuestran la filiación demócrata-cristiana con el estatus. Las condiciones serían: 1) autoridades generadas democráticamente; 2) prescindencia política de las fuerzas armadas; 3) autonomía universitaria; y 4) libertad de prensa.

La oportunidad que se le presenta al pueblo chileno para tomar el poder no obstante, no puede ser despilfarrada. Aun como periodo de «transición», el gobierno de la Unidad Popular fija obligaciones políticas que lo irán poniendo a prueba. Una de ellas es el cambio del lenguaje de los líderes de la alianza, muchos de los cuales, antes y después de la elección, no se distinguían de los demás políticos burgueses.

Es un hecho que el documento sobre estilo y conducción de la campaña no fue respetado en su totalidad y los Comités de la UP no tuvieron el sentido que se les fijó, sino un simple objeto de acumular votos. Esto debilitó la «concientización revolucionaria» que se perseguía. Si hoy se persiste en hablar de «democracia» en los términos abstractos, de repudiar la violencia sin más, de apelar al «respeto irrestricto del orden constitucional», al «sentido profesional» de las fuerzas armadas, al «patriotismo» de sectores del sistema, se aumentará la confusión del pueblo.

La transición no podrá estar basada solamente en el factor económico. Quiérase o no, el pueblo iniciará un amplio proceso político que debe servir para ideologizarlo al máximo. El socialismo persigue una transformación ideológica profunda que permita el surgimiento de un «hombre nuevo». Tal proceso estará ligado, cuando no determinado, a la lucha de clases, que veremos agudizada en el próximo periodo. Los acontecimientos, en el nuevo esquema político que trae la elección de Allende, son imprevisibles. Aun en «transición», el gobierno popular debe dar las fórmulas de nuevas relaciones sociales, de una nueva conciencia social, de nuevos comportamientos y actitudes. El pueblo tendrá que ser el principal actor del proceso que se inicia, como la máxima garantía de que este no se convierta en una frustración similar a la Revolución Mexicana, a los gobiernos de Acción Democrática, en Venezuela, o a la revolución del MNR, en Bolivia.

No la única, pero una de las que todos observamos en este primer momento es desmitificar los conceptos políticos que recibe el pueblo desde su infancia. Aclarar por ejemplo que la «democracia representativa» fue inventada por la burguesía capitalista e imperialista para mantener el equilibrio social en un sistema de división de clases, y que es necesario reemplazarla por la «democracia popular», expresión de una sociedad sin clases. Sin temor decirle al pueblo que la justicia actual está hecha en beneficio de la clase poseedora del dinero y que las leyes, las fuerzas armadas y en general el orden actual, provienen de esa división de clases, basada en la «explotación de los más por los menos».

Toda iniciativa en tal sentido apresurará el tránsito al socialismo y será el factor que determinará el verdadero carácter del gobierno de la Unidad Popular. Allende en el gobierno altera las condiciones materiales en favor de la revolución socialista chilena. Para llevar al pueblo a la conquista definitiva del poder, se necesitan voluntad y coraje. Al compañero presidente le sobran ambos, como para darles a todos y a cada uno de los chilenos.

Capítulo 19

El programa que respaldan los trabajadores: Iniciar la construcción del socialismo en Chile*

Los trabajadores chilenos dieron el 4 de septiembre una victoria electoral al candidato de la Unidad Popular, Dr. Salvador Allende. Al votar por él, le dieron un significativo respaldo a un programa que plantea iniciar la construcción del socialismo en Chile. El programa básico de gobierno de la Unidad Popular, como se sabe, fue aprobado por los partidos Comunista, Socialista, Radical y Social Demócrata, el Movimiento de Acción Popular Unitaria (MAPU) y la Acción Popular Independiente, el 7 de diciembre de 1969. Su texto es el siguiente:

Introducción

Los partidos y movimientos que integran el Comité Coordinador de la Unidad Popular, sin perjuicio de mantener cada cual su propia filosofía y sus propios perfiles políticos, coinciden plenamente en la caracterización de la realidad nacional expuesta a continuación, y en las proposiciones programáticas que serán la base de nuestra acción común y que entregamos a consideración del pueblo.

Chile vive una crisis profunda que se manifiesta en el estancamiento económico y social, en la pobreza generalizada y en las postergaciones de todo orden que sufren los obreros, campesinos y demás capas explotadas, así como en las crecientes dificultades que enfrentan empleados, profesionales, empresarios pequeños y medianos y en las mínimas oportunidades de que disponen la mujer y la juventud.

---

* «Documentos». Suplemento de la edición de *PF* n.º 113, 15 de septiembre de 1970.

Los problemas en Chile se pueden resolver. Nuestro país cuenta con grandes riquezas como el cobre y otros minerales, un gran potencial hidroeléctrico, vastas extensiones de bosques, un largo litoral rico en especies marinas, una superficie agrícola más que suficiente, etc.; cuenta, además, con la voluntad de trabajo y progreso de los chilenos, junto con su capacidad técnica y profesional. ¿Qué es entonces lo que ha fallado?

Lo que ha fracasado en Chile es un sistema que no corresponde a las necesidades de nuestro tiempo. Chile es un país capitalista, dependiente del imperialismo, dominado por sectores de la burguesía estructuralmente ligados al capital extranjero, que no pueden resolver los problemas fundamentales del país, los que se derivan precisamente de sus privilegios de clase a los que jamás renunciarán voluntariamente.

Más aún, como consecuencia misma del desarrollo del capitalismo mundial, la entrega de la burguesía monopolista nacional al imperialismo aumenta progresivamente, se acentúa cada vez más en su dependencia su papel de socio menor del capital extranjero.

Para unos pocos, vender a diario un pedazo de Chile es un gran negocio. Decidir por los demás es lo que hacen todos los días.

Para la gran mayoría en cambio vender a diario su esfuerzo, su inteligencia y su trabajo es un pésimo negocio, y decidir sobre su propio destino es un derecho del cual, en gran medida, aún están privados. En Chile las recetas «reformistas» y «desarrollistas» que impulsó la Alianza para el Progreso e hizo suyas el gobierno de Frei no han logrado alterar nada importante. En lo fundamental ha sido un nuevo gobierno de la burguesía al servicio del capitalismo nacional y extranjero, cuyos débiles intentos de cambio social naufragaron sin pena ni gloria entre el estancamiento económico, la carestía y la represión violenta contra el pueblo. Con esto se ha demostrado, una vez más, que el reformismo es incapaz de resolver los problemas del pueblo.

El desarrollo del capitalismo monopolista niega la ampliación de la democracia y exacerba la violencia antipopular.

El aumento del nivel de lucha del pueblo, a medida que fracasa el reformismo, endurece la posición de los sectores más reaccionarios de las clases dominantes que, en último término, no tienen otro recurso que la fuerza.

Las formas brutales de la violencia del Estado actual, tales como las acciones del Grupo Móvil, el apaleo de campesinos y estudiantes, las matanzas de pobladores y mineros, son inseparables de otras no menos brutales que afectan a todos los chilenos.

Porque violencia es que junto a quienes poseen viviendas de lujo, una parte importante de la población habite en viviendas insalubres y otros no dispongan siquiera de un sitio; violencia es que mientras algunos botan la comida, otros no tengan cómo alimentarse.

La explotación imperialista de las economías atrasadas se efectúa de muchas maneras: a través de las inversiones en la minería (cobre, hierro, etc.), y en la actividad industrial, bancaria y comercial; mediante el control tecnológico que nos obliga a pagar altísimas sumas en equipos, licencias y patentes; de los préstamos norteamericanos en condiciones usurarias, que nos imponen gastar en Estados Unidos y con la obligación adicional de transportar en barcos norteamericanos los productos comprados, etc. Para muestra un solo dato. Desde 1952 hasta hoy, los norteamericanos invirtieron en América Latina 7 mil 473 millones de dólares y se llevaron 16 mil millones de dólares.

De Chile el imperialismo ha arrancado cuantiosos recursos equivalentes al doble del capital instalado en nuestro país, formado a lo largo de toda su historia.

Los monopolios norteamericanos, con la complicidad de los gobiernos burgueses, han logrado apoderarse de casi todo nuestro cobre, hierro y salitre. Controlan el comercio exterior y dictan la política económica por intermedio del Fondo Monetario Internacional y otros organismos. Dominan importantes ramas industriales y de servicios; gozan de estatutos de privilegio, mientras imponen la devaluación monetaria, la reducción de salarios y sueldos y distorsionan la actividad agrícola por la vía de los excedentes agropecuarios.

Intervienen también en la educación, la cultura y los medios de comunicación. Valiéndose de convenios militares y políticos tratan de penetrar las fuerzas armadas.

Las clases dominantes, cómplices de esta situación e incapaces de valerse por ellas mismas, han intensificado en los últimos diez años el endeudamiento de Chile con el extranjero.

Dijeron que los préstamos y compromisos con los banqueros internacionales podrían producir un mayor desarrollo económico. Pero lo único que lograron es que hoy día Chile tenga el récord de ser uno de los países más endeudados de la Tierra en proporción a sus habitantes.

En Chile se gobierna y se legisla a favor de unos pocos, de los grandes capitalistas y sus secuaces, de las compañías que dominan nuestra economía, de los latifundistas cuyo poder permanece casi intacto. A los dueños del capital les interesa ganar siempre más dinero y no satisfacer las necesidades del pueblo chileno. Si producir e importar automóviles de alto precio, por ejemplo, es un buen negocio, se desvían hacia ese rubro valiosos recursos de nuestra economía, sin tener en cuenta que solo un porcentaje ínfimo de chilenos están en condiciones de adquirirlos y que hay necesidades mucho más urgentes que atender: desde luego, en este mismo rubro, la de mejorar la locomoción colectiva, dotar de maquinaria a la agricultura, etc.

El grupo de empresarios que controla la economía, la prensa y otros medios de comunicación, el sistema político y que amenaza al Estado cuando este insinúa intervenir o se niega a favorecerlos, les cuesta muy caro a todos los chilenos.

Para que ellos se dignen seguir «trabajando», pues solo ellos pueden darse el lujo de poder trabajar o no, es preciso:

- Darles toda clase de ayuda. Los grandes empresarios estrujan al Estado bajo la amenaza de que no habrá inversión privada si las ayudas y garantías que piden no se les otorgan;

- permitirles producir lo que ellos quieran con el dinero de todos los chilenos, en lugar de elaborar lo que necesita la gran mayoría del país;

- dejarlos llevarse las ganancias que obtienen a sus cuentas bancarias en el extranjero;

- dejarlos despedir obreros si estos piden mejores salarios;

- permitirles manipular la distribución de alimentos, acapararlos para provocar escasez y de esta manera subir los precios, a fin de continuar enriqueciéndose a costa del pueblo.

Mientras tanto, buena parte de los que efectivamente producen, experimentan una difícil situación:

- Medio millón de familias carecen de viviendas y otras tantas, o más, viven en pésimas condiciones en cuanto a alcantarillado, agua potable, luz, salubridad;

- las necesidades de la población en materia de educación y salud son insuficientemente atendidas;

- más de la mitad de los trabajadores chilenos reciben remuneraciones insuficientes para cubrir sus necesidades vitales mínimas. La desocupación y el trabajo inestable se sufren en cada familia. Para innumerables jóvenes la posibilidad de empleo se presenta muy difícil e incierta.

El capital imperialista y un grupo de privilegiados, que no pasa del 10% de la población, acaparan la mitad de la renta nacional. Esto significa que de cada 100 escudos que los chilenos producen, 50 van a parar a los bolsillos de 10 oligarcas y los otros 50 deben repartirse entre 90 chilenos del pueblo y de la clase media.

El alza del costo de la vida es un infierno en los hogares del pueblo y, en especial, para la dueña de casa. En los últimos diez años, según datos oficiales, el costo de la vida ha subido casi en un 1000%. Esto significa que todos los días se les roba una parte de su salario o de su sueldo a los chilenos que viven de su trabajo. Igual como les ocurre a los jubilados y pensionados, al trabajador independiente, al artesano, al pequeño productor, cuyas exiguas rentas son recortadas a diario por la inflación.

Alessandri y Frei aseguraron que pondrían término a la inflación. Los resultados están a la vista. Los hechos demuestran que la inflación en Chile obedece a causas de fondo relacionadas con la estructura capitalista de nuestra sociedad y no con las alzas de remuneraciones, como han pretendido hacer creer los sucesivos gobiernos para justificar la mantención del sistema y recortar los ingresos de los trabajadores. El gran capitalista, en cambio, se defiende de la inflación y más aún, se beneficia con ella. Sus propiedades y capitales se valorizan, sus contratos de construcción con el Fisco se reajustan, y los precios de sus productos suben llevando siempre la delantera a las alzas de remuneraciones.

Un alto número de chilenos están mal alimentados. Según estadísticas oficiales, el 50% de los menores de 15 años de edad están desnutridos. La desnutrición afecta su crecimiento y limita su capacidad de aprender, de instruirse. Esto demuestra que la economía en general y el sistema agrícola en particular son incapaces de alimentar a los chilenos, pese a que Chile podría sustentar ahora mismo una población de 30 millones de personas, el triple de la población actual. Por el contrario, debemos importar cada año centenares de miles de dólares en alimentos de origen agropecuario.

El latifundio es el gran culpable de los problemas alimentarios de todos los chilenos, y responsable de la situación de atraso y miseria que caracteriza al campo chileno. Los índices de mortalidad infantil y adulta, de analfabetismo, de falta de viviendas, de insalubridad son en las zonas rurales marcadamente superiores a los de las ciudades. Estos problemas no los ha resuelto la insuficiente Reforma Agraria del gobierno demócrata-cristiano. Solo la lucha del campesinado, con el apoyo de todo el pueblo, puede resolverlos. El actual desarrollo de sus combates por la tierra y la liquidación del latifundio abren nuevas perspectivas al movimiento popular chileno.

El crecimiento de nuestra economía es mínimo. En los últimos lustros hemos crecido, en promedio, apenas a razón de un 2% anual por persona; y desde 1967 no hemos crecido, más bien hemos retrocedido, según las cifras del propio Gobierno (Odeplan). Esto quiere decir que en 1966 cada chileno tenía una mayor cantidad de bienes de la que tiene hoy. Ello explica que la mayoría esté disconforme y busque una alternativa para nuestro país.

La única alternativa verdaderamente popular y, por lo tanto, la tarea fundamental que el gobierno del pueblo tiene ante sí es terminar con el dominio de los imperialistas, de los monopolios, de la oligarquía terrateniente e iniciar la construcción del socialismo en Chile.

La unidad y la acción del pueblo organizado

El crecimiento de las fuerzas trabajadoras en cuanto a su número, su organización, su lucha y la conciencia de su poder, refuerzan y propagan la voluntad de cambios profundos, la crítica del orden establecido y el choque con sus estructuras. En nuestro país son más de tres millones de trabajadores, cuyas fuerzas productivas y su enorme capacidad constructiva no podrán sin embargo liberarse dentro del actual sistema, que solo puede explotarles y someterles.

Estas fuerzas, junto a todo el pueblo, movilizando a todos aquellos que no están comprometidos con el poder de los intereses reaccionarios, nacionales y extranjeros, o sea, mediante la acción unitaria y combativa de la inmensa mayoría de los chilenos, podrán romper las actuales estructuras y avanzar en la tarea de su liberación.

La Unidad Popular se hace para eso.

Los imperialistas y las clases dominantes del país combatirán la Unidad Popular y tratarán de engañar una vez más al pueblo. Dirán que la libertad está en peligro, que la violencia se adueñará del país, etc. Pero las masas populares creen cada vez menos en estas mentiras. Diariamente crece su movilización social, que hoy se ve reforzada y alentada por la unificación de las fuerzas de izquierda.

Para estimular y orientar la movilización del pueblo de Chile hacia la conquista del poder, constituiremos por todas partes los Comités de la Unidad Popular, articulados en cada fábrica, fundo, población, oficina o escuela por los militantes de los movimientos y de los partidos de izquierda e integrados por esa multitud de chilenos que se definen por cambios fundamentales.

Los Comités de Unidad Popular no solo serán organismos electorales. Serán intérpretes y combatientes de las reivindicaciones inmediatas de las masas y, sobre todo, se prepararán para ejercer el poder popular.

Así, pues, este nuevo poder que Chile necesita debe empezar a gestarse desde ya, donde quiera que el pueblo se organice para luchar por sus problemas específicos y donde quiera que se desarrolle la conciencia de la necesidad de ejercerlo.

Este sistema de trabajo común será un método permanente y dinámico de desarrollo del Programa, una escuela activa para las masas y una forma concreta de profundizar el contenido político de la Unidad Popular en todos sus niveles.

En un momento dado de la campaña los contenidos esenciales de este Programa, enriquecidos por la discusión y el aporte del pueblo y una serie de medidas inmediatas de gobierno, serán señalados en un Acta del Pueblo que se constituirá para el nuevo gobierno popular y el frente que lo sustenta en un mandato irrenunciable.

Apoyar al candidato de la Unidad Popular no significa, por tanto, solo votar por un hombre, sino también pronunciarse en favor del reemplazo urgente de la actual sociedad que se asienta en el dominio de los grandes capitalistas nacionales y extranjeros.

El programa

El poder popular

Las transformaciones revolucionarias que el país necesita solo podrán realizarse si el pueblo chileno toma en sus manos el poder y lo ejerce real y efectivamente.

El pueblo de Chile ha conquistado, a través de un largo proceso de lucha, determinadas libertades y garantías democráticas, por cuya continuidad debe mantenerse en actitud de alerta y combatir sin tregua. Pero el poder mismo le es ajeno.

Las fuerzas populares y revolucionarias no se han unido para luchar por la simple sustitución de un presidente de la República por otro, ni para reemplazar a un partido por otros en el gobierno, sino para llevar a cabo los cambios de fondo que la situación nacional exige sobre la base del traspaso del poder, de los antiguos grupos dominantes a los trabajadores, al campesinado y sectores progresistas de las capas medias de la ciudad y del campo.

El triunfo popular abrirá paso así al régimen político más democrático de la historia del país.

En materia de estructura política el gobierno popular tiene la doble tarea de:

- Preservar, hacer más efectivos y profundos los derechos democráticos y las conquistas de los trabajadores; y

- transformar las actuales instituciones para instaurar un nuevo Estado donde los trabajadores y el pueblo tengan el real ejercicio del poder.

La profundización de la democracia y las conquistas de los trabajadores

El gobierno popular garantizará el ejercicio de los derechos democráticos y respetará las garantías individuales y sociales de todo el pueblo. La libertad de conciencia, de palabra, de prensa y de reunión, la inviolabilidad del domicilio y los derechos de sindicalización y de organización regirán efectivamente sin las cortapisas con que los limitan actualmente las clases dominantes.

Para que esto sea efectivo, las organizaciones sindicales y sociales de los obreros, empleados, campesinos, pobladores, dueñas de casa, estudiantes, profesionales, intelectuales, artesanos, pequeños y medianos empresarios y demás sectores de trabajadores, serán llamadas a intervenir en el rango que les corresponda en las decisiones de los órganos de poder. Por ejemplo, en las instituciones de previsión y de seguridad social, estableceremos la administración por sus propios imponentes, asegurando a ellos la elección democrática y en votación secreta de sus consejos directivos. Respecto de las empresas del sector público, sus consejos directivos y sus comités de producción deben contar con mandatarios directos de sus obreros y empleados.

En los organismos habitacionales correspondientes a su jurisdicción y nivel, las juntas de vecinos y demás organizaciones de pobladores dispondrán de mecanismos para fiscalizar sus operaciones e intervenir en múltiples aspectos de su funcionamiento. Pero no se trata únicamente de estos ejemplos, sino de una nueva concepción en que el pueblo adquiere una intervención real y eficaz en los organismos del Estado.

Asimismo, el gobierno popular garantizará el derecho de los trabajadores al empleo y a la huelga y de todo el pueblo a la educación y a la cultura, con pleno respeto de todas las ideas y de las creencias religiosas, garantizando el ejercicio de su culto.

Se extenderán todos los derechos y garantías democráticas entregando a las organizaciones sociales los medios reales para ejercerlos y creando los mecanismos que les permitan actuar en los diferentes niveles del aparato del Estado.

El gobierno popular asentará esencialmente su fuerza y su autoridad en el apoyo que le brinde el pueblo organizado. Esta es nuestra concepción de gobierno fuerte, opuesta por tanto a la que acuñan la oligarquía y el imperialismo, que identifican la autoridad con la coerción ejercida contra el pueblo.

El gobierno popular será pluripartidista. Estará integrado por todos los partidos, movimientos y corrientes revolucionarias. Será así un ejecutivo verdaderamente democrático, representativo y cohesionado.

El gobierno popular respetará los derechos de la oposición que se ejerza dentro de los marcos legales. El gobierno popular iniciará de inmediato una real descentralización administrativa, conjugada con una planificación democrática y eficiente que elimine el centralismo burocrático y lo reemplace por la coordinación de todos los organismos estatales.

Se modernizará la estructura de las municipalidades, reconociéndoles la autoridad que les corresponde de acuerdo con los planes de coordinación de todo el Estado. Se tenderá a transformarlas en los órganos locales de la nueva organización política, dotándolas de financiamiento y atribuciones adecuadas, a fin de que puedan atender, en interacción con las juntas de vecinos y coordinadas entre sí, los problemas de interés local de sus comunas y de sus habitantes. Deben entrar en funciones con este mismo propósito las Asambleas Provinciales.

La policía debe ser reorganizada a fin de que no pueda volver a emplearse como organismo de represión contra el pueblo y cumpla, en cambio, con el objetivo de defender a la población de las acciones antisociales. Se humanizará el procedimiento policial de manera de garantizar efectivamente el pleno respeto a la dignidad y a la integridad física del ser humano. El régimen carcelario, que constituye una de las peores lacras del actual sistema, debe ser transformado de raíz, con vista a la regeneración y recuperación de los que hayan delinquido.

Un nuevo orden institucional: el Estado popular

La organización política

A través de un proceso de democratización en todos los niveles y de una movilización organizada de las masas se construirá desde la base la nueva estructura del poder.

Una nueva Constitución Política institucionalizará la incorporación masiva del pueblo al poder estatal.

Se creará una organización única del Estado estructurada a nivel nacional, regional y local que tendrá a la Asamblea del Pueblo como órgano superior de poder.

La Asamblea del Pueblo será la Cámara Única, que expresará nacionalmente la soberanía popular. En ella confluirán y se manifestarán las diversas corrientes de opinión. Este sistema permitirá suprimir de raíz los vicios de que han adolecido en Chile tanto el presidencialismo dictatorial, como el parlamentarismo corrompido.

Normas específicas determinarán y coordinarán las atribuciones y responsabilidades del presidente de la República, ministros, Asamblea del Pueblo, organismos regionales y locales de poder y partidos políticos, con el fin de asegurar la operatividad legislativa, la eficiencia del gobierno y, sobre todo, el respeto a la voluntad mayoritaria.

A fin de establecer la debida armonía entre los poderes que emanan de la voluntad popular y de que esta pueda expresarse de un modo coherente, todas las elecciones se efectuarán en un proceso conjunto dentro de un mismo lapso de tiempo.

La generación de todo organismo de representación popular deberá realizarse por sufragio universal, secreto y directo, de los hombres y mujeres mayores de 18 años, civiles y militares, alfabetos y analfabetos.

Los integrantes de la Asamblea del Pueblo, y de todo organismo de representación popular, estarán sujetos al control de los electores mediante mecanismos de consulta que podrán revocar sus mandatos. Se establecerá un riguroso sistema de incompatibilidades que conduzca al término del mandato o la privación de su cargo cuando un diputado o un funcionario de altas responsabilidades se desempeñe como gestor de intereses privados.

Los instrumentos de la política económica y social del Estado constituirán un sistema nacional de planificación, tendrán carácter ejecutivo y su misión será dirigir, coordinar y racionalizar la acción del Estado. Los planes con que opere deberán ser aprobados por la Asamblea del Pueblo. Los organismos de los trabajadores tendrán una intervención fundamental en el sistema de planificación.

Los organismos regionales y locales de poder del Estado popular ejercerán autoridad en el radio geográfico que les corresponda y tendrán facultades económicas, políticas y sociales. Podrán, además, entregar iniciativas y ejercer la crítica a los organismos superiores.

Sin embargo, el ejercicio de las facultades de los organismos regionales y locales deberá ajustarse a los marcos fijados por las leyes nacionales y por los planes generales de desarrollo económico y social.

En cada uno de los niveles del Estado popular se integrarán las organizaciones sociales con atribuciones específicas. A ellas les corresponderá compartir responsabilidades y desarrollar iniciativas en sus respectivos radios de acción, así como el examen y solución de los problemas de su competencia.

Estas atribuciones no implicarán limitación alguna a la plena independencia y autonomía de las organizaciones.

Desde el día mismo que asuma el mando, el gobierno popular abrirá canales a fin de que se exprese la influencia de los trabajadores y del pueblo, por intermedio de las organizaciones sociales, en la adopción de decisiones y en la fiscalización del funcionamiento de la administración estatal. Estos serán pasos decisivos para la liquidación del centralismo burocrático que caracteriza al sistema de administración actual.

La organización de la justicia

La organización y administración de la justicia debe estar basada en el principio de la autonomía consagrada constitucionalmente y en una real independencia económica.

Concebimos la existencia de un Tribunal Supremo, cuyos componentes sean designados por la Asamblea del Pueblo sin otra limitación que la que emane de la natural idoneidad de sus miembros. Este tribunal generará libremente los poderes internos, unipersonales o colegiados, del sistema judicial.

Entendemos que la nueva organización y administración de justicia devendrá en auxilio de las clases mayoritarias. Además será expedita y menos onerosa.

Para el Gobierno popular una nueva concepción de la magistratura reemplazará a la actual, individualista y burguesa.

La defensa nacional

El Estado popular prestará atención preferente a la preservación de la soberanía nacional, lo que concibe como un deber de todo el pueblo.

El Estado popular mantendrá una actitud alerta frente a las amenazas a la integridad territorial y a la independencia del país alentadas por el imperialismo y por sectores oligárquicos que se entronizan en países vecinos, y que junto con reprimir a sus pueblos alientan afanes expansionistas y revanchistas. Definirá una concepción moderna patriótica y popular de la soberanía del país basada en los siguientes criterios:

a) Afianzamiento del carácter nacional de todas las ramas de las fuerzas armadas. En este sentido, rechazo de cualquier empleo de ellas para reprimir al pueblo o participar en acciones que interesen a potencias extrañas.

b) Formación técnica y abierta a todos los aportes de la ciencia militar moderna, y conforme a las conveniencias de Chile, de la independencia nacional, de la paz y de la amistad entre los pueblos.

c) Integración y aporte de las fuerzas armadas en diversos aspectos de la vida social. El Estado popular se preocupará de posibilitar la contribución de las fuerzas armadas al desarrollo económico del país sin perjuicio de su labor esencialmente de defensa de la soberanía.

Sobre estas bases, es necesario asegurar a las fuerzas armadas los medios materiales y técnicos y un justo y democrático sistema de remuneraciones, promociones y jubilaciones que garanticen a oficiales, suboficiales, clases y tropas la seguridad económica durante su permanencia en las filas y en las condiciones de retiro, y la posibilidad efectiva para todos de ascender atendiendo solo a sus condiciones personales.

La construcción de la nueva economía

Las fuerzas populares unidas buscan como objetivo central de su política reemplazar la actual estructura económica, terminando con el poder del capital monopolista nacional y extranjero y del latifundio, para iniciar la construcción del socialismo.

En la nueva economía la planificación jugará un papel importantísimo. Sus órganos centrales estarán al más alto nivel administrativo; y sus decisiones, generadas democráticamente, tendrán carácter ejecutivo.

Área de propiedad social

El proceso de transformación de nuestra economía se inicia con una política destinada a constituir un área estatal dominante, formada por las empresas que actualmente posee el Estado más las empresas que se expropien. Como primera medida se nacionalizarán aquellas riquezas básicas que, como la gran minería del cobre, hierro, salitre y otras, están en poder de capitales extranjeros y de los monopolios internos.

Así, quedarán integrando este sector de actividades nacionalizadas las siguientes:

1) La gran minería del cobre, salitre, yodo, hierro y carbón mineral;

2) el sistema financiero del país, en especial la banca privada y seguros;

3) el comercio exterior;

4) las grandes empresas y monopolios de distribución;

5) los monopolios industriales estratégicos;

6) en general, aquellas actividades que condicionan el desarrollo económico y social del país, tales como la producción y distribución de energía eléctrica; el transporte ferroviario, aéreo y marítimo; las comunicaciones; la producción, refinación y distribución del petróleo y sus derivados, incluido el gas licuado; la siderurgia, el cemento, la petroquímica y química pesada, la celulosa, el papel.

Todas estas expropiaciones se harán siempre con pleno resguardo del interés del pequeño accionista.

El área de propiedad privada

Esta área comprende aquellos sectores de la industria, la minería, la agricultura y los servicios en que permanece vigente la propiedad privada de los medios de producción. Estas empresas en número serán la mayoría. Así, por ejemplo, en 1967, de las 30 500 industrias (incluyendo la industria artesanal), solo unas 150 controlaban monopólicamente todos los mercados, concentrando la ayuda del Estado, el crédito bancario y explotando al resto de los empresarios industriales del país vendiéndoles cara la materia prima y comprándoles barato sus productos.

Las empresas que integran este sector serán beneficiadas con la planificación general de la economía nacional. El Estado procurará las asistencias financiera y técnica necesarias a las empresas de esta área, para que puedan cumplir con la importante función que desempeñan en la economía nacional, atendiendo el número de las personas que trabajan en ellas, como el volumen de la producción que generan.

Además, se simplificarán los sistemas de patentes, aranceles aduaneros, contribuciones y tributos para estas empresas, y se les asegurará una adecuada y justa comercialización de sus productos.

En estas empresas se deberán garantizar los derechos de obreros y empleados a salarios y condiciones de trabajo justos. El respeto de estos derechos será cautelado por el Estado y los trabajadores de la empresa respectiva.

Arca mixta

Este sector será mixto porque se compondrá de empresas que combinen los capitales del Estado a los particulares.

Los préstamos o créditos concedidos por los organismos de fomento a las empresas de esta área podrán serlo en calidad de aportes para que el Estado sea socio y no acreedor. Lo mismo será válido para los casos en que dichas empresas obtengan créditos con el aval o garantía del Estado o de sus instituciones.

Profundización y extensión de la Reforma Agraria

La Reforma Agraria es concebida como un proceso simultáneo y complementario con las transformaciones generales que se desea promover en la estructura social, política y económica del país, de manera que su realización es inseparable del resto de la política general. La experiencia ya existente en esta materia y los vacíos o inconsecuencias que de ella se desprenden conducen a reformular la política de distribución y organización de la propiedad de la tierra en base a las siguientes directivas:

1.— Aceleración del proceso de Reforma Agraria expropiando los predios que excedan a la cabida máxima establecida, según las condiciones de las distintas zonas, incluso los frutales, vitivinícolas y forestales, sin que el dueño tenga derecho preferencial a elegir la reserva. La expropiación podrá incluir la totalidad o parte de los activos de los predios expropiados (maquinarias, herramientas, animales, etc.).

2.— Incorporación inmediata al cultivo agrícola de las tierras abandonadas y mal explotadas de propiedad estatal.

3. — Las tierras expropiadas se organizarán preferentemente en formas cooperativas de propiedad. Los campesinos tendrán títulos de dominio que acrediten su propiedad sobre la casa y el huerto que se les asigne y sobre los derechos correspondientes en el predio indivisible de la cooperativa.

Cuando las condiciones lo aconsejen, se asignarán tierras en propiedad personal a los campesinos, impulsando la organización del trabajo y de la comercialización sobre bases de cooperación mutua. También se destinarán tierras para crear empresas agrícolas estatales con la tecnología moderna.

4. — En casos calificados se asignarán tierras a los pequeños agricultores, arrendatarios, medieros y empleados agrícolas capacitados para el trabajo agropecuario.

5. — Reorganización de la propiedad minifundaria a través de formas progresivamente cooperativas de trabajo agrícola.

6. — Incorporación de los pequeños y medianos campesinos a las ventajas y servicios de las cooperativas que operen en su área geográfica.

7. — Defensa de la integridad y ampliación y asegurar la dirección democrática de las comunidades indígenas, amenazadas por la usurpación, y que al pueblo mapuche y demás indígenas se les aseguren tierras suficientes y asistencia técnica y crediticia apropiadas.

Política de desarrollo económico

La política económica del Estado se llevará adelante a través del sistema nacional de planificación económica y de los mecanismos de control, orientación, crédito a la producción, asistencia técnica, política tributaria y de comercio exterior, como asimismo mediante la propia gestión del sector estatal de la economía. Tendrá como objetivos:

1. — Resolver los problemas inmediatos de las grandes mayorías. Para esto, se volcará la capacidad productiva del país de los artículos superfluos y caros, destinados a satisfacer a los sectores de altos ingresos, hacia la producción de artículos de consumo popular, baratos y de buena calidad.

2.— Garantizar ocupación a todos los chilenos en edad de trabajar, con un nivel de remuneraciones adecuado. Esto significará diseñar una política que genere un gran empleo, proponiéndose el uso adecuado de los recursos del país y la adaptación de la tecnología a las exigencias del desarrollo nacional.

3.— Liberar a Chile de la subordinación al capital extranjero. Esto lleva a expropiar el capital imperialista, a realizar una política de un creciente autofinanciamiento de nuestras actividades, a fijar las condiciones en que opera el capital extranjero que no sea expropiado, a lograr una mayor independencia en la tecnología, el transporte externo, etcétera.

4.— Asegurar un crecimiento económico rápido y descentralizado que tienda a desarrollar al máximo las fuerzas productivas, procurando el óptimo aprovechamiento de los recursos humanos, naturales, financieros y técnicos disponibles, a fin de incrementar la productividad del trabajo y de satisfacer tanto las exigencias del desarrollo independiente de la economía, como a las necesidades y aspiraciones de la población trabajadora, compatibles con una vida digna y humana.

5.— Ejecutar una política de comercio exterior tendiente a desarrollar y diversificar nuestras exportaciones, abrir nuevos mercados, lograr una creciente independencia tecnológica y financiera y evitar las escandalosas devaluaciones de nuestra moneda.

6.— Tomar todas las medidas conducentes a la estabilidad monetaria. La lucha contra la inflación se decide esencialmente con los cambios estructurales enunciados. Debe, además, incluir medidas que adecúen el flujo de circulante a las reales necesidades del mercado, controle y redistribuya el crédito y evite la usura en el comercio del dinero, racionalice la distribución y el comercio, estabilice los precios e impida que la estructura de la demanda proveniente de las altas rentas incentive el alza de los precios.

La garantía del cumplimiento de estos objetivos reside en el control por el pueblo organizado del poder político y económico, expresado en el área estatal de la economía y en la planificación general de esta. Es este poder popular el que asegurará el cumplimiento de las tareas señaladas.

Tareas sociales

Las aspiraciones sociales del pueblo chileno son legítimas y posibles de satisfacer. Quiere, por ejemplo, viviendas dignas sin reajustes que esquilmen sus ingresos; escuelas y universidades para sus hijos; salarios suficientes; que terminen de una vez las alzas de precios; trabajo estable; atención médica oportuna; alumbrado público, alcantarillado, agua potable, calles y aceras pavimentadas; una previsión social sin privilegios, justa y operante, sin pensiones de hambre; teléfonos, policías, jardines infantiles, canchas deportivas; turismo y balnearios populares.

La satisfacción de estos justos anhelos del pueblo —que en verdad constituyen derechos que la sociedad debe reconocerle— será preocupación preferente del gobierno popular.

Puntos básicos de esta acción de gobierno serán:

a) Definición de una política de remuneraciones, procediendo a crear de inmediato los organismos que, con participación de los trabajadores, determinarán cifras que efectivamente constituyan sueldos vitales y salarios mínimos en las diversas zonas del país.

Mientras subsista la inflación se procederá a establecer por ley reajustes automáticos, de acuerdo con el alza del costo de la vida. Estos operarán cada seis meses o cada vez que el costo de la vida supere un nivel de 5% de crecimiento.

En todos los organismos del Estado, y en primer lugar en los cargos de confianza del Ejecutivo, se limitarán los sueldos altos a una cifra compatible con la situación de nuestro país.

Se procederá, en un plazo que será definido técnicamente, a establecer un sistema de sueldos y salarios mínimos de niveles iguales para trabajos iguales, cualquiera sea la empresa donde estos trabajos se realicen. Esta política se iniciará en el área estatal para irla extendiendo a toda la economía, sin perjuicio de las diferencias derivadas de productividad dispares en distintas empresas. Del mismo modo se eliminará toda discriminación entre el hombre y la mujer o por edad en materia de sueldos y salarios.

b) Unificar, mejorar y extender el sistema de seguridad social, manteniendo todas las conquistas legítimas alcanzadas, eliminando los privilegios abusivos, la ineficiencia y el burocratismo, mejorando y haciendo expedita la atención de los interesados, extendiendo el sistema previsional a los sectores de trabajadores que aún no lo tienen, y entregando a los imponentes la administración de las Cajas de Previsión, las que funcionarán dentro de las normas de la planificación.

c) Asegurar la atención médica y dental, preventiva y curativa, a todos los chilenos, financiada por el Estado, los patrones y las instituciones de previsión. Se incorporará la población a la tarea de proteger la salud pública. Los medicamentos, sobre la base de un estricto control de costos en los laboratorios y la racionalización de la producción, se entregarán en cantidad suficiente y a bajo precio.

d) Se destinarán fondos suficientes a fin de llevar a cabo un amplio plan de edificación de viviendas. Se desarrollará la industrialización de la construcción controlando sus precios, limitando el monto de las utilidades de las empresas privadas o mixtas que operan en este rubro. En situaciones de emergencia se asignarán terrenos a las familias que los necesiten, facilitándoles ayuda técnica y material para edificar sus viviendas.

El gobierno popular tendrá como objetivo de su política habitacional que cada familia llegue a ser propietaria de una casa habitación. Se eliminará el sistema de dividendos reajustables. Las cuotas o rentas mensuales que deban pagar los adquirentes de viviendas y arrendatarios, respectivamente, no excederán, por regla general, el 10% del ingreso familiar.

Llevar adelante la remodelación de ciudades y barrios, con el criterio de impedir el lanzamiento de los grupos modestos a la periferia, garantizando los intereses del habitante del sector remodelado, como del pequeño empresario que allí labore, asegurando a los ocupantes su ubicación futura.

e) Se establecerá la plena capacidad civil de la mujer casada y la igual condición jurídica de todos los hijos habidos dentro o fuera del matrimonio, así como una adecuada legislación de divorcio con disolución del vínculo, con pleno resguardo de los derechos de la mujer y los hijos.

f) La división legal entre obreros y empleados será suprimida, estableciendo para ambos la calidad común de trabajadores y extendiendo el derecho a sindicalizarse a todos aquellos que actualmente no lo tienen.

Cultura y educación

Una cultura nueva para la sociedad

El proceso social que se abre con el triunfo del pueblo irá conformando una nueva cultura orientada a considerar el trabajo humano como el más alto valor, a expresar la voluntad de afirmación e independencia nacional y a conformar una visión crítica de la realidad.

Las profundas transformaciones que se emprenderán requieren de un pueblo socialmente consciente y solidario, educado para ejercer y defender su poder político, apto científica y técnicamente para desarrollar la economía de transición al socialismo y abierto masivamente a la creación y goce de las más variadas manifestaciones del arte y del intelecto.

Si ya hoy la mayoría de los intelectuales y artistas luchan contra las deformaciones culturales propias de la sociedad capitalista y tratan de llevar los frutos de su creación a los trabajadores y vincularse a su destino histórico, en la nueva sociedad tendrán un lugar de vanguardia para continuar con su acción. Porque la cultura nueva no se creará por decreto: ella surgirá de la lucha por la fraternidad contra el individualismo; por la valoración del trabajo humano contra su desprecio; por los valores nacionales contra la colonización cultural; por el acceso de las masas populares al arte, la literatura y los medios de comunicación contra su comercialización.

El nuevo Estado procurará la incorporación de las masas a la actividad intelectual y artística, tanto a través de un sistema educacional radicalmente transformado, como a través del establecimiento de un sistema nacional de cultura popular. Una extensa red de centros locales de cultura popular impulsará la organización de las masas para ejercer su derecho a la cultura.

El sistema de cultura popular estimulará la creación artística y literaria y multiplicará los canales de relación entre artistas o escritores con un público infinitamente más vasto que el actual.

Un sistema educacional democrático, único y planificado

La acción del nuevo gobierno se orientará a entregar las más amplias y mejores oportunidades educacionales.

En el cumplimiento de estos propósitos influirá el mejoramiento general de las condiciones de vida de los trabajadores y la consideración, en el nivel que corresponde, de las responsabilidades de los educadores. Además, se establecerá un plan nacional de becas lo suficientemente extenso como para asegurar la incorporación y la continuidad escolar a todos los niños de Chile, especialmente a los hijos de la clase obrera y del campesinado.

Por otra parte, el nuevo Estado desarrollará un plan extraordinario de construcción de establecimientos escolares, apoyado en recursos nacionales y locales movilizados por los órganos básicos de poder. Se expropiarán las edificaciones suntuarias que se requieran para habilitar nuevos establecimientos escolares e internados. Por estos medios se tenderá a crear por lo menos una escuela unificada (básica y media) en cada comuna rural, en cada barrio y en cada población de las ciudades de Chile.

Con el fin de atender a las necesidades de desarrollo propias de la edad preescolar y para posibilitar la incorporación de la mujer al trabajo productivo, se extenderá rápidamente el sistema de salas-cuna y jardines infantiles, otorgando prioridad a los sectores más necesitados de nuestra sociedad. Por efecto de esta misma política, la niñez obrera y campesina estará más apta para ingresar y permanecer, provechosamente, en el sistema escolar regular.

Para hacer efectiva una nueva enseñanza se requiere la aplicación de métodos que pongan énfasis en una participación activa y crítica de los estudiantes en su enseñanza, en vez de la posición pasiva y receptiva que ahora deben mantener.

Para liquidar rápidamente los déficit culturales y educacionales heredados del actual sistema, se llevará a cabo una amplia movilización popular destinada a eliminar a breve plazo el analfabetismo, a elevar los niveles de escolaridad de la población adulta. La educación de adultos se organizará principalmente en función de los centros laborales, hasta hacer posible el funcionamiento permanente de la educación general, tecnológica y social para los trabajadores.

La transformación del sistema educacional no será obra solo de técnicos sino tarea estudiada, discutida, decidida y ejecutada por las organizaciones de maestros, trabajadores, estudiantes y padres y apoderados, dentro de los marcos generales de la planificación nacional. Internamente, el sistema escolar se planificará respetando los principios de unidad, continuidad, correlación y diversificación de la enseñanza.

En la dirección ejecutiva del aparato educacional habrá efectiva representación de las organizaciones sociales ya señaladas, integradas en consejos locales, regionales y nacional de educación.

Con el objeto de hacer realidad la planificación de la educación y la escuela única, nacional y democrática, el nuevo Estado tomará bajo su responsabilidad los establecimientos privados, empezando por aquellos planteles que seleccionan su alumnado por razones de clase social, origen nacional o confesión religiosa. Esto se realizará integrando al sistema educacional el personal y otros medios de la educación privada.

La educación física

La educación física y las prácticas de todos los deportes, desde los niveles básicos del sistema educacional y en todas las organizaciones sociales de jóvenes y adultos, serán la preocupación constante y metódica del gobierno popular.

Democracia, autonomía y orientación de la universidad

El gobierno de la Unidad Popular prestará un amplio respaldo al proceso de la reforma universitaria e impulsará resueltamente su desarrollo. La culminación democrática de este proceso se traducirá en importantes aportes de las universidades al desarrollo revolucionario chileno. Por otra parte, la reorientación de las funciones académicas de docencia, investigación y extensión en función de los problemas nacionales será alentada por las realizaciones del gobierno popular.

El Estado asignará a las universidades recursos suficientes para asegurar el cumplimiento de sus funciones y su efectiva estatización y democratización. Consecuentemente, el gobierno universitario corresponderá a sus respectivas comunidades.

A medida que en el conjunto del sistema educacional se eliminen los privilegios de clases, se hará posible el ingreso de los hijos de los trabajadores a la universidad y se permitirá también a los adultos, ya sea mediante becas especiales o a través de sistemas de estudio y trabajo simultáneo, ingresar a cursos de nivel superior.

Los medios de comunicación masiva

Estos medios de comunicación (radio, editoriales, televisión, prensa, cine) son fundamentales para ayudar a la formación de una nueva cultura y un hombre nuevo. Por eso se deberá imprimirles una orientación educativa y liberarlos de su carácter comercial, adoptando las medidas para que las organizaciones sociales dispongan de estos medios eliminando de ellos la presencia nefasta de los monopolios.

El sistema nacional de cultura popular se preocupará especialmente del desarrollo de la industria cinematográfica y de la preparación de programas especiales para los medios de comunicación masiva.

Política internacional del gobierno popular

Objetivos

La política internacional del gobierno popular estará dirigida a:

- Afirmar la plena autonomía política y económica de Chile. Existirán relaciones con todos los países del mundo, independientemente de su posición ideológica y política, sobre la base del respeto a la autodeterminación y a los intereses del pueblo de Chile.

- Se establecerán vínculos de amistad y solidaridad con los pueblos dependientes o colonizados, en especial aquellos que están desarrollando sus luchas de liberación e independencia.

- Se promoverá un fuerte sentido latinoamericanista y antiimperialista por medio de una política internacional de pueblos antes que de cancillerías.

- La defensa decidida de la autodeterminación de los pueblos será impulsada por el nuevo Gobierno como condición básica de la convivencia internacional. En consecuencia, su política será vigilante y activa para defender el principio de no intervención y para rechazar todo intento de discriminación, presión, invasión o bloqueo intentado por los países imperialistas.

- Se reforzarán las relaciones, el intercambio y la amistad con los países socialistas.

Más independencia nacional

La posición de defensa activa de la independencia de Chile implica denunciar a la actual OEA como un instrumento y agencia del imperialismo norteamericano y luchar contra toda forma de panamericanismo implícito en esa organización. El gobierno popular tenderá a la creación de un organismo realmente representativo de los países latinoamericanos.

Se considera indispensable revisar, denunciar y desahuciar, según los casos, los tratados o convenios que signifiquen compromisos que limiten nuestra soberanía y, concretamente, los tratados de asistencia recíproca, los pactos de ayuda mutua y otros pactos que Chile ha suscrito con Estados Unidos.

La ayuda foránea y empréstitos condicionados por razones políticas, o que impliquen la imposición de realizar las inversiones que deriven de esos empréstitos en condiciones que vulneren nuestra soberanía y que vayan contra los intereses del pueblo, serán rechazados y denunciados por el gobierno. Asimismo se rechazará todo tipo de imposiciones foráneas respecto a las materias primas latinoamericanas, como el cobre, y a las trabas impuestas al libre comercio que se han traducido durante largo tiempo en la imposibilidad de establecer relaciones comerciales colectivas con todos los países del mundo.

Solidaridad internacional

Las luchas que libran los pueblos por su liberación y por la construcción del socialismo recibirán la solidaridad efectiva y militante del gobierno popular.

Toda forma de colonialismo o neocolonialismo será condenada y se reconocerá el derecho a la rebelión de los pueblos sometidos a esos sistemas. Asimismo, toda forma de agresión económica, política y/o militar provocada por las potencias imperialistas. La política internacional chilena debe mantener una posición de condena a la agresión norteamericana en Vietnam y de reconocimiento y solidaridad activa a la lucha heroica del pueblo vietnamita.

Del mismo modo se solidarizará en forma efectiva con la Revolución Cubana, avanzada de la revolución y de la construcción del socialismo en el continente latinoamericano.

La lucha antiimperialista de los pueblos del Medio Oriente contará con la solidaridad del gobierno popular, el que apoyará la búsqueda de una solución pacífica sobre la base del interés de los pueblos árabe y judío.

Se condenará a todos los regímenes reaccionarios que promuevan o practiquen la segregación racial y el antisemitismo.

Política latinoamericana

En el plano latinoamericano el gobierno popular propugnará una política internacional de afirmación de la personalidad latinoamericana en el concierto mundial.

La integración latinoamericana deberá ser levantada sobre la base de economías que se hayan liberado de las formas imperialistas de dependencia y explotación. No obstante, se mantendrá una activa política de acuerdos bilaterales en aquellas materias que sean de interés para el desarrollo chileno.

El gobierno popular actuará para resolver los problemas fronterizos pendientes en base a negociaciones que prevengan las intrigas del imperialismo y los reaccionarios, teniendo presente el interés chileno y el de los pueblos de los países limítrofes.

La política internacional chilena y su expresión diplomática deberán romper toda forma de burocratismo o anquilosamiento. Deberá buscarse a los pueblos con el doble fin de tomar de sus luchas lecciones para nuestra construcción socialista y de ofrecerles nuestras propias experiencias, de manera que en la práctica se construya la solidaridad internacional que propugnamos.

Las primeras 40 medidas del gobierno popular

1.— Supresión de los sueldos fabulosos.

Limitaremos los altos sueldos de los funcionarios de confianza. Terminaremos con la acumulación de cargos y sueldos (consejerías, directorios, representaciones). Terminaremos con los gestores administrativos y traficantes políticos.

2.– ¿Más asesores? ¡No!

Todo funcionario pertenecerá al escalafón común y ninguno estará al margen de las obligaciones del estatuto administrativo. En Chile no habrá más asesores.

3.– Honestidad administrativa.

Terminaremos con los favoritismos y los saltos de grados en la administración pública. Habrá inamovilidad funcionaria. Nadie será perseguido por sus ideas políticas o religiosas; se atenderá a la eficiencia, la honradez y el buen trato con el público de los funcionarios de gobierno.

4.– No más viajes fastuosos al extranjero.

Suprimiremos los viajes al extranjero de los funcionarios del régimen; salvo aquellos indispensables para los intereses del Estado.

5.– No más autos fiscales.

Los automóviles fiscales no podrán usarse bajo ningún pretexto con fines particulares. Los vehículos que queden disponibles se utilizarán para fines de servicio público, como transporte de escolares, traslados de enfermos de las poblaciones o vigilancia policial.

6.– El Fisco no fabricará nuevos ricos.

Estableceremos un control riguroso de las rentas y patrimonios de los altos funcionarios públicos. El gobierno dejará de ser una fábrica de nuevos ricos.

7.– Jubilaciones justas, no millonarias.

Terminaremos con las jubilaciones millonarias, sean parlamentarias o de cualquier sector, público o privado, y utilizaremos esos recursos en mejorar las pensiones más bajas.

8.– Descanso justo y oportuno.

Daremos derecho a jubilación a todas las personas mayores de 60 años, que no han podido jubilar debido a que no se les han hecho imposiciones.

9.– Previsión para todos.

Incorporaremos al sistema previsional, a los pequeños y medianos comerciantes, industriales y agricultores, trabajadores independientes, artesanos, pescadores, pequeños mineros, pirquineros y dueñas de casa.

10.– Pago inmediato y total a los jubilados y pensionados.

Pagaremos de una sola vez los reajustes del personal en retiro de las fuerzas armadas, y haremos justicia en el pago de pensionados y montepiadas del Servicio de Seguro Social.

11. — Protección a la familia.

Crearemos el ministerio de Protección a la Familia.

12. — Igualdad en las asignaciones familiares.

Nivelaremos en forma igualitaria todas las asignaciones familiares.

13. — El niño nace para ser feliz.

Daremos matrícula completamente gratuita, libros, cuadernos y útiles escolares sin costo, para todos los niños de la enseñanza básica.

14. — Mejor alimentación para el niño.

Daremos desayuno a todos los alumnos de la enseñanza básica y almuerzo a aquellos cuyos padres no se lo puedan proporcionar.

15. — Leche para todos los niños de Chile.

Aseguraremos medio litro de leche diaria, como ración a todos los niños de Chile.

16. — Consultorio materno-infantil en su población.

Instalaremos consultorios materno-infantiles en todas las poblaciones.

17. — Verdaderas vacaciones para todos los estudiantes.

Se invitará al Palacio Presidencial de Viña del Mar a los mejores alumnos de la enseñanza básica, seleccionados de todo el país.

18. — Control del alcoholismo.

Combatiremos el alcoholismo no por los medios represivos, sino por una vida mejor, y erradicaremos el clandestinaje.

19. — Casa, luz, agua potable para todos.

Realizaremos un plan de emergencia para la construcción rápida de viviendas y garantizaremos el suministro de agua por manzana y luz eléctrica.

20. — No más cuotas reajustables «Corvi».

Suprimiremos los reajustes de los dividendos y las deudas a la Corvi.

21. — Arriendos a precios fijos.

Fijaremos el 10% de la renta familiar como máximo para el pago del arriendo y dividendos. Supresión inmediata de los derechos de llave.

22. — Sitios eriazos ¡no!, poblaciones ¡sí!

Destinaremos todos los sitios eriazos fiscales, semifiscales o municipales a la construcción.

23. — Contribuciones solo a las mansiones.

Liberaremos del pago de contribuciones a la casa habitación hasta un máximo de 80 metros cuadrados donde vive permanentemente el propietario y no sea de lujo o de balneario.

24. — Una Reforma Agraria de verdad.

Profundizaremos la Reforma Agraria, que beneficiará también a medianos y pequeños agricultores, minifundistas, medieros, empleados y afuerinos. Extenderemos el crédito agrario. Aseguraremos mercado para la totalidad de los productos agropecuarios.

25. — Asistencia médica y sin burocracia.

Eliminaremos todas las trabas burocráticas y administrativas que impiden o dificultan la atención médica de imponentes y cesantes.

26. — Medicina gratuita en los hospitales.

Suprimiremos el pago de todos los medicamentos y exámenes en los hospitales.

27. — No más estafa en los precios de los remedios.

Rebajaremos drásticamente los precios de los medicamentos, reduciendo los derechos e impuestos de internación de las materias primas.

28. — Becas para estudiantes.

Estableceremos el derecho a becas en las enseñanzas básica, media y universitaria de todos los buenos alumnos, en consideración al rendimiento y a los recursos económicos de sus familias.

29. — Educación física y turismo popular.

Fomentaremos la educación física y crearemos campos deportivos en las escuelas y todas las poblaciones. Toda escuela y toda población tendrán su cancha. Organizaremos y fomentaremos el turismo popular.

30. — Una nueva economía, para poner fin a la inflación.

Aumentaremos la producción de artículos de consumo popular, controlaremos los precios y detendremos la inflación a través de la aplicación inmediata de la nueva economía.

31.— No más amarras con el Fondo Monetario Internacional.

Desahuciaremos los compromisos con el Fondo Monetario Internacional y terminaremos con las escandalosas devaluaciones del escudo.

32.— No más impuestos a los alimentos.

Terminaremos con las alzas de los impuestos que afectan a los artículos de primera necesidad.

33.— Fin al impuesto de la compraventa.

Suprimiremos el impuesto a la compraventa y lo reemplazaremos por otro sistema más justo y expedito.

34.— Fin a la especulación.

Sancionaremos drásticamente el delito económico.

35.— Fin a la cesantía.

Aseguraremos el derecho al trabajo a todos los chilenos e impediremos los despidos.

36.— Trabajo para todos.

Crearemos de inmediato nuevas fuentes de trabajo con los planes de obras públicas y viviendas, con la creación de nuevas industrias y con la puesta en marcha de los proyectos de desarrollo.

37.— Disolución del Grupo Móvil.

Garantizaremos el orden en los barrios y poblaciones y la seguridad de las personas. Carabineros e Investigaciones serán destinados a cumplir una función esencialmente policial contra la delincuencia común. Eliminaremos el Grupo Móvil y sus miembros reforzarán la vigilancia policial.

38.— Fin a la justicia de clase.

Crearemos un procedimiento legal rápido y gratuito con la cooperación de las juntas de vecinos, para conocer y resolver casos especiales, como pendencias, actos de matonaje, abandono del hogar y atentado contra la tranquilidad de la comunidad.

39.— Consultorios judiciales en su población.

Estableceremos consultorios judiciales en todas las poblaciones.

40.— Creación Instituto Nacional del Arte y la Cultura.

Crearemos el Instituto Nacional del Arte y la Cultura y escuelas de formación artística en todas las comunas.

Veinte puntos básicos de la Reforma Agraria
del gobierno de la Unidad Popular

Primero:

La Reforma Agraria y el desarrollo agropecuario no serán hechos aislados sino integrados en el plan global de transformación de la economía capitalista en una economía al servicio del pueblo. Esto significa que la Reforma Agraria no solo implicará la expropiación de todos los latifundios, la entrega de la tierra a los campesinos, darles la asistencia técnica y el crédito necesarios para que puedan producir lo que Chile requiere, sino también comprenderá la transformación de las relaciones comerciales e industriales para la venta y compra de los productos que los campesinos necesitan para vivir y producir. Todo este sector de comercialización e industrialización de la producción agropecuaria debe estar en manos del Estado o bien de cooperativas campesinas o cooperativas de consumidores.

Segundo:

Los beneficios de la Reforma Agraria se extenderán a los sectores de medianos y pequeños agricultores, minifundistas, empleados, medieros y afuerinos que hasta ahora han quedado al margen de ello.

Tercero:

Los campesinos a través de organizaciones sindicales, cooperativas y de pequeños agricultores reemplazarán a los representantes de los latifundistas en todos los organismos del Estado. El gobierno de la Unidad Popular se entenderá solo con estos representantes campesinos, porque ellos son los verdaderos representantes del 98% de la población que vive y depende de la agricultura.

Al nivel del ministerio de Agricultura y de Reforma Agraria como se llamará, bajo cuya responsabilidad directa se establecerá la dependencia de todos los organismos del Estado que trabajen el sector agrario, se constituirá un Consejo Nacional Campesino, que asesorará al ministro y a los altos funcionarios de los distintos organismos. Este consejo se elegirá democráticamente por los organismos de base.

Al mismo tiempo, en cada una de las zonas agrícolas del país se constituirán Consejos Campesinos Zonales, en que participarán por igual los funcionarios responsables de las zonas y los representantes campesinos elegidos por la base. En estos consejos campesinos de nivel nacional y zonal se adoptarán todas las medidas para la acción de la Reforma Agraria y del desarrollo agropecuario: expropiaciones, asignaciones de tierras, créditos, comercialización de la producción y de los insumos, etc.

Cuarto:

La Reforma Agraria no operará más fundo por fundo sino por zonas, y en cada una de estas zonas se asegurará trabajo productivo, ya sea en la explotación directa de la tierra, en la industrialización y distribución de los productos o en los servicios generales necesarios para la producción, a todos los campesinos de la zona.

Quinto:

A través de una nueva concepción jurídica se buscará la integración y colaboración en una acción unitaria de los distintos tipos de organizaciones de campesinos: de asalariados, de empleados, medieros, afuerinos, pequeños y medianos agricultores, etc.

Esto implica la complementación de las tareas de los sindicatos, asentamientos, cooperativas campesinas, comunidades indígenas y otros tipos y formas de organización de los pequeños agricultores, como los comités de pequeños agricultores. El gobierno popular, por otra parte, terminará con la burla actual que significa el no pago del 2% patronal establecido por la ley de sindicalización campesina, a través de lo cual los patrones están tratando hoy día de quebrar las organizaciones sindicales de los trabajadores campesinos.

Sexto:

Las regiones forestales se incorporarán a la Reforma Agraria.

Séptimo:

Tendrán derecho a no ser expropiados solo los pequeños y medianos agricultores; y derecho a reserva, solo aquellos agricultores mayores que sean reconocidos por los campesinos por sus condiciones económicas y sociales favorables para el desarrollo de la producción agrícola y para el desarrollo de la comunidad campesina. En todo caso, este derecho a reserva no será preferencial y podrá ser dado en otras tierras en caso de que sea necesario, a fin de reestructurar las explotaciones campesinas.

Octavo:

En los fundos expropiados se incluirá el capital de explotación a fin de que dichos fundos puedan disponer desde el comienzo del capital necesario para su trabajo.

Noveno:

La asistencia técnica al campesinado será gratuita y habrá planes especiales de crédito, asistencia técnica y capacitación para los grupos más postergados, especialmente las comunidades indígenas.

Décimo:

Cada campesino tendrá derecho a la propiedad familiar de su casa y el huerto.

La producción se organizará de preferencia bajo el sistema cooperativo, aun cuando en casos especiales se contemplará la explotación y asignación individual de la tierra.

Undécimo:

Se reorientará la producción a través del crédito, la asistencia técnica y la planificación regional y nacional hacia los productos de más alto valor, ya sea para la exportación o para el mercado interno.

Se reservarán solo a los pequeños agricultores y otros campesinos, los créditos para ciertos tipos de producciones intensivas, como cerdos y aves, que son los que pueden permitirles mejorar su ingreso y su situación económica y social.

Duodécimo:

En una primera etapa del gobierno popular se pondrá en operación a fondo la Ley de Reforma Agraria, aplicando todas aquellas facultades que el actual gobierno no ha querido o no ha sido capaz de aplicar, como asignación de tierras a cooperativas, defensa de los medieros y arrendatarios, reorganización de las áreas y sistemas de riego, etc.

Las modificaciones a la actual Ley de Reforma Agraria que son necesarias serán discutidas y aprobadas, antes de ser enviadas al Parlamento, por los consejos campesinos nacionales y regionales.

Decimotercero:

El Estado garantizará la adquisición de toda la producción de los campesinos que no sea comercializada a los precios oficiales por los cauces normales y, paulatinamente, contratará con anticipación toda la producción agropecuaria planificada según las necesidades del país.

El crédito de adelanto de producción a los pequeños campesinos se dará solo en dinero y no en documentos, como actualmente sucede en la mayor parte de los casos, lo que significa una nueva explotación de los campesinos que no tienen quién les descuente los documentos sino en condiciones extraordinariamente gravosas para ellos.

Decimocuarto:

La agroindustria se localizará de preferencia en las zonas agrarias donde el actual problema de la desocupación o subocupación agrícola es mayor.

Decimoquinto:

El Estado nacionalizará todos los monopolios de distribución, elaboración e industrialización de la producción agropecuaria o de los insumos necesarios para ella. Estas empresas se manejarán directamente por el Estado, asesoradas por consejos campesinos, o se entregarán a cooperativas campesinas.

Decimosexto:

Se establecerá un sistema nacional de previsión para todo el campesinado, cubriendo especialmente los pequeños agricultores actualmente marginados de la previsión. Del mismo modo, se asegurará la continuidad de la previsión de los asentados.

Decimoséptimo:

Se impulsarán planes especiales para el mejoramiento y la construcción de la vivienda campesina, pues hasta ahora dicho sector ha estado, en todos los planes de viviendas, al margen de los programas habitacionales del mejoramiento habitacional.

Decimoctavo:

Se establecerán en los principales pueblos de las regiones agrícolas Casas del Campesino, a fin de que los afuerinos en tránsito o los campesinos que tienen que hacer diligencias en los pueblos tengan dónde alojar y un punto de apoyo y de orientación en sus diligencias, especialmente con los servicios públicos, educación, salud, etc.

Decimonoveno:

En materia educacional se desarrollará una política general a través de programas de alfabetización de adultos, publicación de libros, periódicos y programas radiales para campesinos, cursos de tecnología agropecuaria de acuerdo con los planes productivos de la región, etc. Al mismo tiempo se fomentará el teatro, el arte y otras actividades culturales que permitan el desarrollo de la personalidad de las comunidades de campesinos.

Vigésimo:

Se dará especial impulso a las políticas de protección de los recursos naturales, planes de forestación y otros, y de mejor aprovechamiento de las áreas de riego.

Junio, 1970.

Capítulo 20

Frei dirige conspiración contra el pueblo*

Observador

Diecinueve días después del triunfo electoral de Salvador Allende, el presidente Eduardo Frei lanzó una nueva ofensiva para impedir su ascenso a La Moneda. El mismo día en que los representantes del Partido Demócrata Cristiano se entrevistaban con el presidente electo, y casi a la misma hora en que se realizaba una sediciosa reunión de los fascistas en un campo deportivo, el ministro de Hacienda de Frei, el diminuto Andrés Zaldívar Larraín, leyó por cadena nacional de emisoras y televisión un mensaje de veintiuna páginas, dedicado a señalar que como consecuencia de la elección presidencial de un socialista se ha desatado una crisis económica en Chile.

Con antecedentes mañosamente manejados, el pequeño ministro de Hacienda, cumpliendo «con el encargo que me ha encomendado el presidente de la República», impactó a Chile con un mensaje destinado a reimplantar el pánico creado por la minoría oligárquica con apoyo de agencias del imperialismo norteamericano. Con la desaprensión que caracteriza a todos sus actos, el ministro de Hacienda, Andrés Zaldívar Larraín, entroncado a familias de la más representativa oligarquía criolla, dijo que «la situación económica, tanto desde el punto de vista de la producción como financiero, era normal y favorable hasta el 4 de septiembre pasado». Las palabras de Zaldívar dejaron en claro la intención política de la maniobra preparada por Frei y el grupo oligárquico al cual presta servicios y está ligado. Se trataba de desorientar haciendo creer que la delicada situación económica es consecuencia de la decisión de la mayoría que eligió, por la vía de las urnas, al Dr. Salvador Allende como presidente de la República.

---

* *PF* n.º 114, 29 de septiembre de 1970, pp. 2-3.

Las maniobras de Frei para proteger los intereses económicos que representa, en los últimos meses le llevaron a permitir que se consumara el pronunciamiento militar de octubre de 1969 —con lo que obligó a los ultraderechistas a anticipar la aparición en la escena electoral del conservador Jorge Alessandri—, a perjudicar a lo largo de su campaña electoral a su correligionario, Radomiro Tomic, y a crear toda suerte de situaciones difíciles a los partidarios de Allende y a las organizaciones que lo postularon a la Presidencia de la República.

En octubre de 1969 estalló un pronunciamiento profesional de un grupo de miembros del Ejército, el que contó con el apoyo indirecto de personeros de otras ramas de las fuerzas armadas. El acontecimiento pudo evitarlo el gobierno de Frei, el que se ha caracterizado por hacer intervenir a los sectores castrenses en la vida política del país, en la mayoría de los casos contra la voluntad de sus componentes. El primer mandatario no evitó el estallido del conflicto y puede decirse que sus ministros del Interior y de Defensa lo precipitaron con su estudiada indolencia. Exasperados por el vejatorio trato económico, los sectores castrenses hicieron un pronunciamiento público, del cual hizo cabeza un general de brigada, Roberto Viaux, quien, con posterioridad, llevado por ambiciones personales de todo orden, se ha prestado para el juego de agentes sediciosos criollos y extranjeros.

En 1964 la oligarquía, la burguesía chilena y el imperialismo norteamericano, junto a los neocapitalistas alemanes, belgas, franceses y de otros países, eligieron como su representante al senador demócrata-cristiano Eduardo Frei, al que investieron de la calidad de candidato único a la Presidencia de la República de Chile, para lo cual debieron someter a una humillante situación al senador radical Julio Durán, quien de abanderado del fuerte bloque de ultraderecha (partidos Radical, Liberal y Conservador) pasó a la categoría de postulante sin destino presidencial, condenado de antemano a ocupar un tercer lugar en la elección.

Frei quiso, desde la Presidencia de la República, dar idéntico destino a su correligionario, Radomiro Tomic, para proteger el triunfo del septuagenario Jorge Alessandri y preparar así su retorno al poder «en una fecha no muy lejana». Esta situación fue de hecho revelada por el desinhibido senador Durán, quien en un carísimo aviso insertado en la mayoría de los diarios del país le dijo a Tomic que su papel en la elección presidencial era el mismo que se le asignó a él en 1964. Pocas veces se ha visto un hecho más grotesco en la desprestigiada política de la socialdemocracia chilena.

Tomic quiso desempeñar su propio rol y afirmado en el aparato del Partido Demócrata Cristiano mantuvo una intensa campaña presidencial, la que si bien contó con oxígeno económico del gobierno y sus alrededores, hubo momentos en que se mostró agotada por las restricciones financieras que imponía el presidente Frei.

Frei es el auténtico director del conjunto de intereses económicos de la aterrada oligarquía, de la desorientada burguesía y de los bienes extranjeros invertidos en Chile. Ha demostrado ser un consecuente defensor del viejo orden, para lo cual ha tenido que incluso disputarse con vastos sectores de la Iglesia Católica, que le tuvieron como su niño mimado durante años, pero que en la actualidad, por efecto de la forzada o auténtica evolución del cristianismo, han terminado por separarse del reaccionario político.

Desde su atalaya de La Moneda, rodeado de un grupo que no desea que se recuerde en qué condiciones llegó al poder en 1964, Frei maniobró sobre el derrotado candidato Jorge Alessandri, para obtener de él una declaración politiquera que le dejaría, según el actual presidente, a las puertas de un retorno rápido al poder. En la declaración, Alessandri señala que renunciará a la Presidencia si es elegido por el Congreso Pleno, para provocar una nueva elección en la cual Frei se cree el predestinado.

La administración de Alessandri fue moralmente objetada por Frei y el Partido Demócrata Cristiano a tal punto, que se considera que uno de los factores que les permitió a ambos llegar a La Moneda fue la carta de presentación «honesta» de los freístas.

Furioso por la derrota, presionado por la minoría oligárquica y burguesa, Alessandri olvidó los agravios lanzados sobre él por Frei y los demócrata-cristianos y terminó por facilitarles el medio para que ellos pudieran chantajear al presidente electo y al movimiento que le llevó al triunfo.

Los demócrata-cristianos se presentaron en la casa del Dr. Salvador Allende con un menú de condiciones que fue debidamente adobado para el exterior, como la póliza de «garantías libertarias» para todos los chilenos.

Sobre los marxistas que, como herederos del pensamiento de Carlos Marx y de la praxis leninista, tienen derecho a proclamarse humanistas, se descargó la voracidad demócrata-cristiana, transformada en una manifestación de «democratismo».

Después de haber sido repudiados por la mayoría de la ciudadanía electora que los relegó al tercer lugar en la elección presidencial, los demócrata-cristianos se invistieron de la calidad de vestales y de defensores de los derechos humanos. Bajo el falso ropaje escondieron los puñales, los de la auténtica conspiración, con la que se ha operado de modo incansable desde La Moneda.

Eduardo Frei anunció, el 21 de mayo, con su voz engolada que bruñe con un tono enfático que le muestra como un hombre resuelto y recto, que gobernaría «hasta el último día» (3 de noviembre de 1970). Hizo anunciar a su ministro de Hacienda que su responsabilidad económica había terminado el 3 de septiembre. La frase precisa para acuñar la conspiración, que no ha estallado con violencia por la actitud reflexiva de los sectores castrenses y por el temor ante la reacción airada de las masas, que hasta ahora han seguido con forzada impaciencia el traqueteo de los gestores que buscan una póliza de garantía para las fortunas mal avenidas y un cepo con el cual se pueda inmovilizar a un gobierno que tiene el deber histórico de ser revolucionario.

El primer sorprendido con el resultado electoral fue Eduardo Frei. La máquina que había montado falló. Había previsto que el allendismo, situado en un segundo lugar, saldría a las calles para protestar por el resultado, según La Moneda, favorable para Alessandri: a esa altura él pediría el apoyo de las fuerzas de orden para evitar un enfrentamiento entre civiles. El triunfo de Allende liquidó el cuadro previsto y en su reemplazo surgió la imagen de una oligarquía y burguesía golpeadas y en estado de K.O. El propio vocero de los reaccionarios, *El Mercurio*, se encargó de decir en un comentario político que se estaba bajo los efectos de un fuerte impacto.

En el aristocrático barrio alto de Santiago, el pánico alentado sobre menopáusicas, neuróticos e histéricos, sirvió de base para un primer asomo sedicioso. El domingo 6 los adolescentes de las familias económicas privilegiadas salieron en los autos «de su apá» a promover escándalos callejeros. El gobierno de Frei se mostró vacilante pero al final tuvo que reaccionar ante la protesta de los vencedores. Hubo «retiros de licencias para conducir vehículos» y algunas bombas lacrimógenas sobre los encolerizados muchachos, que eran usados por sus padres para tomar el pulso al movimiento triunfante.

El martes 8 de septiembre partió la conspiración organizada. Retiro de fondos en los bancos comerciales por parte de algunos hombres de negocios caracterizados, con amplia difusión de los medios de comunicación controlados por empresarios monopolistas como Jorge Yarur, quien instaló en su oficina del Banco de Crédito e Inversiones una sucursal para conspirar, en la cual funciona el senador Durán.

Empresas distribuidoras como Codina, sobre la cual ha tenido influencia Jorge Alessandri, cambiaron sorpresivamente las reglas del juego financiero, causando una caída en las ventas. Fueron acortados los plazos para los créditos a proveedores y consumidores, y no obstante que el Banco Central apareció lanzando una cantidad mayor de circulante, este se vio pronto afectado por una aguda contracción.

Se dijo que los ricos «estaban atesorando» ante la pasividad del ministro de Hacienda.

El presidente electo, consciente de que Frei tiene en sus manos el poder, buscó y obtuvo un contacto directo con él. Formado en el régimen parlamentario, Salvador Allende confió en las palabras de Frei, pero pronto pudo advertirse que ellas tenían doble fondo. Las maniobras para presionar al movimiento triunfante son dirigidas desde el palacio presidencial. Desde él salían las frases que alimentaban la conspiración en marcha. El periodista Raúl González Alfaro, que es subvencionado por el Partido Demócrata Cristiano, que ha trabajado en la actual administración como el vocero principal del régimen desde la Radio Sociedad Nacional de Minería, controlada por Anaconda, empresa norteamericana que explota el cobre de Chile, repite las intrigas palaciegas. El propio presidente del PDC, senador Benjamín Prado, puesto en situación ridícula por González, protestó ante periodistas de su colectividad por la falta de lealtad. A Prado, González le comparó con el presidente de Checoslovaquia, Eduardo Benes.

La conspiración económica que la Sociedad de Fomento Fabril con hipocresía llamó una «crisis de demanda», consciente de que eso es falso, empezó a perder fuerza en la tercera semana de septiembre, lo que inquietó a Frei. Él necesita que el movimiento sísmico no se detenga, porque así puede sacar ventajas sobre el movimiento triunfante en septiembre, si es que no consigue impedir su ascenso al poder.

La oligarquía y la burguesía chilenas, con el encargo del imperialismo norteamericano, el que a través del diario *The New York Times* aconsejó una intervención militar en Chile, piensan que, en último caso, si las maniobras fallan se podrá contar con una quinta columna integrada por socialdemócratas que anhelan frustrar desde el poder el ímpetu revolucionario que puede desarrollar el gobierno del Dr. Salvador Allende. La conspiración contra el pueblo está solo en sus comienzos.

Capítulo 21
Lo que defiende la CIA en Chile*
CCM

Alrededor de mil millones de dólares (963 millones hasta el año 1968) es la inversión directa de Estados Unidos en Chile. Esto explica claramente por qué Estados Unidos se opone, desde ahora, a un gobierno popular como el de Allende, que plantea iniciar la construcción del socialismo en nuestro país.

Los intereses norteamericanos —que explotan la riqueza minera, la industria manufacturera, una parte del sector bancario, los seguros, fletes y la tecnología— no van a renunciar pacíficamente al buen negocio que les significa Chile.

Para el año 1969, se ha calculado en 479 millones de dólares el egreso de divisas, desde Chile, por concepto de utilidades, intereses y amortizaciones de inversiones. Esta cifra no incluye los egresos por servicios tecnológicos, fletes y seguros, que la elevan considerablemente.

Las inversiones norteamericanas están respaldadas en todo el mundo por el Departamento de Estado en lo diplomático, por la CIA en la acción «política» y por el Pentágono en lo militar.

Cuando las inversiones norteamericanas se ven amenazadas, entra a actuar el Departamento de Estado. Aplica presiones que incluyen la suspensión de los diversos tipos de «ayuda» que administra Washington, y echa a rodar la máquina de la publicidad internacional, adversa al gobierno que produce problemas. Si el Departamento de Estado fracasa, entran a tallar los agentes de la CIA que organizan desde golpes de Estado —como el que derrocó a Mossadegh en Irán o a Goulart en Brasil— hasta invasiones, como

---

*   *PF* n.º 114, 29 de septiembre de 1970, pp. 17-19.

la que derribó al gobierno popular y democrático de Arbenz en Guatemala. Si los recursos de la CIA —donde el asesinato político es de frecuente aplicación— también fracasan, le toca el turno al Pentágono. Entonces es el bloqueo naval y aéreo —como el que ha sufrido Cuba—, o la invasión directa como en los casos del Líbano o República Dominicana. Estas operaciones las reviste el Pentágono de un carácter falsamente multinacional, amparándose en las banderas de la ONU o de la OEA, según sea el caso.

Aunque Chile, comparativamente, no es uno de los países más importantes en materia de inversiones norteamericanas, no deja de ser —sin embargo— un apetitoso bocado para el imperialismo. No existe indicio alguno de que Estados Unidos vaya a renunciar, sin objeciones, a seguir devorando ese manjar que es nuestro país.

Es por eso que los trabajadores chilenos deben colocar al imperialismo en la mira de su lucha. Porque la burguesía interna no está sola. Cuenta con su socio norteamericano para jugarse a fondo contra el gobierno popular. Mediante su respaldo tejerá mil intrigas y maniobras, sin menospreciar ningún método, aun los más tenebrosos, provocando una confrontación en la que vencerá el pueblo chileno. Los investigadores Orlando Caputo y Roberto Pizarro, del Centro de Estudios Socio-Económicos (CESO) de la Universidad de Chile, son los autores del estudio titulado *Dependencia e inversión extranjera en Chile* (1970). Este trabajo de Caputo y Pizarro fue tomado por *PF* para presentar a sus lectores un panorama de la inversión norteamericana que, creemos, servirá para orientarse respecto a los móviles que tiene el imperialismo para conspirar contra el futuro gobierno de la Unidad Popular. Refiriéndose a la crisis del sector externo, Caputo y Pizarro señalan que «si tomamos los egresos de divisas por concepto de renta del capital extranjero (utilidades y dividendos de la inversión directa o intereses de préstamos) observaremos que crecen de 58 millones de dólares, en 1950, a 201 millones, en 1967... Por otra parte, los egresos de divisas por concepto de amortización y depreciación del capital extranjero se han incrementado de 25 millones de dólares en 1950, a 272 millones en 1963, alcanzando su punto álgido en 1965 con 284 millones, bajando posteriormente en los años 1966 y 1967 a 258 millones y 188 millones como consecuencia de la renegociación de la deuda externa».

A esto hay que sumar los egresos por servicios tecnológicos que en 1968 alcanzaron a 16,5 millones de dólares.

Para el año 1969, se calculaban estos egresos en casi un 48% del total de los ingresos en cuenta corriente. O sea, la mitad de lo que recibe nuestro país en divisas se evapora por los conceptos arriba mencionados.

Al considerar el periodo 1950-1967, Caputo y Pizarro señalan que por concepto de inversión directa ingresaron a Chile 450 millones de dólares, mientras egresaron, por concepto de depreciación, alrededor de 193 millones de dólares. A la vez se remesaron utilidades y dividendos de la inversión por 1 056 millones de dólares, o sea cuatro veces el ingreso neto.

Agregan los investigadores del CESO: «Por otra parte, respecto de los préstamos de mediano y largo plazo, en dicho periodo, Chile ha recibido 1 718 millones de dólares. Entretanto, debió cancelar en amortizaciones un monto cercano a los 900 millones de dólares».

Esta situación, añaden, repercute en la deuda externa que el 31 de diciembre de 1969 ascendía a 2 819 millones de dólares. El monto de la deuda supera con creces los préstamos de mediano y largo plazos ingresados al país en todo el periodo 1950-1967.

El estudio de Caputo y Pizarro señala que «el valor en libros de la inversión directa norteamericana en Chile se incrementa en el periodo de 530 millones de dólares, en 1950, a 879 millones en 1967».

Una parte apreciable de la inversión extranjera proviene del propio sistema financiero nacional. La Corfo ha contribuido, por ejemplo, a tonificar la inversión extranjera. En la industria de partes y equipos de automóviles, de 29 empresas creadas en los años 1968-1969, quince recibieron préstamos de Corfo. En diez de las empresas de las que no se posee información, existe importante participación de capital extranjero. «De tal manera —dicen Caputo y Pizarro— que el financiamiento de las empresas extranjeras con fondos nacionales es un fenómeno generalizado en el país, a tal extremo que se ha tenido que legislar en los últimos años respecto de las remesas de capitales para que estas no incluyan aquellas utilidades provenientes de los préstamos otorgados por Corfo».

El avance de la inversión extranjera en Chile es notable. Por ejemplo en el sector bancario, M. Wionczek ha señalado que: «A fines del año 1962, tres bancos extranjeros tenían 3,4% de las reservas de la banca privada, 13,2% de los depósitos a la vista y 5,2% de los depósitos a plazo. Para fines de 1967, como consecuencia de la aparición del Bank of America y de la adquisición de una parte minoritaria del Banco Osorno y La Unión por Deutsche Suda-mericanische Bank, los porcentajes aumentaron respectivamente a 15,7%, 28% y 20%».

A partir de 1966, en pleno gobierno demócrata-cristiano, se inicia el des-plazamiento de las inversiones norteamericanas desde la minería al sector manufacturero.

El análisis de Caputo y Pizarro afirma que «la estrategia del capital extran-jero en América Latina tiene por objeto el control del sector industrial y, den-tro de este, de los sectores más dinámicos y de vanguardia tecnológica».

Un caso típico en Chile es la Petrodow (Dow Chemical) a la que se le han concedido todas las franquicias posibles: retorno libre de utilidades, revalo-rización del capital, liberación de aduana y estabilidad tributaria por quince años. Esta inversión en la industria petroquímica alcanza a 31,3 millones de dólares, de los cuales 4,3 millones son aporte del sector público. El aporte real de la Dow Chemical alcanza a 6 580 000 dólares, incrementados en 2 millones más por el aporte tecnológico. El resto del aporte ingresa por la vía del cré-dito otorgado por el Bank of América, Eximbank y la casa matriz.

Los monopolios

Las empresas norteamericanas con inversiones en el exterior buscan esta-blecer controles monopólicos. A esta línea de acción no escapa Chile. «La industria automotriz —señalan Caputo y Pizarro— constituye uno de los más claros ejemplos del proceso de monopolización industrial sobre la base de la empresa extranjera. Tenemos que de 24 empresas que se constituyen en el periodo 1962-1967, solo 12 subsisten en 1969 y, de ellas, 7 son empresas extranjeras con un porcentaje de participación extranjera superior al 50%. De estas 12 empresas automotrices existentes, 4 funcionan como subsidiarias de grandes empresas multinacionales: Ford Motors, General Motors, Fiat y Citroën. De las restantes, la mayoría opera con licencia de empresas extran-jeras, dándose una clara tendencia, en el último tiempo, al reemplazo de los licenciados nacionales por subsidiarias de las casas matrices. De este modo dejaron de funcionar Indumotora, licenciado de la General Motors, y Chile Motors, licenciado de la Ford Motors, siendo armados los vehículos directa-mente por las firmas extranjeras.

»Esta situación es propia también de la industria de partes y piezas para automóviles. Entre 1968 y 1969, se crearon 29 empresas que en su mayoría funcionan con licencia extranjera y, en gran cantidad de casos, con participación extranjera directa. De 10 de estas empresas sobre las que se tiene información clara, el capital extranjero tiene participación en 8. De las diecinueve empresas restantes, a pesar de no existir suficiente información, se aprecia una participación extranjera importante en varias. Por otra parte, los proyectos de más envergadura desarrollados en este sector corresponden precisamente al capital extranjero (Rockwell, Fensa, Conjunto Mecánico Aconcagua).

»También la participación extranjera en el control monopólico de la industria se observa en la petroquímica, electrónica, etc. Es decir, los sectores más dinámicos de la industria aparecen controlados por la empresa extranjera. Pero la acción monopólica extranjera se presenta también en sectores tradicionales de la industria como alimentos y textil, en los cuales existe una importante participación extranjera en el control de la industria nacional. El investigador Gabriel Gasic ha llegado a la conclusión de que, en el total de las sociedades anónimas (86 sociedades) del sector textil en el año 1967, catorce controlan alrededor del 73% del capital y reservas del sector y, de estas, cuatro sociedades estrechamente vinculadas controlan en forma significativa el conjunto de las catorce y otras que están fuera de las consideradas. En las cuatro sociedades, que conforman un núcleo de intereses comunes, el capital extranjero participa en tres de ellas en forma no mayoritaria, pero significativa. Por otra parte, en el sector de productos alimenticios, señala que entre las empresas fabricantes de productos lácteos y sus derivados, el control del capital extranjero es más acentuado aún. Para el año 1967, de un total de once sociedades anónimas, dos de ellas controlan más del 70% del capital social del sector y estas dos empresas constituyen un solo núcleo controlado en un 100% por el mismo capital extranjero».

Un ejemplo destacado de industrias absorbidas por el imperialismo es la fábrica de neumáticos INSA, creada en 1941 por capitalistas chilenos con respaldo de la Corfo y asesoría técnica de la General Tire & Ruber Co. En 1969, INSA mostraba los estragos de la desnacionalización que afecta a la industria chilena. Del total de acciones (25 000 000), el 55,49% está en manos de The General Tire & Ruber Co. (27,09), General Tire International Co., Bank Lienteastein Ltd., First National City Bank y Dundes Investment S.A.

Dependencia tecnológica

Otro aspecto del dominio norteamericano sobre la economía chilena lo constituye la tecnología que nuestro país debe importar y pagar a un alto precio. La tecnología se considera aporte de capital y en el caso de la Petrodow, así se conceptúan dos millones de dólares. Al aporte tecnológico, en ese caso, le corresponde una parte de las utilidades. La Petrodow además puede remesar por concepto de *royalties*, por un periodo de diez años, el 4,5% sobre las ventas de cloruro de polivino.

El estudio que nos ha servido en esta crónica afirma que «la tecnología importada es lógica consecuencia de la inmersión de Chile en el sistema capitalista mundial y siendo nuestro país la parte subdesarrollada en dicha estructura, evidentemente ve distorsionada su economía por la acción de dicha tecnología.

»La tecnología extranjera —añade— se presenta en casi la mayoría de los productos que consumimos diariamente. Alrededor de 490 empresas chilenas, en el año 1968, pagan regalías a empresas extranjeras por uso de tecnología; 310 de aquellas empresas tienen contrato con una sola empresa extranjera; 82 tienen contratos con dos empresas extranjeras y 97 tienen contratos con tres o más empresas extranjeras». Añaden Caputo y Pizarro que esta situación «tiene un carácter masivo, generalizándose en los últimos años. Desde luego, el número de empresas que participan es importante, más aún teniendo presente que la mayor parte de ellas son empresas relativamente grandes, según indica una apreciación general de esta información».

La dependencia tecnológica se traduce en que Chile pagó en 1968 un total de 16 507 919 dólares. Esa cifra, advierten los autores, logra gran significación con las ganancias de las subsidiarias norteamericanas que actúan en la manufactura en Chile, las que en el año 1968 alcanzaron alrededor de 7 millones de dólares.

Con razón Caputo y Pizarro, entre otras conclusiones de su estudio, señalan que «el capital extranjero en vez de constituir factor vital en el proceso de desarrollo —como lo señalan los desarrollistas— representa una clara forma de intensificación de los lazos de dependencia con el centro imperialista, lo cual se traduce en definitiva en un proceso de desnacionalización y descapitalización creciente de la economía chilena».

Capítulo 22

¿Cuán honda es la huella del imperialismo?*

Clausewitz

Los comentarios internacionales que ha provocado el resultado de la elección presidencial mantienen un denominador común en lo que se refiere al análisis de la actitud y desempeño de las fuerzas armadas chilenas, no solo en el transcurso de los comicios mismos sino también en la previsión de lo que será su conducta en el futuro.

Quizá si ese mismo denominador común es el que ha llevado a tirios y troyanos a ubicar su papel, en el presente y en el futuro próximos, en un plano que las diferencia del resto de las fuerzas armadas latinoamericanas y que si bien para unos deriva en una garantía del mantenimiento de las actuales estructuras, para otros es la aceptación de un paso al socialismo por vía electoral.

Esta doble opinión refleja en cierto modo una situación real. El Ejército chileno no ha podido eludir el ser colocado en esa alternativa. Condicionado por las obligaciones que ligan a nuestro país con el pacto de ayuda militar (PAM), firmado con Estados Unidos en 1952, desde esa fecha hasta ahora ha tenido que resignarse para no ser desterrado del contexto latinoamericano castrense, tan sensible a los desniveles estratégicos y de armamento, en la línea habitual de entrega a la política delineada por el Departamento de Estado y el Pentágono para América Latina.

Ya en 1962 el Secretario de Defensa de Estados Unidos, Robert McNamara, definía claramente esos objetivos. «Probablemente —decía McNamara al Comité Interior de Asignaciones del Senado— el más grande beneficio de nuestra asistencia militar viene del entrenamiento de oficiales seleccionados

---

*   *PF* n.º 114, 29 de septiembre de 1970, pp. 20-21.

y especialistas claves, en nuestros colegios militares y centros de instrucción en Estados Unidos y en ultramar. Esos estudiantes son seleccionados por sus países para convertirse en instructores cuando regresan a casa. Llegan allí como líderes, como los hombres del "saber qué hacer", para enseñárselo a sus fuerzas. Debo recalcar lo que significa para nosotros el tener en posiciones de liderazgo a hombres que tienen el conocimiento de primera mano de la forma en que los norteamericanos piensan y actúan...».

En ese sentido, las fuerzas armadas chilenas no pudieron evadirse de los programas de instrucción norteamericanos para América Latina, a pesar de una mayoritaria comprensión de que ellos tienen objetivos claramente políticos. Para muchos oficiales en el seno de nuestros institutos armados resultó claro que la elevación de la competencia profesional de las fuerzas militares va dirigida a que ellas puedan asumir el papel principal en cualquier situación de lucha de guerrillas, para reducir a un grado mínimo una eventual intervención en gran escala de las tropas yanquis, como ocurrió en la República Dominicana. En Chile no se ha olvidado que muchos de los jefes militares latinoamericanos que dirigieron los nueve golpes ocurridos en el continente entre 1962 y 1966 (para no hablar más que de ese periodo) fueron entrenados por Estados Unidos.

Militares chilenos en gran número asistieron a cursos de instrucción en la Escuela Militar de las Américas, estacionada en Fort Gulick, en la zona del Canal. Fundada en 1949 como Escuela Militar caribeña en Panamá, recibió su nombre actual en 1963, cuando se le introdujeron programas en contrainsurgencia y acción cívica, todos entregados en cursos en español y que a la fecha han sido seguidos por unos 22 mil oficiales latinoamericanos.

Fort Gulick asegura que sus alumnos «han escalado posiciones claves, tales como ministro de Defensa y jefe de grupo en Bolivia, director del colegio militar en México, jefe de inteligencia en Argentina, subsecretario de Guerra en Chile». En los últimos tres años las promociones de nuestra Escuela Militar concurrieron allí y siguieron los cursos de sus dos departamentos de instrucción: el Departamento de Seguridad Interna (estrategia y operaciones) y el Departamento Técnico, que los proveyó de conocimientos en el uso del equipo militar. Todas actuaron en lo que se llama «acción cívica», encuestaron en ciudades panameñas programas en ese sentido y entrevistaron a pobladores, acumulando resultados que fueron entregados posteriormente a la Guardia Nacional panameña para su posible implementación.

También actuaron en medio de riguroso entrenamiento físico y mental, en maniobras de terreno llevadas a cabo en las áreas de la escuela militar de Estados Unidos para la guerra en la jungla, en Fort Sherman, en la zona del Canal.

Tampoco se pudo eludir la instrucción dependiente de los cursos dictados en la Escuela Aérea de Albrook, en Panamá, donde los instructores hablan el español fluidamente y hasta el año pasado habían tenido una concurrencia estudiantil militar superior a los 10 mil alumnos. Allí los cursos fueron de mantenimiento de aeroplanos, electrónica, radio, instrumentos y reparaciones, mecánica, administración del personal y especialidades médicas.

Desde 1965 la Escuela Aérea comenzó a ofrecer un curso de operaciones especiales (léase contrainsurgencia), en un programa común con la Escuela de las Américas, el Comando Aéreo 605 y un escuadrón de la Fuerza Aérea Norteamericana, estacionado en la Base Howard, de la zona del Canal.

El Comando Aéreo 605 es una curiosa unidad estadounidense, compuesta por 520 oficiales y hombres de tropa más 46 aviones (caza-bombarderos, transportes, reconocimiento, etc.). Su principal misión es entrenar a los oficiales latinoamericanos en técnicas de «operaciones aéreas especiales», verbigracia, la versión aérea de la contrainsurgencia.

El entrenamiento incluye tácticas diurnas y nocturnas, navegación a baja altura y operaciones en territorio extranjero. Su objetivo es la acción rápida y el apoyo de fuerzas terrestres. También comprende labores de abastecimiento, reconocimiento, apoyo aéreo y el adecuado manejo de los aviones de transporte, tanto sobre zonas planas como en lugares más o menos inaccesibles. Aquí el entrenamiento se ha diversificado desde la instrucción a grupos móviles, que sirven de guías en operaciones aéreas especiales, como en la construcción de aeropuertos y pistas de aterrizaje en áreas remotas, que pueden ser usadas por cada gobierno para aniquilar zonas de guerrilla potencial.

Los boinas verdes

Pero sin duda donde esta alienación ha alcanzado mayor nivel ha sido en el envío de militares chilenos a la Octava Fuerza Especial, con sede en Fort Gulick. Ella es la que constituye los famosos «boinas verdes», unidad integrada por 1 109 oficiales no comisionados, que configuran por turnos unas dos docenas de grupos móviles de instrucción, de más de 30 hombres cada uno. Estos grupos móviles han viajado a través de Latinoamérica, complementando el trabajo de las misiones militares norteamericanas residentes y realizando instrucciones especializadas en operaciones contraguerrilleras. La misión fundamental de las fuerzas especiales es la de advertir, entrenar y ayudar a las fuerzas militares o paramilitares latinoamericanas a conducir actividades antiguerrilleras y servir de base de apoyo a los objetivos de Estados Unidos en la guerra fría.

Un ejemplo de esta actividad se conoció a través de su acción en Bolivia, en el periodo en que actuó la guerrilla del Che Guevara. Cuando esta fue detectada, en el mes de marzo de 1967, veinticuatro horas más tarde llegó a Bolivia el teniente coronel Redmond *Rojo* Weber, a bordo de un avión militar que lo dejó directamente en Santa Cruz, cerca de la zona guerrillera. Con Weber fue un oficial, también de las fuerzas especiales, el Mayor Ralph *Pappy* Shelton. Ambos comprobaron que Bolivia no tenía una fuerza entrenada antiguerrillera. Shelton fue el indicado para organizar una base de entrenamiento de emergencia.

El 29 de abril, cuatro oficiales y doce hombres de tropa embarcaron para Santa Cruz, desde la base aérea de Howard. «Boinas verdes» veteranos de la guerra de Vietnam, altamente seleccionados, diecisiete horas después de su llegada habían despejado un campo azucarero abandonado a 100 kilómetros de Santa Cruz donde instalaron su cuartel general. El 17 de septiembre, seiscientos reclutas bolivianos abandonaban el campamento y se ubicaban como vanguardia de la Octava División de Vallegrande, en el sector de 16 kilómetros infiltrado por las guerrillas. Menos de un mes más tarde uno de los destacamentos de la fuerza antiguerrillera sorprendía en la Quebrada del Yuro al Che y sus compañeros, con los resultados que se conocen. Como se ve a través de estos antecedentes, muy resumidos por cierto, el Programa de Ayuda Militar constituye el instrumento más importante de la política castrense de Estados Unidos en América Latina, y se ve complementado por las misiones militares, aéreas y navales que el país del norte mantiene junto con otros grupos de observación en nuestro continente.

Al definir su acción el general Robert W. Porter dijo al Comité de Asuntos Exteriores de la Cámara norteamericana, cuando se discutía la ley de ayuda externa en 1967: «La fuerza militar ha probado ser la fuerza más cohesiva para asegurar el orden público y el apoyo de los gobiernos resueltos a mantener la seguridad interna. Actuando en conjunto con la policía y otras fuerzas de seguridad, los militares latinoamericanos han ayudado a controlar desórdenes y revueltas, a contener o eliminar terroristas y guerrillas, y se han opuesto a aquellos elementos tentados a recurrir a la violencia para derrocar gobiernos…».

En esa misma discusión también quedó en claro que el fortalecimiento de algunas fuerzas armadas había reforzado las instituciones más cercanamente ligadas con la estagnación y la dictadura.

¿Hasta dónde las fuerzas armadas chilenas han escapado totalmente a ese carácter represivo que en mayor o menor medida adquirieron por estos programas de instrucción los otros ejércitos latinoamericanos?

La pregunta, tal como decíamos al comienzo de esta crónica, tiene alternativas que no son proclives a una respuesta concreta. El imperialismo ha sabido jugar muy bien con los afanes profesionales de los militares y su huella puede haber quedado impresa en algunos cuadros, por más que ella no se haya expresado todavía en alguna manifestación clara.

Pertenece a la vigilancia misma del Ejército el que el país no tenga que sufrir una revelación desagradable que destruya una impresión que, como definieron los observadores extranjeros llegados para la elección, quedó bien definida a través de un comportamiento ejemplar.

Capítulo 23

Y ahora: a luchar por el poder*

Manuel Cabieses Donoso

*Y cuando se habla de poder por vía electoral nuestra pregunta es
siempre la misma: si un movimiento popular ocupa el gobierno de
un país por amplia votación popular y resuelve, consecuentemente, iniciar las grandes transformaciones sociales que constituyen
el programa por el cual triunfó, ¿no entraría en conflicto inmediatamente con las clases reaccionarias de ese país? ¿No ha sido
siempre el ejército el instrumento de opresión de esa clase? Si es
así, es lógico razonar que ese ejército tomará partido por su clase y
entrará en conflicto con el gobierno constituido. Puede ser derribado ese gobierno mediante un golpe de Estado más o menos incruento y volver a empezar el juego de nunca acabar; puede, a su
vez, el ejército opresor ser derrotado mediante la acción popular
armada en apoyo de su gobierno; lo que nos parece difícil es que
las fuerzas armadas acepten de buen grado reformas sociales profundas y se resignen mansamente a su liquidación como casta.***

Hay una manera simplista de analizar el proceso político chileno. Es la que
señala que ha sido derrotada la tesis de la vía armada para llegar al socialismo. Esta manera de interpretar lo que ocurrió el 4 de septiembre la reco-
gen alborozados algunos reformistas que desde hace mucho tiempo están
reñidos con la revolución. Ellos se han lanzado a recomendar la «receta» chilena en países como Uruguay, Brasil, Argentina, Bolivia, etc., invitando al
suicidio a los movimientos revolucionarios latinoamericanos.

Esos interesados propagandistas incurren en graves errores.

---

* *PF* n.º 114, 29 de septiembre de 1970, pp. 30-32.

** Ernesto Che Guevara: «Cuba: excepción histórica o vanguardia en la lucha anticolo-
   nialista», *PF* n.º 40. *[N. del A.].*

Desde luego, conviene puntualizar que en Chile está pendiente la cuestión principal, la cuestión del poder. Aún no se ha conquistado el poder y mucho menos se ha iniciado la construcción del socialismo. Ernesto Che Guevara, asesinado hace tres años en Bolivia, describe el poder como «el instrumento indispensable para aplicar y desarrollar el programa revolucionario, pues si no se alcanza el poder todas las demás conquistas son inestables, insuficientes, incapaces de dar las soluciones que se necesitan, por más avanzadas que puedan parecer». (La cita corresponde al artículo mencionado en el epígrafe).

El propio presidente electo de Chile, Dr. Salvador Allende, se ha preocupado muchas veces en sus discursos —seguramente con el ánimo de hacer conciencia del problema— de distinguir entre ganar una elección y tomar el poder para iniciar la construcción del socialismo.

En estos momentos, detrás de los fuegos artificiales de política menuda, está en juego la cuestión esencial, la lucha por el poder.

Como toda pugna vital que se libra en el cuadro de un Estado burgués como el chileno, esa lucha es «pacífica» solo en apariencia. En el fondo del debate —que por ahora se reduce al cabildeo político—, está planteada una lucha de clases. La confrontación puede emerger en cualquier instante; por ejemplo si fructificara una maniobra para escamotear a los trabajadores la victoria del 4 de septiembre.

El camino hacia el poder no está abierto y despejado en Chile, como pudieran suponer observadores desaprensivos.

Bastó que Allende superara electoralmente a los candidatos presidenciales que defendían el sistema, para que afloraran las primeras reacciones. El pánico financiero, el boicot en algunos sectores industriales y agrícolas, las maniobras para robar la elección en el Congreso, las amenazas de atentados físicos, los rumores golpistas, etc., fueron algunas de las manifestaciones. Simultáneamente han entrado a operar los métodos de la CIA norteamericana, ya conocidos en otros países, la campaña de presión internacional, la movilización de sus agentes internos en el plano político y publicitario, etc. Esas muestras de oposición reaccionaria al triunfo popular no tienen nada de «pacíficas». Constituyen parte de una guerra, sicológica si se quiere, pero de una guerra.

El conflicto es entre los trabajadores chilenos y los monopolios nacionales y extranjeros. Entre explotados y explotadores. En resumen: es una lucha de clases.

Esa lucha no se inicia el 4 de septiembre de 1970. Viene de mucho más atrás. Es, como se sabe, parte consustancial del sistema capitalista, de una sociedad donde los dueños de los medios de producción ejercen su dictadura. Hay quienes pretenden cerrar el paso del pueblo al poder. Y las maneras de cumplir ese objetivo son diversas; se adaptan a peculiaridades chilenas. Una es usar como elemento de chantaje la relación de fuerzas en el Congreso Pleno, que el 24 de octubre debe proclamar al nuevo presidente de la República. Parece difícil que la burguesía y el imperialismo se atrevan a provocar a los trabajadores con una maniobra tan escandalosa. Otra manera es conceder graciosamente el gobierno a la Unidad Popular, pero dejarla sin el poder. Esta forma jesuítica de burlarse de la voluntad del pueblo se reviste con argumentos que entregan la tuición de la «democracia» a los agentes de la contrarrevolución. Ellos vendrían a ser los censores que calificarían el carácter constitucional y ético de las medidas que se tomen para construir el socialismo. Está claro, por lo tanto, que se trata de una maniobra para castrar el vigoroso proceso que podría arrancar de la aplicación del programa de la Unidad Popular.

El socialismo, ni siquiera en Chile, puede crecer en un invernadero burgués. No puede desarrollarse dentro de estructuras opresoras, donde el poder real continuará regido por una ideología hostil al proletariado, donde el aparato fundamental del Estado responderá a intereses de un sistema antagónico. No sería honesto ilusionar a los trabajadores con una rendición incondicional de la burguesía y del imperialismo. Eso no ha ocurrido ni hay perspectivas de que así suceda. Menos honesto, todavía, es salir a «vender» por América Latina la pomada chilena para llegar al socialismo sin dolor, sin traumas sociales, sin duros enfrentamientos de clase.

El pueblo chileno —particularmente sus obreros, campesinos, pobladores y estudiantes— va a requerir de una conciencia y de una organización tan recia como para permitirle aplastar a sus enemigos. El riesgo es perder una oportunidad histórica que, si bien ha surgido de un modo específico, a través de una victoria electoral, en lo cual muchos no creíamos, no podrá escapar a las leyes generales de la lucha de clases. Será justamente la organización del pueblo, reforzada ideológicamente bajo la orientación de defender a toda costa el triunfo electoral para impulsar mañana el cumplimiento del programa de la Unidad Popular, la que podría garantizar un tránsito relativamente pacífico hacia el socialismo. Un pueblo armado en términos ideológicos y militares es probablemente la mejor garantía de un proceso revolucionario sin grandes choques.

La posibilidad de convertir la actual en una coyuntura revolucionaria radica estrictamente en la conquista del poder. Este no significa solo el esqueleto burocrático del país. El poder real consiste en la transformación de los explotados y humillados en protagonistas del nuevo proceso. El poder nace desde abajo e impone una verdadera democracia popular, extensiva a todos los planos, que se entrega a la tarea colectiva de construir el socialismo. Ningún ángulo o sector de la vida nacional puede quedar al margen del proceso porque allí se harán fuertes las tendencias contrarrevolucionarias.

La burguesía y el imperialismo norteamericano, sin duda, fueron sorprendidos con el triunfo electoral de Allende. El candidato de la Unidad Popular les ganó la partida limpiamente. El juego se disputó en la propia cancha de la burguesía, ajustándose a sus reglas y bajo la mirada de un árbitro enemigo. En este aspecto —que tiene gran importancia política— es donde el proceso chileno, tal como en su hora ocurrió con otros ejemplos, reviste caracteres particulares.

Pero la burguesía chilena se ha recuperado de su estupefacción y el imperialismo, en escala continental, habrá sabido tomar debida nota de su derrota política. En todo caso, ambas fuerzas reaccionarias dan muestras de revitalización. Actúan ahora de modo de erizar de trampas y de minar el terreno que rodea al poder real, aún no conquistado en Chile.

El presidente electo ha dicho con razón que su gobierno no será marxista, debido al pluralismo ideológico de las fuerzas que integran la Unidad Popular. Pero el enemigo no puede dejar de advertir, como a su turno lo entienden los trabajadores, que el programa de la UP, justamente porque ataca centros claves de explotación, es capaz de engendrar un proceso revolucionario, o sea marxista. Esta perspectiva —debe decirse claramente— no la percibíamos hace unos meses y fue otro de los errores de análisis en que incurrimos sectores de izquierda. Pero los hechos ocurridos a partir del 4 de septiembre demuestran claramente —por la reacción del enemigo de clase— que esa posibilidad es real.

La resistencia en el plano financiero y económico de los derrotados en la elección puede asumir contornos de una verdadera agresión contra el pueblo.

Una circunstancia así, orientada a boicotear la producción o la distribución, tendrá que ser afrontada de modo de aplastar la sedición reaccionaria. Para ello habrá que poner en juego la fuerza temible del pueblo organizado, ejerciendo el poder desde la base.

Un gobierno como el de la Unidad Popular, que pondrá en escena a las masas explotadas, no puede ser sino el más democrático que haya conocido el país. Por eso, adaptarse a las «condiciones» de los falsos tutores de la democracia es caer en una trampa política. Significa entregarle a una corriente ideológica derrotada la llave de la jaula de las fieras, para que las suelte cuando quiera sobre el proceso que se pondrá en marcha.

Al decir esto tenemos claro, por cierto, que las peculiaridades del caso chileno obligan a un determinado proceder, en lo cual se incluyen las negociaciones políticas. Creemos, además, que hay un vasto campo de entendimiento legítimo con fuerzas sociales que también están entre los explotados y que, en consecuencia, deben participar activamente en la construcción del socialismo. Aunque esas fuerzas se han orientado en lo electoral por una ideología reformista, que convertida en gobierno fortaleció la concentración del poder monopólico y la penetración norteamericana en la economía, de hecho están siendo ganadas a posiciones clasistas correctas por los Comités de la Unidad Popular.

PF en anterior análisis ha sostenido que no deben introducirse factores de perturbación que hagan abortar una perspectiva revolucionaria. Ciertamente hay que tener clara una cuestión de plazos. Un «madrugó» revolucionario podría descalabrar toda posibilidad razonable de llevar adelante este proceso. Asimismo, las fuerzas populares chilenas necesitan cubrir una etapa de organización, sobre nuevos métodos, que permita dejar atrás un largo periodo de desarme ideológico. Las propias reacciones que desaten las medidas que tome el próximo gobierno actuarán como estimulantes en esa dirección. Pero esto no puede significar un compás de inactividad. Es bueno recordar que los propios economistas de la Unidad Popular señalaron que las principales medidas del programa deberían tomarse en un plazo muy corto para mantener bajo control la subsiguiente reacción derechista.

En este panorama cuajado de posibilidades promisorias para nuestro pueblo, corresponde a la izquierda revolucionaria asumir un papel responsable y orientador. Debe pertrechar a los trabajadores con los instrumentos adecuados para encarar cada una de las asechanzas enemigas. No solo puede, sino que debe, por derecho propio, trabajar en esa dirección, insertada en el pueblo trabajador al que pertenece. En una lucha de clases hay combatientes de uno y otro lado, pero no existen espectadores imparciales. La lucha por el poder recién está comenzando. Y como todo combate, se ha iniciado en términos relativamente pacíficos, diplomáticos por así decirlo, lo cual no quiere decir que la construcción del socialismo en Chile vaya a ser tolerada con una sonrisa en los labios por quienes todavía retienen el poder real en lo económico, en lo político y en lo militar.

Capítulo 24

Los hilos del terrorismo*

Observador

La decisión de la junta nacional del PDC confirió a Salvador Allende prácticamente el título de «electo»; pero, al mismo tiempo, agudizó el problema de la seguridad personal del futuro presidente y de un grupo de dirigentes políticos de izquierda. La vida misma del presidente electo pasó a constituirse en uno de los problemas políticos neurálgicos del momento. Porque al resolverse los escollos, que por la vía del juego politiquero mantenían vivas las esperanzas de los ultraderechistas, ha quedado únicamente como obstáculo la vida misma de Allende.

Ante una situación de esta naturaleza, era lógico esperar una colaboración si no entusiasta por lo menos natural, de parte de las autoridades de gobierno, especialmente de las policiales. No ha ocurrido así. Por el contrario, se ha demostrado una tenebrosa desidia y una sospechosa indiferencia.

Los antecedentes para demostrar esta afirmación exigirían un libro. Veamos solo algunos, vinculados con asuntos que salieron a la luz pública y en los cuales aparece comprometida la actuación de los jefes máximos de Investigaciones: Luis Jaspard da Fonseca y Rolando Castillo, director y subdirector, respectivamente.

Las bombas

Está demostrado que la ola de estallidos de bombas que ha inquietado a Santiago tiene por objetivo crear un clima propicio para pasar a acciones «directas», como raptos de personajes de izquierda, para culminar con el desaparecimiento físico del Dr. Allende.

---

*   *PF* n.º 115, 13 de octubre de 1970, pp. 2-3.

Ninguna persona con mediana información podría sostener que estos atentados no son cometidos y dirigidos por la ultraderecha. Sin embargo, la Dirección de Investigaciones dictó una línea a seguir: «Aquí no hay terrorismo de derecha... Cualquier tipo de terrorismo tiene que ser achacado a la izquierda». Agregando que a quien no le gustare esta tesis tendría que sufrir las consecuencias. Estas «instrucciones» fueron dadas por Jaspard y Castillo, destacados personeros del PDC, que en estos casos, como en tantos otros, ejecutan la línea que reciben en La Moneda, especialmente de sus jefes directos, los señores Patricio Rojas y Juan Achurra.

Examinemos lo sucedido con los tres conspicuos militantes de la Democracia Radical y hombres de la intimidad de Julio Durán: Schilling, González y Meza. Como se sabe, fueron detenidos por la policía, pero lo que se sabe muy poco es que esta detención de ninguna manera puede estimarse una «gran pesquisa». Investigaciones no los detuvo por su propia iniciativa, sino porque no le quedó más remedio, de lo contrario habría tenido que entrar a actuar otro servicio policial que estaba en antecedentes de los delitos que estos individuos habían cometido. Porque no se trataba solamente del petardo a la casa de Carlos Yarur, sino de otros hechos mucho más graves, como los atentados a supermercados y, sobre todo, el asesinato de un carabinero en Gran Avenida y el baleo al carabinero que custodiaba la embajada británica.

Los policías viejos no recuerdan un caso en que tres detenidos hayan sido tratados con mayores privilegios que estos integrantes de una de las células terroristas de ultraderecha que están operando en Santiago. Apenas fueron detenidos, llegó la instrucción de dejarlos en libertad. Pero a último minuto se dieron cuenta de que sería demasiado escandaloso, y no les quedó más remedio que seguir adelante con la comedia.

Luego vino el trámite de la redacción de sus declaraciones (hay que agregar que durante la detención recibieron seis visitas de «familiares», de manera que sus declaraciones fueron perfectamente orquestadas y dirigidas desde el exterior), y surgió una nueva orden en el sentido de no mezclar para nada el nombre de Carlos Yarur. Pero resultaba imposible, porque ese era el delito menos grave que habían confesado los tres terroristas, de manera que no hubo más camino que mencionar en el parte policial el sacrosanto nombre del poderoso industrial. Todo esto con la debida calma, a fin de dar tiempo para que huyera del país el hijo de Carlos Yarur, quien aparecía directamente implicado en el estallido dinamitero.

Pero uno de los detenidos contó a un policía que de estos atentados había, previamente, informado a un miembro de la comisión política del Partido Nacional y a un conocido senador de la Democracia Radical. Nueva orden: a ninguno de los dos se les mencionaría en el parte policial.

Esta extraña línea de conducta alcanzó al ministro de la Corte, Abraham Meersohn, curiosamente designado para juzgar a estos terroristas. (Es innegable la vinculación de este magistrado con la Democracia Radical, a menos que sea tan ingrato que haya olvidado los favores recibidos de parte de Angel Faivovich). Por ejemplo: algunos detectives supieron (por propia confesión) que al carabinero de la embajada británica se le había disparado desde un Peugeot celeste y con una pistola marca Walther PP. Casualmente, Luis Alberto González Gutiérrez tiene seis autos (uno de los cuales es Peugeot celeste) y varias armas (una pistola Walther entre ellas, además de otras cuyo calibre es semejante al que se usó para asesinar al carabinero de la Gran Avenida). Estos mismos detectives informaron de tal circunstancia al ministro Meersohn y pidieron su venia para chequear tales antecedentes. Recibieron una rotunda negativa. No había el menor interés en esclarecer tales delitos. Tampoco se permitió que la Brigada de Homicidios conversara con los detenidos para precisar su participación en los atentados contra Carabineros.

Y antes de que el gallo cantara tres veces, la opinión pública se sorprendió con la noticia de que el ministro Meersohn había dejado libres de toda culpa a los tres terroristas.

Tal proceder no pudo menos que indignar a algunos funcionarios de Investigaciones, los cuales fueron objeto de tirones de orejas de parte de la superioridad, a fin de que no se les volviera a ocurrir seguir husmeando en esta olla.

En esta misma célula terrorista de la que formaban parte los tres detenidos, se había infiltrado un detective. (Esta circunstancia la relatamos porque ya los directivos de la Democracia Radical y del grupo fascista Patria y Libertad recibieron la información correspondiente de parte de sus encopetados amigos). Este detective asistió al «atentado» contra la casa de Carlos Yarur. Aún más, detrás del auto Fiat 600, patente AZ-9, en el que se movilizaron los terroristas, viajaba un vehículo con policías civiles, con la orden de vigilar que todo se cumpliera normalmente. Por lo demás, este «atentado» se sabía con anticipación.

Este mismo detective acompañó a Luis Jaspard a una entrevista con el subsecretario del Interior, Juan Achurra. Pero no ingresó al despacho de Achurra. Tuvo que esperar afuera. A la salida de la entrevista, Jaspard le ordenó que se «olvidara de todo». En seguida, lo colocó de guardaespaldas de un pacífico diputado del PDC.

Paralelamente a estas maniobras, ha ido creciendo la indignación entre algunos oficiales de Carabineros que han comprobado cómo Investigaciones dejó escapar una magnífica oportunidad para esclarecer los atentados que costaron la vida a un uniformado y heridas graves a otro.

Veamos cualquier otro ejemplo: el de las torres de alta tensión (¿alguien le ha preguntado sobre estas cosas al destacado dirigente alessandrista Eduardo Boetsch?). Como se sabe, a los pies de una de ellas se encontró una camisa con sangre, un zapato y un calcetín prácticamente calcinados. Horas después llegó al hospital de Puente Alto un individuo horriblemente quemado. Ningún policía se preocupó de averiguar quién era, a pesar de que a Investigaciones se le hizo la denuncia correspondiente.

Otro oficial de Investigaciones supo que un individuo (vive en una localidad vecina a Santiago) realizaba preparativos para hacer estallar los gasógenos (es fácil imaginar la gravedad de tal atentado). Nadie lo ha detenido, ni siquiera interrogado. La preocupación de la policía llegó hasta insinuar a los cuidadores de los gasógenos que reforzaran las guardias. Horas más tarde, se producía el atentado al aeropuerto de Pudahuel.

A los jefes policiales se les ha denunciado, de una manera clara y evidente, algunos lugares donde las células ultraderechistas tienen depositados cargamentos de armas, especialmente metralletas. Nadie se ha preocupado de comprobar tales denuncias.

Si a todo lo anterior (y faltan numerosos antecedentes que enturbian aún más este sórdido cuadro) se agrega la «falta de méritos» del ministro Meersohn, es fácil colegir que no se está haciendo otra cosa que oxigenar la escalada terrorista de derecha. Y esto es más grave porque la policía civil ha sido informada de que esta escalada consulta secuestros de personeros de izquierda y atentados directos contra Allende. (Hay hasta una lista de militantes de la Unidad Popular que serán eliminados si estas maniobras no son abortadas a tiempo).

Tanto es así, que la escalada de bombas recrudeció desde el momento en que el trío de allegados a Julio Durán salió en libertad. Porque la ultraderecha comprobó que tenía el camino expedito para continuar adelante con su plan terrorista. La ciudadanía ha tenido ocasión sobrada para darse cuenta de que esto ha ocurrido en la forma en que se afirma.

Hasta el momento de despachar esta crónica, tal escalada criminal solo se encontraba en su fase preliminar: preparar el clima para una etapa más directa. Se esperaban, no obstante, estallidos de bombas en algunas ciudades de provincias. Inmediatamente después, la planificación de los «ultras» consulta los atentados personales (ya han ocurrido dos en contra del senador Aniceto Rodríguez), para terminar con el intento de asesinato del Dr. Allende, el recurso supremo para impedir que se concrete el triunfo popular.

Detrás de esto está la CIA, la cual opera con absoluta tranquilidad, mientras La Moneda hace la vista gorda. Nadie ha molestado a Mr. Patterson, por ejemplo. Nadie se ha preocupado de saber qué conexiones tiene un personaje de apellido alemán (exoficial de Ejército) que tiene las puertas abiertas en Famae, lugar donde pudieran estarse fabricando las bombas de «trotyl», un poderoso explosivo a base de trinitrotolueno, cuyo manejo exige muchos conocimientos técnicos y una gran destreza. Nadie ha «conversado» con el exteniente de artillería Leyva, ni con el exmayor Marshall ni con otros personajes que operaron en el Regimiento Tacna, a las órdenes de Viaux. Ni un solo funcionario policial ha sido enviado a investigar detrás del Club de Campo (Las Condes), donde se realizan prácticas de tiro, especialmente con metralletas, etc.

Solo está faltando que Investigaciones proporcione a los ultraderechistas sus propias placas y sus propios vehículos para que cumplan más fácilmente sus designios. Es por eso que muchos estiman que nos encontramos en el umbral de uno de los escándalos político-policiales más sórdidos que se recuerdan en la historia del país. Las responsabilidades se elevan hasta las más altas cumbres de la pirámide gubernativa, ya sea por acción o por omisión voluntaria, que de las dos maneras se cometen los delitos.

Capítulo 25

Terrorismo sin careta*

Observador

Un documento firmado por Luis Gárate, secretario general de «pobladores» del movimiento fascista Patria y Libertad, puso al desnudo las proyecciones del terrorismo derechista. En ese documento —escrito «por si me han asesinado o me han secuestrado para llevarme fuera del país»—, Gárate confiesa que Patria y Libertad, a través de numerosos grupos de acción, intentaba provocar una guerra civil y la subsecuente intervención extranjera para impedir que Allende se convirtiera en presidente de la República. La confesión de Gárate dice que la Agencia Central de Inteligencia (CIA) y la Interpol están mezcladas en la conspiración. Añade que el comandante en jefe del Ejército argentino, general Alejandro Lanusse, se mostraba de acuerdo en permitir la adquisición de armas en territorio de ese país y su tráfico clandestino hacia Chile por la frontera. El documento también menciona a dirigentes políticos del Partido Nacional y de la Democracia Radical, mezclados en el asunto, como asimismo a algunos diplomáticos chilenos en el exterior, concretamente al cónsul y segundo secretario de la embajada en Buenos Aires y al segundo secretario de la misión diplomática chilena en Panamá.

Este documento demuestra que el ámbito de la conspiración destinada a frustrar el triunfo electoral de la Unidad Popular desborda la actividad específica del abogado Pablo Rodríguez, jefe del movimiento Patria y Libertad, formado después del 4 de septiembre. Tanto el abogado Rodríguez como Gárate, su brazo derecho, son piezas importantes de la conspiración derechista, pero sobre ellos están políticos y financistas con buenas conexiones extranjeras.

---

*   *PF* n.º 116, 27 de octubre de 1970, pp. 5-7.

Muchos de los antecedentes reunidos por militantes de los partidos de la Unidad Popular y de organizaciones revolucionarias como el MIR, se orientan a probar lazos entre los grupos de acción y figuras políticas como el senador Julio Durán, de la Democracia Radical, Enrique Ortúzar Escobar, exministro de Alessandri, el exgeneral Roberto Viaux Marambio, etc.

La Democracia Radical, surgida de una escisión derechista en el PR, por ejemplo, aparece fuertemente implicada a través de su dirigente nacional, Leopoldo Brull, y de otros personeros que de una u otra forma se ligan con el senador Durán. Ha resultado sorprendente comprobar que la Democracia Radical está más metida en actividades terroristas que el propio Partido Nacional. Son militantes radicales derechistas, como Enrique Schilling, exsecretario privado de Durán, los que figuran con más profusión y dando muestras de mayor audacia entre los equipos organizados para sembrar el terror y provocar un caos interno que acarrearía una intervención extranjera. A través de políticos como Durán —que en 1964 mantuvo su candidatura presidencial a instancias del consejero político de la embajada yanqui, Joseph J. Jova—, los grupos fascistas se entroncan con asesores extranjeros y proveedores de armas y equipos, entre los cuales la CIA muestra sus huellas digitales. El propio senador Durán mantiene excelentes nexos con las embajadas de Estados Unidos, Brasil y Argentina, que pudieran ser utilizados por los «duros» de la derecha.

Los grupos terroristas ligados de una u otra forma a Patria y Libertad proyectaban —por su parte— lanzar una ofensiva de atentados a partir del 21 de octubre, aniversario del «Tacnazo». La mayoría de esos planes fueron develados por el MIR ese mismo día, luego de ponerlos en conocimiento de los más altos círculos de la Unidad Popular. No obstante, veinticuatro horas después, se concretó un atentado criminal contra el general René Schneider, comandante en jefe del Ejército, el que quedó gravemente herido, provocando esto que el gobierno demócrata-cristiano decretara el estado de emergencia en todo el país. La mano experta de la CIA volvió a quedar al descubierto en este atentado que conmovió al país y cuya finalidad indudable era empujar al Ejército, sordo ante las invitaciones golpistas, a interrumpir bruscamente el camino de Allende a la Presidencia de la República.

EL MIR logró infiltrar militantes suyos en algunos de los grupos ultraderechistas, lo cual —llegado el momento— le permitió hacer su espectacular denuncia de la semana pasada.

La paciente labor de investigación del MIR llevó a determinar que en un primer plano directivo aparecían algunos militares retirados, entre ellos Héctor Martínez Amaro, ex general de Ejército; Hugo Schmidt, ex teniente coronel, que se hacía llamar Hugo Guerrero; Manuel Mayorga, coronel en retiro; Eduardo Yáñez Zavala, general en retiro, exministro en la segunda administración de Ibáñez. Martínez Amaro ocupó altos cargos en el Ejército, incluyendo la dirección de la Academia de Guerra y la jefatura de la Primera División, con sede en Antofagasta. Ha hecho esfuerzos inútiles por constituir un partido nacionalista de derecha. Yáñez Zavala, que en su juventud fue campeón de equitación, es gerente de la Fábrica de Aluminio «Lirquén». Hugo Schmidt fue ayudante militar de Martínez Amaro y estuvo vinculado a la Línea Recta, una logia que actuaba en el Ejército.

Ligado a estas personas aparecía el abogado Pablo Rodríguez, jefe de Patria y Libertad, que en un acto público declaró que «no importan diez mil muertos si salvamos a Chile del comunismo». No obstante, el «hombre duro» de la organización presidida por Rodríguez es Luis Gárate, que actúa como jefe de operaciones de los grupos terroristas.

El atentado terrorista más espectacular, ya que se trataba de provocar la reacción de un país vecino, fue delineado para ejecutarse sobre el buque escuela argentino *Libertad*, que se encontraba de visita en Valparaíso. El barco estuvo abierto a los visitantes en el puerto. Uno de ellos colocaría una carga explosiva que sería accionada a control remoto, desde los muelles. El encargado de hacer detonar la carga era el oficial en retiro Arturo Contreras, un vendedor de juguetes que en Valparaíso forma parte de un llamado Comando «Carlos Condell». Contreras poseía una «chicharra», o sea un aparato capaz de hacer detonar explosivos a distancia mediante ondas radiales. Aseveró haberlo probado con una carga de bajo poder en un dique abandonado. El atentado contra el barco *Libertad* pretendía presentarse como un ataque de la Unidad Popular a la nave argentina, dando así pretexto para una reacción del vecino gobierno «gorila».

Estaban preparados diversos atentados contra las embajadas de Argentina y Brasil. Esto perseguía crear el clima propicio para una intervención extranjera. El general retirado Martínez Amaro, según estos antecedentes, iba a coordinar este tipo de acciones.

Los derechistas, simultáneamente, proyectaban provocar un golpe de Estado o, en su defecto, si no conseguían apoyo en las fuerzas armadas, un estado de caos y conmoción interna. Los comprometidos están organizados en «decurias» (grupos de diez personas); el jefe de cada grupo recibe órdenes de una dirección o mando central. De este depende un departamento de finanzas, un cuerpo de instructores y un cuerpo de relacionadores, destinados estos últimos a impedir que las «decurias» fuesen infiltradas. A nivel nacional estos grupos se coordinan en un consejo, al que tienen acceso todos los grupos terroristas, tanto los surgidos de la Democracia Radical como del Partido Nacional y de Patria y Libertad.

Algunos cajones con armas, instalados en el local de Patria y Libertad, fueron trasladados después de la breve detención de Schilling a un local del Movimiento Independiente Alessandrista (MIA), en Catedral 1900. Esas armas fueron llevadas a Melipilla y enseguida repartidas en la zona sur (Angol, Victoria, Los Ángeles, Temuco y Concepción). Algunas de esas armas fueron llevadas a Iván Olguín (Los Ángeles), Luis Norambuena (Victoria, Cooperativa Agrícola Lechera) y a Jaime Villa Correa (Temuco).

Los integrantes de las «decurias» iban a ser convocados con media hora de antelación a diversos puntos de Santiago, para lo cual debían acuartelarse en los días previos al 24 de octubre. Posteriormente, les entregarían un overol, un casco de acero, un corvo y una metralleta calibre 32, argentina. Algunos grupos se dirigirían, entonces, a las radios, canales de televisión y periódicos, y los restantes a rodear las poblaciones marginales. Estos últimos tenían como misión reprimir a sangre y fuego a los pobladores y obreros que se movilizaran para defender a la UP. Francotiradores se colocarían en edificios altos para tirotear a las masas que salieran a las calles. Otra parte del plan era dinamitar las plantas que abastecen a Santiago de energía eléctrica, volar los gasógenos y realizar sabotajes en plantas telefónicas.

Un capítulo especial del plan terrorista era la eliminación física de Allende. Para eso había sido seleccionado el mayor retirado Arturo Marshall, un tirador escogido, hombre de confianza de Viaux. Marshall fue detenido gracias a antecedentes recibidos por la Unidad Popular.

También había sido reclutado un equipo de pilotos civiles, amigos de Pablo Rodríguez, que utilizarían sus aviones para sobrevolar los campamentos y lanzar cargas explosivas. Las vidas de niños y mujeres parecían importarles un comino. También se planearon atentados con aviones a la casa de Allende.

El atentado criminal contra el general René Schneider, que provocó la declaración de estado de emergencia en el país, acuartelamiento de las tropas, cambios en la jefatura de la policía civil y que puso a Santiago bajo riguroso toque de queda, demostró la capacidad operativa de los grupos terroristas.

Expertos policiales coinciden en que un atentado como este solo es posible mediante una perfecta coordinación, adiestramiento, abundantes recursos y elementos técnicos que, al igual que experiencia, no se encuentran en Chile. Todo parece mostrar la actuación de la CIA entre los bastidores de este suceso repudiado por el país.

El atentado contra el general Schneider, dos días antes de la reunión del Congreso Pleno que ratificó a Allende como presidente electo, perseguía empujar a las fuerzas armadas a un golpe y crear suficiente conmoción interna como para favorecer un pronunciamiento militar.

Los antecedentes recogidos en grupos comprometidos en actividades de terrorismo indican que cundía la desesperación derechista ante la inutilidad de sus esfuerzos para embarcar a las fuerzas armadas en una aventura golpista.

El propio general Schneider fue duramente criticado, en el pasado reciente, por políticos derechistas como el senador Durán. Esto ocurrió a raíz de declaraciones de Schneider en el sentido de que el Ejército respetaría el proceso constitucional que culminó el 24 de octubre en el Congreso Pleno. Anteriormente, Schneider había sido atacado públicamente por Viaux y sus seguidores.

La eliminación del comandante en jefe del Ejército buscaba, por lo tanto, liquidar a un jefe militar que se oponía a cualquier acción que transgrediera la Constitución. Pero, a la vez, se pretendía enervar a las fuerzas armadas al punto de empujarlas a romper el esquema de normalidad en que se venía desarrollando la victoria popular de Allende.

Los jefes de los grupos terroristas se mostraron desalentados después de que el PDC acordó votar por Allende en el Congreso Pleno. Algunos de ellos dijeron que había llegado el momento de reemplazar la presión política de organismos como Patria y Libertad por la acción directa. Algunos de esos jefes confidenciaron que en caso de fallar el terrorismo, viajarían a Argentina para fortalecer en ese país una infraestructura organizativa, regresando clandestinamente a Chile para luchar contra el gobierno de la Unidad Popular mediante un programa de sabotajes y atentados. Cabe muy poca duda de que, respaldados por la CIA, esos elementos tratarán de cumplir sus amenazas antinacionales.

Esto, a su turno, demuestra lo que ya saben perfectamente vastos sectores de trabajadores. La conquista del poder para iniciar la construcción del socialismo no será nada fácil en Chile. Por el contrario, junto con la posibilidad de llevar adelante un programa de cambios económicos y sociales acelerados, dentro de circunstancias que son específicamente chilenas, se alza la ley general de todo proceso revolucionario: el inevitable enfrentamiento de clases antagónicas. Para ese choque deben prepararse los trabajadores, que en alguna medida pueden aplazarlo pero no evitarlo indefinidamente. Diferir el enfrentamiento es una táctica justa, siempre que el tiempo que se gane se emplee en fortalecer sin pausa las posiciones de los trabajadores y de sus partidos de vanguardia.

En este sentido conviene permanecer alertas a las tácticas que, a su vez, utiliza la reacción. La derecha usa las dos manos en su juego. Con una golpea sin reticencias, apelando incluso a los atentados personales. Con la otra, intenta tranquilizar y adormecer, mostrándose blanda y conforme con las alternativas del juego democrático en que hoy le toca perder. Pero esta segunda táctica, quizá más efectiva, no debe desconcertar al pueblo trabajador. Es solo un repliegue táctico de la derecha política y financiera. Persigue con ello infiltrarse en las posiciones de la izquierda y erosionar el ánimo combativo de los trabajadores, minar el camino que debe recorrer el nuevo gobierno y mellar el filo del programa que respalda el pueblo.

El imperialismo norteamericano, asimismo, juega a las dos manos de su socio criollo. Un volumen de casi mil millones de dólares en inversiones directas norteamericanas (*PF* n.º 114) es el caudal de excelente rendimiento anual que la CIA protege en Chile. Técnicos calculan en 2 o 3 años el plazo máximo para que, al ritmo actual de penetración, las industrias de bienes durables, de alimentos y de plásticos pasen a manos norteamericanas, como ya lo son el cobre, la petroquímica, las armadurías de vehículos, etc. Este proceso de absorción de nuestra economía por el imperialismo debe interrumpirse a partir del 4 de noviembre, para revertirlo en una progresiva nacionalización de esos puntos vitales del desarrollo chileno.

Esta situación inminente explica por qué el imperialismo yanqui es el principal interesado en impedir la instalación de un gobierno verdaderamente popular.

Una rica gama de posibilidades para impulsar el combate social liberador se abre en Chile. Estamos ciertos que ningún sector antiimperialista y partidario del socialismo podrá excluirse de asumir un compromiso total con ese proceso. Mucho menos podrá ser excluido contra su voluntad. Y esto, claramente, debe significar ocupar un puesto en la lucha. Lo cual es muy distinto a exigir participación en un banquete burocrático que solo puede desprestigiar a los comensales y, de paso, desalentar a las fuerzas de trabajadores que llevarán el peso principal del esfuerzo colectivo que se inicia.

Capítulo 26

Los sesenta días que conmovieron a Chile*

Observador

El miércoles 9 de septiembre, Jorge Alessandri abrió la puerta a una escalada de violencia de la que él logró zafarse en vísperas del asesinato del general René Schneider, comandante en jefe del Ejército. Cinco días después de la elección presidencial, en la que llegó segundo, Alessandri entregó una declaración cuya parte sustantiva era: «En el caso de ser elegido por el Congreso Pleno, renunciaría al cargo, lo que daría lugar a una nueva elección. Anticipo, desde luego, en forma categórica, que en ella yo no participaría por motivo alguno». O sea, quedaba cuestionada la mayoría relativa de Allende.

Esta declaración de Alessandri se mantuvo vigente hasta el 18 de octubre, el mismo día en que fue detenido el exmayor Arturo Marshall que ofreció resistencia a la policía y amenazó con hacer volar una carga de dinamita. Marshall, campeón chileno de tiro, tenía en su poder una pistola Star 7,65 mm y un rifle con mira telescópica. Su escondite en la calle Donnatello 7445, en Las Condes, fue descubierto por militantes del movimiento popular. Para reducirlo hubo que emplear bombas lacrimógenas, luego de que el militar retirado —que estaba prófugo— se negó a acatar la orden de arresto. Dijo que solo se entregaría si se lo ordenaba el general (r) Roberto Viaux Marambio, en quien reconocía a su jefe natural. Ni siquiera aceptó la sugerencia para entregarse pacíficamente que le hizo el coronel (r) Raúl Igualt, el influyente suegro de Viaux.

Viaux e Igualt estaban participando en la conjura que culminó con el asesinato del general Schneider, el 22 de octubre.

---

*   *PF* n.º 117, 10 de noviembre de 1970, pp. 2-5.

Es muy posible que Alessandri se haya enterado tarde de las proyecciones que iba tomando la conspiración derechista y en la cual participaban políticos que pertenecen tanto al alessandrismo como a los partidos Nacional, Democracia Radical y Demócrata Cristiano, además de algunos altos oficiales de las fuerzas armadas.

En beneficio del anciano expresidente de la República, se podría suponer que su responsabilidad en lo que ocurrió en los tensos sesenta días del 4 de septiembre al 3 de noviembre, en que Allende asumió la Primera Magistratura, es solo por omisión. Ciertamente Alessandri se vio estimulado desde la propia Moneda. La misma noche de las elecciones, el entonces ministro del Interior, Patricio Rojas, intentó hacerle creer que había ganado por leve diferencia. Posteriormente, Alessandri fue convencido de que Frei tenía el propósito de no entregar el gobierno a Allende. Esto abría camino a una «solución política»: robarse la elección en el Congreso Pleno e ir a una «segunda vuelta» en que un candidato demócrata-cristiano contaría con respaldo de la derecha. El 6 de septiembre, los dirigentes alessandristas encabezados por Enrique Ortúzar (acompañado por parlamentarios que después han aparecido envueltos en la conspiración terrorista, como los senadores Francisco Bulnes y Raúl Morales Adriazola) afirmaron que «el proceso electoral no ha terminado» y que la Constitución permite «a la opinión mayoritaria del país que aspira a seguir viviendo en libertad y rechaza el marxismo, hacer valer sus derechos».

La maquinación política sufrió, sin embargo, un duro traspié la misma noche de la elección presidencial. El candidato demócrata-cristiano, Radomiro Tomic, que llegó tercero, reconoció la victoria de Allende.

Distanciado de Frei —sus relaciones personales estaban deterioradas desde antes de las elecciones—, Tomic trazó anticipadamente una línea de conducta postelectoral. En una declaración del 14 de octubre, Tomic dijo que entre él y Allende hubo un acuerdo bautizado como «aclaración de intenciones» sobre una actitud recíproca, principalmente para la noche de la elección. «Convinimos —dijo Tomic— que una diferencia de más de 30 mil votos sería aceptable para reconocer pública y recíprocamente la primera mayoría relativa a quien la obtuviera en las urnas».

La actitud de Tomic, secundado por la Juventud Demócrata Cristiana, perforó la técnica del escamoteo que el propio Frei manejaba desde La

Moneda. La esperanza renació en el equipo derechista al inventarse una nueva martingala: exigir a Allende un estatuto constitucional de «garantías democráticas». La habilidad política del freísmo, en este caso, logró embarcar a todo el partido Demócrata Cristiano. Las exigencias, inicialmente estimadas desmesuradas o cuando menos vejatorias por la Unidad Popular, fueron finalmente aceptadas para quitarle puntos de sustentación al complot derechista que ya había saltado a primer plano.

Desde luego, la derecha sacó de la manga al abogado Pablo Rodríguez Grez y a su Movimiento Patria y Libertad, que se colocó en la primera línea de la ofensiva política: organizó mítines, manifestaciones de viudas inconsolables de la democracia frente a La Moneda, movió los resortes de la propaganda, etc. El 23 de septiembre en el Estadio Chile, el abogado Pablo Rodríguez abrió los fuegos contra las «garantías democráticas» solicitadas por el PDC. «Se dice —añadió— que nosotros la vamos a defender (la libertad) mediante un golpe de Estado. No es cierto, señores, la libertad no se va a defender con un golpe de Estado, la libertad se va a defender con un golpe de patriotismo, la libertad se va a defender con un golpe en que la juventud, en que los hombres, las mujeres y los trabajadores vamos a salir a las calles, vamos a ofrecer nuestras vidas, si ello fuera necesario, porque la libertad tiene que existir en Chile». Terminado el acto, el abogado Pablo Rodríguez se retiró al local de Patria y Libertad donde se adiestraban grupos en armar y desarmar metralletas y se entregaban instrucciones para el «día D», cuando esos grupos irían a rodear campamentos y poblaciones obreras de Santiago para ametrallar a los que marcharan a protestar contra el golpe de Estado.

La misma noche del 23 de septiembre, desde La Moneda el expresidente Frei jugó otra carta en el programa conspirativo. Puso a su ministro de Hacienda, Andrés Zaldívar Larraín, a hablar por una cadena de radio y televisión. Zaldívar pintó un cuadro caótico como resultado del triunfo de Allende. Según él «la situación económica, tanto desde el punto de vista de la producción como financiero, era normal y favorable hasta el 4 de septiembre pasado» (lo cual constituye una enorme mentira y una irrefutable prueba del cinismo de algunos hombres del gobierno pasado). Los datos manejados por Zaldívar señalaban que hasta el 14 de septiembre los depósitos en los bancos habían caído en alrededor de 920 millones de escudos, los retiros de fondos de las asociaciones de ahorro y préstamo alcanzaban a 340 millones de escudos, el Banco Central había entregado 780 millones de escudos para impedir la «paralización del país» mientras se giraban órdenes para imprimir montañas de billetes en el extranjero ya que las máquinas de la Casa de Moneda y Especies Valoradas no daban abasto, las ventas habían bajado verticalmente mientras se paralizaban industrias como la de la construcción, etc.

«Además de la emergencia originada por el retiro de dinero, el problema más serio que enfrenta la política económica de corto plazo —dijo Zaldívar— es la disminución de las inversiones, la contracción de la demanda y el cambio de su estructura, con el consiguiente incremento de la cesantía».

Zaldívar —él y su hermano Adolfo mantenían activa vinculación con los sectores golpistas— calificó su propia exposición de «clara y objetiva». Si bien es cierto que había preparado otra que era aún más terrorífica (la propia derecha aconsejó que no se diera a conocer por el pánico que afectaría a todos los sectores), la exposición de Andrés Zaldívar carecía de toda objetividad. Era un calculado acicate para que los golpistas ganaran terreno y fortalecieran sus posiciones en los niveles superiores de las fuerzas armadas.

A partir del discurso de Zaldívar recrudecen los atentados terroristas que en vano intentaban cargarse a la «ultraizquierda». Periódicos como *La Segunda* publicaban a grandes caracteres los comunicados de «organizaciones» creadas por la derecha, como la Brigada Obrero Campesina (BOC) que el 24 de septiembre aseguraba en ese diario «su firme decisión de defender el triunfo popular que elementos sediciosos de derecha pretenden desconocer» (*sic*). Más de veinte atentados dinamiteros (y unas treinta alarmas falsas) se registraron en Santiago en el lapso de un mes. El periodo más agudo fue la semana del 3 al 10 de octubre, en que ocurrieron veintiún atentados. El que pudo tener mayores consecuencias ocurrió en el aeropuerto de Pudahuel. El 27 de septiembre cayeron los primeros detenidos y la inspiración que los guiaba quedó al descubierto. Fueron atrapados Enrique Schilling Rojas, Luis González Gutiérrez y Luis Meza Llancapán, pero solo admitieron ser autores del autoatentado en casa del poderoso magnate Carlos Yarur Banna.

Schilling, relacionador público de una empresa constructora, era muy allegado al senador Julio Durán y, al igual que sus compañeros, pertenecía a la Democracia Radical. González Gutiérrez, además de colocar bombas, operaba en el negocio de embarcar familias a la Argentina en viajes relámpago para negociar después sus dólares en bolsa negra. Este sistema, restringido solo a mediados de octubre, ha despojado al país de no menos de 30 millones de dólares.

Estos eran los autores de los panfletos firmados por la BOC. Un revólver encontrado en poder de Schilling pudo haber sido utilizado en los atentados contra dos carabineros, uno de los cuales, Luis Fuentes Pineda, fue asesinado frente al domicilio del gobernador del Departamento Pedro Aguirre Cerda. El asesino se llevó la metralleta Carl Gustav, sueca, de ese policía. El otro atentado causó heridas graves a un carabinero que montaba guardia frente a la embajada de Gran Bretaña.

Sin embargo, Schilling y sus compañeros fueron puestos en libertad por el ministro de la Corte de Apelaciones, Abraham Meersohn, también militante de la Democracia Radical, al que tocó instruir el proceso. El 16 de octubre, aprovechando la indiferencia del gobierno, Schilling viajó a Mendoza, que amenaza convertirse en el Miami de los «gusanos» chilenos.

El 9 de octubre, Carabineros detuvo a los estudiantes Omar Robertson Rodríguez, Guido Poli Garaycochea (los dos, alumnos de la Escuela de Leyes de la Universidad Católica) y Mario Tapia Salazar (del Pedagógico de la «U»), que llevaban cuarenta y dos cartuchos de dinamita con detonantes tipo Tronek de 7 y 8 pulgadas, 9 detonadores de aluminio n.º 6 marca Danger, etc. Pensaban volar el puente de Avenida Matta con Viel que conecta la Carretera Panamericana. Según ellos, la dinamita les era entregada por un desconocido en el Café Paula. Simultáneamente era hallado un maletín con dinamita marca Dupont en la casa de un capitán de fragata en retiro, Eladio Arancibia. Al parecer en su casa se reunían los miembros de un grupo denominado Ofensiva Nacionalista. El capitán (r) Arancibia quedó en libertad incondicional por orden del ministro Meersohn. Pero su hijo, Enrique Arancibia Clavel, de 25 años, siguió escondido participando en el grupo de choque que rodeaba al general (r) Roberto Viaux. El mismo muchacho había sido detenido a principios de año, con motivo del complot del general (r) Horacio Gamboa Núñez, cuando repartía panfletos en el regimiento Buin.

En la semana del 11 al 18 de octubre, entretanto, se lograba detener al profesor de historia Hugo Torres Fernández, al chofer Alejandro Cabriolet Moya y al comerciante Abdul Maleck Taffer. Ellos habían colocado una bomba en la estación transmisora del Canal 9 de TV y en la Bolsa de Comercio. Posteriormente se detuvo a Silverio Villanueva, amigo del mayor (r) Arturo Marshall, y autor del atentado dinamitero contra los estanques de combustible del aeropuerto de Pudahuel. En todo caso, Villanueva fue puesto en libertad por el ministro Meersohn y a las pocas horas viajó a Miami en un vuelo regular de Aerolíneas Peruanas S.A. (APSA). Otro detenido, Efraín Santander, empleado de una firma importadora, que participó en el atentado contra la Bolsa de Comercio, también quedó en libertad por orden de Meersohn.

A estas alturas, el 9 de octubre, el Partido Nacional quiso deslindar responsabilidades en la creciente violencia que estaba presentándose y en la que aparecían comprometidos militantes suyos. «Los responsables de las actividades señaladas —dijo el PN— y quienes aparezcan instigándolas, deben ser severamente sancionados por las autoridades correspondientes; la impunidad en que muchas veces se les ha mantenido ha contribuido a alentar este tipo de actitudes».

La verdad es que en el interior del PN también comenzaban a darse contradicciones entre los que estaban por atizar un golpe de Estado, como el senador Francisco Bulnes Sanfuentes, por ejemplo, y los que preferían desarrollar una actividad estrictamente política que no los arrastrara a una violencia en la que no tenían seguridad de salir bien parados.

Entretanto, el diputado Héctor Campos salía en defensa de los «jóvenes de mi partido» (la Democracia Radical) cuya inocencia habría quedado probada ante el ministro Meersohn.

El entonces director general de Investigaciones, Luis Jaspard da Fonseca, por su parte, calificaba de «imbéciles» a los policías que habían expresado la hipótesis de que había elementos extranjeros, posiblemente de la CIA, asesorando a los terroristas y vinculados con altos personajes políticos. Una información aparecida el 7 de octubre en el vespertino *Última Hora* señalaba: «Interrogado un alto jefe de la Brigada de Homicidios sobre si ellos pedirían a los tres terroristas (Schilling, González y Meza) para ver si tenían implicancia en el crimen del carabinero Luis Fuentes Pineda, respondió: "¿Están locos? No, jamás nos atreveríamos a meternos en un forro tan grande"». Ante la insistencia de los periodistas de por qué tanto miedo, respondió: «Bueno, porque las relaciones de esta gente son demasiado encumbradas, además nos tirarían las orejas desde arriba con toda seguridad. Por otra parte, no queremos perder la pega».

En realidad, en todas partes se hacían sentir los «poderosos» que protegían el complot derechista. Otro amigo personal del senador Julio Durán, y también militante de la Democracia Radical, Carlos Aldunate Gajardo, administrador general del Correo Central, ordenaba quemar una carta dirigida a Bolivia y que presumiblemente era un contacto de la CIA.

Desde el exterior, entretanto, arreciaban las amenazas y presiones. El Banco de Exportación e Importación (Eximbank) anunciaba que había colocado a Chile en la lista de países de «peor riesgo». En la misma fecha, 16 de octubre, la Corporación de Inversiones Privadas en el Extranjero (CIPE), otro organismo del gobierno norteamericano, comunicaba que «no asegura más ninguna nueva inversión norteamericana en Chile». Por su parte, la Sociedad Interamericana de Prensa (SIP) se mostraba «alarmada» sobre el futuro de la «libertad de prensa» en Chile y decidía enviar una comisión investigadora, que ha sido rechazada por el Colegio de Periodistas de Chile, organismo que pidió al presidente Allende que no otorgue visas para esos agentes del imperialismo.

El presidente Richard Nixon, a su vez, aunque envió a la transmisión del mando al subsecretario de Estado Charles Meyer, se negaba a enviar a Allende el protocolar cable de congratulación, cuando fue designado en el Congreso.

La revista *Time* publicaba a su vez un amplio reportaje sobre Chile, auspiciando la intervención de países vecinos para frustrar el acceso al gobierno de la Unidad Popular.

El presidente del Senado, Tomás Pablo Elorza, a su turno, echaba leña al fuego en la Junta Nacional del PDC, en los primeros días de octubre, afirmando que el agregado militar chileno en Hungría había advertido que cuarenta expertos húngaros, que «hablan perfectamente el español», se dirigían a Chile como «técnicos en la guerrilla y la acción revolucionaria de campesinos, pobladores y gremialistas». Aunque el senador Pablo y demás íntimos de Frei, como el senador Juan de Dios Carmona, el exministro Zaldívar, el senador Juan Hamilton, el empresario Edmundo Pérez Zujovic, etc., se jugaron a fondo en la junta nacional del PDC por un rompimiento con la Unidad Popular, ella terminó con un acuerdo favorable, aunque sobre la base del estatuto de «garantías democráticas».

No obstante, Alessandri esperó hasta el 19 de octubre para anular su posición anterior respecto a posibilitar una «segunda vuelta», pidiendo ahora que no se votara por su nombre en el Congreso Pleno del 24 de octubre. Su gesto pierde contenido democrático si se toma en cuenta que ya para el 19 de octubre era de común conocimiento en los círculos políticos bien informados que se preparaba un golpe de Estado que estallaría antes del 24. No es de extrañar que Alessandri, aunque anciano, se diera cuenta de lo que se estaba gestando en los círculos que él frecuenta. Tuvo la habilidad, sin embargo, de tomar una decisión que le permitió desentenderse por completo de lo que estaba ocurriendo en el trasfondo político. De hecho, ya no estaba dirigido a favorecer su ambición de poder político. Esta vez la sórdida corriente derechista se encaminaba directamente hacia el golpe militar. Para ello, poco antes, habían conseguido deshacerse del comandante en jefe de la Marina, almirante Fernando Porta Angulo, que fue discretamente removido por su renuncia a participar en el golpe. Falló una operación similar con el general René Schneider Chereau, comandante en jefe del Ejército, y eso lo condenó a muerte. La imposibilidad de sacar del medio por una maniobra politiquera a ese jefe militar, que se mantenía enérgico en su opinión de respetar la Constitución, llevó a los golpistas, alentados desde las sombras por la CIA, a proyectar un secuestro que, considerado lo que debía ocurrir posteriormente, terminaría necesariamente con el asesinato del general Schneider. Una separata con toda clase de antecedentes sobre los móviles y los implicados en el criminal atentado contra el general Schneider, elaborada por el MIR, cuyo trabajo de infiltración e inteligencia dentro de los grupos derechistas ha resultado decisivo, nos releva de comentar aquí más a fondo este hecho —el más importante de cuantos ocurrieron en estos sesenta días.

Solo cabe añadir a ese respecto que el *Washington Post* reveló que los contactos de su corresponsal en Santiago permitían afirmar que en el complot de que formaba parte el atentado contra Schneider, figuraban mezcladas altas personalidades del gobierno demócrata-cristiano. Esta versión, reproducida por *El Mercurio*, no motivó aclaración alguna de los funcionarios del gobierno que acaba de terminar.

No obstante lo ocurrido en estos sesenta días, Allende pudo el 3 de noviembre terciarse la banda presidencial. Su gobierno, el de la Unidad Popular, abre un ancho camino de posibilidades revolucionarias. La realización del programa se plantea ahora como la tarea central, porque de su aplicación depende, también, que los obreros, campesinos y estudiantes den al nuevo gobierno la base de sustentación indispensable para afrontar la conspiración de la derecha y del imperialismo.

En los dos meses que fueron del 4 de septiembre al 3 de noviembre, la derecha (incluida la derecha demócrata-cristiana que responde a Frei) hizo un serio amago de frustrar la victoria electoral de la Unidad Popular. Los sectores más moderados de esa derecha se contentaron con establecer una serie de condiciones para entregar el gobierno a quien lo había ganado ciñéndose a las propias reglas de la democracia burguesa. El PDC sacó ventajas netas para trabajar en lo inmediato por asegurarse la representación del conjunto de la oposición al gobierno de la Unidad Popular. Ese partido, mientras obtenía «garantías democráticas», aprovechó para comprar diarios y radios, como la cadena Sociedad Periodística del Sur (SOPESUR), que incluye cuatro diarios, encabezados por *La Prensa,* en Santiago, una cadena en el norte y numerosas emisoras, además de consolidar posiciones en la TV chilena mediante una ley tramitada a parejas con las «garantías» y, en eso, con el apoyo parlamentario del Partido Nacional.

No hay razón alguna para imaginar que la reacción interna y el imperialismo van a declararse derrotados, solo porque les falló el plan ejecutado en estos últimos sesenta días.

La resistencia derechista y los planes siniestros de la CIA van a continuar adelante. Esos sectores se harán ahora todavía más peligrosos, en la misma medida en que el nuevo gobierno ponga en práctica su programa y vaya ganando y consolidando apoyo popular.

La enseñanza de estos sesenta días de tensión e inquietud no puede ser otra que la de organizar y preparar a los obreros, campesinos y estudiantes para los momentos difíciles que vienen, y para los enfrentamientos de clase inevitables que se producen en todo país que, como Chile, ha decidido empezar la construcción del socialismo.

Capítulo 27

El MIR denuncia a los verdaderos culpables del asesinato del general Schneider*

Movimiento de Izquierda Revolucionaria (MIR)

El 4 de septiembre comenzó para muchos un periodo de festejos del triunfo obtenido por la izquierda en la elección presidencial. Nosotros, desde mayo de este año, veníamos sosteniendo que ante la posibilidad del triunfo electoral de la izquierda se formalizaría un *impasse* entre los trabajadores por una parte, y los dueños del poder y la riqueza por la otra, que solo sería resuelto mediante un enfrentamiento.

En septiembre y en octubre señalamos que el lapso entre el 4 de septiembre y el 3 de noviembre, o sea convertir en gobierno la mayoría electoral, era una tarea enormemente difícil, plagada de agresiones y conspiraciones de derecha, que solo la movilización de las masas y la vigilancia revolucionaria podrían detener. Más aún, lo dijimos entonces y lo reiteramos ahora, convertir el gobierno de izquierda en poder para los trabajadores es una tarea que solo podrá ser cumplida por obreros y campesinos movilizados, preparados política y militarmente para el inevitable enfrentamiento de clases que sobrevendrá.

Durante el periodo que terminó el pasado tres de noviembre, otras fuerzas políticas de izquierda nos criticaron por decir esto. Prefirieron decirle al pueblo que ya todo estaba conquistado, lo desmovilizaron, solo lo condujeron al festejo de la mayoría electoral, y no lo armaron para la conquista del gobierno del pueblo.

Lo que en mayo denunciamos en términos teóricos como enfrentamiento, tuvo en estos dos últimos meses su forma concreta, evidenciando los primeros intentos de las clases dominantes, anunciando la envergadura,

* «Documentos». Suplemento de la edición de *PF* n.° 117, 10 de noviembre de 1970.

inescrupulosidad y certeza del enfrentamiento que se avecina: intento de autogolpe, decenas de bombas, intento de genocidio, provocaciones internacionales, asesinato. El enfrentamiento tiene nombres, apellidos, respaldo político concreto nacional e internacional, y continúa latente.

Como ya lo hemos afirmado, si bien nosotros no realizaríamos actividades electorales propiamente tales desde mayo, también dijimos que pondríamos todos nuestros esfuerzos en la defensa de un triunfo electoral de la izquierda. Así lo hicimos.

En silencioso y paciente trabajo, nuestra organización dedicó sus esfuerzos a seguir los pasos de la derecha, a conocer sus líderes, su organización, sus planes, sus locales y vehículos, y en lo posible a desbaratar sus intentos.

A mediados de octubre nuestro trabajo comenzó a dar sus frutos. Conocimos los planes concretos y las fechas precisas de ellos. Mantuvimos informado a quien en la Unidad Popular mejor podía operar con esta información. El miércoles 21 a las seis de la mañana, tuvimos la certeza de que se planeaban para la madrugada del día siguiente provocaciones que originarían condiciones para un golpe de Estado. En la medida en que el gobierno y todo su aparato policial sabían de estos planes, quiénes los realizarían, sus nombres y direcciones, y nada hacían, decidimos denunciar públicamente parte de esa información, como una forma de desbaratarlos, y así obligar al gobierno a actuar.

Con el fin de no precipitar los acontecimientos limitamos la información solo a los grupos civiles y a los oficiales retirados implicados en la conspiración. Por ello no mencionamos entonces a personeros del gobierno ni a militares en servicio activo. Dimos en esa oportunidad a Viaux y su grupo como parte importante de la conspiración, sus ligazones con el grupo Patria y Libertad, con el PN, con los movimientos alessandristas, el CID y otros; señalamos las provocaciones internacionales que planeaban e informamos de sus dementes planes de bombardeo de la Moneda Chica, la Población 26 de Enero, puentes, caminos, etc. Dijimos que todas estas provocaciones buscaban crear las condiciones para un golpe de Estado, que la fecha original fue el 21 de octubre, pero que luego se postergó para el día 22 (hubo un intento anterior el día 18). Así lo publicamos en prensa, radio y TV.

A las diez de la mañana del 21, nosotros hicimos nuestra denuncia pública. A raíz de ella, en la tarde de ese mismo día, se entregaba a la policía

Luis Gárate, secretario general de Patria y Libertad, denunciado por nosotros como uno de los implicados. En su confesión a la policía confirmó todo lo dicho por nosotros antes: bombardeos con aviones civiles, sabotajes a servicios públicos (adjuntamos un croquis hecho por él mismo, hoy en manos de la policía, de los lugares que se planeaba atacar). Implicó en su confesión al grupo Viaux, a organizaciones civiles de derecha, a oficiales retirados y en servicio activo, a importantes personeros de gobierno y a la Central de Inteligencia Americana (CIA).[1]

A las diez de la noche del mismo día 21, el gobierno, presionado por nuestra denuncia y por la confesión de Gárate, se vio obligado a allanar el local de Patria y Libertad en calle Santo Domingo. Avisados antes por el gobierno, el allanamiento encontró el local vacío. Se había desbaratado una parte de la conspiración de derecha.

A las 8:19 a.m. del día 22, se producía el atentado contra el comandante en jefe del Ejército, que no había sido pesquisado por nosotros. Esta provocación era otra de las partes de la conspiración derechista que tenía también por objetivo servir de detonante para el clima que originaría un golpe de Estado en la tarde.

Solo ahora, constituido ya el gobierno de izquierda, podemos aportar nuevas informaciones acerca de los planes de la derecha y sus cabezas, a pesar de que no podremos tampoco entregar toda la información que obra en nuestras manos. Intentaremos demostrar que la conspiración no está ni mucho menos desbaratada, que las cabezas principales, nacionales y extranjeras, no han sido ni denunciadas ni detenidas, que solo han sido denunciados los grupos menores, relacionados directamente con el asesinato mismo,

---

1   El día domingo 1ro., en el programa *A tres bandas* de Canal 7, el ministro del Interior del pasado gobierno, Patricio Rojas, se permitió insinuar que Luis Gárate era un «infiltrado de un grupo de izquierda», intentando así descalificar la confesión de Gárate. Lo que no dijo el exministro es que en el texto original de la confesión de Gárate a la policía, figuraba como uno de los principales implicados el propio Patricio Rojas, lo que indignó al ex señor ministro y le valió un violento altercado con Luis Jaspard y René Carrasco, en esos días director y subdirector de Investigaciones. Esto ocurrió el día miércoles 21 en la tarde en su oficina, incidente que terminó con la escandalosa e ilegal medida de eliminar de la confesión de Gárate el párrafo que implicaba al exencargado del orden y la ley en Chile. No es extraño el interés del señor Rojas en descalificar la confesión de Gárate y las denuncias que el MIR ha entregado. *[N. del A.].*

pero que la organización y las personas fundamentales de ella están intactas, preparando su contraofensiva.

La conspiración comienza

La noche del cuatro de septiembre, mientras en la Alameda frente al local de la FECH la izquierda celebraba su reciente victoria, en La Moneda un grupo de personeros de gobierno intentaba convencer a Eduardo Frei de que diera como vencedor a Jorge Alessandri. Frei vacilaba. En la misma noche, Patricio Rojas, ministro del Interior, detenía la entrega oficial de los cómputos y simultáneamente informaba por teléfono a Jorge Alessandri que él era el triunfador por un estrecho margen de votos. El encargado de desilusionar al candidato de la derecha, también por vía telefónica, fue Sergio Onofre Jarpa, quien le señaló que en realidad perdía por un margen aproximado a los cuarenta mil votos.

Poco después, Julio Durán, Francisco Bulnes, Raúl Morales Adriazola y Enrique Ortúzar le redactaban una declaración a Jorge Alessandri en la que este lanzaba una segunda carta al tapete: el desconocimiento del triunfo de la izquierda ofreciendo una segunda vuelta electoral.

Al mismo tiempo, en La Moneda se planificaba un autogolpe: Andrés Zaldívar debía pronunciar un discurso en el que alertaba al país de los peligros que se cernían «sobre la democracia», dar una imagen de caos y conmover directamente a las fuerzas armadas. El discurso sería seguido por la renuncia a sus cargos en forma simultánea de los ministros del Interior, Patricio Rojas; de Hacienda, Andrés Zaldívar; de Economía, Carlos Figueroa; y un cuarto. La crisis ministerial debía llevar a la constitución de un gabinete militar, lo que rápidamente desembocaría en un autogolpe de Estado.

Además de los personeros de gobierno implicados en este intento, eran piezas fundamentales los senadores Francisco Bulnes Sanfuentes y Julio Durán Neumann. Bulnes fue el enlace entre el gobierno y la derecha y el encargado de frenar las vacilaciones iniciales de algunos sectores del Partido Nacional. Cuando fue necesario avalar fehacientemente que importantes sectores del Ejecutivo estaban dispuestos a emplearse en este plan, era llevado a estas reuniones, como representante de ese sector del gobierno, el ministro de Hacienda, Andrés Zaldívar.

Paralelamente se buscaba crear un clima favorable para el desarrollo de este tipo de maniobra: corrida financiera, caos económico, terrorismo ideológico y ruptura de la normalidad a base de una secuencia de atentados y bombas que se trataba de atribuir a la izquierda. Aquí aparecen públicamente implicados militantes del Partido Nacional, de la Democracia Radical, el industrial Carlos Yarur y miembros del naciente Patria y Libertad.

Sin embargo, todos estos primeros intentos fracasan al no encontrar condiciones objetivas que les favorezcan: las fuerzas armadas no cuentan con su tradicional monolitismo y homogeneidad, e importantes sectores rechazan estos caminos; algunos sectores de la derecha vacilan y la Democracia Cristiana se divide entre los que desean precipitar desde ya el golpe de Estado y los que prefieren amarrar al gobierno de la UP, desprestigiarlo previamente y después derribarlo. Objetivamente, el clima predominante es de normalidad y de *fairplay*.

El fracaso de estos primeros intentos del mes de septiembre hace evidente a los ojos de la derecha tradicional, importantes sectores del gobierno, de la Democracia Cristiana y del imperialismo, que cualquiera de sus intentos de impedir que Allende asuma el poder tendrá que pasar por hechos que permitan, en primer lugar, arrastrar a las fuerzas armadas en su conjunto a un golpe de Estado, romper el clima de normalidad prevaleciente y aglutinar a las clases dominantes. Esta nueva estrategia será la predominante en el mes de octubre y tendrá como principio básico la necesidad de llevar a cabo provocaciones de gran envergadura, cualquiera sea el medio a utilizar.

Los golpistas de septiembre y los asesinos de octubre

Si bien dentro de las fuerzas armadas (incluido Carabineros) la situación era confusa, desde el principio hubo sectores decididamente partidarios del golpe militar. Estos buscaron la conexión con grupos de ultraderecha, que posteriormente aparecieron gravemente implicados en el atentado contra el general Schneider.

En Avenida Príncipe de Gales, frente al Grange School, una semana después de conocerse el resultado de las elecciones, a las nueve y media de la noche, comenzaba una importante reunión. El primero en llegar en un Ford Falcon color crema fue el general en retiro Roberto Viaux Marambio (preso por el atentado a Schneider). Junto a él iban sus dos cuñados, Raúl Igualt Ossa y Jorge Arce Brahams, este último conducía el coche de su propiedad (ambos también presos). Asistieron también el general director de Carabineros, Vicente Huerta Celis (libre aún), y tres altos oficiales representantes de las distintas ramas de las fuerzas armadas. Todos llegaron vestidos de civil; un contralmirante, en un automóvil marca Chevy color azul, con radio; otro de la Fuerza Aérea, en un Chevy verde claro; y un general de ejército a pie. La reunión se prolongó por dos horas y treinta minutos. Durante este lapso los cuñados de Roberto Viaux Marambio se instalaron en el jardín montando guardia.

La misma casa de calle Príncipe de Gales, frente al Grange, pocos días después fue centro de reunión de las mismas personas. Esta vez faltaba uno de los oficiales, mientras el general Vicente Huerta Celis llegaba en un Mercedes Benz de color azul y patente diplomática, vestido de civil, conduciendo personalmente y sin apartarse de los labios un puro. En estas reuniones se estudiaron las posibilidades de llevar a cabo un golpe militar y las dificultades que este plan contemplaba, llegándose a la conclusión de que la fecha para el golpe militar tenía que ser anterior al 24 de octubre, día en que el Congreso debía pronunciarse sobre la elección presidencial. Estas reuniones son las que Roberto Viaux Marambio (detenido por su implicancia en el asesinato al general Schneider) emplea posteriormente como elementos de chantaje para intentar conseguir garantías para su persona.

Estas reuniones entre Viaux y militares en servicio activo fueron planeadas pocos días antes en casa de Julio Fontecilla, también familiar del general en retiro Roberto Viaux Marambio, en una entrevista a la que además asistían el coronel Raúl Igualt, suegro de Viaux, y Jorge Arce.

Pero no solo a reuniones con el general Viaux asistía el conocido ex director general de Carabineros, Vicente Huerta Celis. Desde junio y durante los dos meses siguientes, el exjefe de la policía uniformada fue un asiduo participante en reuniones que se realizaban a la hora de comida en un restaurant de calle Alonso Ovalle. Además del jefe uniformado asistía a las reuniones-comidas un agente de la CIA estrechamente vinculado al senador Julio Durán, militante de la Democracia Radical de la Décima Comuna, y otro conocido representante de esta agencia extranjera en Chile, el prefecto Francisco Aceval Cid (exjefe de la Policía Política cuando los interrogatorios policiales llevaron a Magaly Honorato al suicidio).

La conspiración en marcha

En la primera semana de octubre se realiza una reunión en casa de Julio Fontecilla Rojas, ubicada en Diagonal Oriente, a pocos metros de la residencia de Roberto Viaux. A ella asistieron Jorge Arce, Julio Bouchón Sepúlveda (actualmente preso por su participación en el asesinato al general Schneider) y el abogado Guillermo Carey Tagle. Este último es hijo de Guillermo Carey Bustamante, uno de los vicepresidentes internacionales de la compañía norteamericana Anaconda que explota el yacimiento de Chuquicamata, y es, evidentemente, un personero de absoluta confianza de los intereses norteamericanos en nuestro país. A esa casa también ingresó mientras la reunión se realizaba León Cosmelli Pereira (hoy también detenido por su implicancia en el atentado al general Schneider).

La conversación tenía por objeto que Julio Fontecilla informara sobre la compra de quinientas metralletas en Buenos Aires, que la operación estaba financiada y que Bouchón debía encargarse del traslado aéreo de ellas a Santiago. Bouchón, dueño de un Pipper Azteca y de un Bonanza, planteó que el cargamento era demasiado voluminoso para su pequeño avión, acordándose entonces que se alquilaría en Buenos Aires un avión más grande para el traslado de las armas. El costo del flete correría por cuenta de la misma persona que pagaría las armas.

Al día siguiente se realizó una segunda reunión, esta vez en el tercer piso del Hotel Crillón, entre José Olalquiaga, quien se hospedaba allí, Jorge Arce, Julio Bouchón y el senador de la Democracia Radical, Raúl Morales Adriazola. Cuando Arce y Bouchón ingresaron a la habitación, Olalquiaga y Morales Adriazola ya se encontraban reunidos. En la conversación el senador Morales Adriazola manifestó ser él quien poseía los contactos necesarios en Argentina para la adquisición de las quinientas metralletas y Olalquiaga hizo notar con insistencia que él era la persona que financiaría la operación. José Olalquiaga se presentó siempre como un chileno que residía desde hace varios años en un país extranjero y que se sentía en la obligación de contribuir con su aporte para evitar que el país «cayese en manos del marxismo».

Durante la reunión, Morales Adriazola realizó dos llamadas telefónicas, conversando acerca de si se podría contar «con la mercadería»; media hora más tarde ingresaba al departamento un hombre de unos cincuenta años, de acento argentino, el que conversó a solas con el senador de la Democracia

Radical en una salita anexa del mismo departamento. Hacia el fin de la entrevista se acordó que Julio Bouchón Sepúlveda y José Olalquiaga viajaran al día siguiente a Buenos Aires en el Pipper Azteca del primero para ver más de cerca la posibilidad de la compra y traslado de las armas, y para aprovechar el conocimiento de armas que tenía Bouchón, que verificaría su calidad.

Julio Bouchón Sepúlveda es un ingeniero agrónomo de 28 años, casado con Teresa Lyon Rosas, que explota la viña Pedehue, de San Fernando. Su padre es propietario de los mayores y más ricos fundos ganaderos de la provincia de Colchagua y además personalmente es propietario de dos aviones. Fue reclutado para la conspiración por Julio Fontecilla, asegurándole que para todo esto se contaba con el visto bueno de altos jefes de las fuerzas armadas y Carabineros.

Pese a que entre la hora de término de la reunión y la salida hacia Buenos Aires mediaban pocas horas, Bouchón viajó ese mismo día en su avión a San Fernando, acompañado de León Cosmelli (hoy detenido, hijo de un exintendente de Aysén durante el gobierno de Jorge Alessandri y propietario de inmensos predios agrícolas colindantes con Argentina). De regreso a la mañana siguiente, trajo como pasajero al mismo Cosmelli y a un capitán de Carabineros de apellido Calís, miembro del Servicio de Inteligencia de Carabineros.

Apenas aterrizados en Cerrillos, fue Cosmelli el encargado de gestionar la autorización para el vuelo a Buenos Aires, y poco después llegaron al aeropuerto el senador Raúl Morales Adriazola, Jorge Arce, José Olalquiaga y su esposa. A mediodía despegaron rumbo a la capital argentina, pero dos horas después tuvieron que retornar debido a que dificultades climatéricas impedían el paso de aviones pequeños sobre la cordillera. De nuevo en Santiago, Bouchón y Olalquiaga llamaron al senador Morales Adriazola, acordando viajar al vecino país en el primer avión comercial que fuera posible. Bouchón intentó infructuosamente conseguir los pasajes en Aerolíneas Argentinas; ante esa situación fue el propio Morales Adriazola el encargado de realizar varios llamados telefónicos, afirmando que uno de ellos había sido a la embajada argentina en Santiago, donde le resolvieron el problema entregándole dos pasajes en Aerolíneas, uno a nombre del propio Morales Adriazola y el otro a nombre de Olalquiaga. Al día siguiente el mismo senador Morales llevó en su Continental azul y despidió desde Pudahuel a Bouchón y Olalquiaga, planteándoles el senador de la Democracia Radical a los viajeros la posibilidad de internar granadas de gas paralizante para llevar a cabo secuestros de personas, a las que en ese momento no identificó. Sin embargo, fue Julio Fontecilla el que mostró más tarde a Viaux, al coronel Igualt, a Roberto Vinet, Bouchón y León Cosmelli, un tubo de *spray* con gas paralizante de fabricación norteamericana, que tenía la leyenda «*only use for police. USA*».

El senador Morales no solo se relaciona con la compra de armas en la Argentina. Además, era el encargado de hacer los contactos con una misteriosa organización de Panamá que enviaría un avión con armas a Chile, el que aterrizaría en el fundo «San José» de Marchigüe, el que incluso fue visitado por varios de ellos. Más aún, fue Morales Adriazola quien apareció en Marchigüe en los primeros días de octubre, acompañado de Andrés Widow Antoncich, exoficial de la Marina, conocido por los demás implicados por su fría decisión para ejecutar cualquier acción criminal (Widow es buscado como uno de los principales implicados en el asesinato del general Schneider).

Otras ramas de la conspiración

A comienzos de octubre, un día domingo llegaron hasta una casa ubicada en El Arrayán, propiedad de Wolfgang Müller, aproximadamente a las siete de la tarde, una camioneta Ford 57 color verde, un Taunus cuatro puertas color blanco y un Volkswagen rojo. Desde los tres vehículos descendieron el coronel en retiro Hugo Smith, exjefe del Servicio de Inteligencia Militar, quien se hacía llamar Hugo Guerrero; un muchacho rubio, alto, a quien presentó como su hijo; un oficial de Carabineros en servicio activo; un vendedor de automóviles quien se hizo llamar Germán; el militante del Partido Nacional, Patricio Mondaca, y miembro del grupo ultraderechista CID (Centro de Instrucción Democrática),[2] quienes junto al dueño de casa, un anciano arquitecto, iniciaron una reunión que se prolongó casi por una hora.

---

[2]   CID (Centro de Instrucción Democrática), grupo menor en formación. Propósitos: grupo civil de ultraderecha.

Nómina de miembros más destacados:

Eduardo Errázuriz, 33 años. Presidente provincial de la juventud del Partido Nacional.

Alex Garat, 24 años. Militante del Partido Nacional, 3ra. comuna.

Patricio Mondaca, 24 años. Secretario en el departamento electoral del Partido Nacional. Exinfante de Marina, exfuncionario de Investigaciones.

Después de que el oficial de Carabineros mostró a los concurrentes una serie de fotos de supuestos arsenales del MIR, el coronel Hugo Smith desarrolló un esbozo de lo que sería la estrategia de la conspiración. Afirmó que la democracia estaba en peligro, que era necesario combatir el marxismo, que se daría un golpe de Estado, que detrás de todo esto estaban miembros del alto mando de las fuerzas armadas y Carabineros, además del general retirado Roberto Viaux, y que esto se impulsaría pocos días antes de la reunión del Congreso Pleno. Que los civiles debían organizarse, recibir adiestramiento militar, estar alertas los últimos diez días de octubre para ser avisados, después acuartelarse en regimientos de la Guarnición de Santiago, donde serían disfrazados de militares, armados con metralletas argentinas calibre 32, compradas en el vecino país, y luego llevados a rodear las poblaciones marginales para asaltar los «centros miristas y de la UP» y reprimir la movilización de los pobladores.

Simultáneamente se realizarían acciones de sabotaje en servicios de utilidad pública y en las diversas vías de comunicación. La radio y la televisión transmitirían en cadena con «la radio del Ejército». A esta primera reunión siguieron varias otras, en las que siempre el enlace con los grupos más importantes fue el coronel retirado Hugo Smith. El tema fue en la mayoría de las ocasiones el atraso en la llegada de las armas desde Argentina, sin embargo a mediados de octubre, en el segundo piso de Patria y Libertad, aproximadamente a las seis de la tarde, un grupo de diecisiete personas recibió del que aparecía como hijo de Hugo Smith instrucción en arme y desarme de una metralleta. Simultáneamente se iniciaba la organización de los grupos civiles en las llamadas «decurias» (secciones con diez hombres cada una). Smith y su gente periódicamente se referían a la participación de altos oficiales de las fuerzas armadas, del grupo Viaux, de la cooperación del Servicio de Inteligencia de Carabineros y de algunos miembros de Investigaciones.

Jorge Undurraga, 25 años. Fue coordinador del Movimiento Independiente Alessandrista.

Hugo Muñoz, secretario de la oficina del departamento electoral del primer distrito del PN.

Rolando Álvarez, militante del Partido Nacional.

Jaime Gilberto Maldonado, 38 años, exsecretario de Juan Enrique Prieto, jefe electoral del 1er. distrito de Santiago. [*N. del A.*].

El reclutamiento se hacía especialmente orientado hacia gente que tuviera instrucción militar, como el caso de Melgoza, exagente de Investigaciones; Widow, exoficial de Marina; Mondaca, exinfante de Marina, con seis meses de estudios en la Escuela Técnica de Investigaciones.

El domingo 18 a las seis de la tarde, en una de las oficinas del primer piso del local de Patria y Libertad, de Santo Domingo, al llegar a Mac-Iver, el secretario general, Luis Gárate, exponía un demente plan que consistía en bombardear desde aviones civiles, con dinamita, túneles, puentes, poblaciones, universidades, Moneda Chica, etc., para lo que disponía de un grupo de pilotos civiles, a la vez que ordenaba incendiar su propio local. Todo esto fue confirmado posteriormente en su confesión a la policía.

Alrededor del 15 de octubre en el segundo piso del local de Patria y Libertad, en una reunión de uno de los grupos de ultraderecha, Rafael Peñailillo y Mario Huerta informaron del atentado que se planeaba hacer el día 21 de octubre contra el barco argentino *Libertad*, el que se encontraba atracado en Valparaíso y que recibiría el mismo 21 la visita de Eduardo Frei. Dos días más tarde, un oficial de Ejército retirado regresaba de Valparaíso informando contar con depurados medios técnicos para hacer detonar cargas en el puerto y de su trabajo en el Comando «Carlos Condell», que reunía a oficiales en servicio activo de la Marina y algunos ya retirados de las filas.

Todos estos grupos, civiles y uniformados, se encuentran interrelacionados. Sus nombres y planes se repiten en las reuniones de Patria y Libertad, en el grupo Viaux, en el grupo descubierto a Schilling, en el NECH (que será el que concretará el atentado al general Schneider), en los restos del Movimiento Independiente Alessandrista y en varios nuevos grupos en formación, como el CID, etc. Así los pilotos civiles, los oficiales retirados, los altos oficiales en servicio activo, los «operativos», Melgoza, Huerta, Widow, Izquierdo, Mondaca; los cerebros Viaux, Smith, Martínez Amaro; los financistas Yarur, Olalquiaga; los respaldos políticos: Durán, Morales Adriazola, Pablo Rodríguez e incluso exministros de Estado; los planes como provocaciones de punto de partida y golpe de Estado como meta; las armas argentinas, etc., se entrecruzan y repiten dando forma a una vasta conspiración. Una de las pruebas más palpables de esta interrelación queda al descubierto cuando el exintendente de Aysén, Atilio Cosmelli Esteva, y su hijo asilaron en su casa y, posteriormente, sacaron de Santiago a Enrique Arancibia Clavel, estudiante universitario de 25 años. En la casa de la familia Arancibia se encontró, a comienzos de octubre, una maleta con dinamita marca Dupont, la que era distribuida entre los grupos de derecha encargados de los atentados terroristas a Pudahuel, Canal 9 de TV, Bolsa de Comercio, etc. Cosmelli aparece posteriormente implicado en el asesinato del general Schneider.

Se prepara un asesinato

Como ya hemos señalado, derrotado Alessandri, fracasados los intentos iniciales a nivel de gobierno y de Partido Nacional de arrastrar a las fuerzas armadas a un golpe de Estado, demostrado también que las bombas de la derecha no eran capaces por sí solas de crear el clima propicio al golpe, surge la necesidad de elaborar una estrategia que tenga como punto de partida provocaciones de mayor envergadura, capaces de crear condiciones necesarias para un golpe de Estado.

En las distintas reuniones de personeros políticos y de gobierno, de altos oficiales en retiro y servicio activo, se planearon secuestros y atentados como posibles operaciones para ser atribuidas a la izquierda, especialmente a nuestra organización. La fecha propuesta para estas provocaciones fue siempre antes del 24 de octubre.

Uno de los grupos encargados de llevar a cabo las provocaciones más importantes fue el grupo de Roberto Viaux Marambio. Según las conversaciones llevadas por Viaux en varias oportunidades con su grupo, el general Schneider no era partidario en el alto mando de un golpe de Estado, y los conspiradores buscaban hacer presión para hacerlo renunciar. Viaux afirmaba que con el apoyo de otros miembros del alto mando de las fuerzas armadas y Carabineros, e incluso con la cooperación del ministro de Defensa, se presionaría para obtener la renuncia del comandante en jefe del Ejército. Como prueba de la factibilidad de conseguir esto, Viaux explicaba cómo el almirante Porta Angulo había sido obligado a renunciar a partir del pretexto de una entrevista de algunos jefes de la Marina con Allende. En primera instancia este aparecía como el camino más fácil para eliminar a Schneider. Sin embargo, el mismo Viaux desde un comienzo les anunció a sus más íntimos que en caso de fracasar la renuncia de Schneider, tendría que usarse un procedimiento más drástico: se le secuestraría y se le sacaría de Santiago para provocar un golpe de Estado. En los hechos este propósito desembocó en el asesinato del comandante en jefe del Ejército.

El plan original, según Roberto Viaux le informó a Robert Vinet Llamanzares (35 años, ingeniero agrónomo, dueño del fundo Ontario, hoy detenido por su implicancia en el atentado contra el general Schneider), contemplaba el secuestro de Schneider desde su domicilio, donde se contaría con el beneplácito de Carabineros que había disminuido la dotación de la guardia a solo dos policías, los que tenían instrucciones de dejarse reducir, y contando además con la colaboración de un ordenanza de la casa de Schneider. Solo en las últimas horas los planes debieron ser cambiados y se determinó que el rapto se hiciera en la calle, a pocas cuadras de la residencia, aunque siempre en los planes aparecía un secuestro y no un asesinato.

El grupo que lideraba Viaux, encargado de esta operación por «superiores», estaba constituido en su parte más íntima por los familiares del general: su suegro y tres cuñados (coronel Igualt, Arce, Fontecilla e Igualt, hijo), todos detenidos. Este círculo se ampliaba en un primer lugar a los dueños de fundo Robert Vinet, Julio Bouchón, el abogado Gustavo Valenzuela (fundador del grupo No Entreguemos a Chile, NECH); Guillermo Carey Tagle (hijo de un ejecutivo de Anaconda); León Cosmelli (hijo del exintendente de Aysén), y Manuel Bulnes Sanfuentes, exministro de Defensa y hermano del senador Francisco Bulnes. Los encargados de la parte operativa, muchos de ellos ya detenidos y otros buscados, eran los hermanos Melgoza, el hijo de Manuel Bulnes, Andrés Widow, los hermanos Izquierdo, Carlos Silva Donoso, Dávila, Labarca, Contreras y otros.

El general Viaux a todos ellos en distintas oportunidades les infundía ánimos informándoles que contaba con el respaldo de los senadores Francisco Bulnes y Raúl Morales Adriazola (Nacional y Democracia Radical), de algunos ministros de Estado y de todo el alto mando de las fuerzas armadas y Carabineros, con excepción del general Schneider.

Las posibilidades de secuestro las planteaba a principios de octubre el senador Morales Adriazola a Bouchón, encargándole la compra de gas paralizante. Con posterioridad el general Viaux le informó a su grupo de íntimos la necesidad del secuestro como última salida para «sacar a Schneider del medio». Después el general Viaux alertó al teniente Carrera, del regimiento Húsares, de Angol, informándole del secuestro ante Roberto Vinet; por último, Julio Fontecilla encargó a Bouchón que se consiguiera dos autos para llevar a cabo el planeado secuestro del general Schneider.

Pocos días antes del atentado, Roberto Viaux se conecta con distintas unidades que según él le darían el apoyo para un golpe militar. A través de Vinet se conecta con oficiales de unidades de Malleco y Cautín, y a través del senador Francisco Bulnes con un general con asiento en la zona sur del país.

Comienzan los preparativos concretos para el atentado; se planifica y ensaya el secuestro en la calle Soria, se detalla el traslado del general Schneider hasta un predio agrícola en la zona central, y luego se entra a conseguir los automóviles necesarios para realizar la operación. Esta parte se desarrolla aceleradamente el día 21 y queda a cargo de Fontecilla, Bouchón, Cosmelli y Vinet (dos Peugeot, un Dodge Dart, etc.), e incluso del propio general Viaux, el que se consigue un *jeep* en un servicentro cercano. Las llaves de los vehículos fueron entregadas en la noche del mismo 21 al coronel Raúl Igualt en el domicilio del general Roberto Viaux, en Diagonal Oriente 1410. Luego de recibir las llaves de parte de León Cosmelli y Julio Bouchón, el coronel retirado les pidió que no se preocuparan y que para evitar problemas, en el caso de que los hubiera, dieran aviso a la policía de que sus vehículos habían sido robados.

A los pocos minutos de abandonar la casa de Diagonal Oriente los proveedores de vehículos, el propio coronel Igualt, y su yerno, se encargaron de entregar las llaves al equipo que realizaría la operación rapto. Los detalles de la operación misma han sido ya difundidos por la prensa. Juan Luis Bulnes, Andrés Widow, José Jaime Melgoza y los hermanos Izquierdo son los encargados de terminar con la vida del general Schneider. Mientras la operación se desarrolla, en la madrugada del 22 de octubre, el general Roberto Viaux y el coronel Igualt esperan nerviosamente el resultado en un departamento de calle Los Leones número 80.

Entretanto el resto de los conjurados preparaban sus coartadas y organizaban la huida de los familiares de los implicados al extranjero, ante la posibilidad de dificultades, buscando para ellos aviones civiles o pasajes en las líneas aéreas que llevan hasta Mendoza.

La operación fue planificada, en su forma, para ser atribuida a las organizaciones revolucionarias de izquierda. En realidad, no se planeó para resistir una investigación posterior. Se contaba con que el golpe de Estado se produciría en las horas siguientes y no habría investigación ninguna: no se usó maquillaje en la operación, no se cambian las patentes de los vehículos, no se evitan las huellas digitales, y no existe ninguna medida seria para esconder a los implicados si son perseguidos posteriormente. Solo a última hora comienzan a esconderse, a elaborar coartadas, a huir al extranjero, a denunciar robos de vehículos, enfermedades, etc. Ello explica por qué posteriormente también muchos de ellos van a ser fácilmente detenidos.

El secuestro, sin embargo, fracasa al transformarse en asesinato en el curso de la operación. La izquierda revolucionaria no puede ser implicada en la medida en que horas antes ha denunciado parte de la conspiración e incluso la fecha en que esta debía comenzar.

Después del asesinato

El general Schneider agonizó por días. Muchos de los conspiradores son los primeros en ir a manifestar su «dolor» y «condolencia». Se declaró el estado de emergencia y el toque de queda. Las fuerzas armadas controlaron la ciudad por las noches. Una de las primeras exigencias del alto mando fue controlar las investigaciones acerca del asesinato y exigieron la dirección general de Investigaciones. Fue nombrado el general en retiro Emilio Cheyre, un ex agregado militar en Estados Unidos y coordinador en ese momento de los servicios de Inteligencia de las tres ramas de las fuerzas armadas. Se demoró casi cinco días en asumir el subdirector de Investigaciones, Eduardo Paredes, militante socialista. Se cerró toda información a la prensa. Se rumoreó entre periodistas que se iniciaría una represión al MIR «para compensar». Solo se investigó y detuvo a los implicados directa y materialmente en el asesinato. No se denunció ni detuvo a todas las vastas ramas de la conspiración en el gobierno, las fuerzas armadas y personeros del Partido Nacional y de la Democracia Radical. Es más, cuando fue detenido Pablo Rodríguez de Patria y Libertad, fue rápidamente dejado en libertad. De hecho, el «secreto del sumario» sirvió de manto de protección al resto de los conspiradores. Solo a cinco días de iniciada la investigación, cuando ya era una evidencia pública, Juan Achurra, exsubsecretario del Interior, se atrevió a insinuar que en su «opinión personal, parece que se trata de un atentado de la derecha». Solo la implicancia directa y evidente de Juan Luis Bulnes, sobrino de Francisco

Bulnes, y su búsqueda, rompió la imagen «apolítica» de la investigación. El curso de la investigación fue siempre presentado como que cuando se llegó a Viaux, se estaba terminando con los «instigadores» y la investigación estaba «casi concluida».

A pesar de todo surgió el desconcierto y el temor en los grupos conspirativos de derecha, especialmente los que quedaron al descubierto. Cayeron algunos, huyeron unos pocos, se escondieron muchos y la mayoría fue protegida por la forma en que se llevó la investigación. Pasado el desconcierto inicial, focalizada la investigación y al acercarse la fecha en que Allende asumió la Presidencia, se vuelven a activar los grupos de derecha: reaparecen en sus locales, comienzan otra vez las reuniones, toman algunas medidas extras de seguridad y vuelven a comenzar los planes e intentos a corto plazo, que no se alcanzan a concretar, y predominan los planes a más largo plazo.

Entre otros, se activa un grupo que se reúne en calle Bandera n.° 341, donde asisten el exsubdirector de Investigaciones, Eduardo Zúñiga Pacheco, Adolfo Zaldívar, hermano del exministro de Hacienda; Andrés Zaldívar, Eduardo Díaz, ex demócrata-cristiano muy allegado a Pérez Zujovic; Jorge Varela, director del departamento internacional del PDC; Juan Luis Ossa Bulnes, dirigente del Partido Nacional, y otros. Estas reuniones las denunciamos el 29 de octubre en el diario *Última Hora*, y el 19 de noviembre la dirección nacional del PDC «rechazó enérgicamente» nuestra denuncia y recordó a la UP el cumplimiento de las «garantías constitucionales», en declaración pública. Si lo que la DC solicita es garantías para que sus militantes puedan conspirar, que se dé por notificada de que al menos el MIR no se las concede. Y que sí nos autoconcedemos garantías para seguir investigando, denunciando y desbaratando todo tipo de conspiraciones antipopulares.

El 3 de noviembre asumió la Presidencia de la República Salvador Allende. En el acto en el Salón de Honor del Congreso, varios de los conspiradores más importantes, implicados directa e indirectamente en el atentado al general Schneider, vestidos de frac o de uniformes, sonriendo se pasearon frente a la televisión, aplaudieron e incluso entonaron el Himno Nacional. La que han denominado «lección de democracia» que Chile ha dado al mundo en este proceso electoral, no ha sido más que una mala aplicación de las lecciones que ya dio la clase dominante norteamericana después del asesinato de John F. Kennedy: la impunidad para asesinar.

La estrategia: de la provocación al golpe de estado

En todo lo anterior se aprecia un aparente desorden incomprensible de grupos, personas, planes y acciones. Se repiten los nombres y las direcciones, coinciden los planes y los motivos, se entrecruzan las organizaciones y sus dirigentes, etc. En realidad, el desorden es solo aparente; distintos grupos cumplen distintas funciones, existen diferentes niveles y las partes entran a funcionar en distintas etapas del plan de la vasta conspiración reaccionaria ante la que nos encontramos.

Como dijéramos en septiembre, derrotados Alessandri y Tomic, las clases dominantes sufrieron un repliegue táctico y no pudieron golpear de inmediato y con suficiente fuerza a la izquierda victoriosa en la elección. Se encontraron sin líderes, sin un clima favorable a sus intenciones, sin banderas, al menos de apariencia legítima, y no pudiendo disponer de la oficialidad y la tropa de las fuerzas armadas a su amaño. Pero, como también dijéramos, su repliegue táctico no debía confundirse con su derrota estratégica: se pusieron manos a la obra tratando de crear las condiciones favorables para sus reaccionarios propósitos.

En primer lugar, buscaron nuevos líderes y así levantaron artificialmente al abogadillo Pablo Rodríguez y le financiaron la creación de Patria y Libertad; a la vez que levantaban también como futuro líder a Eduardo Frei. Luego buscaron romper el clima de normalidad a través de la corrida financiera, el sabotaje económico, la presión internacional, la instrumentalización de cualquier paso dado por la izquierda revolucionaria (aquí ayudados generosamente por el sectarismo de algunos grupos de la UP), y también impulsaron la serie de atentados dinamiteros que quisieron atribuir a la izquierda revolucionaria.

A pesar de todo lo anterior, se les hizo evidente la necesidad de llevar a cabo provocaciones de mayor envergadura, que en horas fueran capaces de romper el clima de normalidad, entregar banderas a los reaccionarios y que fueran capaces de arrastrar a las fuerzas armadas en su conjunto a la toma del poder. Las provocaciones tenían que darse para cumplir su objetivo alrededor de una «lesión a la soberanía nacional», que las fuerzas armadas son las encargadas de velar, o en relación a una agresión a la «integridad» y «dignidad» de las fuerzas armadas mismas. De aquí nace la idea de la provocación internacional, como la del atentado al barco argentino *Libertad* y también la del secuestro del general René Schneider.

El secuestro del general René Schneider iba a constituir el punto de partida de una cadena de movimientos que finalizarían en un golpe de Estado. Por la forma de ejecución y con la colaboración de ciertos personeros y prensa, sería atribuido a la «extrema izquierda». Esta parte operativa inicial del plan estaba a cargo del grupo del general Roberto Viaux. A partir del secuestro, se declararía el estado de sitio y el control de la prensa y radio, a la vez que se reprimiría duramente a la izquierda revolucionaria. Las fuerzas armadas y Carabineros tomarían el control del país. La concreción de esta parte del plan estaba a cargo de algunas autoridades del pasado gobierno demócrata-cristiano.

Dada esa situación, se daría comienzo a una serie de provocaciones, como atentados, sabotajes, «bombardeo» de poblaciones y provocando enfrentamientos entre grupos de civiles armados, disfrazados de militares, y pobladores. Esta parte del plan estaba a cargo de los grupos civiles conspirativos que antes señalábamos.

Finalmente, en horas y creada ya esa situación en el país, se arrastraría a las fuerzas armadas a dar un golpe militar para «poner orden», defender «la democracia» y salvar «la dignidad» de las fuerzas armadas. No puede descartarse que el plan contemplara la búsqueda de vinculaciones entre la izquierda revolucionaria, acusada de ser responsable del secuestro, y la Unidad Popular. Todo el plan se desarrollaba en horas, una etapa originaba la posterior, y se trataba de sumir en el total desconcierto a las masas, las que solo horas más tarde debían caer en cuenta de que un golpe de Estado reaccionario se había consumado en Chile.

El verdadero cerebro de todo esto evidentemente era la Agencia Central de Inteligencia americana (CIA). La forma de planificación y trabajo recuerda métodos similares a los usados, por ejemplo, en Indonesia, donde aparentando dar un contragolpe militar para defender la democracia de un golpe que supuestamente planeaba la izquierda, pudieron derribar al presidente Sukarno con relativa facilidad y desde allí abrir una de las más sanguinarias represiones de que se tiene conocimiento en los últimos años.

Los implicados más importantes, directa o indirectamente, fueron autoridades del pasado gobierno, dirigentes y senadores del Partido Nacional y la Democracia Radical, y algunos sectores del PDC. A un nivel inferior operaban Viaux y su grupo, Pablo Rodríguez y Patria y Libertad, y el resto de las organizaciones alessandristas. En el plano de meros instrumentos y ejecutores operativos estaban los grupos como el NECH (No Entreguemos a Chile), que consumó el atentado a René Schneider; el grupo de Schilling (de la Democracia Radical, que llevó a cabo varios atentados dinamiteros); Graco, CID, etc. La investigación hasta aquí solo ha profundizado en el último y penúltimo nivel, dejando intactas e íntegras las partes más importantes de la conspiración, que lógicamente ya prepara su contraofensiva a mediano plazo. Serán esos mismos dirigentes políticos, industriales y autoridades los que continuarán conspirando, persistirán en sus propósitos y, con la experiencia adquirida, prepararán contraofensivas que no serán fáciles de desbaratar. Entendemos que debe esperarse el momento político oportuno para combatirlos, pero cumplimos con informar al pueblo quiénes son sus enemigos, lo que se proponen, y así ayudamos a prepararlo para los futuros embates que con certeza intentará la reacción.

El plan fracasó fundamentalmente a raíz de la transformación del secuestro en asesinato en el curso de la operación. Ello creó desconcierto, alteró los planes, creó repudio nacional, hizo retroceder a los vacilantes, etc. También contribuyeron a su fracaso las denuncias que la izquierda venía haciendo de algunos planes de la derecha y nuestra denuncia el día anterior, dando la fecha de comienzo de su ofensiva y parte de sus planes, denuncia que hizo imposible toda atribución del atentado a la izquierda revolucionaria, al quedar al descubierto el origen reaccionario del atentado.

A pesar del fracaso de sus primitivos planes, inmediatamente después del atentado todavía algunos sectores reaccionarios no abandonaban las esperanzas de poder retomar la iniciativa y continuar adelante el plan. Así se explica la demora oficial en denunciar el carácter reaccionario del atentado, los intentos iniciales de censura a la prensa de izquierda y de represión a la izquierda revolucionaria.

Se anuncia el enfrentamiento

En los primeros días de octubre dijimos: «Debe establecerse claramente la enorme diferencia que existe entre un repliegue político momentáneo de las clases dominantes, y una derrota estratégica de estas, que está muy lejos de haberse producido. Está intacto el aparato del Estado, su aparato militar y su cuerpo burocrático, están intactos todavía sus poderosos intereses económicos, la superestructura legal y jurídica del sistema está aún vigente, y el imperialismo no está atado de manos, y permanece fuerte y poderoso a la expectativa. No se dan por vencidos y sus distintos sectores ensayan diferentes estrategias que les permitan a corto y mediano plazo mantener su poder y riqueza. En la medida en que estamos ciertos de que las clases dominantes no cederán gratuitamente sus privilegios, el triunfo electoral ha asegurado legitimidad y carácter masivo al enfrentamiento de clases que será previo a la conquista del poder por los trabajadores».

En la medida en que para nosotros el asesinato de Schneider, los atentados y las conspiraciones de la derecha han sido solo pequeñas muestras de la decisión e inescrupulosidad con que las clases dominantes se disponen a defender su poder y riqueza, todo lo anterior ha confirmado lo dicho previamente.

Para nosotros existe un largo y difícil trecho entre constituir un gobierno de izquierda y alcanzar la meta del socialismo y la conquista efectiva del poder para los trabajadores. Si el camino que convirtió una mayoría electoral en gobierno de izquierda fue difícil y envolvió un asesinato, decenas de bombas, fuga de capitales, crisis financiera, etc., el camino que va desde un gobierno de izquierda hasta la conquista del poder por los trabajadores recién comienza, es inmensamente más difícil y envuelve la certeza de un enfrentamiento armado entre las clases, al que no se debe temer, pero que se debe medir en su envergadura y preparar su mejor encaramiento por las masas y las organizaciones de izquierda. Esta cuestión fundamental es la que debe definir la política esencial de las organizaciones revolucionarias en este periodo.

El periodo que terminó al asumir la presidencia Salvador Allende, por un lado, mostró claramente que lo que algunos anunciaban en términos teóricos como enfrentamiento, tiene hoy nombres, apellidos y, por lo menos de un lado, fuerza y evidencia e inescrupulosidad. Por otro lado para las masas ha sido la lección más rica de los últimos años. Han conocido la realidad de la «democracia representativa» y a los «repúblicos y patriotas» representantes de las clases dominantes en toda su sanguinaria decisión para defender sus privilegios.

Se abre un nuevo periodo en el que las aspiraciones de las masas se encuentran formalizadas en el gobierno de izquierda actual, pero en el que la fuerza, el poder y la riqueza aún están en manos del imperialismo, la burguesía industrial, financiera y agraria. Ahora más que antes la estrategia predominante de las clases dominantes para impedir ese camino hacia la conquista del poder por los trabajadores será la de la Democracia Cristiana y la del amarre del gobierno de la UP a la maraña de triquiñuelas y trámites de la legalidad vigente, vigilando su cumplimiento por medio de las fuerzas armadas; provocando un sabotaje económico que lleve a aumentar la inflación y la cesantía y después tratando de arrastrar a las fuerzas armadas a «salvar la patria». Entonces se intentará derribar a un ya desprestigiado gobierno de la UP mediante el desprestigio histórico del socialismo en América Latina. Los sectores que previamente no aceptaron este camino y trataron de precipitar un golpe de Estado, después de su fracaso, buscarán cruzar su estrategia con esta.

Creemos que el pueblo debe conocer a sus enemigos, debe prepararse para conquistar lo que aspira, debe movilizarse por sus reivindicaciones y no esperar pasivamente que se resuelvan sus problemas. Todo el poder institucional alcanzado el 3 de noviembre no vale un décimo de las fuerzas que es capaz de desarrollar un pueblo que conoce a sus enemigos y sus propios intereses, que se moviliza y prepara para combatir contra quienes lo explotan. Por último, solo ello asegura el curso revolucionario y socialista del actual gobierno de izquierda.

Si desde antes de las elecciones, en mayo y en agosto, y después de ellas, en septiembre y en octubre, dijimos que colocaríamos nuestros esfuerzos en la defensa del triunfo de la izquierda, sin pretender ser los únicos, lo hicimos en la medida de nuestras fuerzas. Creemos que en esta lucha contra las conspiraciones de derecha y en la preparación para el enfrentamiento que se avecina, la izquierda revolucionaria tiene un importante papel que cumplir, y lo cumplirá.

Asumido ya el gobierno por Allende, reiteramos lo dicho en octubre: «Habremos de observar objetivamente el proceso, con el socialismo como única meta, entendiendo que nuestras posibilidades de apoyo u oposición a lo que la UP realice no significarán desviaciones oportunistas nuestras, en la medida en que tenemos claros nuestros objetivos y nuestro camino. Por incorporarnos al proceso que la UP conduce, corremos el riesgo de ayudar a sepultar en el desprestigio el camino del socialismo en Chile y en América Latina, si sus vacilaciones priman sobre sus avances y el proceso se frena. No obstante una oposición purista y ciega puede aislarnos de un proceso que, pasando por un enfrentamiento de clases históricamente significativo, pueda ser el inicio del camino al socialismo».

La tarea es transformar un gobierno de izquierda en la conquista del poder por los trabajadores, y empujar el camino hacia el socialismo. Lo haremos ayudando a preparar al pueblo para que encare en mejores condiciones el enfrentamiento que se avecina, combatiremos y denunciaremos las conspiraciones reaccionarias y empujaremos la realización y profundización de las medidas fundamentales del programa.

Capítulo 28

Habla hijo de Schneider*

Carmen Correa M.

Mi padre era un obstáculo para los reaccionarios...

Pasadas las primeras horas de angustia y tensión que sobrevinieron a la muerte del comandante en jefe del Ejército, general René Schneider Chereau, ha quedado ante la opinión pública una idea clara: el general Schneider fue asesinado por la derecha, en un intento por impedir que asumiera el gobierno la coalición de izquierda que ganó las elecciones.

Se han hecho algunos análisis de lo ocurrido. Pero interesa especialmente el que presentamos aquí, porque quien lo hace es el hijo mayor del general Schneider, René Schneider Arce. Tiene 28 años y es egresado de la Escuela de Periodismo de la Universidad Católica. Trabaja en el Canal 7 de Televisión, donde se desempeña como director-productor. Las respuestas a este breve cuestionario tienen, entonces, validez de documento. Su análisis comienza así:

«Creo que la sociedad capitalista vive sobre la base del egoísmo individualista y del atropello de las grandes mayorías por unos pocos privilegiados. Esto engendra las terribles injusticias que todos conocemos, y genera lo que se ha llamado la violencia institucionalizada. Pero más aún, este sistema, después de siglos de pervivencia, se ha secado humanamente, espiritualmente; ya nada positivo tiene que aportar al hombre. Su única forma de expresión es la violencia, ya no solo institucionalizada, sino clara y definidamente sanguinaria. Para reconocer esto basta mirar hacia el norte: en la nación prototipo del capitalismo, Estados Unidos, cada hombre pareciera tener permiso para matar. Para descubrir esto no es necesario

---

*   «Documentos». Suplemento de la edición de *PF* n.º 117, 10 de noviembre de 1970.

viajar a ese país: basta encender nuestros aparatos de televisión. En los países latinoamericanos, económica y culturalmente dependientes, con organizaciones sociales calcadas de la norteamericana, esas influencias nefastas se hacen sentir, sin lugar a dudas.

»En uno de esos países, mi padre fue comandante en jefe del Ejército en un momento crucial: un movimiento popular que plantea cambios básicos de nuestro sistema social había triunfado respetando la Constitución y la ley. El Ejército chileno tiene una tradición muy distinta a la de otros países latinoamericanos: acepta, teórica y prácticamente, las reglas constitucionales que la nación se ha dado y, más aún, vigila que estas se cumplan. Creo que en esto hay una actitud digna, de increíble valor y significado para lo que Chile es y será. Pero hay algo más. Mi padre, el comandante en jefe del Ejército chileno, no solo era un soldado consciente de esta doctrina, sino que era un hombre muy grande, convencido de que ese respeto a la Constitución debería llevarse adelante, más allá de cualquier eventualidad. Sus ideas no se vendían ni se transaban, su rectitud era algo increíble en tiempos en que todo lo humano puede ser canjeado por dinero. A esto hay que agregar que era un hombre generoso, extraordinariamente fino en el trato a sus subalternos, con excepcional sentido de la justicia, consecuente en su vida íntima con sus ideas hasta en los más mínimos detalles; era un hombre inteligente y culto y, sobre todo, con los ojos muy abiertos frente al momento que le tocaba vivir. Esto hacía que la realidad social chilena no fuera extraña a sus preocupaciones. Sobre el carácter y la vida de mi padre habría muchísimo que decir… Quizá una frase de un chofer militar que sirvió con él varios años lo resumiría en parte: "Mi general era la persona más humana que he conocido".

»"Humano"… Esa es la palabra. Pero esta es una palabra extraña para los señores acostumbrados a los beneficios del dinero, extraña para quienes el sistema social les permitió tener todo y no luchar por nada, extraña para los dueños de Chile, que hablan de la patria sin haber sufrido jamás a la patria en carne propia, extraña para quienes creen que la ley rige mientras favorezca sus intereses mezquinos. Ellos no podían concebir que las fuerzas armadas chilenas, en una situación crítica para sus privilegios, se iban a mantener firmes en defensa de la legalidad vigente. A ellos les parecía inaceptable que el jefe del Ejército sostuviera la doctrina de su institución hasta las últimas consecuencias. Ellos, los dueños de Chile y sostenedores de la violencia, los que ya nada tienen que decir ni hacer en este país, tenían que reaccionar así: matando a un hombre que, por todo lo aquí expuesto, era un importante obstáculo para sus despreciables intereses».

Si está Ud. identificado con una ideología política de izquierda, ¿cómo fue su proceso para llegar a ella? En otras palabras, ¿cómo explica esa transformación, tomando en cuenta que proviene de una familia burguesa y que su padre era militar?

Estoy identificado con una ideología política de izquierda y, desde hace poco tiempo, soy premilitante del MAPU. Mi evolución, que fue más bien una revolución personal, coincidió con la de otras personas de mi generación y de mi medio universitario. Hace algunos años abrí los ojos y me encontré con mi país, Latinoamérica, con Vietnam, con las luchas sociales, con hombres que daban su vida combatiendo por una nueva sociedad; por otro lado, me encontré con el rotundo fracaso del reformismo para solucionar la injusticia y la explotación del hombre. A esto hay que agregar cierto tipo de lectura y un desprecio casi innato por los seudovalores que sostienen nuestras actuales relaciones humanas y sociales: una moral hipócrita que en la práctica se rige por el dinero, por el prestigio vacío, por los privilegios comprados o heredados; una cultura y una economía controladas desde los grandes centros de poder extranjeros. Este proceso se desarrolló en mí libremente, y en la conquista de esa libertad debo agradecer, en primer lugar, a mi padre. De allí a un compromiso militante había solo un paso.

Hace poco declaró Ud. que, si bien su padre no estaba de acuerdo con sus ideas progresistas, reconocía que el proceso hacia el socialismo era inevitable. ¿Podría ampliar esa idea?

Dije que aunque mi padre no compartía mis ideas, comprendía lo que está sucediendo en Chile y en el mundo. Estaba consciente de la época de grandes cambios en que vivía. Mi padre tenía un espíritu extraordinariamente joven, lo que le permitía estar abierto a las nuevas ideas. Algo admirable era escucharlo hablar sobre sus planes para cuando se retirara del Ejército… Pensaba en la posibilidad de entrar a la universidad y, a su edad, comenzar a estudiar otras cosas; él quería estar presente en el Chile del futuro.

¿Cuál es su opinión sobre el triunfo de la UP?

Es un primer paso y una gran esperanza para todos los que anhelamos un sistema social que se sustente no en el egoísmo, sino en la solidaridad humana, en el trabajo mancomunado, en los valores auténticamente nacionales, que permita nuestra efectiva independencia económica y cultural. No he estado ni estaré ausente de esta lucha.

¿Qué opina de la Revolución Cubana?

La Revolución Cubana es un ejemplo admirable para América y el mundo; su presencia es una esperanza que alegra. En Chile debemos ver a Cuba como una experiencia aleccionadora, pero teniendo muy presentes nuestras diferencias históricas y culturales; lo que hay que hacer aquí, por lo tanto, debe ser auténticamente chileno. Somos distintos, pero debemos marchar unidos.

¿Por qué eligió la profesión del periodismo?

Porque me interesa lo que está detrás de cada acontecimiento diario, y porque creo que esta es una profesión que permite crear conciencia de nuestra realidad en el pueblo. Aunque no ejerzo directamente la profesión, mi trabajo está, en cierta medida, relacionado con ella.

Capítulo 29

El complot está vivo*

SH

La investigación del asesinato del general René Schneider alcanzó nueva dimensión la semana pasada. A grandes trazos, se confirmó lo aseverado por el MIR en la separata que incluyó *PF* n.° 117, edición agotada por el público en pocas horas. Varios de los personajes allí aludidos como participantes en la conspiración que tramó la derecha y manipuló la CIA para impedir el ascenso al gobierno del presidente Allende, pasaron a ocupar las primeras planas de los periódicos que todavía se ocupan del caso. La prensa derechista, obviamente, se ha desentendido del asunto, relegándolo a un discreto segundo plano, con lo cual la derecha no hace sino confirmar su responsabilidad en el asesinato del comandante en jefe del Ejército.

El general (r) Roberto Viaux Marambio y sus cómplices siguen repartidos en celdas de la Penitenciaría y de la Cárcel Pública. Entretanto, el fiscal militar Fernando Lyon Salcedo —respaldado por el actual comandante en jefe del Ejército, general Carlos Prats González— tomó diversas medidas que causaron conmoción. Entre ellas figuró el interrogatorio del ex director general de Carabineros, Vicente Huerta Celis.

Huerta Celis —que transformó al ahora eliminado Grupo Móvil de Carabineros en una feroz arma represiva del pasado gobierno— fue un hombre de absoluta confianza del expresidente Frei, bajo cuya administración se cometieron varias masacres, con un total de 35 muertos.

También se anunciaba —al cierre de esta edición— que serían llamados a declarar por el fiscal Lyon los senadores derechistas Raúl Morales Adriazola y Francisco Bulnes Sanfuentes. Ambos parlamentarios, implicados en

---

*   *PF* n.° 118, 24 de noviembre de 1970, pp. 6-7.

la conspiración que la CIA movía desde las sombras, presentaron querellas contra *PF* y los diarios *Clarín* y *Puro Chile*. Pero eso ocurrió antes de que trascendiera que —si la investigación del fiscal Lyon logra pisar tierra firme— ambos políticos derechistas pueden parar en la cárcel.

Otra medida adoptada por el fiscal militar fue ordenar el arresto del general (r) Héctor Martínez Amaro, exjefe del Servicio de Inteligencia Militar (SIM). El MIR acusó a Martínez Amaro de participar en la dirección de células derechistas que, accionadas por la CIA, participaban en el complot.

En otro ángulo de los hechos, hay que consignar el llamado a retiro del general Camilo Valenzuela Godoy —que se recluyó en el Hospital Militar—. Fue reemplazado en la comandancia de la Guarnición de Santiago por el general Orlando Urbina Herrera. Valenzuela, como Huerta, asistía a reuniones con Viaux en una casa frente al Grange School.

PF ha logrado recoger —en fuentes militares— la opinión de que el alto mando del Ejército, encabezado por el general Carlos Prats González, actual comandante en jefe, respalda por completo al fiscal Lyon en la investigación del asesinato de Schneider.

El general Prats González, que fue designado comandante en jefe del Ejército en reemplazo del desaparecido general René Schneider, no solo era un camarada de armas del ex comandante en jefe. Se le conocía como un íntimo amigo suyo y se asegura que ha expresado a la oficialidad que el asesinato de Schneider no quedará impune, aunque tengan que caer algunos comprometidos que ocuparon o todavía desempeñan cargos de alta responsabilidad. La familia Schneider, se asegura, tiene confianza en ese compromiso del general Prats González. Por lo tanto, puede presumirse con fundamento que a este asunto no se le echará tierra por ningún motivo.

El curso de la investigación ha demostrado que se trataba de una conspiración golpista destinada a impedir que Allende asumiera la Presidencia de la República. En ese sentido, por una serie de detalles entre los cuales uno no insignificante es el apertrechamiento de armas que serían internadas ilegalmente al país, va quedando en claro la presencia de la CIA norteamericana en este complot antichileno.

Los vastos alcances de esa conspiración señalan, asimismo, que la reacción derechista alentada por organismos yanquis como la CIA no ha sido descabezada. Permanece agazapada, esperando un momento favorable para lanzarse a la acción. No obstante, eso sí, el innecesario asesinato del general Schneider ha dejado a esos sectores momentáneamente desasistidos de cualquier apoyo en el seno de las fuerzas armadas. Una adecuada política de la izquierda —que entretanto debe permanecer alerta— podría mantener aislada a la reacción hasta agotar sus centros de poder económico y político.

Respecto al interrogatorio del ex director general de Carabineros, Vicente Huerta Celis, cabe recordar lo que afirmó el MIR en la separata de *PF* n.º 117: «En Avenida Príncipe de Gales, frente al Grange School, una semana después de conocerse el resultado de las elecciones, a las nueve y media de la noche, comenzaba una importante reunión. El primero en llegar en un Ford Falcon color crema fue el general en retiro Roberto Viaux Marambio [...]. Junto a él iban sus dos cuñados, Raúl Igualt Ossa y Jorge Arce Brahams, este último conducía el coche, de su propiedad [...]. Asistieron también el general director de Carabineros, Vicente Huerta Celis (libre aún), y tres altos oficiales representantes de las distintas ramas de las fuerzas armadas. Todos llegaron vestidos de civil; un contralmirante, en un automóvil marca Chevy color azul con radio; otro de la fuerza aérea, en un Chevy verde claro; y un general de Ejército a pie. La reunión se prolongó por dos horas y treinta minutos. Durante este lapso los cuñados de Roberto Viaux Marambio se instalaron en el jardín montando guardia.

»La misma casa de calle Príncipe de Gales, frente al Grange, pocos días después fue centro de reunión de las mismas personas. Esta vez faltaba uno de los oficiales, mientras el general Vicente Huerta Celis llegaba en un Mercedes Benz de color azul y patente diplomática, vestido de civil, conduciendo personalmente y sin apartarse de los labios un puro. En estas reuniones se estudiaron las posibilidades de llevar a cabo un golpe militar y las dificultades que este plan contemplaba, llegándose a la conclusión que la fecha para el golpe militar tenía que ser anterior al 24 de octubre, día en que el Congreso debía pronunciarse sobre la elección presidencial».

(Las investigaciones practicadas señalan que el «general de Ejército a pie» que llegó a esa primera reunión en la casa de Avda. Príncipe de Gales es el excomandante de la Guarnición de Santiago, general [r] Camilo Valenzuela Godoy).

«Pero no solo a reuniones con el general Viaux asistía el conocido ex director general de Carabineros, Vicente Huerta Celis. Desde junio y durante los dos meses siguientes, el exjefe de la policía uniformada fue un asiduo participante en reuniones que se realizaban a la hora de comida en un restaurant de calle Alonso Ovalle. Además del jefe uniformado asistía a las reuniones-comida un agente de la CIA estrechamente vinculado al senador Julio Durán, militante de la Democracia Radical de la Décima Comuna, y otro conocido representante de esta agencia extranjera en Chile, el prefecto Francisco Aceval Cid (exjefe de la Policía Política cuando los interrogatorios policiales llevaron a Magaly Honorato al suicidio)».

Muchos presuntos implicados han comenzado a tomar medidas para colocar tierra entre ellos y la justicia militar.

El exministro del Interior demócrata-cristiano, Dr. Patricio Rojas, obtuvo permiso para salir de Chile antes del plazo que señala la Constitución a los ex secretarios de Estado. Rojas, estrechamente allegado a círculos oficiales norteamericanos, consiguió autorización de la Cámara de Diputados para volver a Washington donde ocupa un cargo en la OEA. La separata del MIR en *PF* señala que Luis Gárate, dirigente de Patria y Libertad, implicó a Rojas en la conspiración derechista. El miércoles 21 de octubre, en su oficina de La Moneda, Rojas ordenó al entonces director general de Investigaciones, Luis Jaspard da Fonseca, y al prefecto René Carrasco que suprimieran de la declaración de Gárate el párrafo que lo implicaba.

Otro personaje demócrata-cristiano, también acusado por el MIR de sostener reuniones con dirigentes derechistas, Eduardo Zúñiga Pacheco, ex subdirector general de Investigaciones, pidió su pasaporte para viajar al exterior. Debe recordarse que Zúñiga Pacheco fue acusado por el exministro de gobierno de Bolivia, Antonio Arguedas Mendieta, de colaborar estrechamente con la CIA.

Zúñiga Pacheco se reunía en Bandera 341 con Juan Luis Ossa Bulnes (dirigente del Partido Nacional), Adolfo Zaldívar Larraín (hermano del exministro de Hacienda) y otras personas. Este grupo fue calificado por el MIR —cuyas denuncias, fruto de un paciente trabajo de inteligencia e infiltración, han venido quedando corroboradas— como una de las células activas de la conspiración derechista.

En cuanto al senador Francisco Bulnes Sanfuentes, el MIR ha dicho: «Bulnes fue el enlace entre el gobierno y la derecha y el encargado de frenar las vacilaciones iniciales de algunos sectores del Partido Nacional. Cuando fue necesario avalar fehacientemente que importantes sectores del Ejecutivo estaban dispuestos a emplearse en este plan, era llevado a estas reuniones, como representante de ese sector del gobierno, el ministro de Hacienda, Andrés Zaldívar».

Respecto al senador Raúl Morales Adriazola, aparte de su relación con José Olalquiaga, un chileno residente en Caracas que se mueve en los círculos de la oligarquía financiera de Venezuela y que ofrecía dinero para internar armas clandestinamente desde Argentina, el MIR ha dicho que ese parlamentario habló de adquirir gas paralizante para llevar a cabo el secuestro de personas. Asimismo «era el encargado de hacer los contactos con una misteriosa organización de Panamá que enviaría un avión con armas a Chile, el que aterrizaría en el fundo "San José" de Marchigüe [...] fue Morales Adriazola quien apareció en Marchigüe en los primeros días de octubre, acompañado de Andrés Widow Antoncich, exoficial de la Marina, conocido por los demás implicados por su fría decisión para ejecutar cualquier acción criminal (Widow es buscado como uno de los principales implicados en el asesinato del general Schneider)».

Capítulo 30
Las masas no deben detener su lucha*
Augusto Carmona A.

La siguiente es una entrevista a Rodrigo Ambrosio, nuevo secretario general del MAPU, partido integrante de la Unidad Popular. Esta es la conversación con *PF*, según versión magnetofónica:

¿Qué significado exacto da el MAPU a lo ocurrido el 4 de septiembre?

Ese día las clases sociales que pugnaban por el poder hicieron una medición muy precisa de sus fuerzas. Aparece a primera vista una gran alianza del pueblo, encabezada por la clase obrera, que presenta grados de unidad, de poder y movilización nunca vistos antes. Por otro lado, aparece la burguesía dividida desde el punto de vista de sus alianzas y de sus programas políticos. Un sector tradicional diríamos arcaico, buscando en torno a un programa claramente conservador y autoritario la alianza con la pequeña burguesía y las capas medias más moderadas; y una fracción burguesa más audaz, ligada a inversiones económicas que exigen por sí mismas mayor dinamismo, que se planteó la alianza en torno a un programa populista con los sectores más atrasados del pueblo, particularmente rurales y suburbanos.

Esa medición de fuerzas está indicando, en primer lugar, que hay en este momento histórico una coyuntura excepcional para emprender la lucha decisiva por el poder, puesto que la clase obrera alcanzó una fuerza formidable y, por otro lado, la burguesía muestra un grado de grave deterioro y contradicción.

*   *PF* n.º 118, 24 de noviembre de 1970, pp. 26-29.

¿Esto quiere decir que los trabajadores no han conquistado todavía el poder?

No. No creemos que la llegada del pueblo a La Moneda signifique la conquista del poder por los trabajadores. Creemos, sí, que el gobierno es una muy buena posición para luchar por el poder. Por eso estuvimos interesados en ganar la elección y luego en obligar a la reacción a reconocer esa victoria. Pero para nosotros La Moneda no es poder.

La Unidad Popular afirma que implantará las condiciones para empezar la construcción del socialismo. Un documento oficial del Partido Socialista señala que por la forma particular en que se llegó al gobierno hay que conquistar el poder desde las estructuras capitalistas, a diferencia de otras experiencias donde los trabajadores tomaron el poder al tiempo que destruían esas estructuras. ¿Qué piensa el MAPU al respecto?

Es evidente que la forma institucional del acceso al gobierno está predeterminando la forma específica que en el caso chileno va a asumir la destrucción del Estado burgués y la construcción de un nuevo Estado de clase, de un Estado popular. Eso no significa que la destrucción del Estado burgués se haga superflua o que pueda hacerse sin enfrentamiento. La lucha de las clases por el poder se expresa finalmente en el enfrentamiento irreductible entre dos poderes. Ese fenómeno fundamental del enfrentamiento de dos poderes de clase —un poder institucionalizado, legitimado por la tradición y por la superestructura del país pero decadente, y un poder nuevo, emergente, sin instituciones adecuadas todavía, pero que en el caso chileno podrá aprovechar también en su beneficio muchas tradiciones jurídicas y muchas formalidades institucionales—, ese enfrentamiento, se repite aquí como en todos los procesos revolucionarios del mundo. Chile no es, pues, una excepción. La destrucción del Estado burgués sigue siendo un requisito.

¿Ustedes están de acuerdo con la cita de Engels referente al tránsito pacífico al socialismo, hecha por el presidente Allende en el Estadio Nacional?

Estamos absolutamente de acuerdo con ese discurso, pero esa cita preferiríamos hacerla una vez que Chile sea socialista. No queremos facilitarnos el camino y dar a las masas la impresión de que no habrá aquí necesidad de enfrentamientos muy largos y muy duros. Mientras no salgamos victoriosos de esos choques, creemos que es prematuro decir que la anticipación de Engels se cumplió.

Entonces, ¿qué camino va a seguir ese «poder emergente» para llegar a tener el dominio total de la situación?

Yo diría que el nuevo poder tiene dos filos. Uno son las masas en pie de combate, y otro es el control institucional que dentro del Estado esas masas ya han conquistado. Ahora bien, es de la utilización plena, dialéctica, fecunda de esos dos filos que podrá irse logrando el aniquilamiento definitivo del poder burgués. Sería una ilusión, típica de todos los intentos reformistas, pensar que el presidente de la República, o los parlamentarios, o los partidos de la Unidad Popular, instalados en algunas posiciones del aparato estatal, aislados de las masas, puedan ganar esa batalla. Sin las masas los gobiernos populares se transforman en gobiernos populistas, demagógicos, conciliadores...

¿Qué es la «democracia representativa» chilena para el MAPU: la expresión máxima de la democracia y la libertad o un régimen político ideado por el capitalismo en beneficio propio, que necesariamente refleja la división de clases, como piensan algunos?

No hay democracia en abstracto. El régimen democrático chileno expresa en lo fundamental una forma de dominación de la burguesía. En lo fundamental. Creo, sin embargo, que un análisis marxista de la superestructura de la sociedad chilena debe ir más lejos. Yo creo que por ausencia de ese análisis, en buena medida, muchos grupos revolucionarios han tenido en estos años un malentendido permanente respecto de la lucha política por el poder, y concretamente una negligencia dogmática hacia las formas electorales del enfrentamiento de clases.

Evidentemente son los jurisconsultos de la burguesía, sus parlamentarios, sus ideólogos los que han conformado este sistema tan elaborado, aparentemente universal, en que cada chileno tendría mil y un derechos. Pero no se puede ignorar que en este país hay una vieja clase obrera que tiene casi cien años. La fuerza política de la clase obrera y de otros sectores del pueblo ha sido un factor que la burguesía no ha podido dejar de considerar. El sistema democrático hoy día vigente no es el resultado puro de la voluntad de dominación de una clase, ejercida en el vacío; es el producto de una lucha de clases. La clase obrera, gracias a su combatividad, a su poder creciente, ha ido abriéndose paso, por así decirlo, a codazos y patadas, como un ariete, abriéndose nuevas posibilidades de combate. Es eso, a juicio del MAPU, lo que hacía posible entender la lucha electoral como una manifestación de la lucha de clases.

¿El MAPU está conforme con el pacto de «garantías constitucionales»? La derecha lo presentó al país, casi diríamos como un salvoconducto para que Salvador Allende llegara a La Moneda. ¿En este caso la UP hipotecó algo, dejó algo en el camino hacia La Moneda?

Impulsamos y apoyamos esa negociación. Creemos que la UP no hipotecó nada. Ahora que se ha visto lo que esas garantías han ayudado a legitimar el gobierno popular, a desvanecer prejuicios en las capas medias, a aislar a los sediciosos, a dar una imagen sólida ante los gobiernos extranjeros, en un momento que era fácil cuestionarlo y atravesarse en su camino, yo creo que son pocos los que todavía dudan de su necesidad. Si el PDC no existiera, habría que haberlo inventado. ¿Cree usted que Lenin —el Lenin que firmó la paz de Brest Livtosk— habría dudado en firmar semejantes garantías?

¿Cuál es el ritmo que desea el MAPU para la aplicación del programa popular, especialmente en las nacionalizaciones y Reforma Agraria?

Nosotros pensamos que hoy día hay una coyuntura favorable para echar a andar una estatización de la banca privada y los seguros, una nacionalización de la gran minería del cobre, del salitre, del hierro y de algunos monopolios industriales, una masificación creciente de la Reforma Agraria. ¿Por qué? Porque el enemigo está con la guardia baja, desarmado, a la defensiva, y hay que aprovechar esta posibilidad. Sin embargo, no creemos que este proceso deba ser decidido *a priori* en términos de ritmos, de velocidades. Esta no es una carrera de regularidad. Aquí lo que interesa es analizar cada coyuntura concreta. Este proceso no llegará más rápido al socialismo por querer ir más rápido hacia él. El camino más corto del socialismo pasa por la conquista del poder, y la conquista del poder pasa por la ampliación de la base de sustentación del gobierno popular, y esta ampliación pasa por la aplicación de las medidas democráticas del programa, que permiten cohesionar las fuerzas de apoyo e incluso atraer hacia esas fuerzas más y más capas sociales. Esas medidas puede que no sean tan espectaculares; no son ni significan socialismo.

Nosotros creemos, sin embargo, que realizándolas estamos haciendo socialismo también, en la medida en que levantamos con ellas el poder de clase capaz de construirlo.

A juicio del MAPU, ¿cómo debe combatirse el peso innegable que mantiene la ideología capitalista a través de la prensa y la educación privada?

Nosotros pensamos que en el terreno de la prensa, de la educación, de la propaganda, en general de la ideología, lo que corresponde es una implacable lucha ideológica. Creemos que esta es una de las particularidades interesantes de lo que algunos llaman vía chilena. Aquí la oposición de las clases dominantes en declinación seguirá teniendo derechos, seguirá disponiendo del instrumental con que antes intentó, sin contrapeso, la domesticación de las conciencias. Pero al mismo tiempo las nuevas clases emergentes, sus diversas y particulares expresiones políticas, organizaciones de masas, sindicales y otras, dispondrán también de un inmenso desarrollo material de posibilidades de creación ideológica, de discusión, de enfrentamiento con las ideologías tradicionales. No se trata de extirpar por decreto la ideología de la burguesía. Nos interesa que siga viviendo, porque en esa medida nos obliga a un esfuerzo de persuasión, de educación, de convencimiento, a una lucha ideológica efectiva, creadora, que apele a todos los recursos de la inteligencia del pueblo, de su intelectualidad. Eso, a nuestro juicio, da a la larga la base para una conciencia popular, para una conciencia de clase.

Además de la ideología, está el poder económico del capitalismo. ¿Qué hará el gobierno popular con ese poder?

Creemos que es un principio elemental dividir al enemigo y utilizar con él tácticas diversas. Se trata, pues, de expropiar sin contemplaciones el poder económico de los enemigos principales, la propiedad de los monopolios; pero se trata también de dar garantías reales, efectivas, sólidas, como gobierno, no solo de seguridad sino de progreso a la mediana y pequeña burguesía. No tememos que la burguesía pueda recuperarse, que pueda dar vuelta la tortilla, porque en la medida en que el Estado sea definitivamente del pueblo y en la medida en que se haya constituido un área económica dominante controlada por ese Estado, los panaderos, los comerciantes, los dueños de *garage*, los tenderos, los pequeños agricultores no podrán volver la historia atrás. Creemos que aquellos grupos revolucionarios, directa o indirectamente vinculados a las proposiciones clásicas del trotskismo, en definitiva lo que hacen es lanzar al proletariado solo al combate, al proletariado con algunas capas semiproletarias contra toda la burguesía en bloque. Creemos que es una política errada, que regala aliados al enemigo y que en ese sentido redobla su fuerza, hace más difícil, por no decir imposible, la conquista y la consolidación del poder y, por tanto, el socialismo.

¿Bastan los cambios en la economía para abrir las puertas al socialismo o se necesita una nueva cultura, como señalan otros regímenes revolucionarios?

El socialismo no es solamente una organización diferente de la economía. Creemos que el socialismo es una realidad social total. Es decir, una economía donde ya no hay explotación, una democracia auténtica para los trabajadores y una nueva cultura que exprese los nuevos valores de las masas liberadas. Sin propiedad socialista no hay ni verdadera cultura nueva ni verdadera democracia auténtica de trabajadores. Pero la mera organización económica socialista por sí misma no asegura la construcción de una verdadera sociedad socialista.

Apreciamos la revolución cultural china en este sentido. La apreciamos a pesar de todas las particularidades que sea difícil comprender desde aquí; apreciamos el esfuerzo que significa como intento sistemático, como intento político por construir los nuevos valores de la sociedad socialista. Creemos que en Chile tendremos que estar atentos para iniciar desde un comienzo un trabajo de gran intensidad en este campo. Y el MAPU se prepara para hacer allí su contribución.

Hay muchos que refiriéndose a la «nueva cultura» han señalado que es la cuna del hombre nuevo…

Evidentemente. Yo creo que las masas en esta experiencia particular de lucha y creación de estos años irán definiendo un nuevo modelo cultural del hombre, nuevas pautas de conducta, de moral, de convivencia, y que se abrirá paso a desarrollos inéditos, verdaderamente insólitos, en el arte, en la ciencia, en la moral. Tan acostumbrados estamos a que el arte, la moral y la ciencia sean el oficio profesional, privilegiado de una elite, que yo creo que nadie dejará de estar permanentemente asombrado el día en que las masas comiencen a tener, de manera quizá no tan intelectualizada —de manera práctica—, capacidad para hacer su arte, su moral, su ciencia, su cultura.

Los cubanos tienen un aliado, a mi juicio formidable, en su empeño por construir el hombre nuevo: en ese país el dinero no tiene ningún valor, ningún sentido...

Nosotros creemos que la moral nueva colocará, evidentemente, al dinero como mediador fetichizado de relaciones humanas, en su verdadero lugar. Creemos que las relaciones entre los hombres tendrán que tener un cauce cada vez más directo, donde muchos fetiches tendrán que ir siendo botados por la borda.

Ahora, nosotros creemos también que no se trata aquí de pensar que esa vieja ley del marxismo, de la correspondencia entre superestructura y la base material, sea una ley que pueda echarse al bolsillo por pura voluntad revolucionaria. Creemos que este es un proceso que requiere tiempo, que requiere de cierto contexto objetivo.

¿El riesgo de un enfrentamiento sangriento puede detener la aplicación del programa de la UP?

La aplicación del programa de la Unidad Popular requiere de un análisis constante de la correlación de fuerzas. Habrá que ir viendo, con mucha firmeza, con mucha intransigencia en lo estratégico, pero también con mucha flexibilidad en lo táctico, cuál es el momento oportuno para cada medida. Aquí no se trata de echarle para adelante no más, no se trata de arriesgar tontamente todo lo ganado, no se trata de exponernos a una derrota decisiva. Tenemos que golpear cuando el golpe pueda ser mortal, cuando el enemigo principal esté debilitado, aislado, a la defensiva; y para eso hay que atraer, o al menos neutralizar, a los enemigos secundarios.

¿Cómo serán las fuerzas armadas en este gobierno?

No vemos posibilidades de construcción del socialismo en Chile sin una fuerza armada profundamente identificada con el pueblo, con el Estado popular. Pensamos que nuestras fuerzas armadas, por su tradición constitucionalista, por su pensamiento progresista y moderno, constituyen un magnífico respaldo en el inicio de ese camino.

Las fuerzas armadas, como muchas instituciones de este país nacidas en la vieja sociedad, irán cruzando este proceso con una responsabilidad exacerbada, con mucha avidez y perspicacia, haciendo suyas muchas experiencias nuevas. En veinte años más, la Iglesia, por ejemplo, estoy seguro de que habrá extirpado sus reminiscencias clasistas, los residuos ideológicos que la hicieron un peón de las clases dominantes. Algo similar sucederá con muchas instituciones políticas del Estado, que irán adquiriendo nuevos contenidos, haciéndose más dóciles, más fieles a la voluntad del pueblo.

Así vemos a las fuerzas armadas. El gobierno popular respetará el carácter y tradiciones de las fuerzas armadas, pero estas no vivirán aparte. Sus propios mandos buscan desde hace años definir nuevas tareas, junto a la tarea principal de la defensa nacional. Esta etapa que el pueblo de Chile comienza a vivir ofrece enormes posibilidades para que nuestras fuerzas armadas se liguen, de manera más estrecha que nunca, a grandes tareas patrióticas, de acrecentamiento concreto de nuestra soberanía, de progreso económico y social de nuestro pueblo. En ese sentido, estamos seguros de que sin que medie ninguna intervención extraña, sin que se rompa la continuidad fundamental de las fuerzas armadas, al cabo de este proceso, al igual que Chile entero, ellas no serán las mismas.

¿En los funerales de Schneider el pueblo enterró un «héroe» propio, o un «héroe» de la institucionalidad burguesa?

Este crimen abominable en la persona del más alto representante de las fuerzas armadas de las que la burguesía siempre se creyó «patrón», muestra que la burguesía es capaz de quemar lo que ayer adoró. El pueblo enterró una víctima de la burguesía. Los héroes solo existen después de muertos. Responden a la necesidad de crearnos símbolos. Schneider ha pasado a ser el símbolo de la inseparable unidad que debe haber entre el pueblo y las fuerzas armadas, y del respeto de estas a los derechos democráticos de aquel.

¿Qué papel, qué camino debe tomar la lucha de masas de ahora en adelante?

La lucha de masas sigue teniendo ahora más vigencia que nunca. Combatimos en los frentes de masas y en la Unidad Popular todas las tendencias en el sentido de que ahora las masas descansen, de que las masas se sientan ya

en el poder, de que las masas deleguen en sus parlamentarios, en sus ministros, en las directivas de los partidos, o en el presidente Allende. Las masas
deben seguir luchando, sus organizaciones deben defender celosamente su
autonomía del gobierno y de los partidos, deben levantar nuevas platafor-
mas de lucha, deben revisar sus reivindicaciones del pasado con la perspectiva de un gobierno popular, deben combatir por ellas con intransigencia.

Creemos que las reivindicaciones económicas tradicionales pasan, en
el momento de la fase decisiva de la lucha por el poder, a colocarse en un
contexto más amplio, donde las tareas principales son políticas y donde las
masas son capaces de entenderlo así.

*¿La llegada de la UP al gobierno significa la desaparición del MIR en el panorama
político chileno?*

Yo creo que por lo menos por un largo periodo el MIR verá estancadas sus
posibilidades de crecimiento. Que a la larga desaparezca o no, es un problema secundario. Lo importante es saber cómo todos los que allí militan,
los que allí han visto un cauce para entregar su aporte a la revolución chilena, serán incorporados a este proceso. La incorporación como organización
pasa por una autocrítica leninista, por una autocrítica muy severa ante las
masas. En todo caso, fuera de este proceso, cualquier grupo está destinado
a convertirse en pequeña secta, sin ninguna eficacia política, y a la larga a
desaparecer.

El MIR no es en sí un enemigo del pueblo. Lo que sí atenta contra el pueblo es el ultraizquierdismo, y en la medida en que el MIR o militantes del
MIR se coloquen en posiciones correctas, en que se superen desviaciones
del pasado, nosotros creemos que sería una política de estúpido sectarismo
impedir que esos compañeros materialicen su aporte.

1971

Capítulo 31

La Suprema: guarida de sedición*

César

La Corte Suprema de Alemania fue el instrumento que usaron los imperialistas y capitalistas para combatir desde su instalación a la República (1919). Los fallos del más alto tribunal alemán no solo reflejaron el sentido clasista de sus integrantes, fueron redactados para destruir el régimen republicano que surgió de las cenizas del derrotado imperio. El presidente Federico Ebert fue en una oportunidad llamado traidor por un adversario, y la querella que en contra de este último se planteó por parte del gobierno fue fallada desfavorablemente por la Corte Suprema que, además, justificó el calificativo. Puede decirse que la muerte de Ebert, producida en 1925, fue acelerada por las manifestaciones conspirativas del más alto tribunal, el cual, revestido de una majestad falsificada, operaba de acuerdo con los grupos reaccionarios que preparaban el complot.

Al comportamiento de la Corte Suprema, convertida en instrumento de los capitalistas e imperialistas, puede atribuirse en gran medida el ascenso al poder de uno de los personajes más siniestros de la historia, Adolfo Hitler, quien fue, justamente, prohijado por la clase explotadora de Alemania para impedir el advenimiento de un gobierno manejado por la clase trabajadora.

Ese sentido clasista del tribunal alemán caracteriza también a la Corte Suprema de Chile. El estudioso jurista Eduardo Novoa Monreal, en un célebre artículo titulado «¿Justicia de clase?», publicado en la revista de los jesuitas *Mensaje*, escribió al analizar el comportamiento del más alto tribunal de justicia chileno y a sus integrantes: «El Poder Judicial chileno no ha logrado adaptarse a las circunstancias sociales que vive el país. El pluralismo

---

* *PF* n.º 122, 19 de enero de 1971, pp. 2-4.

ideológico imperante no rige para el Poder Judicial, mantenido enteramente al margen de la renovación de las aspiraciones nacionales en lo social. Ese Poder, particularmente la Corte Suprema, es un incondicional defensor del estatus social económico y político vigente, y reprueba a quienes luchan por cambios sociales. Para pertenecer a él se exige adhesión a posiciones tradicionales y de conformismo social. Los miembros de la Corte Suprema tienen vínculos y relaciones con los sectores más conservadores de la sociedad chilena y, generalmente, proceden de ellos». El profesor Eduardo Novoa, actual presidente del Consejo de Defensa del Estado, respondió con esa frase la interrogante con que tituló su artículo, convertido en un clásico de la crítica al Poder Judicial chileno: en Chile se administra una justicia de clase.

El mismo profesor Novoa escribió en el artículo ya citado: «En sus labores [los ministros de la Corte Suprema] son acompañados por abogados integrantes escogidos dentro de cuadros de profesionales animados de su mismo espíritu y que son, algunas veces, asesores jurídicos de las más poderosas empresas nacionales o extranjeras. Estos integrantes se incorporan al tribunal en igualdad de condiciones en cuanto a poder de decisión. Muchos de los fallos que hemos reseñado han sido dictados con la influencia de sus votos».

En la tercera semana de enero del año en curso, los ministros de la Corte Suprema designaron a los nuevos abogados integrantes y se cuidaron de incluir entre ellos a varios personeros de la izquierda que fueron propuestos. Así aseguraron el carácter clasista del más alto tribunal. Entre los abogados integrantes figuraban Enrique Silva Cimma, ex Contralor General de la República, quien no obstante su militancia radical y su calidad de persona surgida de la pequeña burguesía fue aceptado en el tribunal por sus antecedentes profesionales. Silva renunció inmediatamente después de que once de los trece ministros de la Corte Suprema (solo votaron en contra los ministros Eduardo Ortiz Sandoval y Juan Pomés) rechazaron la petición de desafuero del senador Raúl Morales Adriasola, planteada por el fiscal militar Fernando Lyon, quien investiga la conspiración que desembocó en el crimen del comandante en jefe del Ejército, general René Schneider.

Fue este fallo el que colocó a la Corte Suprema en el primer plano del escándalo, aun cuando sus pecados de tribunal defensor de la clase explotadora y de los intereses imperialistas vienen arrastrándose en el curso de la historia de Chile. El fallo fue concebido con sentido político y reflejó los intereses de la clase que se siente castigada por el ascenso al gobierno de la Unidad Popular.

El comportamiento de la Corte Suprema chilena en el fallo que favoreció al reaccionario senador Raúl Morales Adriasola (miembro del partido denominado Democracia Radical, formado con residuos ultraderechistas del viejo Partido Radical que en la actualidad forma parte de la Unidad Popular) evoca la conducta de la Corte Suprema alemana en los días en que participó en la conspiración contra la República de Weimar, como instrumento de los capitalistas e imperialistas de diversas nacionalidades. En un desvergonzado fallo, once miembros de la Corte Suprema (la mayoría neta) acogieron un recurso de queja que fue defendido ante ellos por un elemento (Pablo Rodríguez) que fue acusado ante los mismos tribunales como conspirador en los dramáticos días en que la clase explotadora criolla y el imperialismo se empeñaron en impedir que se concretara la designación de Salvador Allende como presidente de la República, de acuerdo con el resultado de la elección realizada el 4 de septiembre de 1970.

El recurso de queja fue interpuesto contra el fallo de la Corte de Apelaciones de Santiago, la que acogió los pronunciamientos del juez y del fiscal militares, los que solicitaron el desafuero del senador Raúl Morales Adriasola para poderlo interrogar y carear con sujetos acusados de participar en la conspiración que culminó con el asesinato del comandante en jefe del Ejército. El presidente Salvador Allende, en un discurso que pronunció en Valparaíso el 6 de enero del año en curso, en el cual analizó y criticó el fallo de los once ministros de la Corte Suprema, dijo: «La Constitución establece que habiendo meras sospechas puede y debe dictarse la autorización para someter a proceso al que ha gozado de fuero, vale decir inmunidad parlamentaria. La Corte Suprema no ha estimado valederos los antecedentes entregados por el juez militar, por el fiscal y la aceptación de dieciocho ministros de la Corte de Apelaciones. Allá ellos con la interpretación que hagan de los preceptos jurídicos; acá nosotros, para decir que nos parece extraño que se haya absuelto definitivamente, porque eso significa el haber rechazado el desafuero a un senador. Repito, diversos magistrados estimaron que debía ser sometido a juicio y profundizar frente a declaraciones que otros testigos han hecho a su probable participación».

El presidente de la Corte Suprema, el ministro Ramiro Méndez Brañas, declaró a los periodistas el miércoles 7 de enero que él y sus compañeros no habían encontrado méritos en contra de Raúl Morales en los cargos hechos por el fiscal Fernando Lyon y agregó que fallaron en conciencia.

El abogado Sergio Politoff que representó al gobierno, que se hizo parte en el debate del recurso de queja interpuesto por la defensa del senador reaccionario, señaló que los ministros de la Suprema, si realmente «fallaron en conciencia», tuvieron medios para dar la razón al fiscal militar y en cuanto a los méritos, hay tantos que sobrepasan las sospechas fundadas necesarias para conceder el desafuero pedido. Total, lo que el fiscal militar pidió es privar al senador de su fuero para poder carearlo con detenidos implicados en la conspiración política que tuvo como una de sus manifestaciones externas el asesinato del comandante en jefe del Ejército.

El abogado Politoff proporcionó antecedentes a los ministros de la Suprema, además de los entregados por el sumario que tiene en sus manos el fiscal militar, condenatorios para Morales. El abogado señaló que uno de los implicados, Cosmelli, al referirse a un intento de secuestro del comandante en jefe del Ejército declaró: «Supuse, por mi parte, que tal persona sería el general Schneider, ya que desde antes se hablaba de que el ambiente era propicio y solo se topaba con la oposición del comandante en jefe del Ejército. En esa misma ocasión, no sé bien si el coronel Igualt o Fontecilla, uno de ellos, exhibió un tipo de frasco spray que contendría gas paralizante y que, de acuerdo con las lecturas que tenía el frasco, provenía de la policía norteamericana.

»Textualmente decía *Only for police use* y nos explicaron que ese gas, que estaba debidamente probado, se utilizaría para reducir a la persona que se iba a secuestrar».

Más adelante, en la declaración de Cosmelli se dice: «Finalmente, añadió el detenido, puede recordar, con respecto al senador, señor Morales Adriasola, que este planteó la posibilidad de traer granadas paralizantes, bombas paralizantes, con el objeto de llevar a cabo varios secuestros, sin dar nombres, y sin que tales secuestros produjesen derramamiento de sangre, acotando que todo ello trataría de conseguirlo Olalquiaga».

El abogado Politoff mencionó la declaración del detenido Fontecilla, pariente del general (r) Roberto Viaux Marambio, quien dijo: «Recuerdo que me hizo saber que en la conversación que había tenido con Morales Adria-sola, además de las gestiones de compra de armas que se iba a hacer en Argentina, este le había conversado acerca de la posibilidad de que valién-dose de su calidad de parlamentario podría él, personalmente, traer algunas granadas de gases paralizantes».

En otra parte de su alegato, Politoff cita la declaración del detenido Vinet, quien «declara que se le informó por Viaux, Arce y Fontecilla que entre las personalidades civiles que dirigían la conjura estaba el senador de la Demo-cracia Radical, Raúl Morales Adriasola». El mismo abogado cita la decla-ración del detenido Bouchón, quien declaró: «Este movimiento lo dirigía principalmente el general en retiro Roberto Viaux Marambio, Julio Fonteci-lla, Guillermo Carey Tagle, Jorge Arce, Raúl Morales Adriasola».

El carácter de la conspiración fue descrito por el detenido Vinet y citado por el abogado Politoff en su alegato: «Una vez producido el proceso elec-toral con el triunfo de la candidatura del señor Allende Gossens [había que] impedir por medio de las armas y un golpe militar el gobierno de tal sena-dor que, según el criterio de todos los participantes en la confabulación, entregaría a Chile al marxismo».

Quedó en claro que el senador Morales Adriasola estaba mezclado en el complot dirigido contra el presidente electo, Salvador Allende. Morales tuvo participación importante en la misión de buscar una partida de quinientas metralletas que serían internadas a Chile en forma clandestina por aviones civiles particulares. El financista de la operación es el agente de la CIA José Olalquiaga Reyes, 41 años, natural de Chile, que vive en Caracas y que apa-rece como multimillonario.

El abogado Politoff citó la declaración del detenido Fontecilla, quien reveló: «Ignoro si Marcial Rivera fue o no la persona que puso en contacto a Jorge Arce con el senador Morales Adriasola, previamente a la reunión que se efectuó para tratar la traída de armas desde Argentina». Bouchón reveló la forma en que conoció a Morales en el Hotel Crillón, en una reunión en la cual se planeó la traída de las armas.

Morales anunció un viaje a Argentina para ir a buscar las armas, luego de que se comprobó que el avión particular de Bouchón no pudo cruzar la cor-dillera. Es el propio senador Morales quien se encarga, con su influencia, de obtener pasajes para ir a Argentina pero al final decide que en su lugar vaya

Bouchón. En el manifiesto de pasajeros aparecen los nombres de Morales y Olalquiaga, pero a solicitud del primero se borra su nombre y en reemplazo se agrega el de Bouchón.

Antecedentes tuvo la Corte Suprema a montones. No obstante el lunes 5 de enero, once de los trece ministros dictaron un fallo en el cual se dice: «Que por consiguiente, forzoso es concluir que en el presente caso no se reúnen los requisitos exigidos por la ley para hacer la declaración que solicita el Juzgado Militar en contra del senador Raúl Morales Adriasola». En el mismo fallo se pide a la Corte de Apelaciones que se investiguen las denuncias de flagelaciones formuladas por el reo Julio Antonio Bouchón Sepúlveda. La misma Corte Suprema que ni siquiera arriscó la nariz cuando cien abogados prominentes de la izquierda entregaron, en agosto de 1970, un legajo con denuncias comprobadas de flagelaciones cometidas por la policía bajo el gobierno demócrata-cristiano contra militantes de movimientos revolucionarios, detenidos por diversos procesos. Uno de los casos llevó al suicidio a la profesora Magaly Honorato, lo que echó una mancha en la conciencia del ministro de la Corte, Armando Silva Henríquez, un reaccionario caracterizado que persiguió incansablemente a la joven, no obstante que su única relación con un asunto político que se investigaba era de orden sentimental, como que era la compañera de un médico buscado por su posición revolucionaria.

El fallo de Morales Adriasola fue emitido por seres de carne y hueso y no por autómatas de la justicia. Ramiro Méndez Brañas, miembro de la Corte Suprema desde 1953, y su actual presidente, en la década del 50 era uno de los líderes del movimiento gremial del Poder Judicial, uno de los primeros que en él estalló. Pero en el instante del triunfo, Méndez se escondió y desde las sombras, junto al resto de los integrantes de la Suprema, amonestó a «los que han olvidado sus deberes» alentando actitudes reñidas con la disciplina. En la solución del conflicto, el grupo más favorecido económicamente fue el integrado por los ministros de la Suprema.

El 19 de diciembre de 1962, según lo denunció el jurista Eduardo Novoa, la Corte Suprema acogió un recurso de queja planteado por el propietario del fundo Carriel Sur, de Concepción, Carlos Herrera Méndez. Al actuar así, la Corte Suprema favoreció económicamente a ese latifundista que es primo de Ramiro Méndez. El afortunado agricultor protestó por el monto que le fijó el Fisco a su fundo para expropiarlo (allí se construyó un aeropuerto). Novoa recuerda que la Corte Suprema, sin oír al Fisco, aumentó por su cuenta el monto y, además, dispuso el pago de una fuerte indemnización en favor del primo del presidente del más alto tribunal. Con posterioridad, la Corte de Apelaciones de Santiago falló en favor de los herederos de Teresa Méndez Brañas, con lo que les permitió obtener una buena fortuna.

El ministro Eduardo Varas Videla, agricultor, dueño del fundo maderero La Montaña, de Valdivia, en 1960 fue nombrado presidente de la Comisión Antimonopolios. Su nombre se menciona a cada instante por incumplimiento en los pagos de fondos de cheques y letras de cambio.

Una buena dosis de los parientes del ministro Rafael Retamal están colocados en los tribunales, en los mismos en que se rechazó recientemente el nombramiento de una hija del abogado Lisandro Cruz Ponce, en la actualidad ministro de Justicia. Otro ministro que tiene facilidades para situar a sus parientes en cargos en la judicatura es Luis Maldonado.

Ligados por intereses económicos a la clase explotadora, castigados la mayoría por su avanzada edad, los ministros de la Corte Suprema están obligados a imponer una justicia (?) de clase que, además, es ineficiente. Los ministros no destinan más de tres horas diarias al trabajo judicial y las sesiones de las salas, cuando no hay alegatos, resultan penosas por su desarrollo. Algunos duermen, otros cuentan chascarros y la mayoría de los abogados integrantes se encargan de llevar la ofensiva por su mayor destreza.

El fallo que favorece al conspirador Raúl Morales Adriasola, quien fuera eliminado de la Masonería acusado de haber intentado obtener beneficios económicos de ella para atender negocios privados, debe ser situado dentro de la actitud de un tribunal clasista que participa de la ofensiva contra el gobierno de la Unidad Popular. No es un caso aislado. Es la sombra de la Corte Suprema alemana sobre la República de Weimar, con el espectro de Hitler, como defensor de los intereses de capitalistas e imperialistas.

Los autores del fallo no están en el tribunal, sino fuera de él. Tienen «largas narices», señaló un diario popular. Los abogados demócrata-cristianos alternan todos los días, al igual que los del Partido Nacional y de la Democracia Radical, con los ministros de la Suprema.

El fallo es una bofetada en el rostro del gobierno de la Unidad Popular y, por lo tanto, un impacto bajo el cinturón del pueblo. Corresponde a una jugada táctica: provocar un acentuamiento de la contradicción sobre la cual se ha edificado un gobierno de avanzada. Este último, resuelto a realizar cambios profundos que afectan a la clase explotadora que diseñó el «tipo de legalidad» que le conviene, no puede salirse de ella, para no producir el pretexto que es buscado por imperialistas y capitalistas que preparan la conspiración sobre la base de calificar al gobierno de enemigo del derecho y antilibertario.

Capítulo 32

Avances y debilidades de la Unidad Popular*

Pedro Vuskovic

En la reciente asamblea nacional de la Unidad Popular, celebrada en Santiago, el ministro de Economía, Pedro Vuskovic, presentó un informe del cual *PF* publica una síntesis.

Con el objeto de poder tener una apreciación adecuada de la situación en la que nos encontramos, debemos tener en cuenta los rasgos generales del panorama económico que existía en el momento en que nos hicimos cargo del gobierno.

No solo nos encontramos con los vicios acumulados por el sistema anterior: sometimiento de nuestra economía a intereses extranjeros, gran concentración del poder económico, extrema desigualdad en la distribución del ingreso, baja capacidad ocupacional, etc. Esta herencia, de por sí negativa, se vio aumentada por los acontecimientos que transcurrieron entre el 4 de septiembre y el 4 de noviembre. No hay que olvidar que la batalla se dio tanto en el plano político como en el plano económico. Se buscó por todos los medios crear el caos para paralizar la economía. La derecha y los sectores de gobierno de la Democracia Cristiana agotaron los recursos presupuestarios para dejarnos con las manos atadas. Se firmaron rápidamente decisiones de todo orden para dejarnos comprometidos. Se dejaron desatadas presiones inflacionarias extraordinariamente graves.

Este es el punto de partida desde donde tuvimos que empezar a actuar.

Nuestra respuesta fue el programa económico de corto plazo (discutido en la primera reunión de Gabinete con los jefes de todos los partidos y movimientos pertenecientes a la UP), que es la primera etapa de la

---

*   *PF* n.º 122, 19 de enero de 1971, pp. 8-9.

realización del programa a largo plazo planteado por el programa de la Unidad Popular. Esquemáticamente este programa a corto plazo implica las siguientes medidas:

1) Pasos importantes en la constitución del área de propiedad social.

2) Redistribución del ingreso en beneficio de los trabajadores, a través de una política de remuneraciones que para ser efectiva implica, a su vez, una política antiinflacionaria que defienda el poder de compra de las grandes masas. Para que esto se cumpla, el financiamiento del reajuste de salarios debe provenir de las ganancias de los empresarios y no del aumento de los precios de los productos, como ha sido hasta ahora.

3) Aumento rápido de la actividad económica aprovechando las capacidades ociosas de las empresas. Esto tiene un doble propósito: aumentar el abastecimiento para el consumo popular y absorber el desempleo.

Para lograr estos propósitos, es necesario realizar un aumento general de la capacidad de compra de la gran masa del pueblo. A esto hay que agregar los llamados «programas movilizadores», especialmente los de vivienda y obras públicas que, al mismo tiempo que crean nuevas fuentes de trabajo, exigen el aumento de la producción en todas aquellas industrias relacionadas con la construcción y equipamiento de viviendas.

El programa implica una estrategia política determinada: enfrentar al imperialismo y a los grandes intereses monopólicos, neutralizando o ganando a los pequeños y medianos empresarios y comerciantes.

Ahora bien, es necesario aclarar que no existen en nuestro programa una mezcla de medidas «revolucionarias» y «reformistas» como algunos parecen haberlo entendido. Se trata de una sola orientación hacia la meta que pretendemos alcanzar. Las transformaciones revolucionarias de la economía deben expresarse en un mejoramiento de la situación de los trabajadores y en una ampliación de la base política de la UP, y a su vez las medidas redistributivas solo pueden ser efectivas en el contexto de esta transformación económica.

Veamos ahora qué factores positivos y adversos se registran en el desarrollo de este programa.

No se puede negar que hay avances bien visibles.

1) Se han iniciado pasos importantes en la constitución del área de propiedad social: el proyecto de reforma constitucional para rescatar el cobre, la recuperación de la CAP para el Estado, la nacionalización del carbón, la expropiación de Bellavista-Tomé, la próxima estatización del sistema bancario.

2) La nueva política de remuneraciones definida en el proyecto de reajustes (mayor incremento de los salarios mínimos, la nivelación de asignaciones) que no se limita solo a mejorar los salarios, sino que implica toda una política orientada hacia un mejoramiento mayor de los sectores más postergados para ir haciendo desaparecer así las grandes desigualdades en la distribución del ingreso.

3) Una nueva política tributaria que protege a los trabajadores y a los pequeños y medianos empresarios, acentuando las imposiciones sobre los grandes intereses.

4) Una nueva distribución del presupuesto de gastos destacando las finalidades sociales y los «programas movilizadores».

5) Una firme política de mantención de los precios para defender el ingreso de los asalariados, que se refleja en las tarifas de la energía eléctrica, en el precio del pan, etc., lo que ha dado por resultado un alza muy pequeña del costo de la vida durante el mes de noviembre y ningún alza durante diciembre.

Esto es muy importante, porque ha destruido la idea que quiso imponer la derecha de que las medidas propiciadas por el gobierno iban a producir un proceso inflacionario que nadie podría detener.

Este es parte del balance positivo de los dos meses de gobierno.

Examinemos ahora algunos aspectos negativos.

Aquí es necesario reconocer serias debilidades:

1) Avance insuficiente en el levantamiento de la actividad económica. Los «programas movilizadores» no han alcanzado una dimensión suficiente. No han funcionado al ritmo que hubiera sido necesario

los programas de vivienda. Tampoco han funcionado los «convenios de producción». Esto quiere decir que estamos retrasados en una de las cuestiones centrales. Es muy difícil realizar los cambios si no se moviliza la economía: no se puede sostener la política de redistribución ni la contención de los precios, y en lugar de aliviarse se agrava el problema del desempleo. Con respecto a esto último, el organismo universitario encargado de realizar encuestas sobre ocupación y desocupación (Instituto de Economía de la U. de Chile) acusa una mayor cesantía en el mes de diciembre. Es necesario reconocer que la tasa de desocupación que existe en este momento es la mayor en muchos años. No tenemos por qué ocultar estas cosas al pueblo. Si no se aumenta el nivel de la actividad económica, lo que ocurre es que de hecho no nos estamos enfrentando a los monopolios, sino a los pequeños y medianos empresarios que, al no haber podido poner en práctica las medidas necesarias para aumentar el rendimiento de su capacidad instalada, deben afrontar en malas condiciones los nuevos planes económicos. Existe una evidente contradicción entre la orientación política de la Unidad Popular y lo que ocurre en la práctica. ¿Por qué ocurre este retraso de la reactivación económica?

Por debilidades nuestras y por la acción del enemigo.
Entre nuestras debilidades debemos señalar:

1) La tardanza en constituir los equipos.

2) La no movilización de todos los recursos disponibles.

3) Temor a arriesgarse con mayor audacia. Más vale que aceptemos tomar decisiones aunque podamos equivocarnos, a que nos quedemos parados.

4) Incapacidad para movilizar iniciativas regionales. En muchos casos existen fondos a nivel regional, existen planes para utilizarlos, pero todo se mantiene paralizado mientras no llega la orden desde Santiago. Los compañeros no deben esperar que todo venga desde Santiago.

5) Por último, y quizá la más grave de nuestras debilidades, una insuficiente movilización de las masas.

Las medidas tomadas por el gobierno tienen un carácter «muy desde arriba». La mayoría de la población asume el papel de receptora pasiva. Las acepta, las apoya, crece la base política del gobierno, pero no existe una «participación activa».

Sin embargo, el deseo y la disposición a la participación activa están latentes en la población. Y se manifiesta apenas existen los mínimos estímulos y se dan los canales para que ella se exprese. Un ejemplo de lo que afirmamos es el caso de los trabajadores de Purina, que desde que se expropió la industria han subido la producción del 50% al 100%.

Otro ejemplo son los trabajadores de Bellavista-Tomé, quienes han asumido con gran responsabilidad sus nuevas tareas.

Por último, tenemos el ejemplo de los trabajadores del pan, que están contribuyendo en forma activa a apoyar la medida del gobierno contra el boicot que tratan de realizar los industriales.

Por otra parte, la participación que existe en algunos sectores es insuficiente cualitativamente, no basta la participación de los directorios, es importante que las bases mismas participen.

La movilización y conciencia política son esenciales para seguir adelante y aun para defender lo logrado. No podemos detenernos. La batalla contra la inflación comienza verdaderamente ahora.

Para luchar contra la inflación se requiere una elevada conciencia política por parte de los trabajadores. Es fundamental que entiendan el significado de los pliegos y los reajustes. Si ellos en lugar de aceptar los límites de reajustes fijados por el gobierno quieren conseguir más, van a romper todo el esquema, toda la política de precios del gobierno, y con ello sí que nadie podrá detener la inflación.

Se requiere también crear instrumentos de apoyo a los pequeños y medianos empresarios: suministro de materias primas a más bajos precios, medidas crediticias favorables, facilidades en las importaciones, etc. Con ello la política de precios se identifica con los cambios estructurales y la ampliación del área de propiedad social, única salida para la reestructuración del sistema de precios.

La movilización es cada vez más urgente, porque últimamente han cambiado las reglas del juego. Hasta la medida acerca del cobre era posible la acción «desde arriba», pero ha dejado de serlo a partir de los bancos y lo mismo ocurrirá con los monopolios industriales y de distribución.

Por otra parte, el enemigo se fortalece y se une cada vez más, esforzándose por boicotear la realización de nuestro programa económico, como lo prueban sus actitudes frente al proyecto del presupuesto, y la utilización que está haciendo de los mecanismos de la distribución.

Sin una movilización activa y combativa de las masas, este proceso corre el peligro de detenerse a mitad de camino.

Capítulo 33

Allende habla con Debray*

Régis Debray

DEBRAY: *Hablemos ahora de la situación actual en Chile. Con Frei se acabó el reformismo, fracasó el reformismo. Con Ud. en el gobierno, el pueblo chileno ha escogido la vía de la revolución, pero, ¿qué es revolución? Es sustitución del poder de una clase por otra. Revolución es destrucción del aparato del Estado burgués y su reemplazo por otro, y acá no ha pasado nada de eso. Entonces, ¿en dónde estamos?*

ALLENDE: Perdón, compañero, vamos por partes. Efectivamente, el pueblo chileno escogió el camino de la revolución y no hemos olvidado un principio fundamental del marxismo: la lucha de clases. Nosotros dijimos en la campaña electoral que nuestra lucha era para cambiar el régimen; el sistema. Que íbamos nosotros a conquistar el gobierno para conquistar el poder: hacer las transformaciones revolucionarias que Chile necesita, romper la dependencia económica, política y cultural, sindical, y ¿qué? ¿No ha pasado nada? ¿En qué país estás tú? Pero, espera, mira, Régis. Nosotros en estos pocos meses que llevamos en el gobierno…

DEBRAY: *Han hecho muchas cosas.*

ALLENDE: Sí, hemos hecho bastantes cosas. Hemos podido hacerlas porque detrás de ellas está la tradición de la clase trabajadora chilena que empezó a luchar a fines del siglo pasado y que despuntó en este siglo como una fuerza pujante. En 1909 se fundó en Chile la Federación Obrera. Nació como una organización mutualista, pero en 1919, con un programa nuevo, se propone abolir el régimen capitalista. Debes considerar la tradición de lucha de la clase

---

* Extractado de edición exclusiva para Chile, PF n.º 126, 16 de marzo de 1971, pp. 37-63.

obrera chilena. En pasajes de su desarrollo se han producido coincidencias con fuerzas de la pequeña burguesía. También debes recordar que en Chile hay partidos de masas que representan genuinamente la ideología de la clase obrera. En la actualidad el pueblo está en el gobierno y desde él lucha por ganar el poder con un programa que es el de la Unidad Popular, y con una vanguardia formada por dos partidos marxistas, Socialista y Comunista, y por otros dos partidos de extracción popular burguesa: Radical y Social Demócrata, y dos movimientos de similar extracción: movimiento cristiano (MAPU) y la Acción Popular Independiente (API). Además, el gobierno cuenta con el apoyo de la clase trabajadora organizada en la Central Única de Trabajadores. Este es un gobierno de clase porque la ideología predominante en él es la de la clase trabajadora. En el gobierno no están representados los intereses de la clase explotadora y, en cambio, en el gabinete hay asalariados, entre ellos, cuatro obreros. Es con este gobierno que la mayoría del pueblo reemplazará a la minoría que lo gobernó hasta este momento. En cuanto al Estado burgués, dentro del momento actual buscamos superarlo. ¡Sobrepasarlo!

DEBRAY: *Pero aquí sigue intacta la democracia burguesa. Ud., digamos, tiene el Poder Ejecutivo.*

ALLENDE: Sí.

DEBRAY: *Pero no el Legislativo, el Judicial, ni tampoco el aparato represivo. La legalidad, las instituciones esas no las hizo el proletariado; la Constitución la hizo la burguesía para sus propios fines.*

ALLENDE: Evidente, tienes razón, pero escúchame un poquito, ya vamos a llegar allá. ¿Qué dijimos en la campaña electoral? Dijimos que si era difícil ganar la elección y no imposible, la etapa entre la victoria y la toma del gobierno iba a ser muy difícil y más difícil todavía era construir, porque nosotros estábamos haciendo un camino nuevo, un camino de Chile para Chile, de los chilenos para nuestro país. Y hemos dicho que aprovecharemos aquellos aspectos de la Constitución actual para abrir paso a la nueva Constitución, la Constitución del pueblo. ¿Por qué? Porque en Chile podemos hacerlo. Nosotros presentamos un proyecto y resulta que el Congreso lo rechaza; nosotros vamos al plebiscito. Te pongo un ejemplo: nosotros planteamos el problema de que no haya más un Congreso bicameral y lo rechaza el Congreso, vamos a un referéndum y lo ganamos, bueno, se acabaron las dos Cámaras y tenemos que ir a la Cámara única como lo hemos planteado. ¿Y a quién va a elegir el pueblo en esa Cámara? Supongo que a sus representantes. Si nosotros realizamos lo que hemos dicho y continuamos lo que estamos haciendo…

DEBRAY: Y hay que reconocer algo, compañero. ¡Ud. después de las elecciones ha ganado muchos votos! Quiero decir partidarios y aliados en el seno del pueblo.

ALLENDE: Yo creo que sí.

DEBRAY: Muchos me lo han asegurado: la Unidad Popular va ensanchando su base de apoyo social. Es un aspecto interesante que en lugar del desgaste tradicional de un «gobierno de izquierda» en el poder, se produzca su fortalecimiento. ¿Ve posible Ud. una mayoría francamente popular y revolucionaria en un momento dado?

ALLENDE: Mira. Nosotros llevamos pocos días, por así decirlo, para tener un desgaste, pero hay una cosa cierta, sí, y es que la reacción, la derecha y aun mucha gente, fíjate tú, mucha gente de izquierda, no creía que íbamos a ganar, primero, y enseguida a realizar lo que habíamos dicho. Y enseguida hemos golpeado duro a la reacción, insistentemente. Reciben un golpe y no se reponen y les damos otro. Por ejemplo, la reforma constitucional para nacionalizar el cobre; ¡imagínate el entendimiento CUT-gobierno; imagínate tú la creación del Consejo Nacional Campesino; la expropiación en Concepción de una empresa textil importante, la nacionalización del acero, la nacionalización del carbón, el proyecto de nacionalización de los bancos! Bueno, Régis, ¿estamos o no estamos buscando el camino que conduce al socialismo? Entonces no es de extrañarse que el pueblo esté presente, nos apoye. Mira, yo te invito esta tarde. Voy a ir a Valparaíso.

DEBRAY: Acepto con mucho interés.

ALLENDE: Hay una concentración pública y ahí vas a ver cómo responde el pueblo.

DEBRAY: Sé que Ud. tiene un contacto privilegiado con las masas…

ALLENDE: El pueblo capta la importancia de las medidas que hemos tomado. Además de las medidas de fondo de tipo económico-social, teníamos un programa inmediato tendiente a mejorar las condiciones de existencia de los trabajadores. Somos el primer gobierno que cumple sus promesas electorales. Por ejemplo, el problema número uno de nuestra infancia es la desnutrición. Propusimos entregarle a cada niño chileno medio litro de leche en forma gratuita y así lo estamos haciendo. Hemos eliminado los diversos tipos de pan y hemos impuesto el corte único para evitar la especulación con los precios. El pan es un alimento básico del pueblo. Chile, como país azotado por una inflación elevada —en 1969 figuró entre los diez países que en el mundo alcanzaron tasas más elevadas de inflación— tiene que proporcionar un reajuste, por lo menos anual, de las remuneraciones de los que viven de un sueldo o un salario. El gobierno de la Unidad Popular, que recibió la herencia de una inflación de un 35%, tiene que reajustar las remuneraciones por ley en 1971. Esta vez el proyecto que hemos presentado al Congreso no es tradicional; se procura convertir esa ley en un elemento que ayude al desarrollo económico. No solo se persigue devolver el poder adquisitivo perdido por los trabajadores, se busca estimular la demanda para acelerar el desarrollo económico interno, que fue detenido por el gobierno burgués de la Democracia Cristiana. No tengas temor, no vamos a olvidarnos de que hemos dicho que vamos camino al socialismo.

DEBRAY: *No. Me doy cuenta de que Chile tiene condiciones muy específicas y de que era necesario transitar por ese camino. Lo importante es que se esté caminando de verdad y en dos meses se ha avanzado mucho. Pero vuelvo a mi pregunta, compañero Allende: los trabajadores detrás de Ud. han conquistado el gobierno, y si le pregunto cuándo y cómo van a conquistar el poder, ¿qué me contesta Ud.?*

ALLENDE: Contesto que lo vamos a conquistar cuando el cobre sea nuestro, cuando el hierro sea nuestro, cuando el salitre sea auténticamente nuestro, cuando hayamos hecho una profunda y rápida reforma agraria, cuando controlemos el comercio de importaciones y exportaciones por parte del Estado, cuando colectivicemos gran parte de nuestra producción, y digo gran parte porque honestamente le hemos planteado al país en el programa que habrá 3 áreas: el área de la economía social, el área mixta y el área privada. Entonces, si esas cosas —hacer válida la soberanía, recuperar las riquezas básicas, atacar a los monopolios— no conducen al socialismo, yo no sé qué conduce al socialismo. Pero el poder indiscutiblemente lo tendremos cuando Chile sea un país económicamente independiente. De allí que nuestra línea esencial, vital, sea antiimperialista como etapa inicial de los cambios estructurales. De allí que el proyecto de más trascendencia es el que permite nacionalizar el cobre, la riqueza fundamental de Chile, y ¿qué piensas tú? ¿No es cierto que está bien?

DEBRAY: Está bien, sí. Sin duda que en este momento el énfasis principal de la acción, el frente de lucha principal, es lo que concierne a la infraestructura económica. Para entenderlo, basta recordar que la fraseología seudosocialista, la demagogia populista, tiene una larga historia en este continente y que se distingue por no tocar precisamente a las bases económicas y financieras del sistema capitalista. Pero no se puede reducir el problema del socialismo al problema de la propiedad de los medios de producción. Ud., compañero presidente, sabe mejor que yo que la nacionalización en sí significa poco. Queda por ver si la nacionalización puede convertirse de un simple acto jurídico por parte del Estado en una verdadera socialización, o sea, en un control y una gestión efectiva y eficaz por parte del Estado, y eso no depende simplemente de la voluntad, sino del desarrollo general de las fuerzas productivas. Queda por ver la naturaleza de clase del Estado que nacionaliza los medios de producción. Queda por ver si las relaciones de poder y de autoridad entre los hombres en los mismos centros de producción cambian realmente, aun después de que sean teóricamente los trabajadores dueños de las fábricas, de la tierra, etc... Usted conoce el eslogan de Lenin: «El socialismo es la electrificación, más los soviets». Podríamos cambiar los términos que no corresponden a la realidad chilena, pero si hablamos ahora de la parte «soviets» y no solamente de la parte «electrificación», de la parte «hombres» y no solamente de la parte «cosas»...

ALLENDE: Es verdad que si el asunto se mira desde el punto de vista de la construcción de la sociedad socialista, una vez superados los decisivos y absorbentes problemas actuales de la constitución y afianzamiento del poder popular y la destrucción de las bases económicas del capitalismo monopolista, son otros los problemas que comienzan a pasar a primer plano. Como tú bien indicas, aparecen los problemas del manejo y crecimiento de las fuerzas productivas socializadas y las nuevas relaciones entre los hombres en la producción y fuera de ella. En relación con lo primero, tú tienes que saber que una de las características del capitalismo chileno ha sido su marcado carácter monopólico, aunque estructurado sobre una base productiva bastante débil. En la industria, por ejemplo, un número inferior al 3% de las empresas maneja más de la mitad de todos los recursos industriales: capital, volumen de ventas, utilidades, etc. Más aún, la mayoría de estas empresas y las de los demás sectores están dominadas por un puñado de no más de medio centenar de grupos industriales, comerciales y financieros. Ahora bien, el Estado de Chile tiene una larga tradición de intervención en la actividad económica, de un contenido capitalista, por supuesto. Multiplicidad de empresas estatales, control de precios y abastecimientos, control total o parcial del comercio exterior, etc. Así, nos encontramos desde este punto de vista, en esa antesala del socialismo que son los monopolios y el capitalismo del Estado. Lo esencial es cambiar el contenido económico-social de su gestión. Para ello necesitamos expropiar los medios de producción que aún tienen carácter privado. La infraestructura de las fuerzas productivas y de su control está, en parte importante, preparada.

DEBRAY: Pero, ¿cómo se darán las nuevas relaciones sociales en este contexto?

ALLENDE: En cuanto a las relaciones entre los hombres, y las formas que sería posible y deseable que adoptasen, tú bien sabes que existe una amplia discusión en los países socialistas y diversos criterios han sido puestos o intentados en la práctica. Entendemos que el asunto no está cerrado, ni mucho menos. No se puede afirmar dogmáticamente «este es el camino»; deberemos hacer nuestra propia experiencia, la que surja de las contradicciones históricas y sociales en que se realice nuestra revolución socialista. Desde luego, existen ciertos elementos que emanan de las experiencias de los demás países, y que son más o menos comunes a muchos de ellos: creación de un nuevo sistema de valores en que se destaque el carácter social de la actividad humana, revalorización del trabajo como la práctica humana esencial; reducción al mínimo indispensable de los estímulos que impulsan la privacidad y el individualismo. Mientras tanto, podemos adelantar que, en la práctica, respecto a la dirección de las empresas que se han expropiado o intervenido, están siendo dirigidas por comités de trabajadores de la fábrica encabezados por el administrador designado por el Estado. Sus objetivos ya no son la obtención de ganancias, sino satisfacer las necesidades presentes y futuras del pueblo. A medida que se constituya el área de propiedad social las formas planificadas de obtención de estos objetivos irán reforzándose.

DEBRAY: Compañero presidente, Ud., como marxista, sabe muy bien que ninguna clase social abandona el poder de buen grado. Ya sabemos que el pueblo no está todavía en el poder, pero al menos está en el gobierno y parecería, para uno que mira de afuera las cosas, que el cambio de gobierno se produjo con mucha gentileza y con mucho estilo. Por ejemplo, cayó en mis manos un artículo reciente del periódico Le Monde, *en el cual se puede leer, textual: «... por primera vez en la historia, el marxismo en Chile se instala cómodamente en el sillón de la democracia burguesa». ¿Han sido de verdad tan cómodas las cosas? ¿Han sido de verdad estos señores del gobierno anterior tan benevolentes con el gobierno de la Unidad Popular?*

ALLENDE: Yo creo que hay una imagen un poco desfigurada respecto a la resistencia de los sectores reaccionarios a que nosotros llegáramos al gobierno. En la etapa electoral recurrieron a todos los medios. Ya el año 58, ya el año 64, la difamación, la mentira, la calumnia, un anticomunismo soez, vulgar, y el año 70 todavía peor... Bueno, ellos se equivocaron, no nosotros. Ellos fueron tan insolentes que creyeron que podían triunfar aún a tres candidatos. Ganamos, pero, Régis, debo decirte, yo le dije al pueblo, te lo acabo de decir hace un instante pero te lo voy a ampliar, ganar es difícil pero no imposible. Ganamos dentro de sus reglas de juego. La táctica nuestra fue correcta, la de ellos equivocada. Pero yo le dije al pueblo: entre el 3 de septiembre y el 4 de noviembre, Chile se va a sacudir más que una pelota de fútbol pateada por Pelé. Se lo dije así, para que el pueblo entendiera. El diario *Le Monde* puede decir lo que quiera, pero la realidad en Chile ha sido muy distinta de eso. Desde el 4 de septiembre, día en que fui elegido presidente, hasta el 3 de noviembre de 1970, fecha en que tomé el mando, yo no fui un hombre que se preparaba para tomar el gobierno, fui prácticamente un director de Investigaciones.

DEBRAY: ¿Durante ese periodo, esa función no estaba en manos de un personero del anterior gobierno?

ALLENDE: Por supuesto que había un director general de Investigaciones, pero que no tenía interés en proteger la legalidad que daba a la Unidad Popular el gobierno. Yo le notifiqué oportunamente a ese funcionario que un poderoso industrial textil había preparado un autoatentado que consistía en hacer explotar una bomba en su hogar para justificar su salida con capitales de

Chile. El jefe policial no tomó medidas y la bomba explotó. Fueron detenidos con posterioridad los autores del autoatentado ante las protestas y denuncias públicas nuestras, pero el magistrado encargado de hacer el sumario los puso en libertad y los sujetos, miembros de un partido político ultrarreaccionario, huyeron de Chile; para que comprendas mejor este caso debo señalarte que la primera fase de la conspiración de los enemigos de Chile y de su clase trabajadora fue la alarmista, para provocar pánico en los sectores más débiles. El terror de estos contribuía a asustar a otros y así podía ponerse en práctica otra fase de la conspiración, que por lo demás fue organizada. Algunos de los que estaban en la organización del plan conspirativo retiraron espectacularmente fondos de los bancos, lo que impulsó a miles de angustiados ciudadanos a retirar los suyos de los centros de ahorro. Radio emisoras y órganos de prensa hablaban del «peligro marxista» y el ministro de Hacienda del gobierno existente, en lugar de llevar la paz a los que estaban verdaderamente alarmados por la campaña de rumores alarmistas, pronunció un discurso destinado a aumentar la falsa imagen caótica del país. En medio de ese clima se puso en práctica la segunda fase de la conspiración, la de los atentados explosivos contra los edificios y obras públicas, viviendas, oficinas, etc. Estuvo a punto de ser volado el aeropuerto internacional de la capital.

DEBRAY: ¿Esta situación se presentaba por primera vez en Chile?

ALLENDE: Lo que te he contado es solo el comienzo. Se inventó una organización para atribuirle los atentados, por supuesto que fue presentada como una organización revolucionaria. Se trataba de culparnos de los atentados. Elementos de la conspiración reaccionaria asesinaron a un policía uniformado que estaba de guardia en un edificio público y dispararon sobre otro al que dejaron grave, que cuidaba la entrada de una embajada extranjera. Dos veces atentaron contra mi vida, pero no consiguieron éxito porque se estrellaron con el celo de la guardia personal formada por compañeros revolucionarios.

DEBRAY: ¿Fue el comandante en jefe del Ejército el que cayó en su lugar?

ALLENDE: La víctima debía haber sido yo. Lamentable y dolorosamente asesinaron al comandante en jefe del Ejército, porque se opuso a participar en la conspiración reaccionaria. Los conspiradores esperaban que el crimen fuera imputado a la fuerza política que yo representaba y que las fuerzas armadas, especialmente el Ejército, reaccionarían políticamente, impidiendo que se consumara la decisión del pueblo de llevarnos al gobierno. El Ejército, por intermedio de sus servicios de informaciones, tuvo de inmediato antecedentes que le permitieron descubrir de dónde había surgido el grupo asesino.

DEBRAY: ¿Ud. sintió la guerra civil como una posibilidad? ¿La vio venir? ¿La temió? ¿La vio pasar de cerca?

ALLENDE: Sí, el asesinato del general René Schneider lo probó. Si acaso los reaccionarios hubieran secuestrado al comandante en jefe del Ejército, indiscutiblemente que habríamos quedado al borde de la guerra civil. Ellos perseguían provocar a las fuerzas armadas para lanzarlas contra el Congreso. No debes olvidar que el atentado criminal se produjo cuarenta y ocho horas antes de que el Parlamento se reuniera en sesión plenaria para pronunciarse constitucionalmente sobre los resultados de la elección presidencial. A esa altura, la Unidad Popular ya tenía los votos del Parlamento para ratificar la victoria obtenida en la elección del 4 de septiembre, con lo que había quedado desterrada la maniobra anticonstitucional que se pretendió hacer con una carta enviada por el candidato presidencial conservador derrotado, Jorge Alessandri. Desaparecida la posibilidad de una derrota de la Unidad Popular dentro de la legalidad, los conspiradores obraron fuera de la ley burguesa. ¿Qué iba a hacer el pueblo? Teníamos que defendernos.

DEBRAY: Así es que no concuerdan con la realidad las apariencias de un juego limpio y democrático por parte de la burguesía. ¿Había resistencia para entregarle la Presidencia?

ALLENDE: Es probable, si no en lo personal; pero por lo menos el régimen existente, y es lógico que así fuera; eso lo sabes tan bien como yo, Régis, en calidad de marxista.

DEBRAY: Se defendieron hasta el último los reaccionarios; agotaron todos los recursos.

ALLENDE: Todos no, porque aún siguen actuando.

DEBRAY: Sí, ya lo suponemos. De ahí hay una pregunta quizá, bueno… no sé si es interesante o no, es: ¿Por qué Ud. tuvo que recurrir por primera vez como presidente de Chile a una escolta política personal?

ALLENDE: Ahora recurrí, como tú lo dices, a un grupo de compañeros porque yo no podía confiar en la policía política de la burguesía. Yo sabía que el director de Investigaciones no hacía nada por descubrir a los responsables del atentado. Más todavía, tenía la seguridad de que él conocía a alguno de ellos; entonces, tenía que buscar yo los medios que me garantizaran, no por mi vida, sino por lo que ella representaba. Entonces tengo aquí conmigo a estos compañeros jóvenes, cada uno con una probada trayectoria revolucionaria, todos militantes y voluntarios, para organizar y controlar la seguridad mía.

DEBRAY: No se sentía antes protegido por el gobierno…

ALLENDE: No, ya te lo he dicho; los jefes de Investigaciones estaban comprometidos.

DEBRAY: ¿Es cierto que hubo un atentado contra familiares suyos frente a su casa y que Ud. tuvo que salir apuntando con pistola en mano porque el gobierno había «olvidado» ponerle carabineros?

ALLENDE: Lo que te puedo decir, eso sí, es que yo tenía confianza en el comportamiento que asumirían las fuerzas armadas. Respecto al Cuerpo de Carabineros, debes tomar en cuenta que las instrucciones las imparte el gobierno, por intermedio del ministro del Interior. Además, cuando se produjo uno de los atentados contra mi hogar, había un solo policía en la puerta y no tenía órdenes de disparar. El grupo atacante era numeroso, lo que me obligó a salir a la calle con una pistola para disparar y amedrentar a sus integrantes, los que huyeron.

DEBRAY: ¿Cómo interpreta Ud. que para recorrer los primeros trechos de la llamada «vía pacífica», justamente Ud. tuvo que pedir ayuda personal a hombres y métodos que poco tienen que ver con esta línea?

ALLENDE: Eso en la forma, porque si nos separan diferencias tácticas, la finalidad es la misma. Tú sabes perfectamente que ahora en Uruguay los Tupamaros, que nada tienen que ver con el Partido Socialista ni con el Partido Comunista, están respaldando la posibilidad de una unidad amplia en Uruguay. Tú sabes perfectamente bien que aquí casi hubo un enfrentamiento entre el MIR y el Partido Comunista, como consecuencia de las elecciones universitarias en Concepción, y yo me movilicé y contribuí a que esto no ocurriera.

DEBRAY: Precisamente, siendo este el papel suyo, de unificador de las izquierdas, de catalizador de las fuerzas populares, hace pensar que alguna razón tendrán actualmente el enemigo interno y externo para intentar eliminarlo; si a Ud. le ocurre eso, ¿qué es lo que cree que pasará?

ALLENDE: Es una creencia espontánea de la clase burguesa pensar que es la personalidad la que hace la historia. Esta creencia la alienta la reacción y la convierte en táctica; de ahí que uno de los procedimientos preferidos sea el de recurrir a estos métodos, pero contra eso tenemos un pueblo consciente. Yo creo que el camino aparentemente más fácil para la reacción sería este, pero en realidad las consecuencias serían aún peores para ellos. No es que yo sea un dique de contención, pero indiscutiblemente si eso ocurriera, quedaría en evidencia que la reacción no acepta las reglas del juego que ella misma estableció. No pueden imputarme cargos. ¿Las libertades? Existen todas: de reunión, de opinión, de prensa, etc. El proceso social no va a desaparecer porque desaparece un dirigente. Podrá demorarse, podrá prolongarse, pero a la postre no podrá detenerse. En el caso de Chile, si me asesinan, el pueblo seguirá su ruta, seguirá su camino con la diferencia, quizá, de que las cosas serán mucho más duras, mucho más violentas, porque serán una lección objetiva muy clara para las masas de que esta gente no se detiene ante nada. Y yo tengo contabilizada esa posibilidad, no la ofrezco ni la facilito, pero tampoco vivo con la preocupación de que esto pueda ocurrir.

DEBRAY: Si ellos salen de la legalidad, ¿Ud. también saldrá de la legalidad? Si ellos dan golpes, ¿ustedes también darán golpes?

ALLENDE: ¿Si ellos nos dan un golpe ilegal? Nosotros daremos cien, con toda seguridad.

DEBRAY: Algo me ha sorprendido: es la relativa desmovilización popular. Concretamente, hubo una gran movilización popular cuando las elecciones, pero hoy día parece haber decrecido; entonces, ¿cómo piensa transformar esta masa electoral en una masa revolucionaria?

ALLENDE: Mira, antes de contestarte quiero decirte que lo que tú dices es real, pero solo en cierta medida. Las poleas de transmisión con el pueblo son los partidos de masas de la Unidad Popular, que tienen formación revolucionaria. Por otra parte, yo no he cortado mis vínculos directos con el pueblo. Incluso he dialogado con los pobladores, con los mineros, con los trabajadores de la tierra, en los mismos centros donde viven y trabajan. Contamos además con medios de comunicación, no todos están en manos del enemigo. No estamos tan desposeídos de medios.

DEBRAY: ¿No entrañará el riesgo de una generosidad casi paternalista en la conducción del proceso? Yo no quiero decir caudillismo, sino que Ud. deja caer decretos sobre un pueblo que los acepta, que los entiende por lo general, pero que no los ha pedido, concretamente, que no los ha buscado. Ud. dice «el pueblo es gobierno». «El pueblo entró en la Moneda». ¿Cómo piensa hacer realidad esa consigna?

ALLENDE: En primer lugar, tú tienes que ubicarte en Chile; tú sabes que la lucha de los Partidos revolucionarios es una lucha de decenios. No puedes ignorar que en Chile se produce un fenómeno, singular en el mundo, de la unidad de los partidos Socialista y Comunista, ambos marxistas, en la acción; fenómeno que tiene más de quince años de existencia, lo que no ha quitado a cada uno de esos partidos sus propias características. Tampoco puedes olvidar que hay un programa común de las seis fuerzas políticas que forman la Unidad Popular, y que ese programa señala el camino del socialismo. El proceso chileno no es paternalista ni carismático. En lo personal, yo he dicho y lo reitero, que yo no soy un mesías ni un caudillo. Bien sabemos que desde la base nace el poder popular. Concretamente, tú no puedes olvidar que las organizaciones de base de la Unidad Popular son sus comités encargados de vigilar el cumplimiento del programa.

DEBRAY: Pero tengo entendido que estos comités nacidos al calor de la lucha preelectoral han decaído bastante desde el triunfo.

ALLENDE: Sí, en eso te encuentro razón, pero han decaído porque han estado, por decirlo así, solicitados por toda una gama de responsabilidades que es bastante amplia; tenemos, por ejemplo, a los CUP preocupados en la distribución del medio litro de leche; a los CUP preocupados en el campo agrario, en la tierra; en los problemas de los fundos, de la Reforma Agraria; fíjate tú, en este instante por ejemplo, tenemos más de 65 predios agrícolas tomados por la CORA (Corporación de la Reforma Agraria) y, por lo tanto, hemos tenido que hacer que vayan interventores, hemos tenido que destacar gente, y los CUP de esa zona, de esos fundos, están actuando; no te olvides de que acabamos de expropiar el más grande latifundio que existía, posiblemente, en el mundo: 528 000 hectáreas. La participación, efectivamente —y yo concuerdo contigo— debería ser más activa, debería estar más organizada.

DEBRAY: En eso noto, quizá, una contradicción. Se nota arriba una gran dedicación, una gran voluntad revolucionaria, y abajo se nota un empuje de masas desposeídas de los pobladores, de los sin casas, pero desorganizada, y a veces caótica. ¿Cómo piensa establecer una relación organizada entre ese empuje de masas desde abajo y los responsables de la dirección nacional?

ALLENDE: Las correas de transmisión existen, son los partidos, los gremios, las organizaciones de masas. Por lo demás, en todas las etapas iniciales de un proceso revolucionario se producen estos desajustes. Acuérdate de los cambios incontrolables cuando la Reforma Agraria en la Unión Soviética, acuérdate también de Cuba, al principio…

DEBRAY: Precisamente, Ud. habla de Cuba; yo noto algo que todo el mundo nota cuando llega acá: en Chile hay una tradición, un gran nivel político, un capital político en el pueblo, que Cuba nunca lo tuvo en el 59, por razones que se explican fácilmente. ¿Cómo piensa aprovechar esta superioridad en cuanto a condiciones subjetivas se refiere?

ALLENDE: Si no lo aprovechamos sería un crimen político, y has de saber que ese capital es la gran reserva, es la base sobre la cual descansa la posibilidad de derrotar a nuestros enemigos internos y al imperialismo. Un pueblo concientizado, un pueblo organizado, un pueblo de este nivel político, puede alcanzar las metas que se fije.

DEBRAY: El pueblo es uno solo y la Unidad Popular son seis movimientos o partidos. ¿Ud. ve posible más adelante su unidad en una sola fuerza política?

ALLENDE: Eso se verá en la marcha. La dinámica del proceso revolucionario irá creando las condiciones en un determinado momento para algo así como el Partido de la Revolución. Pero hablar en estos instantes de un partido único de la revolución es una utopía. En un tiempo más, si las condiciones van madurando, quizá sea necesario, pero vamos primero operando dentro de la realidad que tenemos. Esta realidad es dinámica. La unificación será más fuerte mientras más fuerte sea la resistencia de los enemigos. Y ellos seguirán resistiendo. Todavía están conspirando. Régis, te digo por ejemplo que tenían una fecha: el 5 de febrero, para actuar, nosotros lo sabemos, tenemos las medidas tomadas, eso sí, que la respuesta no la van a olvidar.

DEBRAY: Además, un partido único no puede instaurarse desde arriba por una medida burocrática, es necesario ante todo que las masas lo anhelen y tengan necesidad de él.

ALLENDE: Evidente, evidente. Mira, Julio César no era marxista, pero decía: «Apresúrate lentamente».

DEBRAY: Sí, para ir lejos hay que caminar a su paso. Estamos de acuerdo. Pero lo decía porque extraña un poco esta dispersión entre los movimientos de la Unidad Popular. Por lo menos algunos se pueden agrupar, se pueden aunar, ¿no? ¿No piensa, por ejemplo, que la izquierda católica se pudiera agrupar más en torno al programa popular?

ALLENDE: Evidente. No faltan las organizaciones políticas, como por ejemplo el MAPU (Movimiento de Acción Popular Unitaria) —desprendido de la Democracia Cristiana—, susceptibles de canalizar el pensamiento auténticamente cristiano, el pensamiento cristiano de izquierda. Tú lo has visto y es importante. La Iglesia Católica chilena tiene actitud hoy como no la tuvo ayer; como no la tiene la Iglesia en otras partes del mundo. Acuérdate de los obispos en Medellín y de la actitud que observaron ahí los propios obispos chilenos. Tú no estabas aquí para la transmisión del mando, pero te advierto una cosa, el Te Deum ecuménico ha sido de lo más significativo y de lo más profundo. Además, aquí hay un sector llamado de la Iglesia Joven, en plena actuación, en la cual militan sacerdotes que viven en las poblaciones y que acompañan a los pobladores en las tomas de terrenos. En este instante, acaba de publicarse en los diarios un llamado de los católicos en la provincia de Cautín, denunciando a los terratenientes. Hay un germen revolucionario en esas capas católicas que uno no se imagina. Eso tenemos que organizarlo, eso tenemos que unificarlo.

DEBRAY: Actualmente, y hasta hoy, se ha dado a la legalidad burguesa un uso revolucionario, ¿pero hasta cuándo se podrá actuar así? Hasta hoy se ha revertido la legalidad burguesa en contra de la misma burguesía. Esa ha sido la gran fuerza de la Unidad Popular, no haberle regalado la legalidad al adversario. Teniendo en cuenta que Chile, como se dice, es un país que cuando hay problemas se llama al «abogado», mientras que en otros se llama al «comandante». Pero vendrá el momento en el cual el adversario de clase va a salir de su propia legalidad, y eso ya está ocurriendo. Los latifundistas en Cautín están armados, provocando enfrentamientos violentos contra los trabajadores del agro. Existe un serio contrabando de armas desde el extranjero; existen serios planes subversivos en curso. ¿Cómo piensa responder a la sedición?

ALLENDE: Nosotros la vamos a contener, primero, con la fuerza de su propia ley. Además, a la violencia reaccionaria vamos a contestar con la violencia revolucionaria, porque sabemos que ellos van a romper las reglas del juego. Por el momento, para quedarnos sobre el terreno de la legalidad, te voy a decir lo siguiente: ya lo he dicho, la realidad chilena permite cambiar la Constitución dentro de la Constitución, mediante plebiscitos. Hay además un hecho bastante paradojal, difícil de entender. Las leyes que dicta el pueblo no son las que dicta la burguesía. Por ejemplo, la burguesía dictó leyes que a los ocupantes de tierras los sancionaban muy levemente, estimando que eran solo faltas; en cambio a los que recuperaban sus tierras la ley por la fuerza los sancionaba profundamente. En otras palabras, la ley no castiga a los que ocupan tierras, la ley castiga a los que recuperan tierras. ¿Por qué? Porque los latifundistas ocupaban tierras de los indígenas, entonces el indígena que iba a recuperar su tierra caía bajo la violencia de la ley, mientras que los latifundistas iban apoderándose de ellas. Los legisladores burgueses no pensaron que la ley la aplicaría un día el pueblo ni, concretamente, que el pueblo iba a aplicarles su propia ley a ellos mismos. ¿Qué sucede actualmente? Que los que ocupan las tierras son los indígenas, los mapuches por ejemplo, y los que quieren recuperarlas por la violencia son los propios latifundistas expropiados. Entonces, el código de ellos los sanciona a ellos duramente. Por supuesto, hay limitaciones: ahí está el caso del fallo de la Corte Suprema.

DEBRAY: Pero los tribunales son de ellos también.

ALLENDE: Claro, en parte. Y debo decirte que una parte de ellos, la más alta, la Corte Suprema, acaba de propinarle un golpe al pueblo y por lo tanto a su gobierno. La Corte Suprema ha absuelto de toda investigación a un senador que, a juicio de los representantes de la justicia militar que pesquisa el asesinato del comandante en jefe del Ejército, debe ser interrogado, porque hay fundadas sospechas de su comportamiento. La casi totalidad de los ministros de la Corte de Apelaciones —17 de 18— acogieron el planteamiento de la justicia militar, pero la mayoría de los miembros de la Corte Suprema lo desechó. Este tribunal, especialmente, ha sido acusado de ejercer sus tareas con un evidente comportamiento clasista. Esta vez han impedido que se investigue con más energía y profundidad un delito en el cual participaron conspiradores de la reacción. No se trata de sancionar solo a los autores materiales del crimen del comandante en jefe del Ejército, hay que descubrir a los instigadores, al cerebro que lo planeó.

DEBRAY: *¿Van a tolerar que se destape íntegramente el caso Schneider?*

ALLENDE: Nosotros estamos haciendo todo lo que está de nuestra parte para que así sea y creo que lo vamos a conseguir. Además, no te olvides, está de por medio la dignidad y el prestigio del Ejército de Chile. Se asesinó al general Schneider porque se opuso a la conspiración política preparada por la reacción. No vamos a tolerar que se eche tierra sobre su muerte. El comandante en jefe representó la tradición de las fuerzas armadas de Chile. Su asesinato obliga a sancionar a los verdaderos culpables.

DEBRAY: *¿Y usted cree que los que ayer defendieron a los opresores pueden hoy defender a los oprimidos, sin cambiar ellos mismos, sin ser sustituidos por otros? O sea, ¿el mismo tribunal que ayer dictaba una ley en favor de los latifundistas, hoy la puede dictar en favor de los campesinos sin cambiar el tribunal? Las mismas fuerzas represivas que ayer expulsaban de los fundos a los que los invadían, ¿pueden ahora estar del lado de los oprimidos?*

ALLENDE: Hemos propuesto reformas en los tribunales de justicia y las haremos en las leyes. Usaremos la reforma constitucional para impulsar los cambios en el Poder Judicial y ya te he dicho que el rechazo total de un proyecto de reforma de la Carta Fundamental nos llevará al plebiscito, que ganaremos, porque le demostraremos al pueblo que las modificaciones están destinadas a hacerle justicia por primera vez. Respecto a las fuerzas encargadas de mantener el orden, tienen que estar de acuerdo en que ahora el orden lo imponemos nosotros. Nosotros lo dijimos durante la campaña electoral: las otras fuerzas políticas, reaccionarias, llevan el desorden social en sí mismas, porque están llamadas a mantener una situación que protege a una minoría, sobre los intereses aplastados de la mayoría. El nuestro es gobierno de la mayoría. No pienses esquemáticamente en el número de votos obtenidos por la candidatura de la Unidad Popular. Hoy la plataforma popular del gobierno es mayor y lo será más aún, porque despertará la conciencia del pueblo. Yo he hablado con los oficiales del Cuerpo de Carabineros y les he dicho que queremos una fuerza policial respetada por la ciudadanía, porque estará dedicada exclusivamente a protegerla de los delincuentes. Les he dicho que no pueden los carabineros usar sus armas contra el pueblo. A poco de asumir el gobierno, llamé a retiro a un general de Carabineros, porque asistió impasible al castigo que le dieron unos latifundistas y sus representantes a un funcionario encargado de aplicar la Reforma Agraria hasta causarle la muerte. El jefe de Carabineros estaba en medio del incidente, con doscientos hombres de tropa y no hizo nada. Seguramente si se hubiera tratado de campesinos que agredían a los patrones, habría procedido violentamente. La anécdota que te cuento ocurrió antes de que llegara al gobierno la Unidad Popular, pero el ascenso a general del policía que no actuó se propuso durante mi gobierno y fue entonces cuando yo pedí su retiro. Estimé que el jefe no había cumplido y destaqué como un ejemplo típico su actitud, y estoy seguro de que el Cuerpo de Carabineros, todos sus miembros, han entendido. El país también lo ha entendido.

DEBRAY: Un compañero dirigente de su partido, el Partido Socialista, me dijo recién: «Si no hay traición, hay enfrentamiento». Entiendo que si no hay enfrentamiento, es que habrá traición. ¿Usted cree inevitable el enfrentamiento?

ALLENDE: Es que el enfrentamiento se produce todos los días, en todos lados, Régis, de modos muy distintos.

DEBRAY: Me refería a un enfrentamiento frontal, decisivo, digamos, una ruptura abierta del estado actual de coexistencia. Un levantamiento militar, por ejemplo...

ALLENDE: Eso dependerá de ellos. Si ellos lo provocan, se va a producir, pero en todo caso, nosotros esperaremos que ellos lo provoquen. Estamos vigilantes. Por lo demás, no somos mecanicistas. Los enfrentamientos se vienen sucediendo en la historia de Chile desde tiempo atrás. Tú debes conocer la larga lista de las masacres de obreros y campesinos bajo el dominio de la burguesía. ¿Qué se entiende por enfrentamiento? Los hay mientras hay contradicciones en la sociedad, y estas subsisten incluso en el periodo de la construcción del socialismo. Separemos los antagonismos; esos están determinados por la lucha de clases.

DEBRAY: *Y se va a agudizar la lucha de clases en este momento.*

ALLENDE: Evidente. Tú comprendes que una vez aplicada la reforma constitucional nuestra, se hieren intereses poderosos internos y foráneos. Esa gente afectada por la Reforma Agraria o por la nacionalización de los bancos, va a querer reaccionar. Antagonismo, ¿cómo no va a haber? Si nosotros partimos del hecho esencial de la lucha de clases. Sabemos que los grupos oligárquicos, los grupos plutocráticos, los grupos feudales, tratarán de defender sus privilegios a toda costa.

DEBRAY: *Ud. habla de sectores «feudales», de «oligarquía». Aquí puede haber una duda, ¿será solo una cuestión de terminología, quizá? Pero permítame aprovecharla para precisar algunos conceptos. Dejemos de lado la cuestión, muy discutida, de saber si pueden de verdad llamarse feudales o semifeudales los latifundistas que producen para el mercado interno e internacional, o la cuestión de saber hasta qué punto no se encuentran totalmente entremezclados y asimilados los intereses propiamente capitalistas industriales, si estas dos ramas de una economía dependiente no forman finalmente una sola clase. Pero, compañero presidente, tenía entendido que Chile no es Perú, y que la revolución socialista va más allá que el reformismo militar. ¿O es que se trata de liquidar los sectores retrasados e ineficientes de la burguesía para hacerlos saltar en un desarrollo capitalista moderno? ¿Liquidar las estructuras arcaicas de la explotación agraria para modernizar el país, para ofrecerles un mercado interno más amplio a los pujantes empresarios industriales del porvenir?*

ALLENDE: El término «sectores feudales» lo utilizamos de manera corriente para referirnos a lo que con más propiedad deberíamos calificar como formas retrasadas del capitalismo «agrario chileno». Este retraso se refiere al hecho de que estas relaciones capitalistas aún presentan rasgos de antiguas prestaciones personales, cada vez menos importantes; una gran concentración de la propiedad de la tierra deriva en su mayor parte de la estructura de la propiedad del siglo pasado. Asimismo, como es frecuente en estos casos, subsiste una proporción importante de pequeños campesinos de distinto tipo. Es claro, también, que existen relaciones fuertes entre una parte de estos terratenientes y parte de los grupos monopólicos urbanos. Aunque en términos muy generales pudiera decirse que forman una sola clase, debes reconocer que existen entre ellos diferencias en cuanto al papel que juegan en el funcionamiento del capitalismo dependiente chileno. Esto ha dado pie en muchas oportunidades a diferencias políticas importantes, como en el caso de la Reforma Agraria. Ahora, en cuanto a la explotación agraria, Régis, no me parece claro el fundamento de tu inquietud si se analiza el problema en el contexto de la totalidad de los cambios que plantea nuestro programa. Como tú sabes, desde hace mucho tiempo, la Reforma Agraria en sí y tomada aisladamente se reconoce como una de las llamadas transformaciones democrático-burguesas. Es decir, correspondería a una transformación que es capaz de impulsar el propio capitalismo. Sin embargo, en el mundo moderno, cuando el conflicto fundamental ha pasado al campo de las transformaciones socialistas, se acepta que una Reforma Agraria profunda, que corresponde a los intereses de los obreros agrícolas y diferentes capas de campesinos medios y pequeños, no puede ser llevada a cabo sino por una alianza de todas las clases y capas oprimidas encabezadas por la clase obrera. En nuestro caso, la Reforma Agraria no se realiza en un contexto de mantenimiento del capitalismo, sino de la destrucción de su núcleo fundamental: el capitalismo monopólico nacional y extranjero. No se trata por tanto de desarrollar el capitalismo en el campo, sino de hacer caminar las relaciones agrarias hacia el socialismo por los caminos más adecuados al carácter de nuestro proceso histórico y social. Se comprende que estas formas serán, en algunos casos, de las más avanzadas, tipo propiedad de todo el pueblo; en otros, diferentes modalidades cooperativas; y por último, también deberá considerarse la permanencia de sectores de pequeña propiedad privada.

DEBRAY: ¿Se puede decir, entonces, compañero presidente, que Ud. está cumpliendo su programa político y que, en consecuencia, el enfrentamiento es continuo?

ALLENDE: Permanente. Hasta si ellos lo buscan; si ellos lo provocan, habrá un enfrentamiento constante y nosotros, sicológicamente, estamos preparados para ello. No te quepa la menor duda.

DEBRAY: No me cabe la menor duda. Pero no se trata de que Ud. y los gobernantes estén preparados, sino de que el pueblo esté también en condiciones de resistir, esté consciente de que acá, mañana mismo, se puede llegar a situaciones extremas.

ALLENDE: Se lo hemos dicho, se lo hemos repetido, el pueblo lo sabe. Además, ya te he dicho, la lucha nuestra es de hace muchos años, hay una gran conciencia, no es una sorpresa para el pueblo. Lo que hay que hacer es señalarle algunos ejemplos, como el caso del fallo de la Corte Suprema. Yo como presidente y jefe de un poder del Estado, de acuerdo con la actual legalidad, tengo que respetar lo que otro poder del Estado resuelva, pero, indiscutiblemente, eso no me impide hacer el análisis de lo que significa, la repercusión política que tiene, sobre todo cuando es un fallo que a mi juicio limita las posibilidades de una amplia investigación de la muerte del general Schneider, o sea, de una conspiración de la derecha. Y esa es mi obligación, decírselo al pueblo, decirle que esté en una actitud más vigilante, y lo voy a hacer.

DEBRAY: En el caso del asesinato del general Schneider, ¿son muchos los implicados?

ALLENDE: Es toda una confabulación. Es toda una madeja de gente que representaba, indiscutiblemente, y representa, los altos intereses económicos, los intereses políticos de la derecha reaccionaria.

DEBRAY: ¿Una confabulación simplemente nacional?

ALLENDE: Nacional e internacional.

(Esta entrevista se realizó en dos partes, la primera en Santiago y la segunda en Valparaíso, donde el gobierno popular trasladó, el día 6 de enero, su sede de verano, día en el cual el presidente Allende realizó una concentración de masas frente a la Intendencia de Valparaíso).

DEBRAY: Compañero Presidente, algo me llamó la atención en su discurso de ayer en Valparaíso. Dirigiéndose a esta gran masa que había ahí, Ud. dijo: «No voy a referirme con espíritu crítico a la Corte Suprema. Allá ellos, acá nosotros». ¿Qué quiso decir Ud., que no le entendí muy bien, la verdad?

ALLENDE: Bueno, en el programa de la Unidad Popular se establece que nosotros queremos un Poder Judicial auténticamente independiente, y un

Poder Judicial que sea generado en estructura superior por la Cámara Única. Además, los partidos, especialmente el Partido Socialista, han criticado las resoluciones de la Corte Suprema y prestigiosos abogados, entre ellos el presidente del Consejo de Defensa Fiscal, Eduardo Novoa, han señalado que la Corte Suprema prácticamente, cada vez con mayor frecuencia, dictamina en un porcentaje, repito que alto, a favor de los sectores poderosos. En el fondo, para entendernos bien, es necesario repetir que, lógicamente, se hace una justicia de clases.

DEBRAY: O sea, los trabajadores tal vez están en el poder, pero es indudable que en el Poder Judicial no.

ALLENDE: No están, evidentemente.

DEBRAY: ¿No le inquietan estos frenos?

ALLENDE: Sí, me inquietan profundamente. Pero como nosotros hemos dicho —y yo me mantengo dentro de los cauces de esta modalidad que no es la nuestra—, mientras exista esta independencia y tres poderes, yo he dicho con cierta ironía que no voy a criticar. Pero tú sabes perfectamente que en realidad lo critiqué y expliqué el significado político que contenía este fallo, señalando que a mi juicio el hecho de haber dejado sin desaforar al senador, prácticamente dejaba sin poder investigar a los posibles grandes delincuentes y agregué que gastaría todas mis energías, todas mis fuerzas, desde el punto de vista jurídico y legal y administrativo, para encontrar a los verdaderos culpables.

DEBRAY: Otra cosa que me ha llamado la atención, compañero presidente, es esa frase que repite bastante: «Nosotros somos cauce, no somos dique». Pero tengo la impresión de que a pesar de todo han sido un poco dique cuando se trata de contener las tomas de terrenos, los movimientos de pobladores, los campamentos de los sin casas. Claro está, no el dique del Sr. Frei, porque hasta ayer la Democracia Cristiana mandaba a los Carabineros, al Grupo Móvil, hoy en día disuelto por el gobierno popular, a expulsar por la fuerza a los que invadían terrenos, a los sin casas, a los campesinos sin tierra, como lo prueban las masacres del fundo San Miguel o la de Puerto Montt. Por supuesto, un gobierno popular no puede actuar así, sin embargo, no alienta estas medidas de hecho por parte de los desposeídos.

ALLENDE: El 4 de septiembre culminó una parte del proceso histórico en que está empeñado el pueblo y el 3 de noviembre dimos otro paso al tomar el gobierno, por eso constantemente le pedimos a los compañeros que entiendan que ellos son gobierno y que, por lo tanto, deben tener confianza en lo que estamos haciendo y en lo que vamos a hacer.

El problema es claro, Régis. Yo no conozco ningún país que haya solucionado integralmente su problema de la vivienda, inclusive Cuba. Por otra parte, estoy en desacuerdo con muchos aspectos de la reforma urbana, porque creo que no entregan la solución, y eso se lo he dicho a Fidel. Nosotros queremos encarar el problema de la vivienda. Queremos dar techo pero no deseamos que se pretenda encontrar solución al problema de un modo anárquico. En la actualidad hay miles y miles de pobladores que no tienen agua potable en sus casas y las mujeres, especialmente ellas, deben ir hasta los lugares donde hay llaves de agua para llenar sus tarros. Si nosotros permitimos que siga extendiéndose la ciudad con viviendas improvisadas de un piso, no habrá cómo tender redes de agua potable, de alcantarillado, de energía eléctrica, de gas, de alumbrado, etc., hasta cada casa. Imagínate el costo que tendrían esas casas si se lograra dotarlas de todos los servicios. En algunas partes no podemos construir casas de un piso aisladas; tendremos que construir bloques porque es conveniente aprovechar la altura.

DEBRAY: Y, ¿hay apego acá a las casas individuales?

ALLENDE: Hay apego a la «casa individualista».

DEBRAY: Quizá constituya eso, como patrón ideal de determinado modo de vida, un síntoma de cómo influye cierta ideología burguesa en las masas.

ALLENDE: Y hay que vencer eso. Eso no se puede vencer sino sobre la base del raciocinio: que la gente entienda, se dé cuenta. Tú comprendes perfectamente: es lo mismo que ha pasado en las tomas de tierra, ¿no? Hay una ley, esa ley indiscutiblemente nos va a llevar a nosotros a expropiar las haciendas, todos los fundos que superen el mínimo establecido por la Ley, o sea, 80 hectáreas de regadío para la región central. Pero resulta que a nosotros lo que nos interesa es hacer la Reforma Agraria por zonas, para poder al mismo tiempo mantener la producción que Chile necesita de acuerdo con el clima, la región y el suelo. Si se hace en una forma anárquica, no hay posibilidad de planificar la producción. Este es el problema, de ahí que la gente tiene que entender que somos cauce y no dique. Nunca podrá ser dique el pueblo si el pueblo es gobierno. Es peor aún que algunos trabajadores se tomen casas terminadas o por terminar que pertenecen a otros trabajadores. No podemos aceptar el enfrentamiento entre miembros de una misma clase. Eso es anarquía.

DEBRAY: *Volviendo al tema del enfrentamiento de clase, y si le puedo dar mi opinión personal, dudo un poco que la derecha sea tan tonta como para provocar una ruptura inmediata. ¿No le parece más temible la resistencia sorda de la burguesía, no le parece que esta última está librando una especie de guerra de posición y de desgaste sutil, tenaz, más que una guerra de movimiento?*

ALLENDE: Hay que cuidarse de las dos cosas y las dos cosas se están usando, Régis: guerra de posición y guerra de movimiento.

DEBRAY: *La guerra de movimiento parece haberla perdido hasta el momento. Pero la guerra de posición sigue en todos los campos, no únicamente desde el campo de la lucha política. Existen muchos canales de infiltración o de envolvimiento capaces de frenar o de encauzar, dentro de los moldes burgueses, un gobierno popular, un proceso revolucionario. Ud. sabe cuáles son: puede ser un cierto respeto exagerado a la legalidad, puede ser el oportunismo, la carrera para los puestos públicos, la burocratización, la despolitización de las masas abandonadas a la ideología dominante, o sea, la burguesía; puede ser muchas cosas. Y quizá el peligro mayor, porque es menos visible, sea este, un progresivo acaparamiento desde adentro por parte del adversario de clase. ¿Cómo ve el problema, compañero presidente?*

ALLENDE: Ya te diré, compañero Debray. Yo creo que ellos tienen dos posibilidades, una es la que has ampliado, que podríamos llamar la guerra de posiciones. La de movimiento hasta ahora la han perdido, pero ello no significa que hayan renunciado. Es un problema de correlación de fuerzas. Si ellos pudieran ya lo habrían hecho.

DEBRAY: *¿De ahí que recurran a otros caminos, a otros métodos?*

ALLENDE: Al camino que tú has señalado.

DEBRAY: Que no se da solamente en Chile, como Ud. sabe, se puede dar hasta en ciertos países socialistas...

ALLENDE: Diré, más avanzados. Contra eso no cabe más que un gran proceso de concientización; la permanente presencia de las masas, la participación directa en los problemas, la actitud vigilante, la conciencia de los militantes de los partidos. Indiscutiblemente que ello es un factor que va a dinamizar el proceso, y al mismo tiempo la resistencia misma, solapada o directa, junto con crear más vínculos en la unidad, al mismo tiempo impide, ¿verdad?, porque estamos luchando, tenemos un adversario, tenemos el enemigo y si constatamos actitudes en determinadas formas, es lógico que actuemos, que procedamos, que intensifiquemos la acción. Tú has visto que nosotros estamos golpeando diariamente, nadie se imaginaba que nosotros íbamos a tener relaciones diplomáticas con China tan luego, ¿verdad? Tampoco creyeron que tendríamos relaciones comerciales con Vietnam y Corea, y ya las tenemos.

DEBRAY: ¿Y quizá en este sentido el traslado del gobierno a una capital de provincia, Valparaíso, tiene conexión con esta lucha contra el anquilosamiento burocrático?

ALLENDE: Evidente, porque resulta que en las provincias se siente más que en otra parte la lentitud, las faltas de operatividad, la falta de realizaciones; esto de los gobiernos anteriores. Nosotros tenemos que romperlo y por eso he dicho ayer que el gobierno popular tiene que cambiar de forma y de fondo. Aquí vamos a estudiar con la comunidad los problemas fundamentales y aquí vamos a encarar sus soluciones y aquí vamos a hacer partícipe al pueblo, vamos a discutir con la gente. Nosotros queremos que participen los obreros, que participen los campesinos, los intelectuales, los universitarios...

DEBRAY: En este sentido de participar Ud. dijo muchas veces que el poder nace de la base. ¿Y serán suficientes los partidos políticos que integran la Unidad Popular? ¿No piensa que los CUP tal como están podrían revitalizarse, podrían darse otro contenido para que la gente vaya adquiriendo mayor control sobre sus condiciones de vida, empezando por controlar los precios y la calidad de los artículos de consumo, elevándose poco a poco a plantearse tareas de defensa de la revolución?

ALLENDE: Tenemos que organizar los frentes de masas, tenemos que organizar los frentes de los sin casa, de los sin trabajo, tenemos que organizar a las compañeras para que controlen precios y calidad de los alimentos. Ayer, Régis, he dicho, por ejemplo, que el Comando Nacional Femenino ya tiene 20 000 compañeras que van a trabajar como voluntarias en el campo de la salud y van a entregar 160 000 horas mensuales de trabajo voluntario; es muy importante. Es la participación activa: van a estar ayudando en la distribución de la leche, en combatir los basurales, en dar instrucciones a las madres para evitar las diarreas infantiles y, en este caso, para ver, por ejemplo, el precio y la calidad del pan.

DEBRAY: *¿Llegaron a la congelación de los precios, en lo general?*

ALLENDE: Hasta ahora ha sido absoluta.

DEBRAY: *En un discurso suyo he leído estas frases: «No vamos a tener ahora ningún gran duque de la administración pública»; y también dijo Ud. algo que no entendí muy bien: «No admitiremos aristocracia obrera». ¿A qué se refería? Quizá a algo que desde el extranjero sorprendió mucho: los mineros de Chuquicamata han votado por la derecha y eso es difícil de entender. La clase obrera votó por Allende, pero en algunos sectores…*

ALLENDE: Muy pocos…

DEBRAY: *Muy pocos… donde estaban las empresas imperialistas han votado por Alessandri.*

ALLENDE: No, solamente en Chuqui; no así en El Salvador, no así en El Teniente. Más todavía, te puedo decir, en un centro de votación de El Salvador hay 300 inscritos, votaron 300 y saqué 300 votos, vale decir que el 100% de esos trabajadores votaron por el candidato de la Unidad Popular.

DEBRAY: *Eso es lo lógico, lo anormal es lo de Chuquicamata. ¿Cómo se explica eso?*

ALLENDE: Mira, se explica así: tú sabes perfectamente bien que las organizaciones sindicales en nuestro régimen democrático burgués establecen indiscutiblemente zonas de poder y de influencia. La vida de los trabajadores del cobre es dura, un alto porcentaje es víctima de enfermedades profesionales, como la silicosis, pero compensan esa realidad con altos salarios que las empresas extranjeras que explotan el cobre de Chile están en condiciones de darles, porque esa riqueza ofrece grandes utilidades a los inversionistas. Durante años se les ha dicho por parte de las empresas norteamericanas que el día en que ellas se vayan de Chile su situación se desmejorará, sobre todo a los que ganan dólares. Nosotros tenemos escasos medios de comunicación para destruir el esquema mental impuesto por la clase dominante sobre una masa de la población que vive en gran medida aislada. Es conveniente que recuerdes que Chuquicamata es prácticamente una ciudadela aislada, que es dominada por la empresa imperialista. Debemos luchar por darles conciencia a esos trabajadores; no basta que los trabajadores tengan organización sindical, es necesario que ella esté impregnada de la ideología revolucionaria. Los partidos Comunista y Socialista han luchado por mantener la Central Única de Trabajadores con una ideología revolucionaria. También luchamos por que el pueblo se organice. Es útil que sepas que solo el 20% de la clase trabajadora está organizada en Chile y que, por lo tanto, la inmensa mayoría no lo está.

DEBRAY: *¿Y cómo se explica la falla?*

ALLENDE: Se explica esa falla por muchas razones: primera, porque los gobiernos no han facilitado el que se organicen los trabajadores, porque eran gobiernos de clase. Tú comprendes que un trabajador organizado es un trabajador que tiene mucha más fuerza, que tiene conciencia y que va a luchar en mejores condiciones por sus derechos.

DEBRAY: *Tampoco han dado personería jurídica a la CUT, ¿quizá?*

ALLENDE: Tampoco se la dieron, nosotros se la tendremos que dar.

DEBRAY: *¿Ud. piensa aumentar la base sindical, promover la sindicalización?*

ALLENDE: Total. De todos los trabajadores. Inclusive los trabajadores del sector público estarán agrupados. Tienen una organización, pero no está reconocida. Bueno, esto tiene matices distintos, porque, por ejemplo, yo he leído que en Francia hasta la policía a veces ha amenazado con huelga. En Chile, por ejemplo, dentro de la concepción democrático-burguesa, sería inadmisible para los chilenos. Nosotros vamos a organizar auténticamente a los servidores del Estado también, pero sobre la base de que ellos tienen que tener conciencia de que este es su gobierno y de que no es necesario ir a la huelga para solucionar sus problemas. ¿Qué es lo que sucede? Que los obreros del cobre, por ejemplo, tienen y tenían conciencia de que una huelga del cobre es una huelga que ningún gobierno puede tolerar que dure 60 o 30 días, porque es un golpe brutal para Chile, porque los ingresos del Fisco disminuyen ostensiblemente. Entonces, lógicamente tienen la gran palanca de que su huelga repercute en la economía nacional y todos los gobiernos tienen que solucionar este problema. ¿Y cómo lo solucionan? Bueno, dándole la satisfacción a un porcentaje muy grande de lo que piden. Entonces, ¿de qué se trata? De que los obreros tengan conciencia, los obreros del cobre, de que no porque están ahí en el cobre ellos van a obtener una situación de excepción muy superior al resto de los trabajadores. Es que tienen que tener la misma posición de clase, tienen que darse cuenta de que nosotros necesitamos su trabajo y su producción para Chile, y que la inmensa mayoría de ellos tienen salarios que les permiten vivir. Esa es la realidad, ahí está el fondo en que radica; es un problema de conciencia, de toma de conciencia de clase de la gente. Y en el cobre un porcentaje de los trabajadores pasa a empleados y un porcentaje de esos empleados, aun siendo chilenos, son pagados en dólares. Algunos de esos empleados pagados en dólares, no digamos que todos, vendían los dólares en la bolsa negra y, por lo tanto, cuando uno pregunta: ¿cuánto ganaba Ud.? No te dicen el equivalente en escudos sobre la base del cambio oficial, sino del cambio negro.

DEBRAY: En cuanto al papel de los trabajadores en los centros de producción, Ud. ha indicado que en el área de la economía social el gobierno iba a dar participación en los directorios de empresas a los trabajadores.

ALLENDE: Empleados y técnicos, además.

DEBRAY: Eso, para mí, siendo Ud. socialista y conociendo las antiguas aunque remotas relaciones del Partido Socialista con Yugoslavia, me hace pensar en autogestión.

ALLENDE: No, no. Nosotros hemos planteado como una necesidad la presencia de obreros, empleados y técnicos en un porcentaje en la dirección de las empresas, pero eso no implica que esas empresas vayan a tener independencia para producir. Nosotros somos y seremos partidarios de una economía centralizada. Las empresas tendrán que desarrollar los planes de producción que fije el gobierno. Ahora, para que esto se cumpla, entonces discutiremos con los trabajadores. Pero no les vamos a entregar una empresa a los trabajadores para que ellos produzcan lo que quieran, y para que ellos obtengan desde el punto de vista personal —porque tienen una empresa que es vital para el país— mayores ingresos que el resto. Estamos en contra de esa política.

DEBRAY: Entonces, apuntan hacia una planificación democrática en el sentido de planificación centralizada, pero con participación de los trabajadores en las decisiones.

ALLENDE: Evidente, evidente, y si no, no habría posibilidad del desarrollo que necesitamos; es por eso que les hemos dicho a los trabajadores, por ejemplo cuando fui al carbón —lamento mucho no haberte invitado, me hubiera gustado sobremanera hacerlo para que hubieras visto esa zona y hubieras hablado con los trabajadores—, bueno, ¿qué les dije a los trabajadores? Ahora están produciendo ustedes 3 800 toneladas de carbón al día, necesitamos producir 4 700, o sea, que hay que aumentar la productividad, ustedes tienen que trabajar más, producir más, sacrificarse más. Pero no se van a sacrificar para que se llene los bolsillos la empresa particular para la cual trabajan. Ahora van a trabajar para ustedes, porque les vamos a mejorar sus condiciones, les vamos a dar viviendas de seres humanos, les vamos a hacer canchas deportivas, les vamos a dar leche a sus niños, les vamos a dar facilidades de educación y van trabajar para el país; el carbón nosotros lo necesitamos como fuente todavía energética, sobre todo frente a la disminución del petróleo. Esa es la importancia que tiene que los trabajadores conozcan los problemas nacionales y que se den cuenta de que tanto el que está en el carbón como el que está en el cobre, como el que está en la tierra, está trabajando para Chile y no está trabajando en función únicamente de sus problemas personales o gremiales.

DEBRAY: Darles una conciencia de poder, finalmente.

ALLENDE: Evidente, y al mismo tiempo de lo que el poder representa para el país y para los planes de desarrollo económico nacionales.

DEBRAY: O sea, sin sentido economicista, sin regionalismos, sin egoísmos. En este aspecto de la relación de la clase obrera, como clase hegemónica o no, con el poder político, se puede ampliar un poco más. Ud. sabe perfectamente que una cosa es tener la dominación política y otra cosa es poder ejercer la dirección social, moral y cultural de una sociedad determinada. Hasta con un poder político obrero puede ser que la burguesía siga imponiendo su ideología, controlando las normas culturales y los comportamientos sociales. Sin hablar de la permanencia del aparato institucional, que impide la expresión directa de la iniciativa de las masas, puede causar inquietud la permanencia de este dominio difuso que hasta lo puede conservar una clase dominante después de haber sido nacionalizadas bancas y empresas monopolistas. Claro que esos no son problemas del momento, pero lo que sí se plantea como un problema de actualidad es la cuestión de los medios de comunicación de masas. Estos no responden al poder popular sino al poder del dinero, hoy como ayer. Me imagino que hasta para Ud., como gobernante, debe ser un rompecabezas.

ALLENDE: Sin discusión que lo es. Y tenemos conciencia de esto.

DEBRAY: ¿Y piensa resolverlo de alguna manera?

ALLENDE: Desde luego lo hemos dicho, no vamos a suprimir los medios de difusión que tiene la burguesía, pero vamos a cohesionar los nuestros, vamos a aumentar los nuestros, vamos a hacer indiscutiblemente que los que trabajan en esos medios, que los periodistas, tengan conciencia de que ellos serán los primeros beneficiados con el cambio y que, por lo tanto, cuando trabajen también en esas empresas burguesas y vean que la política de ellos está en contra del gobierno popular, ellos sean dentro de esas empresas un factor de resistencia. Cuando el periodista se sienta amparado y sepa que va a encontrar trabajo en otra parte, ¿no es cierto?, le podrá decir a una empresa: «Mire, yo no publico esta información» o «yo hago la información tal como es». Por ejemplo, Régis, tú estuviste ayer en la concentración de Valparaíso, pues bien: es la primera vez en la historia de Chile, y tú sabes que yo he sido candidato muchos años, muchas veces, he sido candidato dieciocho años a la Presidencia, pero es la primera vez que se publica en *El Mercurio* una fotografía auténtica en que se ve la masa que había en una concentración popular.

DEBRAY: ¿Primera vez?

ALLENDE: La primera vez. Si la concentración se hubiera efectuado antes de las elecciones, habrían dicho 3 000 personas, y en realidad dijeron 40 000, y fue así.

DEBRAY: Pero como candidato, ¿Ud. hizo concentraciones donde había todavía más gente?

ALLENDE: Sí, pero, ¿qué decían? Se reunieron unos miles de personas, punto. 3 000 o 5 000 partidarios de Allende lo proclamaron en Talca, Valparaíso, en Concepción. Hubo concentraciones de 100 mil o 300 mil personas, pero jamás hicieron referencia a la magnitud de ellas.

DEBRAY: Pero además de las concentraciones que Ud. hace… Yo no le voy a hacer una crítica, por supuesto, porque yo soy su huésped aquí, sin embargo le voy a hacer una pregunta.

ALLENDE: Tienes derecho a hacer la crítica porque el diálogo es así.

DEBRAY: Le voy a hacer una pregunta: hay tres canales de televisión. ¿Ud. no puede dirigirse al pueblo en forma menos rígida y menos formal que cuando anuncia decretos? ¿Por qué no se dirige al pueblo más frecuentemente para explicar las medidas, discutirlas con los periodistas, con representantes del pueblo, frente a todo el mundo, en un tono de conversación, como el que está teniendo conmigo en el momento actual?

ALLENDE: Por dos razones: primero, porque los gobiernos anteriores abusaron de lo que nosotros llamamos aquí las cadenas nacionales obligatorias de radio y televisión, que en un momento determinado llegaron a cansar a la gente y las repudió. Segundo, porque yo no quiero que sea esto una acción personal del compañero presidente. Entonces les he dicho a los ministros, a los funcionarios responsables, que ellos participen en los foros o que ocupen los canales de televisión para exponer los problemas atingentes a su ministerio. Hay que tomar en cuenta, eso sí, que de las televisiones que hay solo una es del Estado; además, el consejo directivo limita bastante las posibilidades del gobierno y esa ha sido una maniobra de tipo político en contra nuestra; y los otros dos pertenecen a las universidades; así es que tenemos que tomar en cuenta y en consideración estos hechos. De todas maneras, yo creo que semanalmente participan uno o dos ministros en foros, en espacios de televisión, y yo mismo, sin trazarme un plan determinado, creo haber participado más o menos cada diez días. Ahora he estimado conveniente hacerlo, por ejemplo, sobre todo en los casos de importancia.

DEBRAY: Una cuestión paralela a esta. En los actos, los discursos, en la poca y discreta propaganda de la Unidad Popular, hay un tema que vuelve frecuentemente: «el hombre nuevo», «la nueva moral», etc. ¿No le parece utópico hablar de eso en una sociedad todavía tan medularmente burguesa, en la cual no han sido removidos todavía los antiguos moldes escolares?

ALLENDE: No. Nosotros comprendemos perfectamente bien que la gente educada, formada por esa sociedad, nada tiene que ver con lo que llamamos «el hombre nuevo». La ideología dominante en la actual sociedad es la burguesa, pero es obvio que lo que llamamos «el hombre nuevo» surgirá y vivirá de la nueva sociedad. En la actualidad debemos realizar una labor pedagógica para ir despertando en la conciencia de la masa el interés por formar una nueva sociedad, y mostrando cuál será la imagen de sus componentes, «los hombres nuevos». Ahora, la vanguardia cuenta con revolucionarios que se esfuerzan por comportarse como tales y es evidente que ellos ponen las primeras piedras de la base donde tendrá que asentarse «el hombre nuevo». Por eso no considero utópico hablar de este último, lo sería si soñáramos en que este hombre va a vivir en la actual sociedad. El hombre nuevo va a surgir en la nueva sociedad.

DEBRAY: Cuyas bases económicas quedan todavía por construir…

ALLENDE: Y saldrán cuando «el hombre nuevo» sea producto de la nueva convivencia social, cuando haya sociedad sin clases, cuando haya sociedad socialista.

DEBRAY: O sea, no son todavía problemas de actualidad, ¿no es cierto? Pero hablemos de los problemas de actualidad. Las nacionalizaciones han sido muy importantes, han golpeado el cobre, el carbón, y en fin, industrias claves, pero lo que no he entendido es la política de indemnización que piensa seguir el gobierno popular. Se ha dicho que es un costo muy alto, para mantener la paz social y, hasta aquí quizá, la paz para Chile. El pago de estos montos de indemnización a las compañías extranjeras, ¿cómo Ud. concibe este problema? ¿No se irá a empobrecer el Estado en provecho de los monopolios?

ALLENDE: En primer lugar, no hay ninguna indemnización que esté comprometida en el caso del cobre. Estudiaremos la situación de cada una de las industrias, el capital inicial, las utilidades obtenidas, las sobreutilidades en relación con el mercado, las amortizaciones, etc., y nosotros podemos pagar desde cero hasta mil millones de dólares. Ese es problema nuestro, lo que no queremos nosotros, y lo hemos dicho, honestamente, es que se diga que vamos a usurpar y apropiarnos de lo ajeno. Ahora, por ejemplo, en el caso de la opción que les hemos dado a los accionistas de los bancos, lo hemos hecho fundamentalmente para que los pequeños accionistas no se sientan lesionados. No podemos abrirnos todos los frentes, sería torpe e injusto; por último, si gastamos algunos millones en eso, estamos ahorrando en lo que puede ser una resistencia, un enfrentamiento o una carrera armamentista a que nos veríamos obligados en estas circunstancias.

DEBRAY: A propósito, y hablando de armamentos: tengo entendido que no les sobran a los revolucionarios aquí, ni siquiera para defenderse. En una revista francesa de izquierda vi un titular sobre Chile: «La revolución sin fusiles». ¿Le parece realista la fórmula? Por supuesto, todavía no han salido los fusiles en Chile, o muy poco, ¿pero es una revolución la que ocurre aquí?

ALLENDE: Yo creo que sí. Estamos en una etapa revolucionaria. ¿Cómo podemos definir una revolución? Desde el punto de vista sociológico, yo te lo pregunto.

DEBRAY: Quisiera aclarar una duda de inmediato. Para mí la cuestión de la violencia no es piedra de toque.

ALLENDE: Está bien. Es el paso del poder de una clase minoritaria a una clase mayoritaria.

DEBRAY: Eso es, al menos como definición mínima.

ALLENDE: Aquí la clase minoritaria ha sido desplazada por el pueblo, y eso ha sido evidente porque si la clase minoritaria estuviera en el poder no habría nacionalización del cobre, no habría nacionalización de los bancos, no habría Reforma Agraria, Régis.

DEBRAY: Pero hasta el momento el gobierno, digamos, no se ha salido de los marcos reformistas. Ha actuado dentro de la Constitución que le había legado el gobierno burgués anterior, ha actuado dentro de los moldes institucionales establecidos; por eso se puede decir que hasta el momento hubo reformas. Ya, por 1905, creo, Lenin distinguía entre dos tipos de reformas, las que están destinadas a abrirle el camino a la revolución socialista y las que están destinadas a frenarla, desviarla y, al final, impedirla.

ALLENDE: Yo creo que nosotros hemos utilizado aquellas que le abren el camino a la revolución. Ahora tenemos la pretensión, y eso sí que lo voy a decir con modestia, de estar creando un camino distinto y demostrar que se puede hacer estas transformaciones profundas que son el camino de la revolución. Nosotros hemos dicho que vamos a crear un gobierno democrático, nacional, revolucionario y popular que abriera el camino al socialismo, porque el socialismo no se impone por decreto. Todas las medidas que hemos tomado son medidas conducentes a la revolución.

DEBRAY: *Pero mi pregunta tenía un poco de trasfondo histórico. Aquí ya hubo Frente Popular, aquí ya hubo gobiernos democráticos. Ud. fue ministro de Pedro Aguirre Cerda. Después vino lo de González Videla que terminó mal, cuando empezó la guerra fría; después vino el populismo de Ibáñez. Eso ha fracasado y no solamente aquí, sino en todo el continente.*

ALLENDE: ¿Qué ha fracasado? Perdóname, ¿qué ha fracasado?

DEBRAY: *Ha fracasado una cierta política colaboracionista, conciliadora, basada en una simple combinación electoral entre partidos obreros y partidos, digamos, demoburgueses. ¿Cómo Ud., compañero presidente, puede asegurar que los fracasos de antes no se van a repetir en 1971 en Chile?*

ALLENDE: En primer lugar, Régis, yo sostengo que el Frente Popular chileno no fracasó, por una razón muy sencilla: porque el Frente Popular chileno no se propuso la transformación revolucionaria de Chile. Pedro Aguirre Cerda levantó un programa que decía: «Pan, techo y abrigo». Es decir, un programa humanitario pero no un programa de contenido social ni mucho menos revolucionario. El que piensa que Pedro Aguirre Cerda era un revolucionario, tendría que decir, claro, fracasó, pero resulta que nosotros entramos conscientemente a colaborar para ser la izquierda del sistema, es decir, del sistema capitalista. En cambio, el programa lo dice, hoy luchamos por transformar y cambiar el sistema, es completamente distinto. En el Frente Popular, Régis, había un partido hegemónico, un partido mayoritario, el partido de la burguesía, el Partido Radical. Hoy día, en la Unidad Popular no hay ningún partido hegemónico, pero están presentes dos partidos de la clase obrera, partidos revolucionarios, partidos marxistas. Por último, compañero, el presidente de la República es un socialista. Entonces, las cosas son distintas y yo he llegado a este cargo para hacer la transformación económica y social de Chile para abrirle camino al socialismo. La meta nuestra es el socialismo integral, científico, marxista.

DEBRAY: *Además, el contexto internacional es distinto.*

ALLENDE: Evidente. ¿Cuándo vamos a llegar? Yo he estado el año 53 en China. ¿Cuántos años llevaba China en revolución?

DEBRAY: *Tres o cuatro años.*

ALLENDE: Un poco más, creo yo.

DEBRAY: *¿No entró Mao en Pekín en enero de 1949?*

ALLENDE: Bueno, ¿qué había, por ejemplo, en Shanghai? Existían empresas mixtas. Todavía está Hong Kong. Todavía en Shanghai los ingleses tienen ventajas en las aduanas. Todo el mundo sabe que China, la República Popular, podría terminar en veinticuatro horas con Taiwán, con Formosa. ¿Y por qué no lo hace? Porque sencillamente sería poner en peligro la paz del mundo y su propia revolución. ¿Por qué Fidel no toma Guantánamo? ¿Alguien va a pensar que Fidel no quisiera que los americanos no estuvieran ahí? ¿Por qué no lo toma?

DEBRAY: *Pero que quede bien en claro que yo no soy partidario de este tipo de medidas, por supuesto. ¡No pretendo siempre jugar el papel de ultraizquierdista! Creo que Ud. tiene toda la razón en medir su paso, en escoger su ritmo. La cuestión principal sobre la cual se opera la discriminación no es el uso de la violencia física, bajo tal o cual forma, la cuestión principal es: ¿cuál es la fuerza social motriz del proceso? ¿Cuál es la clase que asume la dirección del proceso?*

ALLENDE: El proletariado; eso es, la clase obrera.

DEBRAY: *Si es así y si sigue así y si se consolida así esta situación, luego entonces, garantías hay. Es hablar de las garantías constitucionales…*

ALLENDE: Que tuvimos que dar, nos significaba alcanzar el gobierno sin desmedro de nuestro programa.

DEBRAY: *¿Era absolutamente necesario? ¿Era imprescindible negociar este «estatuto de garantías democráticas»?*

ALLENDE: Sí, por eso lo hicimos. Sigo convencido de que fue correcto producir ese estatuto de garantías, pero es conveniente aclarar que no es justo usar la palabra negociación, por cuanto nosotros no cedimos una línea de nuestro programa de gobierno. Ubícate en el periodo en que se produjo ese estatuto y lo medirás como una necesidad táctica. Hemos hablado bastante del dramático periodo comprendido entre el 4 de septiembre y el 24 de octubre. Piensa en un Chile castigado por la llamada «campaña del terror», como se llamó al proceso de amedrentamiento sicológico del pueblo impuesto por sus enemigos. Esa campaña corría a parejas con el asombro del mundo que miraba a este pequeño país para decir: «Por primera vez un marxista gana el gobierno en una elección». Un sector del Partido Demócrata Cristiano, con uno de sus líderes a la cabeza, Radomiro Tomic, llegó a la conclusión de que si ese partido no entregaba los votos de senadores y diputados para producir una mayoría que reconociera nuestro triunfo, Chile iría a la guerra civil. Ese sector propuso, entonces, que se reconociera la victoria de la Unidad Popular a cambio de un estatuto de garantías. Por un lado dijeron que nosotros, teñidos por la ideología de la clase revolucionaria, provocamos terror, pero al mismo tiempo agregaron que no podían ser responsables de la guerra civil. Así salió el estatuto. Léelo y compáralo con nuestro programa de gobierno, para llegar a la conclusión de que no cambiamos ni una coma del programa. En ese momento lo importante era tomar el gobierno.

DEBRAY: *Hagamos una retrospectiva más. Siendo así y siendo el programa de la Unidad Popular conocido desde antes de las elecciones, su personalidad, siendo conocida también, su trayectoria política en los últimos tiempos muy conocida, ¿cómo explica Ud. que la burguesía, bueno, que la derecha, o que el adversario, digamos así, se haya dividido en dos candidaturas? Yo sé que mi pregunta es un poco mala, porque finalmente el programa de Tomic tiene mucho parecido al programa suyo, pero ¿cómo explica Ud. la desunión de la derecha frente a una izquierda que ya se sabía a dónde iba?*

ALLENDE: Algo de eso conversamos ayer cuando estábamos en Santiago. Ya te dije que en esto intervinieron diversos factores, un factor que indiscutiblemente no se puede medir en la experiencia de otros países. El hecho es que la derecha chilena pensó primero que la Democracia Cristiana no podía ganar por los errores que había cometido, por su indefinición, porque no satisfizo ni al sector propiamente tradicional derechista ni menos al sector de izquierda. Entonces se basaron en un nombre —porque si no hubiera existido Jorge Alessandri, la derecha no hubiera levantado un candidato que pudieran magnificar; creyeron en el mito y Alessandri fue también muy favorable para que esta creencia se hiciera general—. La figura de Alessandri para ellos llenaba, rebalsaba todas las fronteras, era una luz indefinible. Alessandri ganaba por ser Alessandri. Tú comprendes una cosa: en este país, por ejemplo, la historia señala que los hombres, los nombres, pesan extraordinariamente. El padre de Alessandri llenó cincuenta años de la historia de Chile; Ibáñez llenó cuarenta años de la historia de nuestro país; entonces, Jorge Alessandri, que había sido presidente y actuó en política desde la época de su padre, también estaba presente en la historia de la nación cuarenta años o más. Y modestia aparte, yo que estoy aquí ahora recién, también he tomado parte en la historia de Chile desde hace treinta años.

DEBRAY: ¿No esperaban el éxito popular?

ALLENDE: ¡Ah, no! Jamás.

DEBRAY: ¡Quizá habría que inventar una nueva ley de la historia — o una antiley —, que sería la ley de las sorpresas! Cuando sucede algo importante en la historia es siempre por sorpresa.

ALLENDE: Por sorpresa, no. Sobre las condiciones de fondo inciden circunstancias particulares y temporales.

DEBRAY: Y el factor sorpresa ha jugado acá, ha tenido un papel importante.

ALLENDE: Pero te advierto una cosa, es increíble que la derecha haya dejado que el factor coyuntural juegue, porque ellos tenían la experiencia del año 64. Ellos sabían que si hubieran ido tres candidatos, yo habría sido el presidente el año 64, y la prueba está en que retiraron su apoyo al entonces candidato de derecha y apoyaron a Frei.

DEBRAY: ¿Cómo llama eso: ceguera?

ALLENDE: Soberbia. En el caso de la derecha, insolencia. Y, en general, insuficiente comprensión del proceso de contradicciones entre sectores sociales.

DEBRAY: Sí. Quizá también entra en juego una convulsión social generalizada en Latinoamérica, una toma de conciencia antiimperialista, una toma de conciencia del agotamiento del sistema capitalista en los países dependientes que se hace sensible en muchos sectores de la misma burguesía. Creo que Tomic es un producto, digamos, de esta radicalización de la pequeña burguesía.

ALLENDE: Exacto, nadie puede discutir eso. En muchos aspectos el programa de Tomic tenía puntos amplísimos de contacto con nosotros y, para alguna gente, tenía algunos puntos más avanzados que nosotros.

DEBRAY: Compañero presidente, permítame ahora ampliarle mi expectación. Ud. sabe que el leninismo nada tiene contra los compromisos, siempre y cuando estos compromisos tácticos resulten útiles a la estrategia revolucionaria del proletariado, siempre y cuando sean imprescindibles y no comprometan el desarrollo ulterior de la lucha de clases. Los términos de conciliación dentro de los cuales se ha desarrollado el actual proceso corresponden, sin duda, a las condiciones objetivas y específicas de Chile. El problema ahora es saber si estos términos pueden o no propiciar la continuación del mismo proceso: o sea, ¿cómo se puede pasar sin ruptura de la legalidad burguesa a otro tipo de legalidad más democrática, más revolucionaria, más proletaria? Hay muchos ejemplos en la historia en que una clase social para evitar su derrocamiento prefiere sacrificar un dedo o dos para salvar la mano y el brazo. Uno puede preguntarse, entonces, si se va a encajonar al proletariado y sus aliados dentro de las instituciones burguesas, apaciguándolos con reformas por aquí, reformas por allá, o si se podrá, en un momento dado, romper estos moldes para crear una democracia proletaria? ¿Es el proletariado el que va a imponerse a la burguesía, o es la burguesía quien va a ir poco a poco reabsorbiendo y amoldando al proletariado dentro de su mundo? Es sin duda esquemático, pero en el fondo mi pregunta sería: ¿quién se está sirviendo de quién? ¿Quién le toma el pelo a quién? Para decirlo brutalmente y de manera un poco provocadora quizá…

ALLENDE: ¡No creo que un compañero me provoque con una pregunta!

DEBRAY: Bueno, eso se dice de mí, que soy un provocador profesional, compañero presidente.

ALLENDE: ¡Yo no me dejo provocar!

DEBRAY: La pregunta es importante.

ALLENDE: Y la respuesta es breve: el proletariado.

DEBRAY: Es una apuesta hasta el momento, porque como Ud. lo sabe y lo ha explicado, los frentes populares ya no se dan ni se pueden repetir.

ALLENDE: No, es que esto no es un frente popular, hay que entender ese problema.

DEBRAY: ¿Cómo llamarlo: Frente de Trabajadores? ¿Frente de la Patria?

ALLENDE: Frente de Trabajadores, Frente de la Patria, Unidad Popular, pero con una columna vertebral en que la clase obrera es indiscutiblemente el motor, porque aunque no hay la hegemonía de un partido, los Partidos Socialista y Comunista son indiscutiblemente los partidos que representan al 90% de los trabajadores, vale decir, obreros, campesinos, empleados, técnicos y profesionales. Bueno, entonces la pregunta es: ¿quién se va a servir de quién? Aun aceptando la forma de la pregunta: el proletariado, y si no fuera así, yo no estaría aquí. Yo estoy trabajando para el socialismo y por el socialismo.

DEBRAY: Su respuesta me convence. Cuanto más que el proceso chileno actual se desarrolla en un contexto internacional definido y que la correlación de fuerzas a nivel mundial ha cambiado mucho desde los años del Frente Popular, de la preguerra. Hay que recalcar eso ya que son muchos los que dicen afuera: «Chile es la Inglaterra de América Latina». «Esa gente es buena, son como nosotros, no son tropicales, no les gusta la violencia», etc. Pero tengo entendido que el proceso chileno se ubica a sí mismo dentro de la lucha antiimperialista mundial. ¿Es cierto o no?

ALLENDE: Sí.

DEBRAY: Ud., por ejemplo, ¿participó personalmente en la Conferencia Tricontinental en La Habana?

ALLENDE: Fui presidente de la delegación chilena y fui yo quien propuso la OLAS.

DEBRAY: ¿Y no reniega de sus posiciones, por supuesto, actualmente?

ALLENDE: No.

DEBRAY: ¿El Chile popular sigue estando dentro de la Tricontinental?

ALLENDE: Perdón...

DEBRAY: Quiero decir, no dentro de la organización Tricontinental, sino, ya que hemos hablado de eso, dentro de la lucha antiimperialista que se libra en los tres continentes, sin perjuicio, por supuesto, de la lucha proletaria y anticapitalista que se desarrolla en las mismas metrópolis.

ALLENDE: Perdón, yo quiero ser bastante claro, sobre todo, frente a un compañero como tú. A la Tricontinental fue un grupo o una delegación que representaba a los partidos Socialista y Comunista. Entonces, socialistas y comunistas participamos en la Tricontinental, y yo planteé la creación de la OLAS porque existía la Afroasiática y yo estimaba que faltaba en América Latina una organización regional que fuera el otro pie de un trípode: la asiática, la africana, la latinoamericana. Ahora, como yo planteé eso, siempre sostuve que la OLAS no podía ser el comando supranacional revolucionario.

DEBRAY: Por supuesto. Sería tener una visión idealista de un proceso muy completo que no se maneja como un ejército, con un estado mayor moviendo fichas sobre un mapa.

ALLENDE: Exacto, yo siempre sostuve que la OLAS tenía que ser un organismo de información, de coordinación y de solidaridad. Y tanto es así, que siendo presidente del Senado dije rotunda y categóricamente que no era presidente de la OLAS, pero sí que estaba en el directorio de las OLAS y que no renunciaba a él aun si me censuraran por eso, y no se atrevieron a censurarme. Por ejemplo, la Democracia Cristiana no tenía autoridad para censurarme porque ellos tienen una organización internacional. Entonces, yo te puedo contestar: el gobierno chileno no está en la OLAS. ¿Por qué? Porque en el gobierno chileno hay partidos como el Radical que no estuvo en la OLAS, el MAPU que no estuvo en la OLAS, pero los comunistas y los socialistas siguen en la OLAS, y como yo soy socialista diría: seguimos en la OLAS. Además, honestamente, la OLAS aquí no ha tenido gran vida.

DEBRAY: No, la OLAS ha sido, digamos, una etapa. Pero lo que puede sorprender es que el gobierno chileno se mantenga dentro de la Organización de Estados Americanos, esa misma OEA que Fidel llamó hace poco un prostíbulo. Entonces, ustedes entran en el prostíbulo. A lo mejor no se entiende muy bien por qué, cuando en el Programa de la Unidad Popular, que no es un secreto para nadie, que se regaló a todo el mundo antes de las elecciones, decían que iban a denunciar a la actual OEA y que el gobierno popular tendería a la creación de un organismo realmente representativo de los países latinoamericanos. ¿La contradicción es de apariencia o de fondo?

ALLENDE: Mira, Régis. Yo contribuí a redactar este programa, pero indiscutiblemente si tú miras el contexto de Latinoamérica y ves, ¿no es cierto?, la mayoría de los gobiernos —y no quiero meterme a opinar mucho porque soy presidente de Chile— tú comprenderás que es muy difícil imaginarse que pueda crearse un organismo auténticamente representativo de los pueblos latinoamericanos, sin que por lo tanto estuviera presente Estados Unidos. Ahora bien, en esas circunstancias creo que renunciar a una tribuna es el más craso error. Además, el caso de Cuba es distinto porque a los cubanos los echaron de la OEA.

DEBRAY: Pero se niegan a volver ahí.

ALLENDE: Evidente. ¿Por qué? Porque Fidel Castro y Cuba han sufrido las consecuencias de la política imperialista. Cuba dejó la OEA cuando prosperó otra fase del plan para aislarla y quebrarla económicamente, la que se concretó en la resolución que no contó con el voto favorable de Chile, de expulsarla del seno de la OEA. El cerco económico hecho por Estados Unidos a Cuba se hizo sin acuerdo de la OEA, ha sido por determinación del Departamento de Estado norteamericano, entonces, los términos con que juzgue Fidel a la OEA los entiendo. Ahora, nosotros sabemos perfectamente bien las limitaciones que tenemos, pero yo digo que para nosotros es necesario, es indispensable, usar esa tribuna para plantear nuestros puntos de vista y para señalar que la OEA debe cambiar.

DEBRAY: Y de esta manera quizá podrán tener un papel positivo a medida que van cambiando las cosas, y las cosas cambian rápidamente en este continente. Ahora bien, en cuanto a sus relaciones con Estados Unidos, ¿tienen razones para temer un empeoramiento? ¿Qué es lo que esperan?

ALLENDE: Si nos sometemos a la historia, es cierto que podemos temer muchas cosas. La experiencia de Latinoamérica al respecto es dramática, y es sangrienta. Pudiéramos hablar de la política del garrote o de la política del dólar, del desembarco de marinos, ya lo sabemos. Ahora bien, nosotros también pensamos que Estados Unidos como pueblo y como nación está hoy día viviendo etapas muy diferentes a las de antes. Ellos tienen profundos problemas internos. No solo el problema de los negros, tienen el problema de sectores obreros, de estudiantes, de intelectuales, que no aceptan la política de agresión. Además, ellos se han concitado la repulsa mundial con su actitud en Vietnam, por lo tanto, les es más difícil proceder en América Latina. Nosotros no tenemos ninguna actitud agresiva contra el pueblo norteamericano.

DEBRAY: *Y la agresión vendrá de ellos, si es que tiene que venir.*

ALLENDE: Por eso digo: de parte nuestra, ni siquiera es verbal. El señor Nixon es presidente de Estados Unidos y yo soy presidente de Chile. Yo no tendré un término despectivo contra el Sr. Nixon, mientras el Sr. Nixon respete al presidente de Chile. Si ellos rompen con esto, que es una obligación, si una vez más van a hacer tabla rasa de la autodeterminación, de la no intervención, se van a encontrar con una respuesta digna de un pueblo y de un continente.

DEBRAY: *Lo saben, de tal modo que no creo que cometan disparates, pero hay otras formas de agresión: económicas, bloqueo...*

ALLENDE: Yo creo que no lo van a hacer; primero, porque, como te digo, nosotros hemos procedido dentro de las leyes chilenas, dentro de la Constitución. Por eso sostuve yo, Régis, que la victoria por los cauces electorales era la derrota para determinada política, porque a ellos sí que les amarraba las manos.

DEBRAY: *Era quitarle toda legitimidad a cualquier intervención. Pero cuando se trata de intervenir, la verdad es que no se preocupan mucho de las leyes internacionales. Finalmente, ¿en qué reside para Ud. la lección del proceso chileno? ¿Cuál es la lección para Latinoamérica, en su concepto?*

ALLENDE: La lección es que cada pueblo tiene su propia realidad y frente a esa realidad hay que actuar. No hay recetas. El caso nuestro, por ejemplo, abre perspectivas, abre caminos. Hemos llegado por los cauces electorales. Aparentemente se nos puede decir que somos reformistas, pero hemos tomado medidas que implican que queremos hacer la revolución, vale decir, transformar nuestra sociedad, vale decir, construir el socialismo.

DEBRAY: Ud. sabe cómo en el marco latinoamericano su imagen está siendo utilizada para contraponerla a la de Fidel y la del Che. ¿Qué piensa Ud. de los que dicen que lo que acaba de pasar en Chile desmiente la tesis de la guerra del pueblo, la validez de la lucha armada, digamos, en otras partes?

ALLENDE: Lo he dicho aun antes de nuestra victoria. La lucha revolucionaria puede ser el foco guerrillero, puede ser la lucha insurreccional urbana, puede ser la guerra del pueblo, la insurgencia como el cauce electoral, depende del contenido que se le dé. Entonces, frente a algunos países no hay otra posibilidad que la lucha armada: donde no hay partidos, donde no hay sindicatos, donde hay dictadura, ¿quién va a creer en la posibilidad electoral? No hay ahí ninguna perspectiva electoral. Y esa gente, estos revolucionarios, tienen que llegar hasta el final.

DEBRAY: Personalmente he visto, he sentido su victoria como un aliento para seguir luchando, sea como sea.

ALLENDE: Evidente, lo has interpretado bien.

DEBRAY: Mi muy poca experiencia política y mi poco conocimiento de Latinoamérica me han permitido notar que hay muchos gobiernos por ahí que se dicen revolucionarios. Pero hay unos que dicen más de lo que hacen y otros, muy pocos, que hacen más de lo que dicen. Uno tiene la impresión de encontrarse aquí en el segundo caso.

ALLENDE: Para nosotros vale mucho más hacer que decir.

DEBRAY: Entonces, a lo mejor no nos queda por decir mucho. Sin embargo, una última pregunta: ¿Cómo ve a partir de la experiencia chilena, a partir de la victoria popular en Chile, el porvenir de América Latina?

ALLENDE: Con victoria o sin victoria, siempre he dicho lo mismo: Latinoamérica es un volcán en erupción. Los pueblos no pueden continuar muriéndose, a medio vivir. Tú sabes perfectamente bien que en este continente hay 120 millones de semianalfabetos y analfabetos; tú sabes que en América Latina faltan 19 millones de viviendas y que el 70% de la gente se alimenta mal; tú sabes que potencialmente nuestros pueblos son riquísimos y, sin embargo, son pueblos con desocupación, con hambre, con incultura, con miseria moral y miseria fisiológica. Los pueblos de América

Latina no tienen otra posibilidad que luchar —cada uno de acuerdo con su realidad—, pero luchar. ¿Luchar para qué? Para conquistar su independencia económica y ser pueblos auténticamente libres en lo político también. Ahora, yo creo que esa es la gran perspectiva y como presidente yo puedo decirlo, sobre todo a la juventud, que en el camino de la lucha, en el camino de la rebeldía, en el camino de la consagración a estar junto a los trabajadores, está la gran perspectiva y la gran posibilidad. Este continente tiene que alcanzar su independencia política; nosotros tenemos que hacer la independencia económica. Algún día, América Latina tendrá una voz de continente, una voz de pueblo unido, una voz que sea respetada y oída, porque será la voz del pueblo dueño de su propio destino. Esto es lo que yo pienso, Régis, y creo que tú, compañero, nos puedes ayudar mucho diciendo lo que has visto y diciendo lo que queremos.

DEBRAY: *Trataré de hacerlo. En todo caso, no quiero molestarlo más, compañero. Muchas gracias.*

1972

Capítulo 34

La «vía chilena» hacia el golpe*

JCM

La originalidad de la «vía chilena hacia el socialismo» consiste en que también el enemigo puede usar la legalidad para interrumpir este proceso. Esa legalidad no solo actúa en beneficio de la izquierda. Aunque hasta ahora no ha sido probado en la práctica, permite derrocar limpiamente al presidente de la República. Este resorte —sugerido hace algunos meses por el senador golpista Raúl Morales Adriasola— comienza a ser pulsado por la derecha. Ciñéndose escrupulosamente a la Constitución Política, la mayoría derechista que controla el Parlamento puede destituir de su cargo al jefe del Estado. La «vía chilena» hacia el golpe es tanto o más expedita que la «vía chilena hacia el socialismo».

Un ensayo general de esta operación se hizo mediante la acusación constitucional contra el ministro del Interior, José Tohá. Aprobada en la Cámara de Diputados, la acusación permitió suspender de sus funciones al jefe político del gabinete del presidente Allende. Mientras el ministro Tohá fue trasladado a la cartera de Defensa Nacional, en una medida que el Partido Demócrata Cristiano ha impugnado ante el Tribunal Constitucional, esta semana el Senado seguirá adelante con la acusación. Se trata de llevar a término, o sea a la destitución del ministro, la operación golpista (aunque perfectamente legal) iniciada en la Cámara de Diputados.

La manipulación de la propia institucionalidad burguesa para consumar un «golpe legal», destinado a tronchar el proceso de construcción del socialismo, comenzó hace varios meses. Fue la Democracia Cristiana, manejada a nivel directivo por el grupo íntimo del expresidente Frei, la que reparó en que la debilidad de la vía chilena hacia el socialismo reside en lo que algunos exegetas consideran su mayor fortaleza: la legalidad.

---

*   *PF* n.º 149, 18 de enero de 1972, pp. 2-6.

En efecto, para cumplir con su deber de votar en el Congreso Pleno de octubre de 1970 por el candidato presidencial que había logrado la primera mayoría, el PDC exigió a la Unidad Popular que suscribiera una serie de garantías constitucionales. Para hacer más solemne esta imposición que condicionaba sus votos, el PDC hizo que tales garantías se incorporaran a la propia Constitución Política. En caso contrario, amenazaba elegir en el Congreso Pleno al candidato que había logrado la segunda mayoría relativa (Jorge Alessandri), quien, a su vez, se comprometió públicamente a renunciar. Se facilitaba así una segunda elección directa, que permitía repetir el esquema electoral de 1964 que significó la victoria de Frei apoyado por los partidos de derecha.

Aunque las garantías constitucionales contenían aspectos obvios, acordes en líneas generales con el Programa de la Unidad Popular, ellas significaron un sutil chantaje político, método al que parece aficionada la elite que maneja al PDC. Pero además, abrieron los ojos reaccionarios a una realidad que, aun cuando previsible, parecía escapar a la desesperada confusión derechista de hace un año. Esta realidad consiste en que nadie puede disputar mano a mano a la burguesía el manejo de una legalidad que ella misma ha inventado. En efecto, con una paciencia de hormiga, retrocediendo a veces tácticamente frente a las luchas de las masas, pero en los hechos accediendo a algunas concesiones destinadas a embellecer la dictadura de la explotación, la burguesía edificó la institucionalidad vigente. Un cúmulo de leyes administrado por tribunales cuya composición refleja los intereses de la clase que defiende forma el andamiaje de la institucionalidad. Parapetada en el Parlamento y dominando los medios de comunicación de masas que le permiten crear el espejismo de una verdadera democracia, la burguesía tiene en sus manos los elementos fundamentales para defender sus intereses económicos. Después de las garantías constitucionales, que todavía permiten al PDC alardear de gendarme de la democracia en Chile, se produjo la jactancia del senador Morales Adriasola, miembro del grupo conspirativo Democracia Radical. En un acto público — celebrado en su homenaje después de que la Corte Suprema lo libró del proceso por el frustrado golpe de 1970 —, ese senador derechista llamó la atención sobre el «poder constitucional» que aún poseían los enemigos del socialismo. Con toda claridad diseñó la estrategia hacia el «golpe legal» que ahora está en curso. Llamó a utilizar la mayoría parlamentaria derechista para subir peldaño a peldaño en una escalada destinada a destituir funcionarios y ministros, hasta llegar al presidente de la República. Así se hizo con algunos gobernadores e intendentes. Luego, la disputa por la hegemonía política en el seno de la burguesía se tradujo en que el Partido Nacional intentara por su cuenta destituir algunos ministros. Finalmente el PN se allanó a cumplir su papel de destacamento de apoyo de la Democracia Cristiana. El grupo de Frei logró imponer en el PDC una acusación constitucional contra el ministro del Interior, que fue de inmediato apoyada por los partidos Nacional y Democracia Radical. Cualquier examen medianamente objetivo de esa acusación tiene que llegar obligatoriamente a la conclusión de que los cargos contra Tohá carecen de todo fundamento. Pero no se trataba de buscar antecedentes reales que pudieran arrastrar a un ministro del presidente Allende ante los tribunales. El objetivo era mucho más sencillo. Era demostrar que la «vía chilena» para el golpismo está expedita. Eso ya quedó claro en la Cámara de Diputados y a partir de esta semana le tocará al Senado culminar la operación.

Entretanto, han ocurrido otros hechos que se encuadran también en «la vía chilena» de la contrarrevolución.

Procurando fortalecer al Parlamento como plaza fuerte del golpismo «legal», la alianza derechista que encabeza el PDC redujo a su mínima expresión el presupuesto de gastos fiscales para 1972. El gobierno había solicitado la aprobación constitucional de un presupuesto de 1 900 millones de escudos, superior en 200 millones al de 1971 elaborado por la administración de Frei. La mayoría derechista del Parlamento redujo los gastos a 1 400 millones, o sea, provoca la casi total paralización del Estado, la cesantía de unos 25 000 funcionarios y la desaparición de algunos servicios públicos. Llevando al extremo su mareo de poder, la mayoría parlamentaria aumentó a 39 millones de escudos el presupuesto del Congreso Nacional. Solamente para alimentos y bebidas, la Cámara de Diputados y el Senado se autodestinaron 778 mil escudos.

El gobierno ha recurrido al Tribunal Constitucional para que declare ilegal las reducciones del presupuesto. En este sentido se cree que la situación creada por el Parlamento es tan absurda, que ese Tribunal no podría sino acoger el recurso del gobierno, incluyendo los votos de los representantes de la Corte de Apelaciones.

A este mismo Tribunal Constitucional ha recurrido la mayoría parlamentaria, pidiendo que inhabilite a Jose Tohá para desempeñar la cartera de Defensa Nacional. Y se trata también del mismo tribunal que deberá fallar en definitiva sobre las indemnizaciones que exigen las compañías nacionalizadas del cobre.

Teóricamente el gobierno tiene mayoría en ese tribunal, ya que tres de sus cinco miembros fueron designados por el presidente de la República con el visto bueno del Senado. Lo preside el ex Contralor General Enrique Silva Cimma, que es militante del Partido Radical.

Pero no se puede descartar sorpresa y, en todo caso, la verdadera solución no está en ganar escaramuzas jurídicas. Consiste, más bien, en cambiar la correlación de fuerzas y hacerla favorable a los trabajadores.

El dominio en el campo institucional pertenece al enemigo. Lo acaba de probar la Corte Suprema invalidando las atribuciones del Tribunal del Comercio, que había aprobado la requisición de la industria textil Yarur. Los dueños de esa empresa recurrieron a la Corte Suprema —donde radica la más cavernaria defensa del sistema capitalista— y lograron un primer golpe contra los trabajadores. La requisición de Yarur fue dictada en virtud de disposiciones legales (en este caso la legalidad aprovechada en beneficio del pueblo). El Tribunal de Comercio ratificó la actuación de la Dirección de Industria y Comercio (DIRINCO), consolidando la requisición que ha permitido mantener a Yarur y a otras industrias textiles provisoriamente en el área social. Pero la Corte Suprema echó un balde de agua fría sobre la cabeza del Tribunal de Comercio y tiene actualmente en sus manos el recurso de Yarur, que no es sino un globo de ensayo de los magnates textiles para recuperar la propiedad y manejo de esas industrias.

En este terreno de las acciones concretas de la derecha para impedir que se inicie la construcción del socialismo en Chile, otra artimaña legal está en marcha. Se trata de una nueva modificación constitucional que, en la práctica, deja sin efecto todas las requisiciones industriales efectuadas hasta el momento. Esa modificación fue presentada por senadores de la Democracia Cristiana y rápidamente aprobada en ambas ramas del Parlamento. Está lista para ser despachada por el Congreso Pleno y echa por tierra un proyecto que presentó el gobierno para delimitar las áreas privada, mixta y social de la economía. Obliga, en el futuro, a iniciar un proyecto de ley en cada caso de expropiación industrial, proyectos que deben ser aprobados ¡por la mayoría derechista del Parlamento!

La Sociedad de Fomento Fabril, por su parte, organiza la oposición empresarial al programa de la Unidad Popular. En estas mismas páginas publicamos una circular que la SOFOFA envía a los industriales pidiéndoles dinero para financiar la campaña contra la extensión del área social de propiedad. Comisiones de estudios jurídicos y económicos, relaciones públicas, estudios de proyectos de leyes, etc., conforman la actividad de la SOFOFA para alinear a los industriales en la política tributaria y laboral y en la defensa de la empresa privada, que en lo político dirigen los enemigos jurados del socialismo.

Es en este cuadro donde se va incubando el germen del fascismo que amenaza al proceso chileno. En este sentido hay que valorar la voz cargada de experiencia de Santiago Carrillo, secretario general del PC español, que habló en Viña del Mar con motivo del 50 aniversario del PC chileno. Dijo Carrillo que los intentos de la derecha chilena por «imposibilitar la vía democrática hacia el socialismo» le recordaban «hechos acaecidos en España hace ya más de 30 años».

En efecto, tal como recordó Carrillo, los fascistas españoles pudieron nuclear un bloque que se opuso al Frente Popular, utilizando sectores oportunistas como la CEDA, que era «una especie de Democracia Cristiana de derecha». Apoyados por potencias extranjeras, desataron la guerra civil e instauraron su dictadura, dejando a un lado a los ilusos que los habían apoyado, creyéndolos sinceros defensores de la Constitución, las leyes y la libertad. Resumiendo la experiencia española, Carrillo dijo que consistía para la izquierda chilena en consolidar, apretar y extender la unidad «porque la unidad es la clave del triunfo». Y algo muy importante: «estad dispuestos —dijo Carrillo— a batiros, con uñas y dientes, con toda clase de armas, contra el fascismo y los lacayos del imperialismo si tratan de arrebataros la victoria».

La lucha por el poder está en marcha en nuestro país y probablemente no quede otro recurso que hacer sentir a los conspiradores el peso de las masas unidas y organizadas. Nada parece más riesgoso, pues, que el intento de someter la movilización de los trabajadores a un criterio paternalista. Cuando llegue el momento de llamarlos a la acción puede ser demasiado tarde. En especial —como está ocurriendo— si se le otorga legitimidad a la «vía chilena» hacia el golpe. La autoridad de los conspiradores emana de instituciones como el Parlamento, que no puede ser reconocido como un doble poder si no se quiere entregar gratuitamente un disfraz a los que intentan arrebatar al pueblo su derecho a construir el socialismo.

Capítulo 35

Editorial: La conspiración continúa*

PF

Un aspecto que no debe olvidarse —en el sonado escándalo político que ha provocado la divulgación de los documentos secretos de la ITT— es que la conspiración contra el gobierno chileno, a cargo de la CIA y de los monopolios norteamericanos, continúa adelante. El propio periodista Jack Anderson, que publicó los documentos, ha asegurado que posee evidencias de que la ITT prosigue trabajando para derrocar al presidente Allende. Más aún ahora que sus inversiones en Chile han sido en verdad afectadas por las medidas nacionalizadoras tomadas por nuestro país. Antes la ITT solo actuaba por la amenaza a sus intereses que veía en el gobierno de Allende. Pero no vaciló en jugarse a fondo para provocar un golpe de Estado y, eventualmente, una guerra civil, apoyada por organismos oficiales de Washington. Hoy su desesperación es todavía mayor y por eso más peligrosa.

La vigilancia revolucionaria de los trabajadores chilenos, pues, también debe ser ahora mucho mayor. La lucha interna de fracciones monopólicas en Estados Unidos permitió, esta vez, que los documentos privados de una de esas corporaciones, la ITT, trascendieran al conocimiento público. Esa lucha de gigantes industriales y financieros del imperialismo, fraguada al calor de la campaña presidencial norteamericana, ha sido un golpe de suerte para los chilenos. Ello permitió que nuestro país se enterara del grado a que alcanza la intromisión imperialista en Chile. Al mismo tiempo desnudó de manera implacable a los políticos conservadores que sirvieron de agentes locales en la conspiración tramada por la CIA y la ITT. El propio John McCone, exdirector de la CIA y actual ejecutivo de la ITT, reconoció la autenticidad de los

---

*   *PF* n.º 155, 11 de abril de 1972, p. 1.

documentos. Todo ello debe poner en guardia a los trabajadores chilenos y no creer que se trata de hechos superados. Todo demuestra que la conspiración sigue su marcha inexorable. Hay que completar rápidamente la etapa fundamental de nuestro proceso a fin de garantizar su continuidad hacia el socialismo y enfrentar a pie firme a los enemigos de la revolución.

Capítulo 36
Los que están detrás del golpe*

PF

En la madrugada del 25 de marzo debía estallar en Chile un complot que derrocaría al gobierno del presidente Allende e instalaría una dictadura militar. El plan de los conspiradores consultaba: a) el asesinato del presidente Allende; b) la captura del palacio de gobierno; y c) la liberación del exgeneral Roberto Viaux, que se encuentra en la Penitenciaría por su responsabilidad en la conspiración que costó la vida al comandante en jefe del Ejército, general René Schneider, en octubre de 1970.

Por supuesto, los complotados preveían no solo el apoyo de unidades de las fuerzas armadas, indispensable para rematar con éxito su plan, sino que, además, la colaboración de fuerzas civiles que darían respaldo político al golpe. Sin embargo, descubierto a tiempo el plan por el gobierno, solamente un grupo de aventureros profesionales, entre los que figuran el presidente del movimiento fascista Patria y Libertad, Pablo Rodríguez Grez; el exmayor Arturo Marshall; un exgeneral, Alberto Green Baquedano, jefe de una sediciente Unión Cívica Democrática, etc., fueron identificados como responsables del complot. Como es habitual en estos casos, una serie de personajes implicados escabulleron el bulto, se lavaron las manos e hicieron mutis por el foro.

Lo mismo ocurrió en 1970. Los documentos secretos de la ITT —ahora ampliamente divulgados en Chile— confirman que, si bien Viaux puede ser un golpista chapucero, no es un «bombero loco» que actúe por su cuenta. Los memorándums de la International Telephone and Telegraph ratifican que Viaux estaba respaldado por Washington. Recibía instrucciones de la CIA y se le aseguró que el Pentágono correría con los gastos del golpe, tal como

---

*   *PF* n.º 155, 11 de abril de 1972, pp. 2-4.

ocurrió en Brasil en 1964 y en Bolivia en 1971. Los conspiradores de marzo de 1972, aparentemente también orientados por Viaux desde la Penitenciaría, planeaban iniciar sus operaciones en la noche del viernes 24. Para ser un grupo tan reducido —así aparece en la investigación oficial—, tenía suficiente información como para articular su plan en un contexto más amplio.

En efecto, la señal de partida del complot lo constituía una Marcha de la Libertad que se efectuaría el 24 en la principal avenida de Santiago. Grupos armados de Patria y Libertad, organismo auxiliar de los partidos de derecha, aprovecharían la manifestación para desencadenar la violencia. Las provocaciones con diversos tipos de armas de fuego buscaban la muerte de algunos manifestantes, en especial, mujeres. Así esperaban despertar una ola de repudio al gobierno. La marcha, en efecto, aparecía organizada por un «comité de mujeres» que se oponen a la estatización de la Compañía Manufacturera de Papeles y Cartones S.A., monopolio industrial que pertenece al grupo financiero del expresidente de la República, Jorge Alessandri. Los organizadores calculaban reunir más gente que en la Marcha de las Cacerolas Vacías, primera incursión callejera del fascismo, en diciembre de 1971.

Esa noche, después de los violentos incidentes que provocarían los comandos de Patria y Libertad, se pondría en marcha el golpe de Estado. Los comprometidos se reunirían en puntos estratégicos de la ciudad y —en una cruenta imitación del golpe de los coroneles griegos— darían cuenta, antes de las 6 de la mañana del siguiente día, del gobierno constitucional y de los más caracterizados dirigentes políticos y sindicales de izquierda. Unidades blindadas, apostadas en las vías de tránsito de los barrios populares, impedirían —según el plan— que la clase obrera acudiera en defensa del gobierno del presidente Allende.

Como está dicho, la conspiración fue descubierta a tiempo. Varios oficiales de las fuerzas armadas, que fueron contactados por los complotadores, advirtieron al gobierno de lo que estaba ocurriendo y este, como primera medida, prohibió la Marcha de la Libertad y denunció a los tribunales civiles y militares a los implicados, entre los que no figuró ningún oficial en servicio activo. De hecho, tal como ocurrió en 1970, los elementos claves de las fuerzas armadas y Carabineros permanecieron sordos a la invitación de los golpistas.

En los documentos de la ITT se aprecia cómo Viaux realizó esfuerzos infructuosos para conquistar el apoyo de oficiales con mando de tropas. Pero debe recordarse, sin embargo, que en esa conspiración —al menos hasta el momento del asesinato del general Schneider— participaban el jefe de la guarnición militar de Santiago, el director general de Carabineros, los comandantes en jefes de la Armada y de la FACH, quienes, en presencia del repudio nacional que despertó la acción autorizada por Viaux, echaron pie atrás.

Pero más importantes que los elementos de las fuerzas armadas que los conspiradores consideraron que apoyarían el golpe, y que podrían ser apenas suficientes para una acción sorpresiva que enfrentara al conjunto de las fuerzas armadas a hechos consumados, son los autores intelectuales de la conspiración, los que escaparon a su responsabilidad.

Hay una estrecha relación entre los planes golpistas descubiertos y el esquema global que manejan los sectores empresariales y políticos adversos al gobierno de la Unidad Popular.

Desde luego, la Marcha de la Libertad era un suceso prefabricado para servir de punto de partida al golpe. Y el movimiento de masas no es una herramienta que puedan manejar Viaux, Marshall y su grupo. Por el contrario, sus métodos y actividades son ajenos a la relación con multitudes. En cambio, ese empalme con el apoyo social que necesitan los golpistas se produce por la vía de los partidos políticos, como el Demócrata Cristiano y el Nacional, y es motivada por la publicidad que la derecha manipula especialmente a través de la cadena de diarios *El Mercurio*, algunas radios y Canal 13 de TV. Una vez descubierto el golpe que se tramaba para la madrugada del 25 de marzo, el estado mayor conspirativo sacrificó a las comparsas, pero siguió adelante con su plan. En efecto, el comité de mujeres de la Papelera, cuya marcha había sido prohibida, fue reemplazado por el Frente Nacional de la Actividad Privada (FRENAP), un organismo empresarial que pidió la autorización para organizar la manifestación contra el gobierno.

El FRENAP fue creado en Osorno hace algunos meses en una asamblea en la que participaron, entre otros, Domingo Durán, presidente del Consorcio de Sociedades Agrícolas del Sur y hermano del senador Julio Durán, presidente del grupo conspirativo Democracia Radical; Jorge Cristi, vicepresidente de la Confederación del Comercio Detallista y la Pequeña Industria; Julio del Río, presidente de la Cámara Central de Comercio, etc. El FRENAP, que hace gala de grandes recursos financieros, es apoyado con entusiasmo por organizaciones empresariales tradicionales, como la Confederación de la Producción y el Comercio, que preside Jorge Fontaine, hermano del subdirector de *El Mercurio*, y la Sociedad de Fomento Fabril, que dirige Orlando Sáenz.

La petición del FRENAP, que había suplantado limpiamente a las «modestas mujeres de la Papelera», también fue rechazada por el gobierno, en atención a los informes que poseía sobre el peligro sedicioso. Finalmente, el estado mayor conspirativo tuvo que sacarse la careta. Como necesitaba mostrar que cuenta con apoyo de masas, especialmente ahora que se reúnen en Santiago más de tres mil delegados a la UNCTAD III, se vio obligado a echar adelante a los agentes políticos del complot: los partidos Demócrata Cristiano, Nacional y Democracia Radical. Fueron estos los que, a fin de cuentas, pidieron la autorización para el desfile y mitin, no sin antes firmar un documento que los unifica en contra del gobierno. Lógicamente el pretexto es defender la «libertad» y la «democracia». Aunque el gobierno había señalado que autorizaría la marcha si la solicitaban partidos de oposición, o sea, organizaciones responsables, los organizadores dijeron amenazantes que la efectuarían el 12 de abril, con o sin permiso. Aplicaron así concretamente la tesis del senador demócrata-cristiano Juan de Dios Carmona, quien a través de *El Mercurio* planteó la «desobediencia civil» contra el gobierno del presidente Allende.

En cualquier otra situación histórica, la tesis del senador Carmona —uno de los responsables de la masacre en la mina de cobre El Salvador en 1966— habría significado un escándalo. Pero la fluidez de la situación política actual y la protección tácita que rodea al Partido Demócrata Cristiano, gracias a las concesiones que le hacen sectores de la propia Unidad Popular, ha hecho que la «desobediencia civil» comience a ser aplicada por los reaccionarios y fascistas en diversos puntos del país.

El «aumento de la temperatura» política, que precedió al frustrado intento golpista del 25 de marzo, estuvo alimentado por las calderas de una incisiva propaganda. El combustible lo formaron declaraciones *ad hoc* que entregaban directivas políticas y sus parlamentarios, así como la explotación de sucesos ideados para irritar a las fuerzas armadas (tal es el caso del «vejamen» a un busto del héroe naval Arturo Prat y otros hechos por el estilo). En ese sentido, periódicos golpistas como *La Tribuna*, del Partido Nacional, han llegado a extremos ridículos, publicando destacadamente versos de himnos militares, inventando historias de terror y calumniando sin el menor pudor, incluso acudiendo al nunca gastado expediente de intentar enervar el sentimiento religioso. Todo esto, claramente, se orienta a crear puntos de apoyo en las fuerzas armadas y en la Iglesia, pivotes tradicionales de cualquier aventura fascista. Ambas, hasta ahora, han permanecido al margen, al menos como instituciones, del afán conspirativo de la derecha.

La estructura del cuadro político actual muestra inequívocamente que un golpe exitoso no rendirá provecho a personajes de segunda categoría, como Viaux. Apunta, en cambio, a crear una crisis —una suerte de estrangulación económica y política del gobierno de la UP— que haga caer la suma del poder en manos de la burguesía y del imperialismo.

La más hábil jugada de la burguesía, en esta «operación de pinzas» sobre el gobierno, ha sido la reforma constitucional de los senadores demócrata-cristianos Renán Fuentealba y Juan Hamilton. Ideada como freno que impida iniciar la construcción del socialismo en Chile, se convirtió, gracias al entusiasta apoyo empresarial y toda una ofensiva publicitaria, en un obstáculo aparentemente insuperable por vías normales de negociación política. Esta reforma, en el fondo, ha sido el factor precipitante de una vasta operación que sus autores intelectuales divisan culminando en el derrocamiento del gobierno. Dentro de la propia Unidad Popular la derecha pudo instalar su cabeza de playa, usando al Partido de Izquierda Radical (PIR). El PIR —que pasó a controlar las carteras de Justicia y Minería— no es sino una agencia política de la derecha. Por esa razón, ya dentro del gobierno, patrocinó un entendimiento con el PDC en torno a la reforma constitucional, haciéndole el juego a esta maniobra contra los trabajadores. La posición del PIR desató una lucha dentro de la Unidad Popular con los sectores más consecuentes de ella y a ese partido no le quedó más remedio, fracasado en su empeño de boicotear por dentro al gobierno, que retirarse. La salida del PIR del gobierno y de la UP no causa ningún daño en términos de apoyo social al proceso; en cambio, la fortalece si los trabajadores —como ha ocurrido— lo toman como índice de una mayor firmeza en la aplicación y cumplimiento del programa.

No obstante, el retiro del PIR —cuya evolución era previsible desde que ingresó al gobierno, por lo cual ese punto de partida se afirma como un error táctico— contribuye objetivamente al cuadro político que busca crear la derecha. La salida del PIR, en efecto, fue convenientemente usada por la propaganda reaccionaria para «demostrar» que los sectores «democráticos» abandonaban el «gobierno marxista».

El sutil bordado político que hacen la burguesía y el imperialismo en el bastidor chileno exige estrategas de mucha mayor calidad intelectual que el grupo convicto como responsable del complot de marzo. Se trata de los grandes empresarios y de sus agentes políticos que, según queda claro en los documentos de la ITT, pensaban seguir adelante a pesar del fracaso de Viaux en 1970. Ellos manifestaron a los representantes de la CIA y de la ITT que finalmente derrocarían a Allende y que impedirían que Chile construyera el socialismo. Ahora están cumpliendo su palabra. Ellos tienen un líder que hace poco regresó de Washington, donde estuvo en contacto con quienes manipulan la ayuda política y financiera de esta operación. Aunque a Frei se «le cayeron los pantalones» en 1970, según la gráfica expresión del entonces embajador yanqui, la actual maniobra política que requiere sangre fría y calculada exactitud es el tipo de operaciones que calzan como anillo al dedo de Frei.

Pero hay un factor que los conspiradores parecen no tomar en cuenta. Es el enorme potencial de la fuerza del pueblo. Aunque mal organizado y escasamente preparado para afrontar coyunturas difíciles, debido a las vacilaciones y debilidades de algunos sectores que han dominado en la UP, el pueblo trabajador está dispuesto, sin duda, a enfrentar con valentía esta situación. En la medida en que el proceso se encamine sin concesiones hacia el socialismo, esa voluntad combativa de las masas crecerá todavía más y, por ende, su preparación para cualquier tipo de enfrentamiento. Esto, sin duda, la derecha lo sabe. Por eso busca articular un «golpe limpio», ambientado en términos de confundir y engañar a vastos sectores de la población. Pero eso será también difícil, porque, afortunadamente, en Chile hay vanguardias revolucionarias capaces de alertar a los trabajadores sobre el verdadero significado de maniobras cuyo contrabando golpista sus autores procuran ocultar.

Capítulo 37

Periodistas en pelotas*

JCM

En los documentos secretos de la ITT — publicados en una primera edición de 80 000 ejemplares por la Editorial Quimantú —, ocupa un lugar preferente la atención que esa compañía norteamericana presta a la publicidad contra el «gobierno marxista» de Chile.

El 17 de septiembre de 1970, los agentes Hal Hendrix y Robert Berrelez escriben a Edward J. Gerrity, vicepresidente de relaciones públicas de la ITT, un memorándum del que recibieron copia John Mulliken del *Time* y Charles Bartlett del *Chicago Sun Times*. El documento califica de «factor clave» el que juegan contra la izquierda chilena los diarios de la cadena *El Mercurio*. Recomiendan, entre otras cosas, y «fuera de ayuda directa», que «nosotros y otras firmas norteamericanas en Chile inyectemos algunos avisos a *El Mercurio* (esto ya se ha comenzado)».

Agregan: «que ayudemos a colocar otra vez algunos propagandistas en la radio y la televisión. Hay unas veinte personas que los grupos de Matte y Edwards mantenían y debemos asegurarnos de que se les reviva». También aconsejan que «apliquemos cuanta presión podamos sobre la USIS (United States Information Service) en Washington para que dé instrucciones a la USIS de Santiago que comience a mover los editoriales de *El Mercurio* alrededor de América Latina y hacia Europa». Finalmente: «que insistamos a la prensa clave europea, a través de nuestros contactos allá, para que publiquen la versión de los desastres que caerían sobre Chile si Allende y Cía. ganaran este país».

---

* *PF* n.º 155, 11 de abril de 1972, p. 5.

Incluso los agentes de la ITT-CIA consultaban ayuda financiera para mantener un centro de «reubicación familiar» en Mendoza o Buenos Aires «para las mujeres y niños de los personajes claves implicados en la lucha». Por otra parte, en los archivos en Chile de la Compañía de Teléfonos, filial de la ITT, se encontró una «Distribution List for Especial Items» en que aparecen los nombres de quienes integran el estado mayor de la cadena mercurial. Entre otros figuran René Silva Espejo y Arturo Fontaine, director y subdirector de *El Mercurio*; Nicolás Velasco, director de *Las Últimas Noticias*; Mario Carneyro Castro, director de *La Segunda*, etc. Se ha dicho que recibían sueldos de la ITT como «traductores», funciones que, naturalmente, no cumplían ya que se trataba, simplemente, de un subsidio que les dispensaba la ITT. Estos son —junto con los que aparecieron en las nóminas de pago de Anaconda y Kennecott— los periodistas que presumen de «libres y democráticos». Sencilla y simplemente: yanaconas al servicio del imperialismo.

Capítulo 38

De Lo Curro a la elección de la CUT*

Manuel Cabieses Donoso

Dos hechos políticos de gran significado estaban todavía en proceso de evolución el viernes pasado, al cierre de esta edición de *PF*. Se trataba de la elección en la Central Única de Trabajadores (CUT) y de la reunión (o «cónclave», como la ha bautizado la prensa) de la Unidad Popular. Ambos hechos, todavía truncos para un análisis riguroso, tienen en cierto modo una estrecha relación. Tanto el resultado de la elección en la CUT —que por primera vez se efectúa en forma directa por las bases sindicales—, como las decisiones que adopte la Unidad Popular, seguramente van a influir con mucho peso en el curso del proceso chileno.

La Unidad Popular se había reunido en el mes de febrero en El Arrayán, tomando diversos acuerdos que se dieron a conocer en un extenso documento político. A estas alturas, hay consenso, según parece, de que las resoluciones adoptadas en El Arrayán quedaron solo en el papel. Algunos partidos de la UP lo han dicho así francamente. Aún más: han reconocido un deterioro progresivo de la izquierda, mientras se registra un avance objetivo de la fuerza política y social de quienes se oponen al socialismo. A la vista de esa realidad es que se convocó a fines de mayo a un nuevo «cónclave», esta vez en Lo Curro. Sin perjuicio de que ahora no estuvo uno de los partidos que concurrieron a la reunión de febrero en El Arrayán (el Partido de Izquierda Radical, PIR, que ha pasado a engrosar la oposición conservadora), las deliberaciones en Lo Curro parecen llevar parecido rumbo político. O sea, aplicar métodos que permitan recuperar fuerzas, especialmente entre las llamadas «capas medias», y neutralizar la presión económica que viene ejerciendo el imperialismo.

---

*   *PF* n.º 159, 6 de junio de 1972, pp. 2-3.

Un aspecto álgido del cuadro que enfrenta la Unidad Popular reside en la formación del área social de la economía. Este es un punto fundamental para cumplir lo medular del Programa, que es iniciar la construcción del socialismo en Chile. La Democracia Cristiana, que abandonó el gobierno en noviembre de 1970, reteniendo en sus manos la llave de paso del oxígeno parlamentario, ha puesto un obstáculo mayúsculo a ese propósito. En cumplimiento de su rol específico, que no es otro que la defensa del capitalismo desde posiciones reformistas, que distinguen su accionar del que cumplen el Partido Nacional y otros grupos menores de derecha, la Democracia Cristiana hizo aprobar en el Congreso una reforma constitucional que mete en un zapato chino el Programa de la Unidad Popular.

Esa reforma de la Constitución somete el crecimiento del área social de la economía al cuentagotas del Parlamento, creando la necesidad de leyes especiales para cada expropiación. Puesto en jaque por la oposición acaudillada por la DC, el gobierno ya había reducido de 253 a 91 el número de grandes empresas que se proponía traspasar al Estado. Pero la reforma constitucional reduce todavía más la boca del túnel que deberían atravesar las expropiaciones. Esta situación de hecho, creada por la DC, obliga a la Unidad Popular a negociar una salida con la oposición o a llevar la cuestión —como propone el Partido Socialista— a un plebiscito. Ya el presidente Allende, hace algún tiempo, había expresado su opinión de que el plebiscito —que la oposición viene exigiendo desde que constató el crecimiento de sus fuerzas— podría ser convocado. Pero el criterio presidencial era de que el pueblo se definiera sobre un conjunto de materias, entre ellas, la disolución del propio Parlamento. Este aspecto de un plebiscito, fácil de provocar mediante el simple expediente de enviar al Congreso un proyecto de ley disolviéndolo, no gusta a la derecha. Pero previendo su eventualidad, ha tratado por todos los medios, incluyendo su enorme caudal publicitario, de robustecer la imagen del Congreso a fin de tratar de borrar su enorme desprestigio.

Un plebiscito en torno a la formación del área social de la economía, en cambio, parece de más dudosos resultados para la Unidad Popular. En parte porque el tema en sí mismo, al parecer, no ha logrado concitar un apoyo vasto de masas, y por las dudas objetivas que existen sobre la real fuerza de la izquierda en estos momentos. Recuérdese que la UP subió del 36% al 50% de los votos entre septiembre de 1970 (elección presidencial) y abril de 1971 (elección municipal). Después de esa repechada, que mostró a lo vivo que es la acción definida, orientada hacia el socialismo, la que conquista a las «capas medias», la fuerza de la UP ha venido declinando. Una sucesión de hechos, la argamasa de los cuales está formada por las debilidades y conciliaciones de la propia Unidad Popular, han revelado de manera inequívoca el jactancioso crecimiento de una oposición conservadora. Esta última se alimenta en la pérdida del temor de las clases explotadoras que, de una actitud acorralada, han pasado a una ofensiva en toda la línea.

La posibilidad de una consulta plebiscitaria fue considerada la semana pasada en el «cónclave» de Lo Curro. Pero se informó que «sus materias y oportunidad serán decididas por el presidente de la República». Junto con ello se informó que se habían acordado medidas tales como impulsar un proyecto de ley que sanciona el desmantelamiento de fundos y empresas, luchar contra el burocratismo y la corrupción en la Administración Pública, dictar un estatuto de garantías para los pequeños empresarios del comercio, industria y agricultura, fijar un tope máximo a los ingresos, estimular la participación de los trabajadores y proponer al Congreso un proyecto de facultades extraordinarias en el orden administrativo y económico. Vale la pena observar que anteriores gobiernos han obtenido del Parlamento ese tipo de facultades, por lo cual, en este caso, la oposición tendrá que extremar las proezas de su dialéctica política para negarse a acceder a la petición del gobierno. El «cónclave» de la UP, según un anuncio que recoge parcialmente las deliberaciones, contempló también «la existencia de abiertas manifestaciones de actuaciones espontaneístas, de indisciplina laboral, administrativa y política». En Lo Curro se ha hablado también de las relaciones entre la UP y otras fuerzas políticas. En lo que puede ser una referencia precisa a la Democracia Cristiana, un comunicado que se entregó el jueves 1ro. de junio señala que «hubo consenso de que la UP no está ajena a coincidir con otras fuerzas en torno al cumplimiento y desarrollo de su programa, estimando en todo caso que cualquier acuerdo se hará solo como UP y no en forma parcial». En ese sentido bien puede ser que se trate de canalizar a través del conjunto de la UP los contactos que el PC ha tenido con la DC y que han llevado al presidente de este último partido, Renán Fuentealba, a señalar que la directiva comunista es la única «sensata» de la izquierda. Puede perfilarse de esta manera, posiblemente, un grado más formal de acercamiento a la DC, en procura de acuerdos concretos.

El *quid* del problema reside en que el mango de la sartén aparece en manos demócrata-cristianas. Un año y medio de gobierno ha mostrado a sus enemigos los resquicios y grietas de la UP. Por ejemplo, el imperialismo norteamericano, que hace seis meses parecía convencido de que no obtendría el pago de indemnización por las minas de cobre nacionalizadas, ha recobrado las esperanzas. A ello seguramente contribuyeron actitudes que revelaron al imperialismo que no había unanimidad en el gobierno sobre esa materia. El exministro de Minería, Mauricio Jungk, militante del PIR, por ejemplo, hizo una gestión personal con el embajador norteamericano para buscar una «solución armónica». El Departamento de Estado, con toda seguridad, tuvo en ese momento la evidencia de que algunos sectores del gobierno preferían llegar a un acuerdo sobre pago de indemnización. Como se sabe, después de que el presidente Allende, usando facultades constitucionales privativas, ordenó rebajar 774 millones de dólares por concepto de utilidades excesivas, las compañías Anaconda y Kennecott quedaron en los hechos sin acceso a ninguna clase de indemnización. La demora del tribunal especial del cobre en rechazar los recursos presentados por los abogados de las compañías yanquis, dictamen que todavía no se produce, permite al imperialismo albergar redobladas esperanzas de lograr indemnización.

Así como sucede con el imperialismo, ocurre con la reacción interna. Ella también ha cambiado su actitud inicial de desaliento y temor por una conducta cada vez más agresiva. Dentro de un diseño general de tipo fascistoide, la derecha lleva adelante una política que se hace fuerte a partir de las propias instituciones del Estado, cuyo control retiene en sus manos. El aparato armado, los tribunales, el Parlamento, son pivotes de una política de cerco a la izquierda que se complementa con abundantes recursos publicitarios y con un gradual aumento de la dirección de masas.

En la elección de la CUT, por ejemplo, hasta el cierre de esta edición, la DC —apoyada por el Partido Nacional y grupos derechistas menores— mostraba una alta votación. Sin perjuicio del análisis en profundidad que exige la elección de la CUT, que haremos en su oportunidad, la votación de la DC en sindicatos de trabajadores pone de relieve lo que más de una vez *PF* ha sostenido. Las llamadas «capas medias», donde la fuerza electoral de la DC y sus socios derechistas es mayor, tienden a respaldar a las fuerzas que detentan el poder. En el último periodo la línea política con rasgos más fuertes y acentuados ante las masas ha sido la de la oposición conservadora, liderada por la DC.

En el periodo septiembre de 1970-abril de 1971, cuando la UP avanzaba, particularmente en la absorción de industrias, bancos y fundos, nacionalizando el cobre, salitre, etc., esos sectores sociales le entregaron su apoyo. El principal beneficiado, en lo electoral, fue el Partido Socialista. El Partido Radical, fiel barómetro político, no vaciló en declararse marxista, contagiado por el tiempo político que se vivía. La DC sufrió una nueva escisión, formándose la Izquierda Cristiana. En una palabra: nuevos contingentes que provenían de las «capas medias» se sumaron a la corriente que parecía imparable. Pero en el seno mismo de la UP estaban actuando fuerzas moderadoras. Esos frenos de aire redujeron la velocidad. Los inevitables «bomberos» del reformismo se encargaron de apagar lo que estimaban un peligroso incendio revolucionario. Sobrevino, de esa manera, un repliegue de la UP que fue inmediatamente aprovechado por sus enemigos. Se infiltró el PIR en el gobierno (ahora encabeza la coalición opositora en la próxima elección de un diputado en Coquimbo), vinieron las derrotas en Valparaíso, O'Higgins, Colchagua y Linares, etc. La sucesión de hechos y cambios en actitudes políticas es muy conocida para hacer un relato minucioso. El resultado es que en las elecciones de la CUT la oposición agrupada detrás de la DC ha mostrado importante fuerza en la clase trabajadora. El síntoma no puede ser más grave y revelador del amenazante grado de penetración que alcanza en las masas la estrategia reaccionaria. Un claro predominio del reformismo —pero con un sorprendente vigor del reformismo de derecha— es el resultado de un proceso que ha perdido un tiempo precioso en vacilaciones y conciliaciones que trasuntan una inexplicable debilidad. La sensación de frustración, en este caso, puede traducirse en ira hacia los sectores revolucionarios que vinieron advirtiendo el peligro. Si la UP se deja arrastrar por esa ira, solamente se distanciará más de sus propios objetivos programáticos, atrapada en las redes de una oposición reaccionaria que aprendió a combatir con mayor rapidez y eficacia que la izquierda tradicional.

Capítulo 39

¡La insurrección ha comenzado!*

Jaime Faivovich

El gobierno popular está en peligro. Hay un plan sedicioso en marcha. La oposición intenta arrastrar al país a la guerra civil. Hoy, mañana, en cualquier momento, a cualquiera hora, Ud., compañero trabajador, militante de los partidos de izquierda y de los movimientos revolucionarios, hombre, mujer o joven patriota puede verse obligado a actuar y sacrificar su vida en defensa del gobierno, de la revolución, de la libertad y de la nueva sociedad que queremos construir.

Hay que repetirlo con insistencia y con crudeza.

Muchas veces, en el transcurso de estos dos últimos años, han surgido amenazas de golpe y sublevación y se le ha pedido al pueblo que permanezca alerta.

Afortunadamente, en cada ocasión, la conjura ha sido descubierta, se ha identificado, detenido y procesado a los conspiradores o estos se han desistido ante la impresionante y combativa presencia y movilización popular.

Pasada la emergencia y restaurada la aparente normalidad, todos nos olvidamos del episodio y volvemos a ocuparnos de las tareas habituales. Pero ahora la situación es distinta. La amenaza es inminente y constante.

La izquierda se ha demorado dos años en convencerse de la grave coyuntura que afrontamos, y de la necesidad de hablarle al pueblo con dramática claridad y franqueza. Lo importante es que se ha decidido a hacerlo y que este lenguaje ya no se estima ni una provocación ni una exageración afiebrada.

---

*   *PF* n.º 166, 12 de septiembre de 1972, pp. 30-32.

El comité ejecutivo de la UP declara que la reacción y el fascismo, coludidos con financistas extranjeros, tratan de «arrojar al país a las llamas de la guerra civil... derribar el gobierno legítimo, constitucional y legal».

Las comisiones políticas de los partidos Socialista y Comunista, en un manifiesto conjunto, denuncian que los terratenientes, los banqueros, los grandes capitalistas, con el apoyo de los norteamericanos, «se han propuesto como objetivo final derribar por la fuerza al Gobierno de los Trabajadores e instaurar una dictadura terrorista».

La directiva del PS, en documento separado, reitera que «los últimos acontecimientos han dejado al descubierto un plan concertado que pretende derrocar al gobierno y liquidar la Revolución Chilena... los fascistas han pasado abiertamente a la sedición. Tras ellos, como siempre, está la mano del imperialismo y de la CIA».

Estas advertencias no solo provienen de la izquierda. El cardenal Raúl Silva Henríquez levanta su voz, para señalar que «el apocalíptico fantasma de la guerra entre hermanos, aparece inquietante».

El dilema de Tomic

Y Radomiro Tomic, líder del sector más moderado y ecuánime de la DC, frente a la torva y deliberada desfiguración de su pensamiento por el diario *La Prensa*, vocero de su propio partido, aclara que el país se encuentra ante el dilema del golpe de Estado o guerra civil, o una salida política a través de las elecciones parlamentarias de marzo de 1973. Tomic se pronuncia enfáticamente por esta última solución y llama a todos los demócrata-cristianos a propiciarlas y respaldarlas «por razones de moralidad cristiana, de patriotismo y de consecuencia doctrinaria».

¿Es posible esa salida democrática y política? ¿Habrá tiempo y voluntad suficiente para alcanzarla?

Las palabras de Tomic revelan que en la DC existen posiciones discrepantes.

Algunos piensan que el desgaste y los errores del gobierno popular, así como la magnitud de los problemas que tiene que abordar y las dificultades reales que encuentra en el plano interno e internacional, permitirán a la oposición ganar nuevamente el Parlamento en 1973 y a la DC recuperar el gobierno en 1976.

En cambio, el golpe de Estado o la guerra civil pueden tener un desenlace incierto o imprevisto que clausure esa expectativa y deje el gobierno en otras manos quizá por cuánto tiempo.

Esos mismos sectores consideran que aun en el caso de triunfar una asonada, los demócrata-cristianos serían desplazados por la derecha y especialmente por los grupos fascistas.

Pero estos elementos cautelosos han sido sobrepasados por los grupos pronorteamericanos, que comparten el poder financiero y económico con la derecha, cuyos intereses y privilegios se han visto afectados por la política del gobierno y que dirigen efectivamente la DC.

Ellos han embarcado a la Democracia Cristiana, junto a la derecha, en una delirante aventura sediciosa y se esfuerzan por obstruir e impedir toda salida democrática y política.

La subversión ya ha comenzado y se manifiesta diariamente en los incidentes callejeros, cada vez más frecuentes y violentos, en el desafío y vejamen a la autoridad, en la rebelión del comercio, de la industria, del capital, en las masacres de campesinos, en el rechazo sistemático de las iniciativas del gobierno, en la destitución de ministros e intendentes, en la preparación armada de la derecha.

El comportamiento de la oposición demuestra desprecio por cualquier solución política.

Tribunales cómplices

En todo caso, la salida política o electoral es a meses plazo. Mientras tanto, ningún gobierno y menos este, popular y revolucionario, puede tolerar la desobediencia y el amotinamiento permanentes.

La oposición tiene que convencerse de que fue legítimamente derrotada en las urnas, de que este es un gobierno constitucional, que actúa dentro de la ley y que, en consecuencia, todos los chilenos, incluyendo a los ricos que no comulgan con este régimen, tienen que acatar sus resoluciones.

Hay consenso en que la oposición se ha alzado contra el gobierno. Existe un comando de la insubordinación, integrado por personeros del Partido Nacional, de la Democracia Cristiana y de los movimientos fascistas, asesorado y financiado por los norteamericanos y agentes de la CIA.

Cuando un gobierno burgués se ve amagado por las luchas del pueblo, el Parlamento, dócilmente, le aprueba leyes represivas, proscribe a las organizaciones subversivas, le otorga facultades extraordinarias o decreta el estado de sitio, herramientas que les permiten a los gobernantes suspender las garantías constitucionales, detener y relegar a los revoltosos y proceder con agilidad, eficacia y celeridad para restablecer el orden público.

Un gobierno burgués cuenta, además, con la incondicionalidad del Poder Judicial para imponer todo el rigor de la ley y sancionar severamente a los insurrectos.

El gobierno popular jamás obtendrá del Congreso esos instrumentos legales, porque está dominado por una mayoría hostil, comprometida con la insubordinación opositora.

Asimismo, está comprobado que los tribunales no solo se niegan a castigar a los conspiradores, sino que están de su lado, los protegen y, al asegurarles la impunidad, los estimulan, los incitan, son sus cómplices y encubridores.

El gobierno popular dispone de muy precarios resortes legales para sancionar la rebelión fascista. La Ley de Seguridad del Estado, sin la colaboración de la justicia, resulta inaplicable e ilusoria.

Sin embargo, la fortaleza de un gobierno revolucionario no depende de los mecanismos represivos que le pueda otorgar la legalidad burguesa, sino del apoyo y la adhesión del pueblo.

Es cierto que la preservación del orden público le corresponde al Cuerpo de Carabineros. Eso vale especialmente para épocas normales. Pero en un periodo de anormalidad como este, el refuerzo popular es insustituible.

Ahora no estamos presenciando simples disturbios estudiantiles, ni inocentes manifestaciones de protesta, sino acciones bélicas para derribar el gobierno y liquidar esta experiencia revolucionaria. Asistimos a un enfrentamiento de clases sociales, que está produciendo una polarización de todo el país.

Este gobierno fue elegido por los trabajadores.

Los partidos que lo componen son de profunda raigambre obrera. El pueblo, aunque todavía con limitaciones, participa en los distintos niveles y esa participación será cada vez mayor. El programa y la política del gobierno reflejan los intereses de los trabajadores. El pueblo está consciente de que el gobierno ha logrado enormes éxitos y ha sufrido fracasos. Ha tenido aciertos y ha cometido muchos errores. Pero este es su gobierno y con él está iden-tificado. Y juntos, pueblo y gobierno están combatiendo a la oligarquía, al latifundio, al monopolio, a la clase dominante, al imperialismo.

Los enemigos de este gobierno los son también del pueblo. Su caída sería igualmente la derrota del pueblo. Por eso, nadie puede defender con más fervor, coraje y decisión a este gobierno que el propio pueblo.

Atrincherado en sus centros de trabajo o saliendo a la calle, clandestina o públicamente, organizado en comités de vigilancia en las faenas y autode-fensa por manzanas en los barrios, con todos los medios que pueda conse-guir, junto a las fuerzas armadas y a Carabineros, si es necesario, el pueblo aplastará los brotes sediciosos y el fascismo.

Capítulo 40

¿Cambió o no el gobierno popular?*

Jaime Faivovich

El paro empresarial fracasó.

Primero, porque no suspendió las actividades fundamentales del país. Según el ministro del Interior, general Prats, continuaron trabajando el 100% de los obreros, el 99% de los campesinos y sobre un 80% de los empleados de los sectores público y privado.

Segundo, porque no consiguió su objetivo fundamental que consistía en derribar al gobierno.

Tercero, porque no fueron aceptadas las exigencias políticas contenidas en el pliego de los patrones. Cuarto, porque fue el gobierno el que decidió el plazo e impuso las condiciones para la vuelta al trabajo y el retorno a la normalidad. No hubo arreglo o acuerdo formal entre las partes ni se firmó acta alguna, sino que los empresarios tuvieron que confiar en la palabra del gobierno.

Conclusiones

El paro empresarial permite sacar variadas conclusiones.

Las empresas pueden seguir funcionando perfectamente sin sus patrones e incluso algunas, sin sus técnicos.

Generalmente la lucha y el enfrentamiento de clases, que en toda sociedad es permanente, para muchos pasa inadvertida o se desarrolla en forma disimulada o imperceptible.

En esta ocasión todos los chilenos reconocieron cuartel junto a su clase, consciente o instintivamente. La burguesía cerró filas contra el gobierno,

---

*   *PF* n.º 171, 21 de noviembre de 1972, pp. 2-5.

arrastrando a importantes sectores de las capas medias. Los obreros, campesinos y empleados, por encima de diferencias ideológicas o políticas, reaccionaron también como clase, junto al gobierno. Los trabajadores demócrata-cristianos repudiaron igualmente el paro patronal y se situaron en las faenas al lado de sus demás hermanos de clase.

Jamás antes en Chile la separación de la burguesía y la clase trabajadora había sido tan categórica. El antagonismo y la lucha de clases se mostraron al desnudo y con toda su crudeza. Ningún trabajador defeccionó y se pasó al campo de la burguesía.

Durante mucho tiempo se ha discutido en el seno de la Unidad Popular qué conducta debe adoptarse con las capas medias. Ciertos sectores se hacen demasiadas ilusiones sobre la posibilidad de atraerlas. No es efectivo que a las capas medias las asusten los extremistas de izquierda y por esa razón le den la espalda al gobierno popular. Las capas medias son esencialmente conservadoras y tienen una escala de valores, ambiciones y metas que las aproximan a la burguesía. Las capas medias desconfían del gobierno popular, porque estiman que pone en peligro su forma de vida, su concepción de la propiedad, sus bienes, sus negocios, los lícitos y los ilícitos.

Está claro que el gobierno popular no es enemigo de las capas medias ni las debe considerar irremediablemente perdidas y entregadas a la burguesía. Pero no las va a atraer ni conciliando con ellas, ni ofreciéndoles dádivas, ni asegurándoles beneficios o granjerías que son incompatibles con los cambios sociales que pretende introducir.

La acción frente a las capas medias debe ser fundamentalmente de esclarecimiento ideológico. Pero sobre todo, hay que tener cuidado en transar con las capas medias a expensas del programa y de las clases trabajadoras.

El comportamiento de los trabajadores demuestra que son el principal soporte de este gobierno, que lo sienten como propio a pesar de sus defectos, vacilaciones y errores. Es respecto de ellos que hay que enfatizar la política de gobierno. Darles cada vez más participación en la administración de sus empresas, entregarles cada vez mayores responsabilidades, darles más injerencia en la discusión y en la decisión de la política gubernativa, mantenerlos más informados, estimular su organización, escucharlos más antes de tomar resoluciones.

El costo del paro

La burguesía conserva su vigor, su fuerza y potencialidad, a pesar de la ampliación del área social de la propiedad, de las requisiciones e intervenciones, de la estatización de la banca y de las expropiaciones de predios agrícolas. El paro le significó al país una pérdida superior a los 200 millones de dólares, según cálculos oficiales. Pero, ¿cuánto le costó a la burguesía montar y mantener este movimiento? Gran parte del financiamiento del paro sedicioso fue proporcionado por los norteamericanos, como lo demostró la inundación de dólares y la baja consiguiente que esto produjo en la cotización del mercado negro. Pero también hubo aporte interno de la burguesía. De acuerdo con las denuncias formuladas en el canal 9 de TV, cada camionero recibía cinco mil escudos diarios por no trabajar. ¿Cuánto se otorgaba a cada comerciante por mantener cerrados sus negocios? ¿Cuánto se gastó en el financiamiento de la estructura orgánica del movimiento sedicioso? ¿Cuánto en publicaciones? Las sumas tienen que ser siderales.

La vitalidad que exhibe la burguesía comprueba que es necesario acelerar y profundizar la supresión de su poder económico, incorporando al área de propiedad social numerosas empresas que nutren y alimentan no solo sus bolsillos como patrones, sino la caja de la sedición.

Durante el paro se requisaron todas las industrias y empresas que sus dueños pretendieron paralizar. Hubo requisiciones masivas y es probable que en los veintiséis días que duró el paro hayan sido intervenidas o requisadas más empresas que en todo el transcurso de este gobierno.

Así como es efectivo que la burguesía demostró que conserva su fortaleza y poderío, también es correcto afirmar que no tuvo por sí sola la fuerza necesaria para derrocar al gobierno.

¿Dónde estuvo la falla del habilidoso y bien estructurado plan de la oposición?

O bien la burguesía subestimó a la clase trabajadora y supuso que no respondería con criterio de clase ni defendería al gobierno y se sumaría al paro, o aceptaría tranquilamente que sus patrones cerraran las fábricas. Y este error de cálculo es difícil atribuírselo a la derecha, que es políticamente ladina y bien informada.

La otra explicación, que puede ser más realista, es que la oposición cifró esperanzas, que resultaron ser absolutamente infundadas, en que por lo menos algún sector de las fuerzas armadas se inclinaría en favor de los insurrectos, como consecuencia de este clima de caos que los sediciosos intentaban crear no solo con el paro, sino con numerosos hechos y actitudes previas. Ese es el alcance que tenían las destituciones de ministros de Estado e intendentes, las violentas manifestaciones y asonadas callejeras, las acusaciones que se lanzaban al gobierno de estar trasgrediendo la Constitución y las leyes, y los llamados que hacían los personeros de la derecha a la desobediencia y resistencia civil contra el gobierno.

Generosidad

Las condiciones dictadas por el gobierno para poner término al paro resultan demasiado generosas dada la situación existente en ese momento, el perjuicio irrogado al país y la finalidad subversiva del movimiento.

Cuando la oposición creyó que podía triunfar, tiró todas sus fuerzas al combate: camioneros, comerciantes, profesionales, especialmente médicos, funcionarios de algunos bancos, pilotos de LAN; pero hubo un momento en que sus fuerzas se agotaron y no tenían más soldados sediciosos que lanzar a la batalla contra el gobierno. Por otra parte, no lograron paralizar la movilización colectiva particular, ni los taxis, salvo por algunos días. Además, lejos de incrementar sus efectivos, los insubordinados empezaron a sufrir deserciones entre los camioneros especialmente, y también entre los pequeños comerciantes. Los abundantes recursos de que dispusieron los opositores se enredaban en las manos de los dirigentes, de los políticos y de algunos empresarios, pero no «chorreaban» a todos los camioneros y comerciantes. En consecuencia, era presumible que las deserciones continuaran, sobre todo porque se habían suspendido los ingresos, había que efectuar muchos pagos pendientes y cancelar a los empleados los reajustes respectivos.

Especialmente controvertibles, y con razón, aparecen los ofrecimientos de restituir las empresas requisadas o intervenidas durante el paro, en especial las de mayor envergadura, así como la nulidad de todos los partes y sanciones administrativas a los negocios que estuvieron cerrados y la reincorporación a sus trabajos de los profesionales y funcionarios que dejaron de concurrir a sus labores habituales.

La oposición pretende justificar esta amnistía a los empleados, funcionarios o técnicos que abandonaron sus funciones, alegando que es usual, al término de un conflicto gremial, pactar la no aplicación de represalias. Pero indiscutiblemente que este no fue un paro gremial sino insurreccional y, en consecuencia, el trato tiene que ser diferente.

Sin embargo, preciso es reconocer que en algunos casos el gobierno ha procedido con severidad, aceptando que se mantengan despidos efectuados legítimamente, como sucedió en el Banco Central. Pero más conflictiva puede resultar la devolución de empresas o establecimientos comerciales requisados. Si bien puede ser explicable el propósito del gobierno de restablecer la tranquilidad, hay que considerar el sentimiento de frustración que esto provocará en los trabajadores que hicieron funcionar esas industrias o comercios, mientras sus patrones intentaban derribar el gobierno para perseguir después y explotar más duramente a sus obreros y empleados. Y no está bien provocar resentimiento y frustración justamente en la clase social que es el sostén y el pilar del gobierno frente a los intentos sediciosos de la burguesía, que por cierto no terminarán con este paro empresarial.

Además, la restitución de esas empresas significa fortalecer a grupos patronales que son enemigos irreconciliables de La Moneda y de los trabajadores y que no cejarán en sus propósitos sediciosos. Evidentemente que esas empresas constituyen un botín de guerra durante una batalla insurreccional contra el gobierno y los trabajadores.

Afortunadamente, por un lado la actitud del gobierno ha sido bastante flexible y, por otra parte, se abre la perspectiva de una lucha política y de masas para corregir o rectificar decisiones que puedan adoptarse en definitiva.

Alternativas

Algunos se preguntan si la incorporación de los militares al Gabinete era la única solución para derrotar el paro y sofocar la sedición.

El debate en estos instantes resulta inoficioso, bizantino o intrascendente.

Aparentemente existieron esas otras alternativas, pero es difícil evaluar su factibilidad.

Una de ellas era dividir a las fuerzas sediciosas y entenderse con la DC. Esta habría sido la peor salida de la crisis y al parecer era impracticable, porque era rechazada abruptamente por el gobierno y el partido opositor.

Otra era fortalecer la autoridad del gobierno con una política más dura y más firme contra los insubordinados, con el apoyo y la participación más activa y combativa de los trabajadores. Habría sido saludable, sin duda, haber provocado en ese momento el enfrentamiento que buscaba la burguesía, haberles dejado a las masas populares la tarea de quebrar el paro, atajar la insubordinación, normalizar el transporte prescindiendo de los camioneros sediciosos, incautarse de las empresa y negocios más importantes que estaban cerrados y no haberlos tenido que devolver. Pero esto dependía de la correlación de fuerzas que solo algunas personas de gobierno, dirigentes políticos y sindicales podían conocer.

Es preferible suponer que no se reunían todas las condiciones para escoger esta alternativa. Más importante y más constructivo es analizar la fórmula conocida y que prosperó en definitiva y que significó la incorporación de tres ministros militares al Gabinete.

Algunos piensan que esto es lo que buscaba la oposición y fundamentalmente la DC, para neutralizar al gobierno.

No comparto la opinión. Por el contrario, la oposición se muestra desconcertada y preocupada por las proyecciones que esto puede tener y por el compromiso que puede implicar de parte de las fuerzas armadas con el gobierno y el programa.

Así lo expresó Eduardo Frei en una entrevista con estas palabras: «No hay ninguna duda de que en primer término produce un cierto desconcierto, que los días y el tiempo aclararán, respecto al hecho de que tenemos un ministerio en el cual existen representantes de las fuerzas armadas, junto a representantes de otras corrientes políticas que yo creo que por primera vez en América Latina se ven representadas en un Gabinete; y en segundo término, es también un hecho de que dentro del ministerio algunas personas representan corrientes de extrema izquierda, más allá de las posiciones normales del Partido Comunista y Socialista…».

Es innecesario especular sobre el alcance y significado que tiene la presencia de los ministros militares en el gobierno, porque el propio general Prats lo ha precisado en diversas intervenciones:

a) No es un cogobierno.

b) Los ministros son colaboradores del presidente y trabajan bajo su dirección.

c) El gobierno tiene legítimo derecho a aplicar el programa. Los cambios de Gabinete no pueden alterar ese programa, que se caracteriza por su definición antiimperialista y antimonopólica.

d) El presidente decide el cambio de sus ministros.

e) Este es un gobierno constitucional que dura hasta 1976.

f) El ingreso de los ministros militares constituye una reafirmación vigorosa de la autoridad presidencial.

Si se mantiene el programa, si los ministros se identifican con su contenido antimonopólico y antiimperialista, si como miembros de este gobierno están dispuestos y consideran legítimo aplicarlo, si no tienen derecho a veto en el gobierno y no discrepan del contenido del programa, no parece razonable sostener, como dicen algunos, que ha cambiado el carácter del gobierno.

Más aún, sabemos que a veces el gobierno se muestra duro, agresivo y avanza a un tranco acelerado, pero en otros periodos se muestra débil, vacilante, conciliador, contradictorio. Si esto ocurre no tiene por qué imputarse necesariamente a los militares, sino a indecisiones o contradicciones de la combinación política de gobierno.

Ningún revolucionario debería juzgar prematuramente los riesgos o peligros que para el movimiento popular representa la participación de militares en este Gabinete.

No se deberían tener prejuicios frente a este problema ni aplicar ningún tipo de esquemas rígidos. El proceso chileno es muy fluido, muy rico en acontecimientos y en posibilidades. Es bueno proceder con audacia e imaginación creadora frente a los nuevos y asombrosos sucesos que ocurren en nuestra patria.

Es preferible definir posiciones frente a actitudes concretas que vayan adoptando el gobierno y su gabinete integrado por militares. Lo que no se debería hacer es suponer anticipadamente que la presencia de los militares significará reprimir a los sectores revolucionarios, frenar el problema o la lucha de masas.

Vigilancia, movilización y organización

Cualquiera que sea la composición del gobierno, sin vigilancia y sin la movilización y organización combativa del pueblo pueden producirse desviaciones o retrocesos o conciliaciones.

Lo fundamental es construir una táctica, una estrategia y una posición partiendo de la situación real y actualmente existente, no de abstracciones.

Los hechos actuales con los que tenemos que trabajar son los siguientes: abortó un paro sedicioso de la burguesía; esta es fuerte y se ha replegado, pero intacta, con toda su organización fascista y paramilitar. El peligro subsiste para el gobierno y el enfrentamiento será inevitable. En el gobierno hay militares cuya presencia lo fortalece y no lo debilita. La clase trabajadora también está intacta, ha fortalecido su conciencia clasista y su experiencia. Las masas no tienen hasta ahora motivos para recelar de los militares. Las contradicciones que surjan entre el gobierno y las masas pueden decidirse con la acción y la movilización de los trabajadores. ¡Este sigue siendo un gobierno de la clase trabajadora!

1973

Capítulo 41
Chile: el ardiente verano del 73
PF

Este capítulo es un resumen realizado por la propia revista *Punto Final (PF)* de la separata de *Punto Final* n.º 179 publicada el día martes 13 de marzo de 1973, después de las elecciones realizadas el día 4 del mismo mes, que renovaron la totalidad de la Cámara de Diputados y la mitad del Senado. El Parlamento, que cesaba en sus funciones el 21 de mayo, al que *PF* calificaba de «obstruccionista y espurio», había planteado once acusaciones constitucionales contra ministros del gobierno popular.

Salvador Allende fue elegido el 4 de septiembre de 1970 con 36,2% de los 2 954 799 votos (la abstención fue del 16,5%). Después de dos años y meses de difícil gobierno, la Unidad Popular (UP) el 4 de marzo avanzó al 43,39%. Esto le permitió elegir 63 diputados y 11 senadores. Aumentó en cinco su número de diputados y en dos sus senadores. El Partido Socialista (18%) tenía 7 senadores y 28 diputados. El Partido Comunista (16%) quedó con 9 senadores y 25 diputados. La Confederación Democrática (CODE), reaccionaria, que pretendía lograr los dos tercios para destituir al presidente Allende, alcanzó el 54,70%, bajando de 93 a 87 diputados, y de 32 a 30 senadores.

La abstención fue del 18,80%. En total votaron 3 661 898 ciudadanos y ciudadanas. El Senado quedó integrado por 30 senadores de oposición y 20 de gobierno. La Cámara de Diputados por 87 de oposición y 63 de gobierno. La DC era el principal partido opositor con 19 senadores y 50 diputados.

Vale la pena consignar que en las elecciones municipales del 4 de abril de 1971, la Unidad Popular (UP) había alcanzado el 48,6% de los votos y la oposición, 48,2%.

Es en este contexto que la revista *Punto Final* publica la separata resumida a continuación:

En *Punto Final (PF)* n.º 178 —del 27 de febrero de 1973— advertíamos que la elección del 4 de marzo provocaría un reordenamiento de las fuerzas políticas. Ese proceso ya se inició. Dentro de la llamada Confederación

Democrática (CODE), o sea la coalición reaccionaria, se mantiene la pugna principal entre los partidos Demócrata Cristiano y Nacional por imponer su hegemonía y conducción al movimiento opositor al gobierno. Ambos partidos no obtuvieron en la elección parlamentaria la fuerza suficiente para definir allí mismo esa cuestión. Otros sectores políticos de la CODE, tales como la Democracia Radical, Partido de Izquierda Radical (PIR) y Partido Democrático Nacional (PADENA), virtualmente pasaron a mejor vida y están hoy convertidos en simples apéndices de las fuerzas mayoritarias, PDC y PN.

Los jefes naturales de la CODE, Eduardo Frei (DC) y Sergio Onofre Jarpa (PN), han formulado planteamientos coincidentes en el sentido de mantener en funcionamiento esa coalición que se formó en vísperas de la elección de marzo. Frei y Jarpa ven en ese instrumento político el medio idóneo para escalar nuevos promontorios —electorales o de otra naturaleza— que permitan a la burguesía recuperar el control absoluto del poder.

En el campo de la Unidad Popular (UP), que obtuvo una excelente votación, también ha comenzado a operar el reordenamiento de fuerzas, impelido por el resultado electoral. Aunque en estricta verdad tal fenómeno venía gestándose desde antes, han sido las cifras del 4 de marzo las que han apresurado ese movimiento de reubicación y de definición política. Al interior de la UP, en efecto, se ha venido librando una lucha ideológica bastante fuerte entre dos sectores principales: reformistas y revolucionarios. Esto tuvo expresiones públicas anteriores al 4 de marzo, como el cruce de cartas entre los secretarios generales de los partidos Comunista y Socialista. Pero no solo se reflejó en documentos, sino también en hechos concretos. En el campo agrario e industrial, en el sector de la distribución y comercialización de alimentos y en otras esferas, la pugna entre reformistas y revolucionarios ha venido haciéndose sentir con diferentes grados de intensidad. Cada uno de estos sectores busca también imponer su línea al conjunto de las fuerzas populares. Sobrepasada la coyuntura electoral, esa lucha ideológica ha retornado con mayor fuerza al seno de los partidos.

El primer reventón se produjo en el MAPU (Movimiento de Acción Popular Unitaria), partido en el cual no habían quedado bien soldadas las trizaduras que se produjeron en el último congreso. El ala reformista —que fue derrotada en el congreso, donde se demostró que era minoritaria— procedió a anunciar la «expulsión» de dirigentes de la mayoría y a apoderarse a viva fuerza de algunos locales. En vísperas de la elección parlamentaria ya era de dominio semipúblico que el sector reformista abandonaría el MAPU por sus discrepancias con la dirección elegida en el último congreso de ese partido. El propio ministro de Hacienda, Fernando Flores, señaló públicamente antes de la elección su discrepancia con la comisión política de su partido.

En otras colectividades de la Unidad Popular es previsible un fenómeno parecido, como es el caso del Partido Radical (PR) cuyo eclipse acelerado era perceptible a simple vista. La elección del 4 de marzo solo vino a confirmar esa tendencia, que va empujando al PR fuera de la escena política. Es del caso esperar más novedades de bulto en este sentido, las cuales afectarán a otros partidos de izquierda donde está en pleno desarrollo la lucha ideológica.

Entretanto, al nivel alejado de los militantes y de las masas, donde se elabora lo que en Chile suele llamarse «alta política», están en plena ebullición las conversaciones, contactos, acuerdos y consensos que repercutirán enseguida en la vida partidaria y en el cuadro político general. En ese sofisticado ambiente se traman ingeniosas jugadas en el tablero del ajedrez político.

Sería un error pensar que este reordenamiento al interior de la izquierda se produce impulsado únicamente por una lucha ideológica que enfrenta a revolucionarios con reformistas. En la superestructura intervienen, adicionalmente, otros factores y elementos conflictivos, no exentos —muchos de ellos— de personalismos, antiguas rivalidades y fuertes ambiciones. Esto se ve, en cierto modo, alentado por la pervivencia en el seno de la izquierda de tendencias socialdemócratas que hacen de la vida en el seno de las instituciones del Estado burgués, entre ellas el Parlamento, el eje de la acción política.

En la superestructura de la izquierda todavía tienen considerable peso aquellos sectores que, en la actual situación, solo avizoran rutas que se internan en las instituciones de la democracia burguesa. Desde el punto de vista de aquellos sectores, un acuerdo por lo menos implícito con partidos de la oposición, particularmente con la Democracia Cristiana, es necesario para seguir gobernando. Se busca lograr un entendimiento que permita despachar las leyes en el Congreso Nacional. Esto supone, desde luego, adecuar cada proyecto —y el esquema global de gobierno— a los intereses que representa en lo político la contraparte en el acuerdo parlamentario, robusteciendo de paso la institucionalidad burguesa. Pero además hay un requisito previo que cumplir en esa táctica: extirpar las llamadas tendencias «ultraizquierdistas» que dentro de algunos partidos se pronuncian por acentuar el proceso hacia el socialismo. En ese sentido, tal como lo señalábamos, la primera manifestación concreta de la ofensiva lanzada por el reformismo para despejar el camino del entendimiento con sectores de oposición, se produjo en el MAPU. Finalmente, la táctica conciliadora necesita transgredir el espíritu y la propia letra del Programa de la UP. A pretexto de impedir las «transgresiones de izquierda», el reformismo —desde junio del año pasado— viene cometiendo numerosas «transgresiones de derecha». La más importante ha sido la iniciativa conocida como «proyecto Millas» (por el ministro y dirigente comunista Orlando Millas, N. de *PF*), que plantea reducir el área de propiedad social y entregar a la burguesía numerosas ventajas destinadas a neutralizar la actividad opositora.

Las expulsiones de militantes, la remoción de dirigentes y la imposición de una política derrotista y conciliadora a los partidos de la UP que se han pronunciado por avanzar sin transacciones, no son fáciles de implementar. Pero todavía es más difícil imponerlas a nivel de las masas. En los Cordones Industriales, Comandos Comunales, Consejos Campesinos, etc., organismos donde va despuntando el poder popular, predominan las tendencias más avanzadas. Eso ha quedado otra vez demostrado en la elección del 4 de marzo. Las comunas obreras y campesinas, en efecto, dieron amplio respaldo a los candidatos que interpretaban esas posiciones dentro de la izquierda. La intervención de factores ajenos a los propios partidos puede surtir algunos efectos, tal como ocurrió en el MAPU donde la crisis fue planteada por el sector vinculado a la alta burocracia. Pero es casi imposible que esa manipulación pudiera alcanzar los mismos resultados a nivel de las masas. Esto lleva a pensar que la aplicación de una línea reformista integral supone necesariamente un cierto grado de represión (cualesquiera sean las formas que revista) contra obreros, campesinos y pobladores que insistan en no devolver ninguna empresa, en expropiar fundos entre 40 y 80 hectáreas básicas, en ocupar terrenos baldíos o en impulsar mayores facultades para las Juntas de Abastecimiento y Precios (JAP), en implantar la «canasta popular» y los Almacenes del Pueblo, etc. Tal perspectiva hace virtualmente imposible para los estrategas del reformismo, salvo a costa de arrastrar al gobierno a un grado de debilidad y aislamiento extremo, llevar hasta las últimas consecuencias su proyecto de entendimiento con la Democracia Cristiana.

Por otra parte, bien mirado, el proyecto reformista de «depurar» los partidos de elementos de «ultraizquierda», o sea de revolucionarios, es incongruente con su pretendido objetivo de ganarse a sectores que hoy están en la oposición, como la Democracia Cristiana. La votación de Frei en Santiago, inferior a lo que la propia DC obtuvo en 1965 cuando sacó tres senadores, está demostrando que ese es un partido en declinación. El incremento de la votación de la izquierda, comparada con la que obtuvo Allende en 1970, señala que ella proviene de sectores sociales que antes estuvieron influidos y manejados por el reformismo burgués. Han sido ganados para la causa del socialismo sin necesidad de los halagos y concesiones que, en cambio, se necesitan para llegar a acuerdos o consensos superestructurales. La directiva del PDC manejada por Frei, que seguramente ahora aspira a ser designado presidente del Senado, representa a la burguesía. En cambio, en la base obrera, pobladora o campesina de la DC, la izquierda puede conquistar vastos sectores si aplica con claridad y energía una política de clase, necesariamente antagónica con los agentes políticos de los empresarios que controlan y manejan ese partido.

El esquema reformista carece de verdadero realismo político y tiende a cercenar las posibilidades que ofrece el proceso hacia el socialismo. Divide a los partidos de la propia izquierda, confunde y desalienta a las masas, fortalece las instituciones de la democracia burguesa dificultando la superación de la actual organización del Estado, y coloca al gobierno al borde del empleo de la represión para contener la lucha de masas.

Los positivos resultados para la izquierda de la elección del 4 de marzo no deben ser desviados hacia los acuerdos en la superestructura parlamentaria. Debe tenerse claridad que en Chile está en pleno desarrollo una lucha de clases que, si bien asume formas relativamente pacíficas, contiene todos los ingredientes de una lucha a muerte. La burguesía tiene entre sus dedos distintas fórmulas para impedir que los trabajadores chilenos alcancen su objetivo histórico. El golpismo o la guerra civil son sin duda proyectos que la burguesía alienta y que no vacilará en aplicar en condiciones que juzgue convenientes para ella. Pero también figura entre sus métodos —y quizá es el más inteligente y sutil— crear el esquema en virtud del cual el gobierno de la Unidad Popular se caiga solo o termine su periodo sumido en el fracaso y el desprestigio. Hasta ahora este parece ser el método que apoya el imperialismo que, a su vez, avizora en esa fórmula la posibilidad de sacar provecho internacional al fracaso del gobierno de la UP como el presunto fracaso de una experiencia socialista.

El avanzar sin transar, como plantean algunas fuerzas políticas, implica impedir que el reformismo moje la pólvora del respaldo popular que mostró la elección del 4 de marzo. Esto hace necesario, a su vez, reagrupar firme y ordenadamente a los revolucionarios, resistiendo el embate reformista y cerrando el paso a las conciliaciones de quienes no ven sino en el Parlamento y otras instituciones del Estado burgués la posibilidad de llevar a cabo las profundas transformaciones prometidas en el Programa de la UP.

Respecto a las fuerzas armadas —el factor político que no suele mencionarse en el análisis de las perspectivas—, también se necesita clarificar el carácter de su participación en el gobierno. Si es para apoyar el esquema de poder concebido por el reformismo y para actuar como factor regulador de la lucha de clases, es evidente que también entrarán en pugna con los intereses de la clase trabajadora. En cambio, si los soldados se convencen de que su rol es apoyar una modificación profunda de la sociedad chilena, que alcance a todos los sectores del país, incluyendo a los propios institutos armados, es seguro que el avance del pueblo se verá considerablemente facilitado e imperará en el país una situación de paz y seguridad interna, producto de la firme dirección que la clase trabajadora sabe imponer a un proceso revolucionario.

Cuando un pueblo como el nuestro ha decidido avanzar hacia el socialismo —tal como lo volvió a ratificar la elección del 4 de marzo— no hay nada ni nadie que pueda cerrarle el paso en forma definitiva.

Capítulo 42

Dos plenos y un golpe en marcha*

Manuel Cabieses Donoso

Según Orlando Sáenz, presidente de la Sociedad de Fomento Fabril (SOFOFA), en la cual reconocen «su trinchera de lucha contra el marxismo» más de 4 500 industriales, en Chile «se está viviendo el hondo proceso político, económico y social propio del montaje de un Estado totalitario marxista llegado al poder electoralmente y que no cuenta con fuerzas militares regulares dispuestas a someter violentamente al país».[1] Esta es la opinión de un caracterizado dirigente de la burguesía.

Un epígono político de ella, Eduardo Frei, que en mayo posiblemente se convierta en presidente del Senado, tiene por supuesto idéntica apreciación. En declaraciones al *Corriere della Sera* de Milán, Frei señala: «Estamos en el camino al totalitarismo de tipo marxista», y rechaza cualquier tipo de colaboración demócrata-cristiana con el gobierno del presidente Allende.[2] Las manifestaciones de hostilidad de la burguesía contra el gobierno de la Unidad Popular han recrudecido después de las elecciones del 4 de marzo. El imperialismo norteamericano, por su parte, ha cerrado las últimas llaves que regulaban las jabonosas relaciones financieras con Chile.

El 43,7% que la clase trabajadora entregó a la UP el 4 de marzo pareció ser la gota que colmó el vaso de la burguesía y del imperialismo. El alto porcentaje alcanzado por la UP en los sectores obrero y campesino y el elocuente rumbo político que llevan los jóvenes mayores de 18 años, que esta vez se incorporaron a las elecciones, dejaron en claro que la izquierda tiene reservas todavía muy grandes, particularmente en la clase trabajadora. El 43,7% de la

*   *PF* n.º 181, 10 de abril de 1973, pp. 2-5.

1   Discurso de Orlando Sáenz: *El Mercurio*, 29 de marzo de 1973. *[N. del A.]*.

2   *El Mercurio*, 31 de marzo de 1973. *[N. del A.]*.

UP, sin duda, es un porcentaje «crecedor» en la medida en que una política revolucionaria logre arrancar de las garras ideológicas de la burguesía a otros sectores de explotados que todavía son engañados.

La SOFOFA alienta el golpe

Esta perspectiva es la que hace exclamar al jefe de la SOFOFA que se asiste a «la agonía de la democracia chilena» y a sostener: «afirmo que hemos dejado de vivir una democracia real». El delirante lenguaje de Sáenz no tiene nada de casual. Los intereses que él representa no suelen dejarse arrastrar por las pasiones. La determinación calculada y fría es más bien el distintivo del pensamiento de la burguesía. Hay que prestarle atención, pues, cuando reprocha «a los sectores políticos su grave responsabilidad al ilusionar a todo un pueblo con la protección de un régimen democrático que hace muchos meses desfallece en sus brazos», o cuando plantea «una acción urgente y vital, arrancada de las entrañas mismas de nuestro pueblo» que pueda «centrar nuevamente nuestro sistema de vida y preservar los valores que nos han definido como nación», Sáenz anuncia que «las circunstancias nacionales tornan inminente una definición que fije el rumbo de nuestro futuro destino. En pocos meses más Chile se habrá sumido en la dictadura marxista o habrá emergido a la luz plena de la libertad».

La «inminente definición», que se concretará «en pocos meses más», tiene en labios del presidente de la SOFOFA un inequívoco tono golpista. Si se tiene en cuenta que a ese dirigente de la burguesía se le reputaba «moderado» y en la línea de guante de seda del freísmo, y si se considera su «coincidencia» con las declaraciones de Frei al periódico italiano, puede concluirse que la burguesía prepara las condiciones para una maniobra definitiva —quizá de tipo golpista— contra el gobierno de la UP.

Desde luego, Sáenz rememora el paro de octubre y anuncia que «los gremios tendrán una labor fundamental» en la «acción urgente y vital» que plantea la SOFOFA, agregando, cual general que arenga a sus tropas, «espero que estén a la altura de las duras circunstancias que enfrentarán sin duda en el futuro».

El imperialismo, a su vez, ha descartado toda esperanza de obtener de Chile el pago de indemnización por las minas de cobre nacionalizadas.

El llamado «bloqueo invisible» que ha venido aplicando será un juego de niños comparado con las maniobras que lanzará contra nuestro país. Esta situación, como es lógico, llevará al imperialismo a concertarse nuevamente con la burguesía en un esfuerzo a fondo para derrocar al gobierno de la UP. Una sola corporación, la ITT, como se ha demostrado en el Senado norteamericano, estuvo dispuesta a gastar un millón de dólares para impedir que Allende llegara a la Presidencia de la República. Por el mismo precio, o poco más, el gobierno de Washington puede provocar un golpe de Estado en un país como Chile.

Respuesta de la izquierda

Está claro, nos parece, que la burguesía (y eventualmente el imperialismo) piensan que debe provocarse en pocos meses más una «definición». ¿Cuál es la táctica de la izquierda para enfrentar esa amenaza? Según el senador Luis Corvalán, secretario general del Partido Comunista, sobre la base de «sostener a todo trance el gobierno contra cualquier tentativa de echarlo abajo» y de «extender y profundizar el proceso revolucionario», se debe «asegurar lo que hemos llamado más de alguna vez el desarrollo normal de los acontecimientos, con vista a generar en las elecciones presidenciales de 1976 un nuevo gobierno popular y revolucionario que continúe la obra que le ha correspondido iniciar al que ha encabezado el compañero Salvador Allende».[3]

Rompiendo una norma, ha sido el PC el primer partido en plantear el problema de la siguiente elección presidencial, cuando el actual gobierno aún no llega a la mitad de su periodo. El discurso del senador Corvalán apareció en *El Siglo* el mismo día que *El Mercurio* publicaba el de Orlando Sáenz ante la junta general de socios de la SOFOFA. Proviniendo el primero del secretario general de uno de los partidos más importantes de la clase obrera, y el otro del dirigente de una de las organizaciones más representativas de la burguesía, resulta ilustrativo comparar cómo aprecian ambos la situación.

Sáenz piensa que «el único real programa de gobierno que existe es la conquista del poder total» y en esto ve una firme y cohesionada determinación

---

[3]   Informe de Luis Corvalán al pleno del comité central del PC, *El Siglo*, 29 de marzo de 1973. *[N. del A.]*.

del marxismo. Corvalán, en cambio, aprecia «dos o más líneas (en el gobierno y en la UP) respecto a las normas de encarar cuestiones vitales referentes, por ejemplo, a la conformación de las diversas áreas de propiedad o al problema de la distribución».

Mientras Sáenz opina que el marxismo se plantea «controlar la economía del sector privado», el senador Corvalán señala que el fortalecimiento del sector estatal «no supone la desaparición del sector privado, sino que, al contrario, su mantención en una dependencia armónica y no contradictoria con el área social». (En esos mismos días el gobierno activó la tramitación en el Congreso del llamado «proyecto Millas» que ha sido rechazado por la clase obrera entendiendo que significa la devolución de industrias requisadas y la disminución del área social de la economía).

La esfinge armada

Quizá en el único aspecto en que pueden apreciarse coincidencias entre el senador Corvalán y el jefe de la SOFOFA es en la calibración que hacen de las fuerzas armadas, elemento clave ya sea para provocar una «inminente definición» o para «asegurar el desarrollo normal de los acontecimientos» hasta 1976. Para Sáenz «las fuerzas armadas desfilan ante la conciencia de todos los chilenos, pese a lo ocurrido durante su participación gubernativa, con un nuevo galardón prendido a sus inmaculados pendones. Se llevan dos cosas importantes: la gratitud de Chile y el conocimiento de por qué y por quiénes el país vive su hora más sombría». Para el senador Corvalán: «los institutos militares y los hombres de sus filas que actuaron durante varios meses en el gabinete ministerial, supieron cumplir una vez más con su deber y, por ello, se han hecho acreedores al reconocimiento y la gratitud del pueblo».

Aunque no suele admitirse en el sofisticado lenguaje político chileno, para una u otra estrategia —ya sea para la burguesía o para la clase trabajadora—, el papel de las fuerzas armadas resulta fundamental. Sin embargo, hasta ahora, los militares parecen estar jugando básicamente su propio juego, salvo en algunos detalles que suelen dar a uno u otro rival la sensación de haber ganado puntos en la lucha por atraer a las fuerzas armadas a su campo. El «partido militar», como suele llamársele en otros países, donde la concurrencia de las fuerzas armadas al campo político es frecuente, ha venido tomando un rol de creciente participación en la escena nacional. Este aspecto es tan importante que ha llevado a *PF* a intentar, a partir de este número, un serio análisis del carácter y contenido de la influencia de las fuerzas armadas y de su participación —relativamente más decisiva al parecer que la de la clase obrera— en los sectores claves de la conducción económica y política.

¿Ha cambiado de manos el poder?

Para Lenin —en abril de 1917— «el paso del poder del Estado de manos de una a manos de otra clase es el primer rasgo, el principal, el fundamental de la revolución, tanto en el significado rigurosamente científico, como en el político-práctico de este concepto». En este sentido, no es inoficioso escudriñar hasta qué punto el poder ha cambiado de manos de una a otra clase, en el proceso chileno.

El propio senador Corvalán señala en su informe que «en la mayoría de las empresas del área social o mixta no se ve un cambio real en las relaciones de producción, a pesar de que este es, después de todo, el asunto principal». Si bien el senador Corvalán propuso una serie de medidas para elevar la participación obrera en las industrias del área social y mixta, lo cierto es que un proceso destinado a cambiar las relaciones de producción —que haga posible lo que Lenin precisaba: «que los obreros entren en todas las instituciones estatales, que controlen todo el aparato del Estado»—[4] tiene precarias posibilidades si, a la vez, se plantea reducir el área social de la economía y devolver empresas, desalentando a la clase obrera como lo hace el llamado «proyecto Millas», cuya reactivación en el Parlamento, solicitada por el gobierno, ha provocado elogiosos comentarios del presidente demócrata-cristiano de la Cámara de Diputados.

Más aún: la primera declaración oficial del nuevo ministro del Interior, Gerardo Espinoza, socialista, ha sido para amenazar con la drástica aplicación de leyes represivas a quienes impulsen o realicen «tomas» de fábricas, locales o calles. Sin dejar de reconocer que a veces las «tomas» son impulsadas por elementos enemigos del gobierno, la declaración del ministro Espinoza desafortunadamente las pone en el mismo pie que las «tomas justas», cuya existencia el mismo Espinoza había admitido cuarenta y ocho horas antes, poco después de jurar su nuevo cargo.

---

[4]   Lenin: *Pravda*, 9 de febrero de 1920. *[N. del A.]*.

Los campesinos pobres tampoco reciben estímulo en sus luchas. El nuevo ministro de Agricultura, Pedro Hidalgo, socialista, ha extendido al campo el rechazo a las «tomas», anunciando, además, que levantará las compuertas de los precios «remunerativos» para los productores agrícolas y que no tratará de implantar nuevos estancos de productos alimenticios, como el ya existente del trigo.

Estas definiciones del nuevo equipo de gobierno —desde la reactivación en el Congreso del «proyecto Millas», hasta la destitución de los funcionarios de la empresa distribuidora Agencias Graham, cuya salida planteó el general Bachelet— van señalando un estilo político que la lógica lleva a atribuir a decisiones adoptadas en las reuniones plenarias que en estos días celebraron tanto el PC como el Partido Socialista.

Paralización del proceso

En todo caso, esas definiciones no robustecen la creencia de que el poder esté cambiando de manos de una a otra clase. Más bien siembran dudas en este aspecto fundamental, que sirve para distinguir un proceso revolucionario de un simple proceso reformista. A esto se agrega que virtualmente desde el cónclave de la UP en Lo Curro, en junio del año pasado, que significó un viraje en la política económica, el proceso de transformaciones profundas prácticamente se ha estancado. Las perspectivas así no resultan alentadoras desde el punto de vista de los intereses de la clase obrera, que busca relevar del poder a la clase burguesa. En un proceso como el nuestro, la paralización ni siquiera sirve para consolidar, simplemente se convierte en retroceso.

Los plenos de los comités centrales del PC y PS reforzaron puntos de coincidencia entre ambos partidos. Para el senador Corvalán lo fundamental este año es «lograr la cohesión política y la dirección económica única» que permitan encarar cuestiones como «la conformación de las diversas áreas de propiedad o el problema de la distribución». Para lo primero existe el llamado «proyecto Millas» y para lo segundo el PC se plantea «el fortalecimiento de la Secretaría Nacional de Distribución y una ampliación de sus atribuciones». Ese organismo está a cargo de las fuerzas armadas.

El «proyecto Millas» ha echado a andar nuevamente en el Congreso —después del paréntesis electoral— y, en cuanto a la distribución, han sido destituidos los funcionarios socialistas cuyo alejamiento planteó el general Bachelet; las vacantes las cubrirán militares y técnicos civiles. Las masas obreras, los pobladores y los campesinos han sido notificados de que no se permitirán luchas «espontáneas» que sobrepasen el nivel de compromisos del gobierno. Este marco general permite —sin caer en imputaciones gratuitas— verificar que la estrategia del reformismo continúa imponiéndose en la UP. El gobierno, por lo tanto, debería ahondar en la línea de «asegurar el desarrollo normal de los acontecimientos» con vistas a las elecciones presidenciales de 1976. Dadas las características dinámicas de la lucha de clases, esto equivale a intentar abrir un paréntesis de tres años en el proceso.

No es necesario volver al discurso de Orlando Sáenz ante los socios de la SOFOFA para dudar de la factibilidad de este proyecto. Ya en 1919, Lenin advertía: «Quienes tratan de resolver los problemas del paso del capitalismo al socialismo recurriendo a lugares comunes sobre libertad, igualdad y democracia en general, sobre la igualdad de la democracia del trabajo, etc., no hacen más que poner al descubierto su propia naturaleza de pequeños burgueses, de filisteos, de espíritus mezquinos que en el plano ideológico se arrastran, serviles, detrás de la burguesía».[5] Aparte de no contar con «la encarnizada resistencia» de la burguesía en todos los dominios, aquel proyecto de «desarrollo normal de los acontecimientos», que está manejando la UP, tampoco toma en cuenta la actividad «espontánea» que despliega la clase trabajadora. El afianzamiento posible de tal proyecto reside en considerar inertes a las clases sociales. Eso no se da —en el caso chileno— respecto a la burguesía ni mucho menos respecto al proletariado. Ni la primera está dispuesta a entregar pacíficamente su poder económico, ideológico y armado, ni el segundo está dispuesto a renunciar a conquistarlo. Es cuestión de pegar el oído a la realidad para enterarse de que la lucha de clases está crepitando al más alto grado. La necesidad de una dirección revolucionaria homogénea y firme para conquistar el poder es evidente. Pero fingir que ya se tiene el poder para imponer una dirección seudomonolítica, que comienza a internarse en el peligroso terreno de la represión ideológica de sectores revolucionarios y del paternalista reproche por el «desorden» y la «anarquía» de los trabajadores, es más grave que un simple error

---

5　Lenin: *Una gran iniciativa*. [*N. del A.*].

táctico. Es agrietar la cohesión de clase y debilitar la fuerza revolucionaria que, en «pocos meses más», se necesitará para aplastar a los explotadores.

El peligro golpista no es una fantasía hoy en Chile. Pero encararlo no consiste en imponer a las masas un receso hasta 1976. Es ahora cuando debe redoblarse la lucha por el poder. Caen en un grave delito contrarrevolucionario, por lo tanto, quienes dividen partidos populares, hacen del sectarismo una práctica y se restan a la lucha de clases. Se necesita, al contrario, concertar en un mismo esfuerzo al conjunto de los explotados, fortalecer la unidad revolucionaria y atraer al campo proletario a los sectores militares que por compromiso de clase o por convicción ideológica pueden participar en la lucha por el socialismo.

Capítulo 43

Dictadura popular o derrota*

Manuel Cabieses Donoso

> *El que dispone de mayores reservas, de más fuerzas humanas, el*
> *que está más sólidamente arraigado entre las masas, ese ganará*
> *la guerra.*
>
> LENIN (citado por Giap en *Guerra de Liberación*)

El cuadro político al término de la semana pasada señalaba con claridad
para los revolucionarios la necesidad de prepararse para decisivas coyunturas. En realidad nada de lo que está sucediendo puede causar sorpresa. La
táctica de la burguesía y del imperialismo para ahogar el proceso iniciado
en 1970 ha sido afinada en documentos públicos de organizaciones empresariales como la Sociedad de Fomento Fabril, de partidos políticos como el
Demócrata Cristiano y el Nacional o de monopolios extranjeros como la ITT
y la Kennecott.

PF y otras publicaciones de izquierda han analizado en su oportunidad —desde sus propias perspectivas— esos documentos, declaraciones y
discursos que trazan las líneas esenciales que siguen los enemigos del pueblo. Si bien no hay sorpresa en constatar el camino que siguen las fuerzas
reaccionarias, lo sobresaliente de la situación es un retraso objetivo en las
medidas para montar una contraofensiva que pueda romper el cerco de aniquilamiento que va montando la derecha.

Esto quizá se debe a un hecho ya varias veces registrado en estas páginas:
a la ausencia de una dirección revolucionaria y proletaria que oriente el conjunto de las luchas del pueblo y que supere definitivamente las concepciones
democrático burguesas que predominan en sectores del gobierno.

---

*   *PF* n.º 185, 5 de junio de 1973, pp. 5-7.

Un poder revolucionario

La tardanza en crear un verdadero poder revolucionario, o sea de métodos de manejo estatal alternativos al encuadramiento del Estado burgués, se está pagando en la forma de un desgaste visible y crónico del gobierno. Pero lo más peligroso es que —corregidos los errores y deficiencias del paro de octubre de 1972— la burguesía se ha volcado a la diabólica tarea de romper la unidad del movimiento obrero.

Se apoya en sectores de trabajadores que sufren enorme retraso ideológico, producto de la erosión de más de medio siglo de luchas puramente economicistas. Se trata de una herencia entre cuyos legatarios figura la propia izquierda que no ha sido capaz de revertir esa realidad en los últimos tres años. ¿Por qué importantes sectores de trabajadores pueden ser hoy, eventualmente, usados como carne de cañón por la burguesía? Una razón es que esos sectores —y el conjunto del pueblo explotado— no han sido conmocionados por la fuerza del sismo revolucionario. El excesivo cuidado en guardar las formas que distinguen la «vía chilena» ha logrado ocultar incluso a los ojos de vastos sectores de la clase trabajadora el carácter revolucionario que obligadamente asume el propósito programático de «iniciar la construcción del socialismo».

La burguesía y el imperialismo, que estaban destinados a permanecer adormecidos y en cierto modo engañados por la «vía chilena», mientras se desbrozaba el camino de monopolios y terratenientes, abrieron los ojos aun antes de que se instalara el gobierno del presidente Allende. Intentaron todo —incluso el golpe, el terrorismo y el asesinato político— para impedir en 1970 que asumiera el nuevo gobierno. Luego del transitorio fracaso, reordenaron sus filas, lucharon internamente por la hegemonía del movimiento opositor, se concertaron con el imperialismo y afinaron una táctica que bien podría llamarse «vía chilena hacia la restauración capitalista».

El papel de la DC

En todas esas etapas que incluyen el paro empresarial de octubre del año pasado, es necesario admitir que ha sido la Democracia Cristiana (por sus mejores vínculos con el imperialismo, su realidad de partido de masas y su mayor poder específico en todos los planos) el partido que ha impuesto su estrategia.

Desde el «estatuto de garantías constitucionales» con que condicionó su reconocimiento al presidente electo en 1970, hasta hoy, en que modifica la Constitución a su amaño o destituye ministros a su antojo, ha sido el PDC el guaripola político de la burguesía, imponiéndose a los corcoveos del Partido Nacional o de Patria y Libertad. La DC —para decirlo de otro modo— ha impuesto al conjunto opositor la madurez estratégica que le aporta el imperialismo, habituado a manejar a control remoto situaciones en extremo complejas.

En efecto, ha sido la DC la que impuso al PN y otros partidos burgueses menores la táctica de enfrentar una «vía chilena al socialismo», basada en el apego y respeto real a las normas legales, con una «vía chilena a la restauración capitalista» que, sin desdeñar las formas ilegales y armadas de lucha, las somete a la utilización intensiva y extensiva de los recursos legales.

La Constitución en manos de la burguesía es un calcetín viejo que se da vuelta al revés y al derecho sin que nadie pueda objetar el procedimiento. Las leyes, decretos, reglamentos y resoluciones, que forman una montaña en un aparato estatal hipertrofiado como el nuestro, son de fácil manejo para los tribunales, la Contraloría y el verdadero ejército de burócratas controlados ideológicamente por la burguesía.

Al gobierno no le quedó más remedio que buscar los «resquicios» legales para tratar de avanzar hacia los objetivos señalados en su programa. Ha sido tarea relativamente sencilla para la burguesía ir taponando uno tras otro esos «resquicios» hasta convertir la legalidad en una pared lisa en que empiezan a resbalar todas las iniciativas del gobierno.

¿Fuera de la ley?

Los desplazamientos opositores, conducidos por la DC, han apuntado a un objetivo central, poner al gobierno fuera de la ley. O sea, construir el supremo argumento que permita utilizar una *ultima ratio*: la intervención de las fuerzas armadas. La clase obrera y el campesinado, sometidos a grados importantes de confusión por la carencia de una dirección revolucionaria y proletaria coherente, capaz de infundir una verdadera conciencia acerca de la oportunidad de la hazaña histórica a que tienen derecho hoy en Chile, han hecho, sin embargo, lo imposible por desbaratar la estrategia enemiga. En marzo de este año, por ejemplo, deshicieron como pompa de jabón el sueño reaccionario de obtener los dos tercios del Parlamento, con lo cual le habría resultado fácil y limpio destituir constitucionalmente al presidente de la República.

El camino del revanchismo burgués tuvo que volver a su cauce principal: estrechar el cerco en torno al gobierno usando otras instituciones del Estado. El Congreso, los tribunales y la Contraloría son utilizados como poleas de transmisión con la «oposición desde la base». Un caso típico es el conflicto en el mineral de cobre El Teniente, que en la superestructura institucional manejada por la derecha repercute en la próxima destitución de los ministros del Trabajo (Comunista) y de Minería (Izquierda Cristiana).

La DC hace sentir el peso de su mano al resto de la oposición, por ejemplo, cuando se niega a votar la acusación presentada por el PN contra el ministro de Economía porque, en cierta forma, afectaba a las fuerzas armadas, ya que implicaba al secretario nacional de Distribución, general Alberto Bachelet. Pero al mismo tiempo, al terminar la pasada semana, anunciaba que destituiría al mismo ministro (y a cualquiera que lo reemplace) por mantener la vigencia de las Juntas de Abastecimientos y Precios (JAP), que es una de las formas de organización ideadas por el pueblo para luchar por una justa distribución de alimentos.

La Corte Suprema —por su parte— enviaba un oficio representándole «por enésima vez» al presidente de la República la «ilícita intromisión en asuntos judiciales» de autoridades administrativas. Se trata de intendentes y gobernadores que han ordenado a Carabineros no cumplir órdenes de desalojo de industrias o fundos dictadas por tribunales. Poniendo su granito de arena a la táctica de «defensa del régimen legal» que hipócritamente propugna la DC, la Corte Suprema asevera que estos hechos significan «no ya una crisis del Estado de derecho, como se le representó a S.E. en el oficio anterior, sino una perentoria o inminente quiebra de la juridicidad del país». Impotente en su propia frustración, la Corte Suprema advierte que «ha requerido a la Justicia Militar para que instruya el proceso correspondiente». Ella también, como es lógico, trata de implicar a las fuerzas armadas en el plan maestro de la oposición.

Mientras las presidencias del Senado y la Cámara de Diputados pasaban a manos del jefe tácito de la oposición, Eduardo Frei, y de un audaz parlamentario ligado a los sectores fascistas, Luis Pareto, la Contraloría General de la República, a su vez, redoblaba sus dictámenes ordenando devolver industrias requisadas o intervenidas, tratando por todos los medios de probar que el gobierno se desplaza en la más absoluta ilegalidad. El Tribunal Constitucional, por su lado, luego de ser sometido a intenso «ablandamiento» publicitario, terminaba dando la razón a la mayoría del Parlamento en la discrepancia surgida entre el gobierno y el Congreso a raíz de la reforma que somete la formación del área social de propiedad a la voluntad de la mayoría burguesa parlamentaria. El Senado y la Cámara de Diputados, previamente, habían proclamado que desconocerían el fallo si les era desfavorable.

El PDC, formalmente, ha proclamado que «repudia toda solución que implique la búsqueda de salidas políticas al margen de la Constitución y de la ley» (voto político de la junta nacional, *La Prensa*, 15 de mayo). Pero su accionar concreto revela que esta afirmación debe interpretarse en el mismo sentido del gesto de Poncio Pilatos. Tal como en la conspiración de 1970, el PDC se lava las manos por si las cosas salen mal. Y si salen bien se prepara a cosechar en el plano de un partido cuya imagen «democrática» se mantenga relativamente limpia. Su sentido de orientación política se revela en el esfuerzo principal volcado a movilizar a sectores de trabajadores engañados o ideológicamente retrasados contra el gobierno. Es la criminal «oposición por la base», que de tener éxito podría enfrentar a explotados contra explotados en la arena del Nerón burgués. Para ello la DC necesita disfrazar sus intenciones y someter al PN a una táctica política que se basa en el levantamiento de una alternativa de «centro izquierda».

El PDC mantiene una federación con grupos como el PIR y el PADENA, a la cual «pueden sumarse en el futuro otras fuerzas políticas y sociales que, estando por la creación de una nueva sociedad, sean a la vez verdaderos pilares de sustentación de las bases esenciales de una verdadera y auténtica democracia». Bajo el toldo de un «socialismo comunitario», versión corregida y aumentada de la «revolución en libertad» de 1964, la DC busca agrupar a sectores socialdemócratas que incluso están todavía en la Unidad Popular. El PN y otros grupos de extrema derecha estarían obligados, como hace nueve años, a prestar su apoyo a esa combinación que, bajo la mentira de luchar por «la sustitución total y definitiva del régimen capitalista», devolviera a este y al imperialismo todo el vigor que alcanzó en el sexenio freísta. En esta línea la «oposición desde la base» resulta fundamental para enervar el apoyo que sectores populares, aún no penetrados por la conciencia de clase, deberían entregar a la izquierda.

Lecciones políticas

Sin duda ha llegado la hora de sacar una enseñanza de los últimos tres años, y de ella deducir una línea revolucionaria correcta. Desde luego, han fracasado todos los intentos patrocinados por algunos sectores en el seno de la Unidad Popular para llegar a un entendimiento con grupos de la burguesía, como la DC. Leyes inexorables de un proceso revolucionario siguen imponiéndose en el cuadro político. Las negociaciones celebradas con la DC en 1972 y la política económica conciliadora con la burguesía aprobada en la reunión de la UP en Lo Curro, llevaron directamente al paro patronal de octubre. La política del ministro de Economía, Orlando Millas, que ofrecía «nuevas garantías a la burguesía y a los partidos que la representan» (carta del PS al PC, 13 de febrero de 1973), tuvo como respuesta una reactivación generalizada de la burguesía y abiertos llamados al golpe de parte de los organismos patronales. Está demostrado, pues, que la lucha de clases ha tocado a zafarrancho en nuestro país. Se trata de un combate donde los protagonistas no buscan sino la victoria; particularmente esa disposición se avizora con toda claridad en los representantes políticos de la burguesía. Sin «perjuicio de postergar un enfrentamiento que asuma características de una guerra civil, al menos mientras la correlación de fuerzas no sea claramente favorable al proletariado, resulta una ingenuidad costosa llevar a los trabajadores al convencimiento de que ese peligro puede ser conjurado mediante la desactivación de sus propias luchas. El secretario general del PC, Luis Corvalán, ha dicho correctamente que «la lucha contra la guerra civil no debe conducir en modo alguno a la "paz social" ni nada que se le parezca. La "paz social" es una ilusión en una sociedad dividida en clases antagónicas…».

La campaña contra la guerra civil, obviamente, persigue disuadir al enemigo de apelar a ese recurso. Pero si no se maneja con exactitud y clara orientación revolucionaria, también puede desarmar a la clase obrera y a los sectores aliados del pueblo, que a pretexto de no desatar el enfrentamiento podrían quedar amarrados de pies y manos ante el constante avance reaccionario. La clase trabajadora no puede olvidar que la guerra civil es la culminación de la lucha de clases, que solo se puede evitar si previamente la burguesía ha sido debilitada, aislada y reducida a simples manotazos defensivos. Por eso la campaña publicitaria contra la guerra civil no puede asumir un tono pacifista porque solo conseguiría desarmar al proletariado que, por el contrario, necesita cobrar conciencia de que la única manera de impedir un enfrentamiento generalizado es golpeando los reductos económicos y políticos de los que la burguesía extrae su fuerza. La clase obrera debe estar preparada —si el enemigo desata la guerra civil— a ganar también en ese terreno.

Una dictadura popular

A pesar de todas las dificultades y de las cortapisas que han opuesto los propios sectores conciliadores de la UP, la clase obrera chilena está haciendo los «prodigios de organización proletaria» de que hablaba Lenin en 1914. Creaciones populares como los Comandos Comunales, los Consejos Campesinos, los Cordones Industriales, etc., muestran que en forma casi intuitiva, guiada por aún débiles vanguardias políticas, la clase obrera chilena ha intentado estructurar un poder revolucionario. En el último Mensaje del presidente Allende al Congreso Nacional (21 de mayo de 1973), se reconocen estas creaciones del genio de nuestro proletariado y se les estimula a diseminarse por todo el país. Ese reconocimiento es bueno, como buena ha sido la decisión del PC de incorporarse ahora a esos organismos.

Pero no basta. El poder revolucionario dirigido por el proletariado y con la participación de todos los sectores explotados y pobres debe organizarse para tomar «directamente en sus manos los órganos del poder del Estado», como señalaba Lenin. Es necesario —más aún, es imprescindible— que los obreros controlen todo el aparato del Estado. Si bien ese es un objetivo revolucionario, en esta etapa de transición es preciso crear condiciones mediante el traspaso de poderes a manos proletarias, a manos del poder popular y de sus expresiones: Comandos Comunales, Cordones Industriales, JAP, etc. Esto conlleva, sin duda, un riesgo calculado que es salirse de la máscara de hierro de las formas democrático burguesas. Supone, ciertamente, un grado de dictadura popular ejercido a través de organizaciones que dirija el proletariado con apoyo —o al menos simpatía— de las fuerzas armadas. Pero esa dictadura popular, que traslade el epicentro de la contienda desde las instituciones dominadas por la burguesía al terreno que controla el proletariado, parece ser el único modo de desarmar ahora la máquina infernal que han montado la burguesía y el imperialismo.

Capítulo 44

Dictadura popular: único remedio contra los golpes de Estado*

PF

Los sucesos del 29 de junio, ocurridos al cierre de la edición de *PF*, vinieron a demostrar con fuerza dramática la profunda crisis que afecta a la institucionalidad burguesa. Pocas horas después de que el jefe de la Zona de Emergencia de Santiago, general Mario Sepúlveda Squella, exjefe de la Inteligencia Militar, denunciara que había sido detectado un complot, se rebeló el Regimiento Blindado n.º 2, una de las unidades más importantes de la capital.

Hasta los momentos de escribir esta información, en la noche del viernes, se sabía de varias víctimas civiles, provocadas por los militares sublevados. Sin embargo, el conjunto de las fuerzas armadas mantenía una actitud de lealtad al gobierno que preside Salvador Allende. El propio comandante en jefe del Ejército, general Carlos Prats, tomó parte relevante en el aplastamiento del intento de golpe.

A nuestro juicio, lo importante de la actual coyuntura es avizorar con claridad las perspectivas que se ofrecen a la clase trabajadora para avanzar en el proceso revolucionario, pese a los graves obstáculos que se les están oponiendo.

Sin duda, el cuadro que mostraba el país hasta el momento de ser abortado el movimiento sedicioso era favorable a un enérgico viraje del gobierno para abrir paso al espíritu revolucionario de las masas organizadas.

El aislamiento del foco golpista se hizo evidente desde el inicio mismo de la acción protagonizada por el Blindados n.º 2. Las primeras informaciones reunidas señalaban que el alzamiento de esa unidad militar formaba parte

---

*   Suplemento extra de la edición de *PF* n.º 187, 3 de julio de 1973.

del complot que cuarenta y ocho horas antes denunció el general Sepúlveda Squella. El jefe del Regimiento insurrecto, teniente coronel Roberto Souper, ligado por lazos familiares a elementos de extrema derecha, había sido relevado de su mando el día anterior. En el curso de la investigación que sobre el complot adelantaba la autoridad militar, se encontró que el comandante Souper era uno de los implicados y por ese motivo se le quitó el mando de su regimiento. No obstante en circunstancias que no estaban claras al momento de elaborar esta información, ese jefe militar pudo operar con relativa facilidad y llevó a sus blindados a rodear el palacio de gobierno, en cuya periferia se libraron algunos encuentros que concluyeron a mediodía del viernes con la rendición de los amotinados. Es muy probable que la revelación de que se fraguaba un complot haya precipitado la sublevación parcial, encabezada por Souper. Quizá el anuncio fue formulado prematuramente, sin que se hubiesen practicado todas las detenciones de implicados que eran necesarias. En todo caso, lo que surgía con evidencia al anochecer del viernes 29 era que el alzamiento se había circunscrito al Regimiento Blindados n.º 2, sin contagiar a otras unidades de las fuerzas armadas y Carabineros, que en su conjunto permanecieron leales al gobierno constitucional.

La extemporánea acción encabezada por Souper reveló, sin lugar a dudas, la amplitud del complot de la derecha. Aunque las fuerzas políticas reaccionarias se vieron frustradas en su intento de realizar un golpe de Estado, lo ocurrido demostró que la conspiración contra el gobierno de la Unidad Popular tenía todos los visos de seriedad que oportunamente han denunciado los partidos de izquierda. En efecto, enfrentada la burguesía al problema de un gobierno que le impide ejercer a plenitud el poder, ha optado francamente por una salida violenta. Sin embargo, no logra hasta ahora atar todos los hilos de una conspiración en regla, que le permita llevar a término un golpe de Estado. Los instrumentos institucionales bajo su control —Parlamento, Tribunales, Contraloría— han sido utilizados a fondo para «ablandar» al gobierno, creándole dificultades casi insuperables. Pero ese «ablandamiento», ejecutado mediante los mecanismos institucionales que tiene a su mano, no ha producido a la burguesía el resultado definitivo que busca. El juego legalista, con el cual pretende inmovilizar al gobierno, en cierto modo inmoviliza también a la propia burguesía. De allí que sus sectores más extremos, cuyas cabezas de playa se pueden encontrar tanto en el Partido Nacional como en la

Democracia Cristiana, estén presionando por una definición violenta. Para ello requiere, claro está, la colaboración de sectores importantes de las fuerzas armadas, que es el ángulo de esta audaz política, que todavía no ha logrado caer bajo dominio derechista. Pero los hechos ocurridos en el último periodo, incluyendo el alzamiento que encabezó Souper, demuestran que la conspiración reaccionaria ha ido penetrando en círculos castrenses y ganando aliados en esferas que poseen mando de tropas. El foco de rebelión militar que estalló el día 29 es una advertencia en este sentido. Debe ser visto —por decirlo de alguna manera— como un forúnculo que hace erupción, pero que revela un mal que se ha propagado en ese organismo.

Sería ingenuidad, creemos, estimar que los conspiradores reaccionarios han gastado todas sus municiones en la sublevación del Regimiento Blindado n.º 2. Este intento de golpe de Estado les ha fracasado, pero volverán a la carga una y otra vez, mientras conserven fuerzas. Esa es la perspectiva que debe tener presente el pueblo y ello lleva, lógicamente, a concluir que la resistencia reaccionaria debe ser aplastada sin miramientos, para despejar el camino hacia el poder.

El golpe abortado

El jueves pasado, el general de Brigada Mario Sepúlveda Squella, jefe de la Zona de Emergencia de Santiago, reunió a los directores de todos los medios informativos para anunciarles que había sido descubierto y abortado «un movimiento sedicioso, con participación de militares y civiles». El teniente coronel Roberto Souper, comandante del Regimiento Blindado n.º 2, fue notificado en la tarde del mismo jueves de que sería relevado del mando en esa unidad, por la responsabilidad que tenía en el complot denunciado. Sin embargo, no fue detenido a tiempo y Souper aprovechó esta ventaja para marchar a las nueve de la mañana del viernes siguiente sobre La Moneda, al mando de una columna de tanques.

La debilidad que se tuvo frente a Souper, cuya participación en el complot denunciado por el general Sepúlveda estaba comprobada por el Alto Mando, le permitió a este poner el palacio de gobierno bajo la amenaza de los cañones de sus tanques. El Blindado n.º 2 logró controlar las calles periféricas a La Moneda y la Plaza de la Constitución, alrededor de tres horas, en la mañana del viernes 29 de junio. La acción desesperada de Souper sorprendió completamente al gobierno y a las fuerzas organizadas del pueblo. Durante la mayor parte de esas tres horas, la confusión creada por la intentona golpista de Souper y su gente logró crear un ambiente general de desgobierno con ayuda sincronizada de Radio Agricultura y otras emisoras reaccionarias, que no acataron la cadena oficial de la OIR.

Estas emisoras mintieron sobre la dimensión y el carácter del alzamiento militar y llamaron abiertamente a la población civil a sumarse a esas fuerzas para derrocar al gobierno. El carácter de la asonada de Souper fue, sin embargo, criminal. A su paso por las calles dejaron una estela de seis muertos y más de veinte heridos, todos civiles.

Pasados los primeros momentos de confusión, numerosos grupos de militantes de izquierda y trabajadores salieron a las calles a defender el gobierno. Pero, paralelamente, las fuerzas armadas leales habían movilizado sus efectivos, encabezados por el general Carlos Prats en persona. Alrededor del mediodía fuerzas del Regimiento Buin y otras unidades rodearon La Moneda, y lograron hacer huir a la tropa sublevada. El presidente Allende se instaló nuevamente en su despacho de La Moneda, y desde ahí habló al pueblo, llamándolo para una concentración en la tarde. Solo francotiradores ubicados en varios edificios estratégicos del centro se mantuvieron disparando por breve tiempo después de que las fuerzas leales dominaron la situación. En las primeras horas de la tarde, el gobierno anunciaba que la calma era total en el resto del país. ¿Qué había pasado? Quedó en claro que sectores ultrarreaccionarios del Ejército, encabezados esta vez por el teniente coronel Souper, trataron de dar un golpe de Estado desesperado, en espera de una reacción general espontánea en contra del gobierno. A las cuatro de la tarde, los soldados se retiraron del centro de la ciudad y entregaron la mantención del orden a Carabineros. Había terminado la aventura golpista de Souper, pero ¿cuántos más quedan en las sombras, esperando una nueva oportunidad? Souper, de un manotazo, rompió el mito de que la utilización de las fuerzas armadas para dar un golpe de Estado y derribar el gobierno de la Unidad Popular era inconcebible en el país. Los permanentes llamados a la sedición de los políticos reaccionarios están dirigidos a focos subversivos de existencia real dentro de las fuerzas armadas.

Necesidad de imponer una dictadura popular

Ha sido la propia burguesía la que ha roto las reglas del juego. Primero mediante el festinamiento de la democracia parlamentaria. El Parlamento, en manos de los agentes políticos de la burguesía, ha rebasado todos los marcos de lo que podría considerarse una acción opositora legítima. En el plazo de un mes, por ejemplo, ha destituido a tres ministros de Estado y mantiene en candelero a un cuarto, además de sacar de sus puestos a tres intendentes. La Contraloría General de la República, convertida en un verdadero poder de los reaccionarios, obstaculiza toda la acción administrativa del gobierno. Y los Tribunales de Justicia, encabezados por la Corte Suprema, crean a través de fallos y dictámenes abusivos el marco necesario de una «ilegitimidad» del gobierno. La prensa, radio y televisión en manos de los reaccionarios, por su parte, operan fuertemente sobre la conciencia de vastos sectores, induciendo a la resistencia y ahora a la rebelión abierta contra el gobierno de la Unidad Popular.

Si algún saldo positivo puede sacarse de los sucesos del 29 de junio, ese debería ser —no cabe duda— el estímulo para dar un viraje definitivo que permita al gobierno y a las masas populares quebrar definitivamente la resistencia adversaria. Esto lleva a lo que *PF* ha estado planteando, en sus dos últimas ediciones: la instauración de una dictadura popular que permita romper el cascarón de la institucionalidad burguesa y alcanzar, cuando menos, el cumplimiento integral del programa de la Unidad Popular.

Está visto que la reacción no permitirá que el gobierno cumpla ni siquiera un porcentaje considerable de su programa, aunque este se plantee en términos de absoluto respeto a las normas de la institucionalidad creada por la propia burguesía. Hablamos de «romper el cascarón» por dos razones: una de ellas es que la misma sublevación del día 29 demuestra la fragilidad de un cuadro institucional aparentemente fuerte y sólido. No es necesario aquí un recuento de los hechos políticos que corroboran la fragilidad de un sistema que el proletariado menos que nadie está obligado a respetar.

La otra razón que nos lleva a propugnar un sistema de gobierno que se vea libre de las trabas implacables que opone la burguesía es que solo mediante la creación de una nueva institucionalidad, basada en el poder popular, es posible realizar en términos relativamente pacíficos la transición al socialismo. Aunque el actual gobierno no pretenda consumar esa transición, el programa de la Unidad Popular está comprometido a «iniciar» la construcción del socialismo. Todo el desarrollo del proceso chileno demuestra que la violencia acecha para asaltar sobre el cuello de la clase trabajadora. Con el ánimo de evitar el enfrentamiento, el gobierno ha tenido que ir replegándose en los marcos de su propio programa y en alguna forma induciendo a la desmovilización de las masas. Pero la lucha de clases no ha cesado de ir creciendo en nivel y fuerza.

La burguesía, como lo examinamos en otras páginas de esta edición, tiene sin duda fuerza y un aliado poderoso que es el imperialismo. Pero esa fuerza, que se opone y resiste a los cambios profundos, que son necesarios para «iniciar» la construcción del socialismo, es objetivamente mucho menor de lo que se suele pintar en algunos análisis de izquierda. Un cierto grado de descoordinación entre sus diferentes sectores, la evidencia de tácticas distintas en su seno, la lucha de grupos económicos por la hegemonía del conjunto, las rivalidades para alcanzar los favores del imperialismo, etc., llevan a que la burguesía —a nuestro juicio— sea mucho más débil de lo que usualmente se cree. La sublevación del 29 de junio puede servir objetivamente para dar un vuelco en la situación y cambiar bruscamente en favor del pueblo la correlación de fuerzas en el plano nacional. Para ello hace falta una dosis importante de audacia y una decisión revolucionaria que no vacile en acudir al poder de la clase trabajadora y de los sectores patrióticos y progresistas de las fuerzas armadas. Apoyándose en las organizaciones de masas y en los importantes sectores de las fuerzas armadas y Carabineros que están dispuestos a permitir el curso del desarrollo histórico del país, creemos que es posible intentar una nueva forma de gobierno, una dictadura popular, que garantice a la mayoría de la población, o sea a la clase trabajadora, el desarrollo de una verdadera democracia.

La vasta corriente de los trabajadores organizados, secundados por los soldados, está en capacidad no solo de sobrepasar la difícil coyuntura creada en los últimos días, sino también de arrasar con todos los obstáculos que se han venido oponiendo a la voluntad liberadora de la mayoría de los chilenos.

Capítulo 45

Golpismo goza de buena salud*

PF

La aplicación de la Ley sobre Control de Armas está asumiendo caracteres de una verdadera persecución contra la clase trabajadora. Utilizando violentos y abusivos procedimientos, han sido allanados locales de la CUT, poblaciones, sedes de partidos populares, fábricas y recintos sindicales, canal universitario de televisión, etc. Algunos sectores, entre los que se cuenta *PF*, denunciaron oportunamente que esa ley —ideada e impulsada por la directiva del partido Demócrata Cristiano— se convertiría, en los hechos, en una nueva Ley Maldita. Su promulgación, tal como la concibió el freísmo, desgraciadamente se concretó debido a la actitud de los sectores más vacilantes del gobierno.

La situación creada es paradójica ya que debido a la abusiva utilización de esa ley los sectores populares amagados por el conato golpista del 29 de junio aparecen perseguidos y hostilizados. En cambio, los que propugnan el derrocamiento del gobierno aparecen formulando irresponsables denuncias —cuya impunidad queda protegida por el «secreto del sumario»— que lanzan a las fuerzas armadas contra el pueblo en acciones que asumen caracteres represivos.

Esta intolerable situación, que afecta directamente a la clase obrera y a sus organizaciones, ha provocado justo repudio de todos los sectores populares, que exigen la derogación de esta nueva Ley Maldita. Los voceros reaccionarios, como *El Mercurio*, admiten que, al empujar a la represión a las fuerzas armadas con la aplicación de esa ley, se busca debilitar al Poder Popular. En el poder revolucionario de las masas organizadas, la reacción

*   *PF* n.º 189, 31 de julio de 1973, p. 1.

ve su mayor amenaza. Por eso, manipula bajo un manto legal a las fuerzas armadas. Calcula que así distanciará a los trabajadores de los soldados,
marinos, aviadores y carabineros. Esta situación debe ser corregida con
prontitud y enfilar el peso de la acción contra el golpismo.

Capítulo 46

Afirma el MIR: «Que el gobierno dialogue con los trabajadores»*

Mario Díaz Barrientos

Punto Final entrevistó al secretario general del Movimiento de Izquierda Revolucionaria, Miguel Enríquez. La conversación de *PF* con el dirigente nacional del MIR giró, en su mayor parte, sobre el llamado al diálogo con el partido Demócrata Cristiano que el 25 de julio formuló oficialmente el presidente de la República. Asimismo, abordamos la visión que tiene el MIR sobre las características y perspectivas de desarrollo de la crisis que afronta la sociedad chilena.

PUNTO FINAL: *En las últimas semanas se ha planteado por parte de diversas fuerzas políticas la búsqueda a través de un «diálogo», de un «consenso mínimo» como forma de resolver la crisis política y económica por la que atraviesa el país y de evitar la guerra civil. ¿Cuál es la apreciación de Uds.?*

MIGUEL ENRÍQUEZ: La verdad es que lo que hoy es denominado «diálogo» o «búsqueda de un consenso mínimo» ha sido un proyecto político y programático que permanentemente, y desde que empezó este periodo, han venido intentando los sectores reformistas de la Unidad Popular: un proyecto de conciliación de clases antagónicas.

Este proyecto ha tenido distintas formulaciones, pero se ha enmarcado en dos grandes propósitos de acción: encarcelamiento de la política de la Unidad Popular en el estrecho marco de la institucionalidad burguesa y establecimiento de una suerte de alianza con una de las fracciones burguesas fundamentales.

*   *PF* n.º 189, 31 de julio de 1973, pp. 4-7.

Estos propósitos han tenido distintas expresiones, de acuerdo con las distintas fases en los últimos años, pero sus expresiones más relevantes fueron: las garantías constitucionales de 1970, que no representaron otra cosa que la garantía por escrito del respeto al orden burgués; los intentos de acuerdos con los gremios empresariales de la gran industria, construcción y gran burguesía agraria, en el verano de 1971; el amparo que se intentó dar a estos sectores en la política de gobierno durante los años 71, 72 y parte del 73; el intento de acuerdo con el PDC, en junio de 1972; el compromiso orgánico que se pretendió sellar con el Estado Capitalista, de octubre de 1972 a marzo del 73, con el gabinete UP-generales, etc.

Pero en un periodo de crisis del sistema de dominación capitalista, como el que atravesamos, esto no es factible. Las clases patronales en su conjunto, más allá de las garantías que los sectores reformistas le ofrecían a una de sus fracciones, percibió claramente que lo que el ascenso de la clase obrera y el pueblo exigían no eran solo algunas reformas que, golpeando a una de las fracciones burguesas, permitieran la conservación del orden burgués, sino que exigía transformaciones que amenazaban al conjunto de las clases dominantes como tales y al orden burgués mismo.

De esta manera, el movimiento de masas, sus luchas, su organización y conciencia, su actividad, impidieron la colaboración de clases y rompieron las limitaciones que la conducción reformista les pretendía imponer. El movimiento de masas no se limitó a golpear a una fracción de la gran burguesía agraria, sino que avanzó sobre el conjunto de ella; no restringió sus movilizaciones a solo algunos monopolios industriales, sino que se propuso arrebatarle todas sus fábricas a la gran burguesía industrial. La clase obrera no confirió fuero a las grandes constructoras y distribuidoras, sino que luchó por pasar a propiedad de todo el pueblo el conjunto de ellas. El movimiento de masas no se encarceló en la rigidez de la legalidad burguesa sino que, por medio de la acción directa de masas en ciudades y campos de Chile, arrebató a los grandes patrones sus bienes de producción y comenzó a crear sus propios órganos de poder.

El movimiento de masas no se limitó con su accionar a impedir la colaboración de clases. Presionó y empujó al gobierno a ir más allá de donde algunos de sus sectores se proponían. El eje del gobierno, salvo algunos cortos periodos, tuvo como factor a dos grandes partidos obreros que, recibiendo los influjos de una base social de apoyo fundamentalmente obrera y popular, llevaron al gobierno, a despecho de las intenciones y resistencias de sus sectores reformistas, a legitimar lo que el movimiento de masas le imponía. Con esto también la práctica política y social del gobierno contribuyó al fracaso de la colaboración de clases.

El periodo reciente ha tenido como eje el enfrentamiento social entre explotados y explotadores, trabajadores y patrones. Los intentos de desfigurar el carácter del enfrentamiento político y social, planteándolo en términos de «democracia-fascismo» o «patria-antipatria», para desde allí generar garantías de colaboración de clases, hasta aquí han fracasado y han terminado por dividir al pueblo y a la izquierda. Si bien es cierto que la clase obrera, como clase vanguardia, necesita alianzas de clases, sus aliados no son los de arriba, sino los de abajo.

Todo intento de alianza de la clase obrera con fracciones de la gran burguesía terminará aislando a la clase obrera de sus verdaderos aliados: los pobres del campo y la ciudad, los pobladores y los campesinos. Con ellos es que la clase obrera tiene que establecer su alianza revolucionaria.

Volviendo entonces a la pregunta: si ayer fracasaron los intentos de colaboración de clases y solo dividieron al pueblo, hoy, agudizada y polarizada en extremo la lucha de clases, será más difícil aún reincidir en este intento, y si este se consumara, sus consecuencias serían funestas. El propósito fundamental expresado de evitar la guerra civil no será logrado por este camino. Más bien por esta vía la guerra civil será precipitada y en peores condiciones para las masas.

Vivimos momentos en los cuales dos grandes y poderosos bloques sociales se acechan, toman posiciones. Salimos recientemente de una intentona golpista, pero los golpistas, muchos de ellos, con fuerzas aún, permanecen impunes. Las fracciones burguesas fundamentales se proponen y maniobran públicamente por el derrocamiento del gobierno.

Evidenciada, después del intento golpista del 29 de junio recién pasado, la fortaleza de la clase obrera y el pueblo, y la decisión antigolpista de importantes sectores de la oficialidad y las tropas de las fuerzas armadas, las clases patronales han sido obligadas a levantar una nueva táctica, la táctica del emplazamiento militar progresivamente y del chantaje político institucional, que les permita: primero, desarticular y dividir a la clase obrera y al pueblo, a la vez que enfrentar a las fuerzas armadas con el pueblo, y después derrocar al gobierno y reprimir a los trabajadores, con un mínimo de resistencia.

La táctica propuesta por algunos sectores de la UP y del gobierno de ganar tiempo, abrir diálogo y establecer un consenso mínimo, independientemente de las intenciones de quienes la proponen, bajo presión y amenaza golpista, bajo chantaje y emplazamiento; lleva dentro de sí un proyecto de colaboración de clases, que provocará la división del pueblo y de la izquierda, y por tanto el debilitamiento del campo de los trabajadores. En la actual coyuntura, esto implica la capitulación del gobierno y después su derrocamiento.

¿Con quién se dialoga?

Con el PDC, un partido burgués y reaccionario, donde predomina el freísmo, que es públicamente partidario de emplazar al gobierno y luego derrocarlo.

¿Para qué se dialoga?

Para pacificar el país, objetivo loable, pero difícil, si para ello hay que dar garantías y dejar a importantes sectores golpistas en la impunidad.

¿Qué se busca con el consenso mínimo?

Si este significa la devolución de grandes fábricas, pacificará a sectores patronales y enardecerá a sectores trabajadores. Si es para promulgar la reforma constitucional Hamilton-Fuentealba, representa la capitulación del gobierno frente a las clases patronales. Si es para decapitar y castrar el desarrollo del Poder Popular, significa sellar e impedir una salida revolucionaria.

Todos somos partidarios de que el gobierno dialogue, pero de que dialogue con los trabajadores y no con los grandes patrones. No es posible que el ministro Briones, el «Ministro del diálogo», llame a la directiva del PDC y se niegue a dialogar con los trabajadores del Cordón Vicuña Mackenna, mientras ordena reprimir las manifestaciones callejeras en Barrancas.

Nadie desea la guerra civil. Si hay una forma de paralizar el golpismo esa es impulsando una contraofensiva que, por su fuerza, lo aplaste y amarre en definitiva las manos a los golpistas. Toda táctica que ofrezca concesiones no tendrá destino histórico, solo alcanzará a dividir al pueblo y a la izquierda, y por esa brecha intentará irrumpir el golpismo.

PF: *El presidente de la República pronunció el 25 de julio un importante discurso en el que llamó al diálogo. ¿Sus consideraciones anteriores las hace extensivas a la intervención presidencial?*

ME: Sí. Con un agregado, que el Dr. Allende, además, aprovechó de hacer injuriosas y torpes afirmaciones y calificaciones acerca de las movilizaciones de masas recientes en Santiago y acerca de los revolucionarios de fuera de la Unidad Popular, que el diario *La Segunda* se apresuró en aplaudir, si bien el Dr. Allende posteriormente hizo un llamado al diálogo con estos sectores.

No es cierto, como lo afirmó el Dr. Allende, que en las movilizaciones de Cerrillos participaran elementos de oposición. No es cierto que la movilización de Barrancas, en la que participaron miles de obreros y pobladores, haya constituido una provocación irresponsable: fue dirigida por el Comando Comunal de Barrancas, por un organismo que es la forma superior de organización del pueblo que se está desarrollando en Chile, detrás de un Programa publicado en los diarios en el que se exige: canasta popular, expropiación de las grandes distribuidoras, por el pan, la vivienda, la locomoción, por el fortalecimiento de las organizaciones de defensa del pueblo, por la vigilancia del Comando Comunal sobre los grupos armados de la derecha, etc.

La única provocación que se vio, no partió de los trabajadores sino del ministro Briones que, en el día de ayer, dio la orden de reprimir las manifestaciones, lo que por suerte no se consumó. Los «modestos pobladores» no se dejan utilizar por nadie; ellos tienen clara conciencia de sus enemigos y no los confunden; los que sí se dejan utilizar por los cantos de sirena del emplazamiento son los que ofrecen garantías y concesiones a sectores patronales, detrás de la ilusión de aplacarlos y en definitiva desarman a los trabajadores.

No nos parece que sea el momento de hacer torpes y desajustados recuerdos históricos que, injuriando a los revolucionarios, dan circo al golpismo. Si de recuerdos históricos se trata, no olvidemos otras experiencias como la de Brasil en 1964. No olvidemos que Joao Goulart, ante la amenaza golpista, abrió infructuosamente el camino de las concesiones y, después, ya tarde, cuando quiso resistir, solo contaba con los trabajadores y los revolucionarios. Terminó abdicando y asilándose en un país vecino «para evitar el derramamiento de sangre». Su pueblo recién comenzó entonces a sufrir y aún sufre la más sanguinaria y represiva dictadura gorila de América latina, reactualizando esa experiencia la lapidaria sentencia de un revolucionario francés del pasado: «Quien hace revoluciones a medias, no hace sino cavar su propia tumba».

No creemos que sea el momento de abrir los fuegos internos en la izquierda, menos aún a través de injurias. No hemos lanzado nosotros la primera piedra. La tarea es reagrupar a los revolucionarios y, hoy, como nunca, implementar la acción común de toda la izquierda.

PF: *Quienes propician la búsqueda del «consenso mínimo» lo hacen a partir de un análisis de la correlación de fuerzas y de allí concluyen que es necesario el diálogo y ganar tiempo. ¿Cuál es su apreciación de este factor?*

ME: Empecemos por lo último. El problema de ganar tiempo fue planteado inmediatamente después del 29 de junio, hace ya casi un mes. Este problema no necesita ser teórico, tenemos una serie de experiencias, en este mes de respiro. Veamos si hemos ganado o perdido fuerza del 29 de junio pasado hasta hoy.

¿Cuándo teníamos más fuerza? ¿Ayer, con el golpismo replegado y en retroceso, u hoy con el golpismo asociado al emplazamiento, esperando mejores condiciones para caerles encima a los trabajadores?

¿Cuándo éramos fuertes, ayer con todas las fábricas y fundos tomados y la clase obrera y el pueblo en pie de guerra, u hoy con la clase obrera sometida a desalojos, allanamientos o discusiones acerca de la «conformación de las tres áreas»?

¿Cuándo teníamos más fortaleza, ayer con el pueblo y las fuerzas armadas unidas contra el golpismo, u hoy con toda una maniobra en desarrollo que, a través de la ley de grupos armados, está intentando generar roces y choques entre las fuerzas armadas y los trabajadores?

¿Cuándo había más fuerza, ayer con los golpistas y reaccionarios escondidos o dando explicaciones, u hoy insolentados, a la ofensiva, chantajeando y emplazando a los trabajadores y al gobierno?

Por último, y lo más grave: ¿cuándo éramos más fuertes? ¿Ayer, unida la clase obrera y el pueblo, cerrando filas la izquierda frente a la agresión patronal y golpista, u hoy comenzando la división y polémica en el seno del pueblo y de la izquierda, abierta por los vacilantes?

El «respiro» y la «tregua» recientes no nos han dado más fuerza, al contrario. Todo el que proponga ganar tiempo debe primero explicar su táctica reciente y debe explicitar para qué quiere ganar más tiempo.

En cuanto a la correlación de fuerzas. Creemos, al menos, que esta es más favorable a la clase obrera y al pueblo hoy frente al golpismo, que mañana, después de entregar concesiones a las clases patronales y frente a un emplazamiento progresivo.

Las semanas recientes han evidenciado la fortaleza, el nivel de conciencia y disposición de lucha de la clase obrera y el pueblo, y la fuerza de los sectores de la oficialidad, suboficialidad, clases y soldados antigolpistas de las fuerzas armadas.

Por último, lo fundamental no es la medición pasiva de la correlación de fuerzas actual, sino la acelerada acumulación de fuerzas que puede generarse detrás de una táctica adecuada y audaz; y cuánta fuerza puede perderse y se está perdiendo con una táctica vacilante y defensista.

PF: *Pero entonces, ¿Uds. predican una táctica que precipite de inmediato el enfrentamiento armado?*

ME: No. Esa es la forma equivocada en la que se han planteado el problema los sectores vacilantes de la izquierda. Sostenemos que es posible ganar tiempo. Pero no sobre la base de hacerlo a costa de perder fuerza propia; sino sobre la base de una táctica que permita rápidamente acumular fuerza, y con ella paralizar al golpismo para luego desarticularlo. Impulsamos una táctica que recoja como fuente fundamental de fuerzas al movimiento de masas y que reconozca que aún es posible acumular más fuerza entre la clase obrera y el pueblo. Una táctica que no retroceda ante las protestas y gritos históricos del golpismo y la reacción, y que asuma con valor y decisión las tareas de llamar a los miembros de las fuerzas armadas a desobedecer las incitaciones al golpismo.

Esa táctica es la de la Contraofensiva Revolucionaria y Popular que enarbolando el Programa Revolucionario del Pueblo, luchando por la democratización de las fuerzas armadas y desarrollando el Poder Popular, permita acumular rápidamente fuerzas. Una táctica que impulse la movilización de masas y la acción directa de masas. Una táctica que culmine en un llamado por la CUT a un paro nacional que paralice al golpismo, desbarate el emplazamiento, permita fortalecer y multiplicar los Comandos Comunales y el Poder Popular, extender su desarrollo a provincias e incorporarse a pobladores, campesinos y estudiantes a los niveles de movilización a que ha llegado la clase obrera, que exija la adopción de una serie de medidas inmediatas, que resuelvan los problemas de abastecimiento e ingresos de los trabajadores y de las fuerzas armadas y Carabineros, a costa de las ganancias capitalistas, que termine con la propiedad privada de todos los grandes fundos, fábricas, distribuidoras y constructoras y que, con la fuerza allí acumulada, desarticule al golpismo, esté donde esté.

Una táctica que resista las concesiones, que pase al área social todas las grandes empresas bajo dirección obrera e imponga el control obrero sobre el área privada.

Una táctica que permita la reagrupación de los revolucionarios y la acción común de toda la izquierda.

Una táctica, en definitiva, que termine con las vacilaciones y el defensismo, que paralice al golpismo.

La única táctica que permitirá evitar la catástrofe y vencer. Todavía es tiempo.

Capítulo 47

Dos concepciones sobre el proceso*

Nicolás García Moreno

Como es sabido, durante los tres últimos años han coexistido dentro de las fuerzas políticas que impulsan el proceso revolucionario dos concepciones sobre el desarrollo histórico que vivimos: la de personas y partidos que sostienen que es posible alcanzar el socialismo a través de simples reformas graduales de la sociedad, y la del Partido Socialista y otras fuerzas políticas que buscan «iniciar la construcción del socialismo» en este periodo. Los primeros enarbolan una versión modernizada de la vieja tesis revisionista formulada por Eduard Bernstein, a fines del siglo pasado. Estas profundas contradicciones no revisten solo un carácter académico, sino que se expresan en comportamientos del gobierno que anulan toda iniciativa dirigida a imprimir una conducción revolucionaria al proceso.

Se actúa de espaldas a las masas, y aplicando una política de hechos consumados, lo que lleva a una posición de absoluto descrédito ante ellas, cuando estas en vez de la voz de mando de avanzar que esperan de sus vanguardias políticas reciben la orden de replegarse, las más de las veces, con su secuela de frustración y derrotismo.

Los sostenedores del «gradualismo» disocian el proceso revolucionario en dos etapas —una abre paso a otra— y contemplan alianzas con la burguesía «progresista» para el cumplimiento de la primera de ellas. Hablan de luchar «por los cambios revolucionarios antiimperialistas y antioligárquicos» y por «abrir paso al socialismo». No hablan de «iniciar la construcción del socialismo», como dice el Programa de la UP y como lo plantea el PS. De ahí que haya quienes se congratulan del curso que está tomando actualmente

*   *PF* n.º 191, 28 de agosto de 1973, pp. 27-29.

el proceso, ya que él vendría a demostrar la validez de sus concepciones acerca de los objetivos estratégicos, en esta etapa, y de sus políticas de alianzas o entendimientos con la burguesía «progresista», representada por la DC. Siendo esto muy grave, lo que más alarma, sin embargo, es el hecho de que estas ideas se infiltran y se contagian, y algunos dirigentes las utilizan para justificar la conciliación de clases y para permitir que se impulse la política de hechos consumados, sin la explicación a las masas.

Ha faltado decisión revolucionaria

La llamada «vía chilena» es, indiscutiblemente, una concepción del más burdo corte reformista. Por eso, sus ejecutores nunca han estado dispuestos a aprovechar las alteraciones favorables de las condiciones objetivas y subjetivas dentro de las cuales avanza el proceso, determinadas por la propia dinámica de los cambios sociales y económicos producidos. Son las coyunturas políticas perdidas para dar un vuelco cualitativo al proceso, que se dejaron pasar porque no se tuvo la decisión de impulsar la revolución, mediante una conducción creadora, en cada una de aquellas oportunidades.

Así sucedió en los primeros meses del gobierno popular, en que se pudo realizar un avance profundo en la lucha por el socialismo, aprovechando la desarticulación de la burguesía; en los días que siguieron a las elecciones municipales de abril de 1971, en que se pudo vencer a la reacción en un plebiscito, con la fuerza emanada de dichos comicios; en octubre de 1972, en que se pudo contragolpear a la burguesía con la tremenda potencialidad revolucionaria revelada por las masas; en los días posteriores a las elecciones parlamentarias de marzo de 1973, en que se pudo imprimir un impulso más radical al proceso, con el poderoso respaldo social otorgado al gobierno en dicha consulta popular, y el 29 de junio de 1973, en que se legitimó cualquier acción revolucionaria después de haber roto la burguesía la legalidad con el alzamiento militar de ese día. Nadie podrá decir honestamente que no había fuerza en las masas para pasar a la ofensiva en cada una de estas coyunturas políticas, lo que faltó fue decisión revolucionaria. En vez de ella, primó el espíritu de la conciliación, que no puede llevar a otra parte que no sea a la liquidación del proceso de cambios revolucionarios.

El diálogo: pobre respuesta al enemigo

En ese marco político, se ha producido el último acto de este proceso, que se está tornando por demás dramático: el así denominado diálogo del gobierno con la DC, que consiste, pura y simplemente, en la búsqueda afanosa de un acuerdo que, a la larga, paralizará el proceso de cambios y destruirá el poder popular en formación, sometiendo de nuevo a las masas trabajadoras al simple rol de espectadores o de instrumentos de una política que ya no responderá, de ninguna manera, a sus intereses históricos y que, por su naturaleza, tendrá que ser ejecutada fatalmente por personeros representativos de otros sectores sociales. Pobre respuesta es esta invitación a dialogar al enemigo de clase, frente a la despiadada ofensiva de este para derrocar al gobierno o hacerlo capitular.

Esta política contradice abiertamente la nueva línea de acción, pedida por los trabajadores, sentida por ellos, impulsada por los Cordones Industriales y los Comandos Comunales. Línea que ofrecía a las masas un camino de combate para la conquista de la plenitud del poder. De igual modo, esta política contradice la opinión mayoritaria existente en la clase obrera, en el sentido de no aceptar la realización de una política de conciliación que paralice al proceso, introduzca al enemigo en el seno mismo del gobierno, sea este civil o uniformado, exponga a los trabajadores al riesgo de la represión armada por la gravitación de los sectores reaccionarios y, en suma, coloque al gobierno en interdicción.

Por eso, este «gabinete de garantías» fue recibido mal por los trabajadores. La concentración de la Avda. Bulnes mostró la disconformidad con lo obrado por el presidente de la República. La indignación de los trabajadores fue evidente. La conclusión es clara: la clase no acepta, bajo ningún pretexto ni subterfugio, que se trance el programa, se marche hacia atrás en las conquistas logradas por los trabajadores, o se retroceda o congele el proceso revolucionario. Tampoco acepta la desfiguración del carácter popular del gobierno.

Claros síntomas de bonapartismo

No obstante lo anterior, se produjo el Gabinete con los comandantes en Jefe de las fuerzas armadas y el director general de Carabineros que, a todas luces, es el primer paso del «gabinete de garantía» para la burguesía que exigiera la DC al sostener que para continuar el diálogo era necesaria la formación de un Gabinete en que participaran las fuerzas armadas «institucionalmente», exigencia que también hicieron presente, en términos similares, los jefes militares en un petitorio del 21 de julio de 1973.

Así, una vez más, se ha pasado por encima de la opinión de las masas, por decisión del presidente y de fuerzas políticas con un enfoque común del proceso y de la apreciación equivocada de las circunstancias.

Nuevamente han chocado las dos concepciones diferentes a que hacemos referencia al comienzo y «la brecha que separa ambas concepciones se ha ido ensanchando en el desarrollo de los acontecimientos, llegando al punto crítico en que hoy nos encontramos». Una vez más se ha impuesto una línea de conciliación de clases, magnificando el poder de los elementos sediciosos y golpistas y subvalorando la capacidad de combate de la clase obrera.

¿Es insólito el proceso chileno?

Es sabido que, por peculiar que sea, este proceso no puede escapar a las leyes generales de la revolución, como lo demuestra la escalada ininterrumpida de violencia reaccionaria. Al respecto, hay que decir: «El carácter revolucionario del proceso chileno está determinado por las condiciones en que se desenvuelve, por las fuerzas motrices que lo sustentan y por los objetivos programáticos que se ha trazado. Pero, "carácter revolucionario" no significa carácter socialista. Ni le da por sí carácter socialista al gobierno popular la presencia de los partidos obreros. En última instancia, son las medidas que van derrumbando el sistema e incorporando a la clase obrera al poder las que provocan el cambio cualitativo».

Por lo mismo, un gobierno que pretende alterar negativamente sus objetivos programáticos, debilitar la participación de las fuerzas sociales que lo sustentan y buscar apoyo en fuerzas sociales antagónicas perderá irremisiblemente su carácter revolucionario. Esta desviación se agrava más aún cuando ese gobierno hace depender su estabilidad y supervivencia del apoyo de las fuerzas armadas y no de los trabajadores, debidamente preparados tanto desde el punto de vista subjetivo como desde el punto de vista objetivo. Una verdadera revolución solo puede ser defendida por sus propios protagonistas históricos, quienes deben sostener, por eso, a través de sus partidos y organizaciones de clase, el derecho a defender por todos los medios su revolución. En una revolución nada existe de estable, fuera de lo que ha sido conquistado por la masa del pueblo. Recordemos cuáles son nuestras conquistas sólidas y efectivas, las conseguidas con lucha de las masas.

Ni los más liberales cultores del carácter «insólito» del proceso chileno pueden negar estas verdades fundamentales.

Nadie puede engañarse con las perspectivas del compromiso o «mínimo consenso». La DC ha sido clara y tajante. Antes de tratar acerca de los problemas concretos derivados de la crisis de fondo, ha exigido el «restablecimiento» completo de la institucionalidad, que supone la disolución de los órganos de poder popular en cuanto contrarían el régimen establecido: la promulgación de las reformas constitucionales sobre las áreas de la economía y la propiedad de la tierra; la irrestricta aplicación de la ley sobre control de armas, colocando a los trabajadores en la indefensión frente a los golpistas, y la devolución de las empresas ocupadas. Después, se apronta para discutir el «restablecimiento» del orden económico, cuyo desenlace está por verse, aunque no es difícil presumir sobre quiénes se pretenderá descargar los efectos de esta «política reordenadora».

Hay que impulsar las políticas de clase

Estos resultados no pueden extrañar a nadie que utilice el instrumento de análisis del marxismo. La DC es, en efecto, la agencia principal de la burguesía y del imperialismo en Chile. Por encima de sus contradicciones internas, se destaca su esencia burguesa que la convierte, en los hechos, en el arma más poderosa del orden capitalista. Por eso, toda su acción está dirigida a obstruir el proceso revolucionario y defender los intereses de las clases dominantes, su orden político burgués, su orden económico burgués. En este sentido, quienes auspician o toleran estos entendimientos con la DC deberían recordar la reafirmación de su política de clase hecha por el PS en la resolución política aprobada en el XXIII Congreso General, celebrado en La Serena: «El Partido Socialista postula la independencia de la clase de los trabajadores frente a la burguesía chilena, que, como clase sostenedora del orden vigente, constituye, junto con el imperialismo, una fuerza irreversiblemente contrarrevolucionaria. Las alianzas y compromisos permanentes con ella han traído solo derrotas y postergaciones en el campo de los explotados».

El gabinete cívico-militar-policial constituye un trágico error toda vez que la nueva coalición no hará más que abrir paso a la restauración de los intereses de la burguesía, a través de un golpe institucional. Solo a pocos días de constituido dicho gabinete, se agregan nuevas exigencias de la DC, como la plena vigencia del Estado de derecho, que significa el acatamiento por parte del gobierno de todas las decisiones de la institucionalidad burguesa; la eliminación de los grupos armados, identificando como tales a las organizaciones de izquierda y del poder popular; el cambio de los mandos medios por militares o por funcionarios de confianza de estos, restableciendo la verticalidad de la disciplina administrativa a semejanza de la existente en las fuerzas armadas.

A lo anterior, se agrega la amenaza de represión en contra del MIR y la llamada «ultraizquierda», en la cual se involucra al PS: se intensifican los allanamientos de los centros de trabajo y locales sindicales, y se desata la más brutal represión interna en la Armada en contra de suboficiales y marineros, por el «delito» de oponerse a los designios de oficiales golpistas y aprestarse a defender el gobierno legítimo. No se puede guardar silencio frente a esta última iniquidad, por el contrario, hay que manifestar pública solidaridad a los marineros perseguidos y exigir el respeto que merecen como chilenos y patriotas, de modo que tengan un proceso justo y público.

La salida que debió adoptarse para encarar la crisis provocada por la clase patronal y el imperialismo era la formación de un Gabinete civil UP. Junto con la movilización de las masas plenamente informadas de los peligros que se ciernen sobre el proceso. En suma, pasar a una contraofensiva revolucionaria.

Unidad para la revolución

Es urgente fortalecer la unidad de la clase, fortalecer la Central Única de Trabajadores y dar un impulso fuerte a los Cordones Industriales, terminar con las divergencias que existen en el seno de estos organismos. Cualquier división de la clase es criminal en estos momentos. En cuanto a la unidad política de la clase, solo puede darse plenamente cuando concurre la voluntad común de los partidos obreros, con la misma doctrina, para desarrollar el proceso revolucionario y afianzar el rol dirigente de la clase obrera y su vanguardia.

Es necesario tener conciencia de que quienes buscan alianzas o entendimientos con la burguesía «progresista», representada por la DC, están deteriorando la unidad política de la clase. Por lo tanto, hay que desarrollar la unidad de la clase tras sus objetivos históricos y rechazar todo compromiso con la burguesía.

No hay que perseguir la unidad por la unidad, sino la unidad para la revolución. Esto es más necesario entenderlo ahora, ya que la constitución del Gabinete «cívico-militar-policial» ha creado nuevas condiciones políticas en el país, cuyas consecuencias naturales serán de la más extrema gravedad. No solo se ha desfigurado el carácter popular del gobierno, sino que se hace peligrar la hegemonía de los partidos obreros en él.

Capítulo 48

Los que no dispararon*

René A. Balart Contreras

> *No dispares, hombre, contra el pueblo.*
>
> LUIS ROSS MUJICA, exoficial de Marina, parlamentario de los huelguistas de Valparaíso, en marzo de 1903, dirigiéndose al teniente Valverde, uno de los encargados de la represión

> *Los soldados no cometeremos el crimen de lesa patria de adoptar iniciativas espurias, que nos conduzcan a empapar nuestras armas y uniformes con la sangre de miles de compatriotas.*
>
> GENERAL CARLOS PRATS GONZÁLEZ, comandante en jefe del Ejército, actual ministro de Defensa

En artículo anterior (*Punto Final* n.º 189) hicimos referencia a la sujeción de las fuerzas armadas a la autoridad del presidente de la República, consagrada en los artículos 22, 71 y 72 de la Constitución Política del Estado y en el DFL n.º 1 de 1968. Afirmamos que, por consiguiente, no cometían delito alguno quienes manifestaban, de palabra o por escrito, que nuestros institutos armados no debían obedecer a aquellos oficiales que, encandilados por los cantos de sirena de los voceros reaccionarios, intentaron una aventura golpista.

Lejos de constituir un llamado a la subversión militar, toda campaña destinada a destacar que las fuerzas armadas no tienen que seguir a los que no acatan la autoridad presidencial se encuadra dentro de las mejores tradiciones militares.

Distinto es el caso de la conferencia dictada en el Instituto Cultural de Providencia por el profesor de Filosofía del Derecho de la Pontificia

---

*   *PF* n.º 191, 28 de agosto de 1973, pp. 2-7.

Universidad Católica de Chile, Hugo Tagle Martínez, quien «respecto a la obediencia…, destacó que [las fuerzas armadas] la deben a la Constitución y a las leyes, pero si ocurriere que una u otras no expresan el proyecto de vida común de una nación —también aquel que la mayoría sostiene en un momento determinado de su historia— y esta desadecuación amenaza a la pacífica convivencia social, su deber es obedecer a dicho proyecto nacional y no a la Constitución… En Chile, hoy, el poder político, con la prescinden-cia del derecho positivo que nos rige, pretende con inobservancia de la ley imponer a la nación ideas ajenas a su proyecto de vida. Este intento coloca a las fuerzas armadas en una encrucijada, en la cual la última y definitiva palabra la tienen sus integrantes» (*El Mercurio*, 5 de agosto de 1973, p. 34).

Estas expresiones sí constituyen, a nuestro juicio, una clara incitación a la subversión militar, no solo contra la autoridad del Ejecutivo, sino contra la propia Carta Fundamental, cuyas normas —según el destacado catedrá-tico— las fuerzas armadas tendrían la obligación de transgredir en aras de la obediencia a un hipotético «proyecto nacional». ¿Quién determina en qué consiste este «proyecto»? ¿Y la «desadecuación» a que se refiere el conferen-cista, quién precisa cuándo se produce? ¿Dónde está consagrado el deber de los institutos castrenses de desobedecer las normas constitucionales y lega-les, esas mismas normas que han jurado respetar? Extraña que un catedrá-tico de una escuela de derecho pueda hacer estas extrañas aseveraciones, por lo que esperamos que todo se deba a una errónea y mercurial transcrip-ción de sus palabras.

La campaña de algunas organizaciones de izquierda de alertar a los soldados contra las intentonas golpistas tampoco socava la disciplina de las fuerzas armadas, pues —como bien anota Luis Acuña Vega (ver «Carta a las fuerzas armadas» en *Chile-Hoy* n.º 60)— «de ser cierto lo que [se] sostiene, querría decir que el artículo 335 del Código de Justicia Mili-tar socava la disciplina. En efecto, allí se sostiene que el inferior suspen-derá el cumplimiento de una orden cuando ella "tienda notoriamente a la perpetración de un delito"».

Además, el artículo 269, que se refiere, precisamente, al delito de rebe-lión, exige a todos los militares emplear «todos los medios a su alcance para contener la rebelión o la sublevación en las fuerzas de su mando». Señala sanciones al que omite actuar en esa forma y, además, si es oficial, le aplica, en todo caso, la destitución. Quienes cometen delito son los que incitan a la rebelión, los que se levantan en armas contra el gobierno y no los que lo defienden ni los que impiden que se consume ese objetivo y se oponen a la rebelión.

El propio presidente del Partido Demócrata Cristiano, la principal fuerza de oposición, recordó en artículo publicado en *El Mercurio* (1ro. de noviembre de 1972), que el Código de Justicia Militar y el Reglamento de Disciplina de las fuerzas armadas consagran el sistema de «obediencia reflexiva» y citó, en su apoyo, la opinión de dos oficiales, manifestada en sus memorias para obtener el título de abogado, en el sentido de que «el primer requisito para que la obediencia jerárquica opere como eximente de responsabilidad es que "la orden sea impartida por un superior, dentro de la órbita de sus atribuciones legítimas"».

Cabe, entonces, preguntarse, ¿las órdenes de un oficial a sus subordinados para sublevarse están dentro de la órbita de sus «atribuciones legítimas»? El llamado a no obedecer a los oficiales que emprenden una intentona «golpista», ¿es un intento de subversión militar, una campaña destinada a socavar la disciplina de las fuerzas armadas o está dirigido —como puntualizara el senador Altamirano— «a ratificar su obligación de obedecer a la autoridad legítimamente constituida»?

Pretender lo primero significaría que la Fiscalía Militar debería estar procesando a los oficiales y suboficiales que se negaron a obedecer, el 29 de junio, las órdenes del comandante Roberto Souper y no, como lo está haciendo, a los que lo acompañaron en su aventura. ¡Absurda conclusión que no resiste el menor análisis!

¿Peruanismo castrense en chile?

En las últimas semanas ha circulado el rumor de que en algunos sectores de las fuerzas armadas ha tomado cuerpo la idea de un golpe «a la peruana». Esta corriente «peruanista», que sería especialmente fuerte en la Aviación, abarcaría también a sectores civiles, integrados por hombres que no son los golpistas de siempre, vinculados a las fuerzas armadas y que incitan a sus amigos, parientes o allegados militares a dar un salto de frentón. De acuerdo con la revista *De Frente*, habría trascendido que en algunas ramas castrenses «el sector constitucionalista está en franca minoría. En otras, existen grupos pro Unidad Popular, de Patria y Libertad, constitucionalistas y peruanistas».

Según *De Frente*, «lo más curioso del caso es que tanto los uniformados como los civiles contagiados con esta enfermedad ignoran las características reales que tiene el "proceso peruano". Ninguna de las personas con quienes se ha podido discutir el tema está enterada de la marcha de la revolución peruana».

Si alguien les cita estas palabras: «Sabemos que el gobierno será atacado; las tenebrosas fuerzas de la oligarquía interna y externa defenderán hasta sus últimos esfuerzos los baluartes de privilegio y de dominio que han detentado siempre; se tratará, con el engaño, de azuzar a las masas populares para exigir cada vez más lo que ellas en cerca de ciento cincuenta años se negaron a darles, ya que nunca rompieron las cadenas de la esclavitud», creerán, posiblemente, que fueron pronunciadas por Salvador Allende y no podrán convencerse de que se trata de un discurso del general Juan Velasco Alvarado (Lima, 7 de noviembre de 1968).

La posición antiimperialista del gobierno popular asusta a estos «peruanistas», sin parar mientes que el gobierno peruano ha desarrollado precisamente una línea política antiimperialista. La nacionalización del cobre, en Chile, antes en manos de los consorcios norteamericanos, Anaconda y Kennecott, equivale a la nacionalización del petróleo en Perú, antes en poder de la Internacional Petroleum Company (IPC), una subsidiaria del trust Standard Oil, de New Jersey, una de las corporaciones monopolistas más poderosas de Estados Unidos. Más aún, el presidente Velasco, el 28 de julio de 1969, proclamaba que «cancelar la tradicional dependencia de nuestro país es objetivo fundamental de la revolución nacionalista y meta central del desarrollo pleno del Perú»; después siguió el choque frontal con Estados Unidos que pretendía aplicar la Enmienda Hickenlooper (comparable con el «bloqueo invisible» contra Chile y las acciones judiciales emprendidas por Kennecott en el exterior); prosiguió con la estatización de los intereses foráneos en la actividad bancaria; la proclamación de la «doctrina Velasco» sobre inversiones extranjeras, su asistencia a las Conferencias de Países No Alineados (a la próxima de las cuales, en Argel, proyecta ir el presidente Allende), las relaciones diplomáticas con Cuba y, últimamente, su anuncio de que proyecta nacionalizar las minas que explota la Cerro Pasco Corporation.

La lucha contra los sectores monopolistas en Chile también se da en el Perú. Veamos las palabras del general Velasco Alvarado: «La oligarquía que ha visto afectados sus intereses... no invierte su dinero en el país».

Este es un gran complot de la derecha económica, su gran estrategia contrarrevolucionaria, su gran traición a la causa del pueblo peruano. Se persigue de este modo crear una ficticia crisis económica que vulnere la estabilidad del gobierno. La excusa para no invertir es que no existe en el país un «clima de confianza». «Esta frase manida es el estribillo, pero también el arma sicológica, que día a día utiliza la reacción para cubrir con cortina de humo su verdadera intención antipatriótica [...] ¿Qué confianza reclaman los grandes propietarios del dinero? ¿Una confianza como aquella que se creaba cuando eran los dueños del país? Este tipo de confianza no van a tener mientras nosotros gobernemos..., porque en este tipo de confianza se basaron las injusticias que hundieron en la miseria y en la explotación a la gran mayoría de nuestro pueblo» (3 de octubre de 1969).

La complicidad entre los sectores oligárquicos y los intereses imperialistas no pasó tampoco desapercibida al general Velasco: «Detrás de la campaña contra la revolución en marcha hay, es cierto, muy poderosos intereses [...] La sincronizada propaganda deformadora de la verdad, que opera a través de ciertas agencias noticiosas extranjeras, de algunas revistas de circulación internacional y de la mayoría de los periódicos que se imprimen en el Perú, que representan y defienden los intereses de la oligarquía peruana y sus cómplices foráneos [...] Sabemos que frente a la revolución hay una conjura tenebrosa manejada por elementos externos, que persigue detener el proceso de cambios en el Perú» (3 de octubre de 1969). «Algunas de esas personas controlan poderosos intereses económicos, casi siempre subordinados o, por lo menos, vinculados a grandes empresas extranjeras. Persiguen paralizar la economía del país, producir la desocupación masiva, estimular la carestía de la vida y así debilitar al gobierno de las fuerzas armadas y destruir a la revolución» (3 de octubre de 1970).

¡El parecido no puede ser mayor! ¡Los mismos métodos, los mismos intereses, las mismas campañas, contra los gobiernos de Chile y Perú! Prueba evidente de que detrás está la mano oculta del imperialismo y la CIA.

No podría ser de otro modo: en todo proceso liberador los enemigos son los mismos. El «peruanismo castrense» se da en los países en que imperan gobiernos entreguistas y no, como en Chile, donde se lucha precisamente contra la dependencia; en países donde gobiernan intereses oligárquicos y no donde estos mismos intereses combaten y tratan de derrocar a un gobierno popular. Entre el auténtico nacionalismo —popular y revolucionario— de los militares peruanos y el «nazi-onalismo» de Patria y Libertad o de algún otro sector que instigue al golpe a algunos oficiales de nuestras fuerzas armadas, hay un mundo de diferencia.

De Sierra Gorda a Pampa Irigoin

También en el artículo que hemos citado (*Punto Final* n.° 189) nos referimos al llamado que se hace a los soldados a no disparar contra el pueblo y dejamos constancia de que con ello no se hace otra cosa que repetir conceptos del propio comandante en jefe del Ejército (actual ministro de Defensa), general Carlos Prats González.

A través de nuestra historia ha habido gobernantes que recurrían a las tropas del Ejército o a Carabineros para sofocar cualquier justificada protesta de nuestros trabajadores. Pero en esas ocasiones hubo militares que se negaron a cumplir órdenes que significaran disparar contra el pueblo y los trabajadores. Guiados por un afán estrictamente histórico, es oportuno traerlos a colación. Corría el mes de diciembre de 1907. Las oficinas salitreras habían declarado la huelga general y los obreros pampinos, junto con sus familias, inician «la marcha del hambre» sobre el puerto de Iquique, concentrándose en la Escuela Santa María. El 21 de ese mes, «como si fuera un día de fiesta escolar, el edificio de la Escuela Santa María se encontraba engalanado con banderas de repúblicas hermanas, en que descollaban chilenas, bolivianas, peruanas, cubriendo partes de los muros, estandartes con letras doradas y plateadas. Destacaba uno de terciopelo rojo, era el de los subalternos del general Silva Renard: a su alrededor montaban guardia los veteranos del 79» (Guillermo Kaempffer Villagrán: *Así sucedió*, Arancibia Hnos., Stgo., 1962, p. 144). Pronto llegó hasta la Escuela el cónsul boliviano, pidiendo a sus compatriotas que abandonaran el recinto «porque iban a ser ametrallados», pero estos contestaron que si había que morir lo harían junto a sus compañeros chilenos, argentinos y peruanos.

La Escuela estaba totalmente rodeada de tropas, en tanto que los barcos de guerra apuntaban amenazantes contra la ciudad. Un huelguista, orador popular, frente a las tropas les decía: «Marineros del *Esmeralda* ¿consentiréis que se empañen vuestras glorias adquiridas al frente de un enemigo poderoso y en defensa de los chilenos, matando ahora a chilenos indefensos? ¿Queréis que el pueblo de Chile no pueda ya invocar el glorioso 21 de mayo sin recordar al mismo tiempo un cobarde 21 de diciembre?» (Julio César Jobet: *Temas históricos chilenos*, Quimantú, Stgo., 1973, p. 233).

A las 15:45 horas el jefe de la plaza, general Roberto Silva Renard, dio orden de disparar contra los huelguistas, entre los que se contaban numerosos subalternos suyos de los tiempos de la guerra del Pacífico: más de dos mil personas, hombres, mujeres, ancianos y niños, son masacrados por la metralla implacable. Fue tal la premura de Silva Renard que ocho soldados que habían entrado a la Escuela a notificar la orden de desalojo no alcanzaron a salir a tiempo y cayeron bajo las balas.

¿Y ningún militar se negó a participar en esta matanza?

Julio César Jobet (*Ensayo crítico del desarrollo económico-social de Chile*, Ed. Universitaria, Stgo., 1955, p. 139) cuenta que un sargento primero se negó a cargar con su pelotón de lanceros sobre la masa indefensa y dio orden de retirada a sus hombres; y Patricio Manns expresa que «el comandante Aguirre, de uno de los buques de guerra, se negó a prestar ametralladoras y hombres al Ejército para cumplir su macabra tarea» (*Las grandes masacres*: Quimantú, Stgo., 1972, p. 86).

Corren los años y el 21 de julio de 1920 es asaltada y saqueada la Federación de Estudiantes de Chile (FECH) por bandas de pijes comandadas por dos oficiales vestidos de civil. «El general Diego Dublé Almeyda condena la participación del Ejército en actos sangrientos, preparados por La Moneda», en ese entonces en manos reaccionarias (Ibídem, p. 86).

Cinco años más tarde, el 5 de junio de 1925, en una época de cesantía y crisis económica, ocurre la matanza de cientos de obreros de la oficina salitrera de La Coruña (Tarapacá), a cargo del Regimiento Carampangue. Luego se inventa el «palomeo de rotos»: los sobrevivientes deben cavar su propia tumba y cuadrarse frente a ella, luego un oficial apunta y dispara, el «roto» da una voltereta en el aire y cae junto al foso que él mismo ha cavado. Otros son llevados al crucero *O'Higgins* y «fondeados» en el mar.

Carlos Vicuña Fuentes (*La tiranía en Chile*, t. II., Imprenta y Litografía Universo, Santiago de Chile, 1939, p. 43) dice al respecto: «en una carta que recibí en Iquique fechada el 14 de agosto de 1925, me cuenta entre otros temibles pormenores que a bordo del *O'Higgins* falleció de un ataque el teniente Lizana a causa de la impresión que le causó la orden de fondear a un grupo de obreros, que arrodillados, llorando, sobre la cubierta le pedían piedad».

También se hizo público el caso del capitán Enrique Caballero, que viendo que un grupo de sus propios soldados hacían funcionar una ametralladora contra una gran muchedumbre de obreros, mujeres y niños, que huían a la desbandada, «lanzó intrépidamente su caballo por delante de la ametralladora, hizo cesar el fuego e increpó a los soldados, afeándoles su conducta, y diciéndoles que las armas no debían emplearse contra gente que huía». Al oír decir a los soldados que disparaban por orden expresa del comandante Anasio Rodríguez, «Caballero, desobedeciendo esa orden, reiteró la de cesar el fuego».

Días más tarde llegaba a hacerse cargo del mando el general Enrique Bravo Ortíz, «quien conociendo la actitud de la oficialidad para con los obreros de la pampa, durante la sangrienta represión, representó a la oficialidad el perjuicio que hacían al honor del Ejército al jactarse de atrocidades cometidas en contra de los trabajadores» (G. Kaempffer: ob. cit., p. 259).

Mucho más tarde, el 5 de septiembre de 1938, setenta jóvenes nacionalsocialistas son masacrados en el Seguro Obrero (posteriormente llamado la Torre de Sangre) después de rendidos. La operación estuvo dirigida por el general de Carabineros, Humberto Arriagada, de acuerdo con las instrucciones impartidas verbalmente por el presidente Arturo Alessandri: «¡Que no quede ni uno vivo! ¡Mátenlos a todos!». Sin embargo, el teniente Antonio Llorens Barrera «se negó a participar en la matanza, fue detenido y llevado a Investigaciones por el medio de la calle Morandé, pasando frente al Senado, donde esa escena no dejó de impresionar a algunos senadores que la presenciaron» (Ricardo Donoso: *Alessandri, agitador y demoledor*, t. II., Fondo de Cultura Económica, México, 1954, p. 264). Digna de destacar fue la conducta del general de Carabineros, Aníbal Alvear, que velando por el prestigio del cuerpo, lejos de querer echar tierra sobre la actuación de oficiales y tropa, reunió un caudal de informaciones del más alto valor para formarse un concepto de la forma en que se desarrollaron los hechos y señalar a los verdaderos culpables.

Como podemos observar, en las grandes matanzas contra nuestro pueblo —desde los sangrientos incidentes de Sierra Gorda (Antofagasta), en 1884, hasta la masacre de Pampa Irigoin (Puerto Montt), en 1969— participaron uniformados (fuerzas armadas y Carabineros), que «pasaron por millares de cadáveres que en vida habían sido sus hermanos. Pero ningún hombre de armas esgrimió la bayoneta por su gusto. Manos oscuras y siniestras escribían o llevaban las órdenes para que se efectuaran las grandes masacres [...] Nuestras gentes también saben con certeza que los oficiales y tiradores que "palomearon rotos" en el salitre o en las gélidas regiones del sur, no fueron ni se sintieron pueblo en armas. Tampoco fueron militares o policías, en el sentido exacto del vocablo. Uniforme se puede poner cualquiera, pero eso solo tapa los pelos o las garras simiescas. Igualmente —ese uniforme— pudo vestir sotana, frac o tricornio diplomático [...] Lo que importa es que en las presillas de nuestra oficialidad a cada momento revivan con patriótica energía el ejemplo que dieron muchos hombres de armas que desobedecieron las órdenes criminales, sacrificando su profesión y su porvenir en aras de la libertad, en beneficio de los principios humanos» (Revista *Aquí Está* n.º 47).

El ejército paralelo

Durante la ceremonia en la cual juraron los nuevos ministros, el presidente Salvador Allende reiteró que no habría en Chile «ejército paralelo». Nosotros, con el debido respeto al presidente de la República, creemos que no se trata de si va a haber o no ejército paralelo, pues este ya existe, tiene un «comando invisible» que planifica sus acciones, «grupos de combate armados» que las emprenden, órganos de propaganda, apoyo logístico, y está en plena acción amenazando al gobierno, a las fuerzas armadas y a la seguridad nacional.

No es un misterio para nadie que Patria y Libertad ha declarado la guerra al gobierno. No puede argumentarse que este movimiento carece de importancia, pues más allá de sus filas ejerce una influencia cada vez más decisiva en las actitudes que adoptan los partidos de oposición. Muchos de sus integrantes tienen doble o triple militancia: sus vinculaciones con organismos patronales (como Sociedad Nacional de Agricultura o la Sociedad de Fomento Fabril) y con ciertos colegios profesionales son bastante fuertes; sus publicistas están detrás de las huelgas de los sectores «gremialistas» y sus líderes —respecto de los cuales hay orden de detención— encuentran generosa acogida en las radios «democráticas» y en el Canal 13 de televisión. El concepto de «guerra total» —militar, económica y sicológica— es practicado sin el menor escrúpulo por este «ejército paralelo».

El hecho es que a la «desobediencia civil», a que llamaba un senador de la Democracia Cristiana, y a la «resistencia civil», a que posteriormente llamó el Partido Nacional, han seguido acciones directas que nadie, honestamente, puede negar. La quebrazón de vidrios en los edificios públicos que se producían en las «inocentes» manifestaciones de los estudiantes «democráticos»; los trolley-buses de la ETC que eran apedreados en el Barrio Alto, los semáforos inutilizados y la destrucción de bienes fiscales no son casos de simple coincidencia, sino que obedecen a un plan determinado. En un «volante», repartido por PyL, se dan a conocer «ocho medidas para derrocar al gobierno». La tercera expresa: «Sabotear las fuentes de trabajo estatales».

Ahora último, especialmente con motivo del paro camionero ordenado por León Vilarín, las acciones de los grupos reaccionarios (en las que no ha estado ausente el PN, a través de su Comando «Rolando Matus») han recrudecido y adquirido un carácter abiertamente terrorista. Hasta mediados del mes de agosto, y sin considerar los atentados a las comunicaciones, plantas de radio y de televisión, a las personas o casas particulares, locales escolares, hospitales, sedes diplomáticas, sindicatos y locales partidarios, han ocurrido nada menos que 249 atentados (71 contra camiones, 80 contra vehículos de locomoción colectiva, 16 contra bencineras, 40 contra vías férreas, 14 contra servicios públicos, 10 contra sedes laborales, 5 contra centros comerciales, 2 contra centros industriales, 1 contra túneles). Hacia esa misma fecha los muertos sumaban ya siete y había docenas de heridos, muchos de ellos víctimas inocentes. Estos atentados contra las personas no tienen por qué extrañar: en la cuarta medida del «volante» a que nos hemos referido se lee: «Hacer justicia castigando directamente a los violentistas de izquierda».

No es la izquierda la que ha hecho estos atentados, no son las organizaciones populares las que han asesinado al general Schneider o al capitán Araya, no son los trabajadores los que lanzan maíz al paso de los militares, no son ellos los que llaman a las fuerzas armadas a separarse de sus actividades profesionales, como tampoco son ellos los que atentan —como ha ocurrido con el paro camionero y la violencia terrorista que lo ha acompañado— y comprometen tan gravemente la seguridad nacional.

Después del «tancazo»

Nadie puede pensar que la aventura golpista que protagonizara el 29 de junio el comandante Souper no tuviera otros implicados, otros militares que habrían participado en las deliberaciones conspirativas previas.

Por lo menos Pablo Rodríguez Grez, en una declaración pública, ha confirmado que había, además del Blindado n.º 2, otras unidades y oficiales comprometidos. El sumario que substancia el fiscal Francisco Saavedra arrojará, seguramente, interesantes conclusiones sobre el particular. Sin embargo, ha trascendido, de acuerdo con noticias publicadas en distintos órganos de publicidad, que diversos oficiales de las tres ramas de las fuerzas armadas —dándose incluso nombres y apellidos— estuvieron de acuerdo con el «golpe» y solo la decidida oposición de los oficiales honestos, suboficiales y clases y la decidida actitud de los Altos Mandos impidió que sumaran sus unidades a la frustrada intentona.

Con posterioridad al «tancazo», según se ha afirmado, han continuado las actividades conspirativas, con participación de elementos de PyL y de dirigentes opositores e, incluso, lo que es más grave, con miembros de la inteligencia naval norteamericana. Confiamos en que tales afirmaciones no sean efectivas, pero creemos que más que cualquier tipo de declaraciones, la opinión pública estaría mucho más tranquila si supiera que se está investigando la conducta de todos estos oficiales y no, como ha ocurrido, que los únicos sumariados, de acuerdo con la prensa, sean suboficiales y marineros que en Talcahuano y Valparaíso denunciaron las actividades de oficiales golpistas.

En forma paralela, los abusos y excesos de algunos oficiales en contra de los trabajadores, utilizando las más de las veces la Ley de Control de Armas, ha cobrado cada vez mayor intensidad, hasta culminar en Lanera Austral de Punta Arenas, con la muerte de un obrero, Manuel González, hijo y hermano de uniformado, y en Cobre Cerrillos, donde los violentos procedimientos empleados, según pudieron ver miles de telespectadores en el propio Canal 13, contrastan con la exquisita educación y fineza con que se trató a los camioneros de Puente Alto.

Los vejámenes a las militantes de izquierda han proseguido: no se trata solo de militantes del MIR que llaman a «no obedecer a los oficiales que incitan al golpe», sino de comunistas que escriben en las murallas: «No a la guerra civil», y de una verdadera persecución, según denunciara el diputado Oscar Guillermo Garretón, en contra del MAPU. Ninguno de nuestros «democráticos» defensores del «Estado de derecho» y de las «libertades públicas» ha protestado de tales hechos.

El ingreso de los comandantes en jefe de las fuerzas armadas y del director general de Carabineros no significó un fortalecimiento de la acción del gobierno. Los «ultimátums» que dieron a los camioneros en huelga han derivado en continuas prórrogas de los plazos otorgados.

Al cierre de esta edición el Gabinete de «seguridad nacional» había caído. Apenas duró catorce días. Los sectores golpistas provocaron su caída al forzar la renuncia del general Carlos Prats al ministerio de Defensa y a la Comandancia del Ejército. Varios generales y otros altos oficiales utilizaron a sus esposas en una manifestación de repudio a Prats, frente a la casa de este. Simultáneamente, la mayoría PDC-PN aprobaba en la Cámara de Diputados un acuerdo poniendo en tela de juicio la legalidad del gobierno. La crisis había comenzado con el retiro del jefe de la Fuerza Aérea, César Ruiz, seguido de una maniobra que fue personalmente manipulada por Frei. Este último continúa apareciendo como el jefe civil del golpismo. A la luz de lo ocurrido, aparece mucho más correcta la posición de quienes en la izquierda manifestaron reservas frente al Gabinete de «seguridad nacional». Otros sostuvieron que «fortalecía» al gobierno. Pero no detuvo el terrorismo del «ejército paralelo», ni aplicó los «ultimátums» a los camioneros ni amarró las manos a los golpistas, quienes, en cambio, se fortalecieron derribando al general Prats que aparecía como el enemigo más decidido del golpismo en el seno de las fuerzas armadas.

Capítulo 49
¿Hay oficiales golpistas?*
JCM

La revista tunecina *Jeune Afrique* publicó el 14 de julio un comentario sobre Chile titulado «El tiempo de los golpistas», en el que se traza un paralelo con la situación uruguaya. La publicación africana distingue las diferencias entre ambos procesos. Pero señala que «llegaron a un mismo resultado en cuanto a las instituciones de la democracia liberal que han sido por largo tiempo el orgullo de los dos países. Ha sido el Ejército quien salió victorioso de la crisis política y económica, para Chile, e histórica y social, para Uruguay. Salidos de un mismo punto, el apoliticismo, los ejércitos de los dos países siguieron caminos diferentes. ¿Esto fue para llegar a este otro punto donde los pretorianos llegan a ser dueños de la situación?».

La inquietud de la revista *Jeune Afrique* es compartida por diversos círculos políticos en Chile. Sin embargo, muy pocos se atreven a formularla en voz alta. El temor a tratar objetivamente el papel que desempeñan las fuerzas armadas, su estructura clasista y sus contradicciones internas, y la presencia en su seno de oficiales golpistas, son temas tabú. Por lo regular su tratamiento sincero es eludido por dirigentes políticos y analistas de la situación nacional, que prefieren caer en el lugar común de las alabanzas seudopatrióticas, dejando en penumbras una verdad que se compone de diversos ingredientes.

Golpistas de ayer

Cuando se habla de oficiales golpistas, la falsa indignación que acoge estas denuncias hace tabla rasa de la experiencia histórica. No vamos a remontarnos aquí al general Ariosto Herrera, que en la década del 30 intentó derrocar

---

*   *PF* n.º 191, 28 de agosto de 1973, pp. 14-15.

al gobierno del Frente Popular. Simplemente pretendemos recordar lo que sucedió en 1970, al momento de ser elegido Allende como presidente de la República. La misma noche del 4 de septiembre, la autorización para manifestar su júbilo en las calles fue otorgada a la Unidad Popular por el general Camilo Valenzuela Godoy, comandante de la Guarnición Militar de Santiago. Las masas —inducidas por frases halagadoras vertidas por dirigentes de la UP— vieron en el general Valenzuela a un militar democrático y amigo del pueblo. Lo mismo ocurrió cuando los comandantes en jefe visitaron al presidente electo, en su residencia de la calle Guardia Vieja. Los saludos protocolares de esos altos oficiales reconociendo la victoria de Allende tuvieron un auspicioso significado al despejar las inquietudes sobre la conducta que asumirían las fuerzas armadas.

Sin embargo, el complot que culminó con el asesinato del comandante en jefe del Ejército, general René Schneider, dejó en evidencia una realidad que hasta ahora, de una u otra forma, se ha eludido encarar. En efecto, quedó demostrado que en el complot no solo participó un exgeneral —como es el caso de Roberto Viaux Marambio—, sino también generales en servicio activo, como Camilo Valenzuela Godoy. Entre la gente que se reunía a conspirar con Viaux en una casa de la Avda. Príncipe de Gales, figuraba también el director de Carabineros, general Vicente Huerta Celis; el jefe de la Armada Nacional, almirante Hugo Tirado Barros, y jefes de la FACH. El complot — que no trepidó, incluso, en el asesinato— tenía implicados a los más altos oficiales de las fuerzas armadas y de Carabineros. Seguramente ellos no actuaban solos y si bien posteriormente salieron discretamente de las filas, sus confidentes y compañeros se quedaron adentro.

Dado el curso que siguieron los acontecimientos, bien puede ser que uno de los que se «sumergieron» haya sido el coronel Alberto Labbé Troncoso, director de la Escuela Militar «Bernardo O'Higgins». Más tarde el coronel Labbé mostró la «hilacha» golpista y fue llamado a retiro. De inmediato se convirtió en candidato a senador del Partido Nacional y sacó una alta votación en marzo de este año, aunque insuficiente para ser elegido. La campaña electoral de Labbé mostró a las claras su ideología fascista, la misma que, sin duda, poseía cuando era un «pundonoroso» coronel a cargo de la formación de los futuros oficiales de nuestro Ejército.

Otro que no tardó en mostrar las garras fue el general Alfredo Canales. También llamado a retiro —después de un confuso episodio en que apareció haciendo invitaciones golpistas a la oficialidad de la Armada—. Canales es hoy el sucesor aparente del jefe fascista Pablo Rodríguez Grez, exiliado en Ecuador. El exgeneral —de «prestigioso» pasado en la institución— dirige ahora una entidad nacionalista que trabaja directamente por el golpe de Estado. Con o sin uniforme, Canales es un fascista. La diferencia estriba en que antes habría resultado una «infamia» acusarlo de tal, pero hoy, como general en retiro, su mentalidad aparece liberada de toda disciplina.

Golpistas de hoy

Los nombres de Viaux, Canales, Valenzuela, Tirado Barros, Huerta, Labbé, etc., sirven para demostrar que no es ninguna injuria suponer que hay oficiales golpistas en el seno de las fuerzas armadas y de Carabineros. El 29 de junio pasado, sin ir más lejos, el teniente coronel Roberto Souper Onfray, jefe del Regimiento Blindado n.º 2, se rebeló al frente de sus tanques y trató de copar La Moneda. Su aventura causó veintidós muertos, de acuerdo con la mesurada cifra que proporcionaron las autoridades.

La presencia de oficiales golpistas en las fuerzas armadas, así como la actividad golpista más allá de las filas uniformadas, se explica con absoluta lógica por el elevado nivel que ha alcanzado la lucha de clases. La oficialidad está ligada por sistema de vida, vinculación familiar y formación ideológica a la burguesía y sus valores políticos, económicos y culturales. No son escasos, sin embargo, los oficiales que, al igual que otros profesionales, han adherido a la ideología revolucionaria, ligando su suerte a la del proletariado.

El sentido de la cohesión y el «espíritu de cuerpo», natural a toda institución castrense, ha hecho que hasta ahora los desbordes de un Souper, de un Canales o de un Labbé hayan sido controlados y puestos al margen por los propios responsables de las fuerzas armadas. Sin embargo, de una u otra manera, los planteamientos golpistas se han ido traduciendo en una actitud que abarca incluso a la oficialidad «apolítica». Esto explica, por ejemplo, la forma deliberadamente antipopular en que se ha manejado la Ley sobre Control de Armas, embistiendo contra los sectores obreros. Es la ideología reaccionaria —que sirve de soporte al golpismo— la que hace ver en el poder popular a un enemigo de las fuerzas armadas al que hay que «desarmar» y reducir con el empleo de una máxima severidad. De otro modo, también es la presión del golpismo la que lleva a sectores constitucionalistas a imponer cada vez con mayor peso determinadas normas de conducta al gobierno de la Unidad Popular. Se traduce así —a términos legalistas y políticos— la ideología burguesa que conduce a suplantar, en los hechos, un programa (el de la UP) por otro (el del freísmo y la derecha tradicional).

La influencia imperialista

Tampoco tiene nada de extraordinario constatar el peso e influencia del imperialismo en el seno de las fuerzas armadas. Desde luego, lo tiene en otras esferas de la vida nacional: en el plano político, en la cultura y en la realidad económica.

A través del Pacto de Ayuda Mutua (PAM) y de otros instrumentos manipulados por las misiones militares norteamericanas, como las anuales Operaciones Unitas, Estados Unidos ha penetrado e influye a su modo en las fuerzas armadas de casi toda América Latina, incluyendo Chile. La formación de oficiales en sus escuelas «antisubversivas» de Panamá, Puerto Rico y el propio territorio de Estados Unidos, ha sido uno de los elementos más importantes de esa penetración. Recientemente se ha denunciado que oficiales de la inteligencia naval norteamericana han desarrollado activa labor en la Armada. Cosa parecida puede ocurrir en otras ramas cuyos equipos, tecnología y abastecimiento dependen en gran medida de Estados Unidos. Para el Pentágono norteamericano, mantener bajo su esfera de influencia a los ejércitos latinoamericanos es una cuestión vital.

El almirante T.H. Moorer, jefe del Estado Mayor de las fuerzas armadas de Estados Unidos, planteó con claridad el 22 de mayo pasado, en Puerto Rico, el enfoque del Pentágono. «Estados Unidos —dijo— depende de fuentes extranjeras en 22 de los 74 materiales esenciales que necesita una sociedad industrial moderna. Uno es el cobre. Para fines de siglo se calcula que Estados Unidos necesitará importar más de la mitad de su demanda básica de materias primas». Debido a esta situación, el almirante Moorer preguntó: «¿Cómo es posible que renunciemos a nuestros intereses en el mundo? La respuesta es que no podemos hacerlo. Estamos comprometidos a nivel mundial debido a que nuestros intereses son también a nivel mundial; intereses que comprometen a todos los elementos de nuestro poder nacional: políticos, económicos y militares». El jefe del Estado Mayor norteamericano reconoció que podrían surgir problemas cuando los intereses de Estados Unidos fueran contrarios a los países proveedores de materias primas. Por ejemplo, si Estados Unidos necesitara asegurar la importación de cobre y se encontrara con dificultades en países proveedores, como Chile. En ese caso, dijo, el problema se resolvería a través de negociaciones, pero, añadió, «la disposición para negociar está relacionada con el poder relativo de regatear de las partes interesadas y, en muchos casos, el poder de regateo es sinónimo de poder militar».

Esta es la perspectiva en que se mueve el imperialismo en el plano militar. Si a esto se añade la actividad clandestina de la CIA y la que desarrolla en Chile la frondosa embajada norteamericana (a cuyo frente se halla un experto en operaciones conspirativas, como es el embajador Nathanael Davis), se tiene un cuadro aproximado del poderoso estímulo que entre bastidores recibe el golpismo.

La actividad conspirativa reaccionaria se orienta a instrumentalizar a las fuerzas armadas para sus fines y encuentra terreno abonado entre los sectores de la oficialidad que son parte integrante, en lo ideológico o en lo clasista, de la burguesía.

Capítulo 50

Derrotemos las conciliaciones*

Nicolás García Moreno

Los acontecimientos se desarrollan a veces con una velocidad vertiginosa, y lo que ayer era cierto, hoy ya no lo es.

La sublevación del coronel Souper, el intento de levantamiento fascista en la Armada, las presiones y amenazas del freísmo y de la clase patronal, el diálogo y los gabinetes cívico-militares han provocado un viraje de los acontecimientos increíblemente brusco.

Lo que ahora se busca es la capitulación, la puesta de rodillas y el derribamiento de Allende. En estas condiciones llegamos al 4 de septiembre, tercer aniversario del gobierno popular. Vivimos el momento más difícil de estos tres años. Por eso hay que revisar las tácticas en este momento, pero sin caer en renuncios que perjudiquen o hundan el proceso revolucionario.

Hay que decir que caen en renuncios quienes buscan en este momento posiciones defensivas o se ilusionan con bloques o alianzas con la burguesía «progresista», con el freísmo. Esto es desprestigiar los principios, es pisotear el programa. No se pueden adoptar actitudes defensivas sin antes conseguir todo el poder para el proletariado. Mientras esto no ocurra, hay que empujar sin transar la revolución proletaria.

Nadie niega que la situación es difícil, pero todo tiene su límite, y ese límite, esa línea, la atropellan algunos compañeros cayendo en «posiciones conciliadoras», en «posiciones dialogadoras», en «posiciones capituladoras», dejándose arrastrar por la corriente de los acontecimientos.

Por eso, es necesario desenmascarar las debilidades existentes y dar una dura lucha ideológica a nivel de las masas, a nivel de la clase, acorralando al reformismo obrero que busca alianzas con el reformismo burgués.

---

*   *PF* n.º 192, 11 de septiembre de 1973, p. 7.

Hay que cambiar la táctica de lucha de los trabajadores y su actitud hacia el gobierno. No se trata de quitarle apoyo, hay que cambiar la forma del apoyo. No se trata de sumarse a los que lo atacan y pretenden derribarlo, pero hay que enfrentar de otra manera la tarea de apoyarlo. Haciendo ver al pueblo que lucha contra la clase patronal y el fascismo, la debilidad y las vacilaciones de la UP y de Allende. Hacer esto pasa ahora a ser lo fundamental, la tarea urgente. En esto consiste el cambio de táctica de que hablamos al comienzo.

Pero que nadie se equivoque: «A pesar de la debilidad y las vacilaciones de arriba, los trabajadores y las masas en general son fuertes. Los dirigentes del proceso deben bajar a las masas para recuperar fuerza y fe en la revolución».

Hay que intensificar la agitación en favor de lo que podríamos llamar «exigencias parciales» al gobierno: que encarcele a los cabecillas del paro patronal, que no siga dialogando con los criminales del rodado ni con los «camioneros» de la Salud; que apoye de una vez por todas el desarrollo del poder popular, que no siga cooperando en el desarme de los trabajadores; que ponga a los oficiales golpistas fuera de las filas de inmediato; que termine con las torturas e interrogatorios a los suboficiales, clases y soldados que están junto al pueblo; que meta en cintura a los jueces vendidos y corrompidos, poniéndole candado a la Corte Suprema; que aplaste de una vez por todas la sedición del Congreso dirigida por Frei, colocándolo a él, a Jarpa y toda su corte de fascistas en su lugar, expulsándolos del país si es necesario; que entregue toda la tierra por sobre 40 hectáreas básicas a los campesinos para ser trabajadas en Centros de Reforma Agraria; que implante el control obrero en todas las industrias y en la distribución.

Los trabajadores deben presentar estas «exigencias parciales» al gobierno, pero no solo quedarse en eso. Estas exigencias deben ser entendidas cabalmente por los obreros, soldados y campesinos. Ellos deben impulsar no solo las exigencias, sino actuar como clase en contra de la burguesía y de sus aliados. No pueden seguir los atropellos de la oficialidad golpista. Los obreros, soldados y campesinos revolucionarios deben exigir al compañero Allende consecuencia revolucionaria. Es error pensar que nos hemos alejado del objetivo principal, la conquista del poder por el proletariado. No. Nos hemos acercado extraordinariamente a él.

Por eso, hay que realizar agitación y levantar a los trabajadores, exigiendo al gobierno mano dura y el término de los diálogos con el enemigo de clase. Los diálogos llevarán a coaliciones políticas de largo alcance, y no solo a acuerdos ocasionales concluidos por razones prácticas.

La historia es muy clara al respecto; cada vez que se desconfía en las masas, se llega a actuar en contra de ellas.

Hay que terminar con las frases, ahora es tiempo de actuar. La lucha contra la clase patronal y el imperialismo hay que hacerla de manera revolucionaria, atrayendo a las masas, levantándolas, inflamándolas, enardeciéndolas. Evidentemente, hay quienes temen a las masas, temen al pueblo y no se deciden a actuar de manera revolucionaria.

Capítulo 51

Las huellas digitales de la CIA en Chile*

Patricio García**

¿Son hechos aislados, dentro de la historia política chilena de los últimos tres años, el asesinato del comandante en jefe del Ejército, general René Schneider; el asesinato del edecán naval del presidente Allende, capitán de navío Arturo Araya; las huelgas en cadena desatadas por los dirigentes del gremio de camioneros o del comercio; la voladura simultánea de torres de alta tensión, que provocaron un apagón eléctrico en trece provincias, y el asesinato de un obrero durante el operativo montado para asegurar las transmisiones del Canal 5 de TV, de Concepción? Evidentemente que no.

Todos ellos —y conste que aquí solo se han nombrado los principales operativos del plan general de espionaje, corrupción sindical, terrorismo y sabotaje— muestran similitudes y vínculos concretos con otros sucesos políticos que han sacudido al mundo en los últimos años y que resultan una especie de manual para el derrocamiento de cualquier gobierno que sea tildado de progresista o socialista. Similares incidentes se han repetido en los casos de Guatemala, Irán, Indonesia, Cuba, Brasil, el asesinato de Kennedy, Watergate y ahora en Chile. Sus actores, gestores y planificadores también tienen un denominador común. Pertenecen o han pertenecido a las más diversas jerarquías de la Agencia Central de Inteligencia (CIA) norteamericana, llámense Allen Dulles, ex director general del organismo (formulador de esa conocida política internacionista), o Frank Sturgis (integrante del comando que robó la embajada chilena en Washington), o John Connally, el gobernador de Texas

---

*   Suplemento «Documentos». *PF* n.º 192, 11 de septiembre de 1973.

**   Patricio García es el seudónimo de Mario Díaz Barrientos, *El Chico Díaz*, cofundador
     y primer director de la revista *Punto Final*, quien murió en el exilio en Buenos Aires el
     13 de agosto de 1984.

que preparó la ruta que siguió en Dallas el presidente Kennedy, o León Vilarín, el dirigente camionero que recibe jugosas subvenciones de la organización. Estas huellas digitales tan evidentes son las que han destruido el mito de que los sucesos mencionados fueron hechos aislados e independientes, que obedecían a su propia lógica, como la prensa proimperialista, también infiltrada por la CIA, intentó presentarlos a la opinión pública. A la vez han ayudado a clarificar la estructura dentro de la cual actúa la CIA, desde el nivel de elaboración de políticas hasta el de las operaciones específicas.

Cuatro pistas

Para quien dude de que la correlación existe y que los agentes de la CIA se repiten como actores de hechos determinados, tomemos como ejemplos algunos de los últimos acontecimientos más destacados en el continente americano: la invasión de Cuba en Playa Girón, el asesinato de Kennedy, el espionaje de Watergate y la conspiración contra Chile.

Líder de los mercenarios que invadieron Cuba fue Manuel Artime, «gusano» contratado por la CIA y que aparece ahora entregando 21 mil dólares a los reos de Watergate, recolectados en Miami.

Bernard Baker, pagador de los mercenarios de Playa Girón, nacido en Cuba, miembro de la antigua mafia de los casinos de La Habana, ingresó a la policía de Batista bajo el auspicio del FBI. Contrarrevolucionario activo al triunfo de Fidel Castro, miembro del comando que asaltó la embajada chilena en Washington, participa también en el caso Watergate junto con otros «gusanos» cubanos. En ese juicio, Baker declaró que «estaba convencido de que la elección de McGovern en 1972 sería el comienzo de una tendencia que podría llevarlos al socialismo y el comunismo, o como uno prefiera llamarlo».

Frank Sturgis, mafioso de los casinos de La Habana, ingresó al ejército revolucionario de Fidel Castro en 1958, como colaborador del Servicio de Inteligencia de Batista. En 1960 dejó Cuba para organizar y entrenar a los contrarrevolucionarios asilados en Estados Unidos. Detenido a raíz del asesinato de Kennedy, confesó al FBI que había estado con Oswald en Miami. Aparece luego como miembro del comando CIA que asaltó la embajada chilena en Washington y del comando que montó el espionaje político de Watergate.

John Connally, gobernador de Texas, que planeó la ruta del auto presidencial en Dallas cuando fue asesinado Kennedy. Instiga más tarde, como secretario del Tesoro, el bloqueo «invisible» contra Chile. Íntimo amigo de Richard Nixon, ahora es republicano, después de haber renunciado al Partido Demócrata, donde se dice fue un infiltrado a alto nivel.

Allen Dulles, exdirector de la CIA, removido de ese cargo por Kennedy a raíz del fracaso de la invasión a Cuba, vuelve al escenario como integrante de la comisión Warren que investigó el asesinato de ese presidente y cuyas conclusiones no satisficieron a nadie.

John McCone, exdirector de la CIA, hoy miembro del directorio de la ITT, planificador de las operaciones para impedir la asunción del presidente de Chile Salvador Allende, en 1970. La ITT aparece implicada en la campaña terrorista de septiembre-octubre de 1970, en Santiago, en el asesinato del general Schneider y en el financiamiento de los «periodistas libres» que operan en los diarios y radios chilenas desde entonces.

E.H. Hunt, jefe de Operaciones de la CIA, organizador del financiamiento secreto de la campaña presidencial de Richard Nixon, encargado de la operación espionaje a la sede del Partido Demócrata en las «tareas» de Watergate. Como jefe de Operaciones conoció del plan contra Allende en 1970-1971.

Virgilio González, «gusano» cubano entrenado por la CIA, íntimo amigo de Ángel Ferrer, presidente del grupo de exiliados cubanos en Miami, integra el equipo gusano-CIA que robó la embajada chilena en Washington y asaltó el domicilio de varios diplomáticos chilenos, en un operativo típico de espionaje político.

Eugenio Martínez, «gusano» cubano, integrante del equipo que actuó en Watergate, también operó en los casos de la embajada chilena y robó a diplomáticos de nuestro país.

James McCord, en la CIA de 1951 a 1970. Integrante más tarde del equipo que asaltó la embajada de Chile.

Enno Hobbins, agente de la CIA, actuó en Chile en 1970. Fue quien estuvo en contacto con *El Mercurio*, buscando avisos para su financiamiento, y recomendó la contratación de propagandistas de radio y TV y el uso de veinte periodistas «libres» que pagaron los grupos Matte y Edwards.

Peter Vaky, asesor de Kissinger para asuntos latinoamericanos, fue consejero de la ITT en el periodo 1970-1971, para su intervención en Chile. Inspirador del bloqueo invisible contra nuestro país.

Jack Ruby, de la mafia que controlaba los casinos de La Habana, traficante de armas para los grupos contrarrevolucionarios cubanos, aparece como amigo de Oswald, a quien luego asesinó por encargo. Murió de «cáncer» posteriormente en la prisión.

Richard Nixon, comprometido en la invasión a Cuba, ligado a la mafia a través de las inversiones en propiedades en Las Vegas y Miami y en los casinos de La Habana. Siendo vicepresidente de Estados Unidos, en su libro *Seis crisis* escribe: «El entrenamiento secreto de los exiliados cubanos se debió, en gran parte por lo menos, a mis esfuerzos». Representante de la Pepsi Cola, fue visto en Dallas el día del asesinato de Kennedy en compañía de Donald M. Kendall, ejecutivo de esa firma. La fábrica más grande de heroína en Asia Suroriental funciona en una instalación de la Pepsi Cola en Saigón, establecida gracias a las gestiones del abogado Nixon. A pesar de que no ha embotellado jamás una Pepsi Cola, la fábrica ha recibido cuantiosa ayuda de la AID. Inspirador del espionaje político, o en Watergate, como presidente de Estados Unidos ejecutor del bloqueo invisible contra Chile.

Agustín Edwards, dueño de la cadena periodística chilena *El Mercurio*, actual ejecutivo de Pepsi Cola Internacional. Sus diarios han participado activamente en la campaña periodística contra Cuba, contra los países socialistas y ahora contra el gobierno popular de Salvador Allende, ante el cual alientan incesantemente un golpe de Estado.

Keith W. Wheelock, agregado político de la embajada norteamericana en Santiago, hasta 1971. Fue uno de los instructores directos de Pablo Rodríguez, uno de los dirigentes de Patria y Libertad, asilados hoy en Ecuador después del «tancazo» del 29 de junio de 1973.

Emmanuel Boggs, exjefe del Instituto Americano para el Desarrollo del Sindicalismo Libre en Chile. Fue uno de los guías y «consejeros» de León Vilarín, que opera como dirigente de los camioneros chilenos, y de Manuel Rodríguez, ubicado como secretario provincial de la CUT-Santiago, ambos encargados de dividir a la clase obrera chilena.

Michael Townley, asesor y jefe del comando de Patria y Libertad que asaltó un local de servicios eléctricos en Concepción, en un operativo destinado a mantener en el aire el Canal 5 de TV, medio de difusión pirata de la Universidad Católica. Townley, agente de la CIA, hoy prófugo de la justicia chilena, montó la misión que culminó con el asesinato del obrero Tomás

Henríquez, en acuerdo con el presbítero Raúl Hasbún, director de Canal 13 TV de la UC. Este medio de comunicación, a través de Hasbún, recibe cuantiosas subvenciones en dólares provenientes del fabuloso presupuesto que maneja la CIA.

Errol Johatan Reinese, agente de la CIA, detenido recientemente en el Hotel Carrera cuando portaba dólares para subvencionar la huelga de los camioneros. Este correo de la CIA cumplía en esa ocasión su segundo viaje a Chile.

Sergio Banfel del Campo, contratista de aseadores y funcionario de la embajada de Estados Unidos. Detenido y confeso de cinco atentados terroristas y comprometido en el «tancazo» del 29 de junio. Sería largo incluir las relaciones que en uno u otro sentido han mantenido o mantienen con la CIA los últimos embajadores norteamericanos en Chile, Edward Korry y Nathanael Davis; políticos chilenos, como Eduardo Frei, Onofre Jarpa, Raúl Morales Adriazola, Claudio Orrego, etc.; periodistas como Mario Carneyro, Álvaro Puga, René Silva Espejo, Rafael Otero; «gremialistas» como León Vilarín, Manuel Rodríguez, Rafael Cumsille y oficiales de los servicios de Inteligencia de las fuerzas armadas, infiltrados por la CIA, y entre los cuales han tenido triste publicidad el capitán Germán Esquivel, de Carabineros, y los oficiales navales que han torturado a suboficiales y marineros de la Armada detenidos por desobedecer los planes destinados a derribar al gobierno de Allende.

La relación de los mencionados en esta lista con la actividad de la CIA es innegable. Muchos de ellos, que participaron en el caso de espionaje político en Watergate, aparecen mezclados en el robo a la embajada chilena en Washington y en el asalto al domicilio de diplomáticos chilenos en Estados Unidos. Otros multiplican su presencia en la invasión de Playa Girón, el asesinato de Kennedy y operaciones en Chile. La CIA aparece también en las intrigas de la ITT para impedir la ascensión de Allende al poder, y los ejecutivos de esa poderosa empresa multinacional están ligados a esa organización desde las más diversas jerarquías. Hay, además, una oferta de la ITT a la CIA de un millón de dólares para que actúe urgentemente en Chile en defensa de sus amenazados intereses.

Comparaciones y equivalencias

Pero la similitud se hace sorprendente entre el asesinato de Kennedy y los asesinatos del general Schneider y del edecán naval del presidente Allende, capitán Arturo Araya. Si bien el caso Kennedy no ha sido aclarado oficialmente —la mitad de los archivos del FBI acerca del crimen se mantienen en secreto e igualmente el 90% de la información de la CIA—, hay consenso acerca de varios de los participantes en la operación-comando. Es cierto también que unas cincuenta personas que sabían demasiado acerca del asesinato han muerto accidental o misteriosamente. Allí están incluidos Lee Harvey Oswald —presunto único culpable— hasta el que lo ultimó, Jack Ruby.

Existe una foto de Oswald repartiendo literatura castrista y que se utilizó para probar que era procomunista. Lamentablemente para los difusores de la prueba fotográfica quien aparece al lado de Oswald es un «gusano» cubano —Manuel García González—, quien incluso había participado en un anterior intento de invasión a Cuba y que fue frustrado por el FBI, por orden del propio presidente Kennedy. El mismo Oswald apareció más tarde como fundador del grupo procubano en que se dijo que participaba.

El objetivo de esta maniobra era culpar del asesinato de Kennedy a una sola persona, que además estaba estrechamente vinculada al gobierno revolucionario de Cuba y con el comunismo en general.

El paralelo de esta acción en Estados Unidos con las desplegadas en Chile en los casos Schneider y Araya es sorprendente. La prensa y radios derechistas y los sectores del gobierno de Frei ligados a la CIA desplegaron todos los medios para confundir a la opinión pública chilena sobre el asesinato de Schneider. Trataron de culpar a la izquierda, como objetivo central dentro del plan general de impedir que la UP llegara al gobierno. Pero estas maniobras fracasaron gracias a que Salvador Allende, entonces presidente electo, presionó a Frei para desplazar de Investigaciones al director general de entonces, Luis Jaspard da Fonseca, por sus estrechas ligazones con la CIA, y cuya permanencia en la policía no daba garantía alguna para resolver el caso. Su reemplazo, por el general Emilio Cheyre [Toutin] permitió una coordinación amplia de la inteligencia militar e Investigaciones, con lo que se logró aclarar el caso estableciendo la responsabilidad, en el asesinato de Schneider, del general Roberto Viaux y la complicidad de otros miembros del Ejército,

Armada y Carabineros coludidos en un vasto complot derechista para impedir que Allende asumiera su cargo.

El reciente asesinato del edecán naval Arturo Araya tiene aún más similitudes con el caso Kennedy, especialmente en lo que se refiere a los esfuerzos para culpar del hecho a la propia izquierda. El uso que se hizo de José Luis Riquelme, obrero electricista de 36 años, con tendencia a la ebriedad y la mitomanía, establece semejanzas con la utilización que la policía de Dallas hizo del presunto asesino de Kennedy, Lee Harvey Oswald. Dos oficiales de Carabineros —un teniente y el capitán Germán Esquivel— inventaron declaraciones de culpabilidad a Riquelme, informaron de sus «pesquisas» a la prensa de derecha antes de hacerlo a sus superiores, y dieron pie así a una gigantesca campaña para responsabilizar a la izquierda del atentado contra el edecán naval. La maniobra, además de ese objetivo, tenía como meta confundir la pesquisa que realizaban —al igual que en el caso Schneider— Investigaciones y los servicios de inteligencia de las fuerzas armadas. De los dos oficiales de Carabineros que cometieron la infidencia —ciertamente coludidos con el comando central publicitario de la derecha— hay sospechas de que uno de ellos, el capitán Germán Esquivel, tiene fuertes lazos con la CIA. La relación nació cuando Esquivel tuvo dos años de entrenamiento en inteligencia policial en Estados Unidos.

Las oportunas denuncias sobre la posibilidad de que Riquelme pudiera ser asesinado, al igual que como lo fue Oswald, y la detención del comando derechista que disparó contra el capitán Araya —con la excepción de dos de sus miembros—, han salvado hasta este momento la vida de Riquelme, que por extrañas circunstancias aún sigue detenido a pesar de que el caso está esclarecido y el nombre de Guillermo Claverie Barbet está probado fehacientemente que corresponde al del asesino del comandante Araya. Sin embargo, los apremios que ha sufrido Riquelme y las torturas a que fue sometido lo tienen al borde de la locura y en una oportunidad, después de permanecer algunas horas en la Fiscalía Naval que investiga el caso, intentó suicidarse.

Siguiendo el esquema del caso Kennedy, los cerebros de la CIA orientaron otra campaña de la prensa reaccionaria tratando de inmiscuir en el asesinato de Araya a cubanos que tenían relación directa con la embajada de ese país ante La Moneda. Denuncias telefónicas anónimas comprometieron a los servicios de inteligencia de las fuerzas armadas en un allanamiento sin éxito a uno de los aviones de Cubana de Aviación, que cumplen el servicio entre Santiago y La Habana, mientras otros núcleos derechistas iniciaban una maniobra en el Parlamento para declarar persona no grata al embajador cubano, Mario García Incháustegui, y la Municipalidad de Providencia —reducto de la ultrarreacción— aprobaba un acuerdo para que la sede diplomática de La Habana, ubicada en esa comuna, fuera desalojada.

La rápida pesquisa de la policía civil que se mantiene fiel al gobierno derrumbó estos intentos, en los momentos en que la CIA ya había dispuesto la utilización de un «gusano» cubano, entrenado en sus cuarteles, para hacerlo aparecer como presunto cómplice de Riquelme y así dar fundamentos más consistentes a la campaña de prensa. Los «gusanos» cubanos son una verdadera guardia blanca de la CIA y se han prestado para todo tipo de operaciones, tanto dentro de Estados Unidos (destrucción del Centro de Estudios Cubanos, en Nueva York; terrorismo en una exposición procubana en la misma ciudad, para nombrar algunos operativos) como en otras partes del mundo. Es conocida la acción de los «gusanos» como piezas claves en las operaciones de la CIA en Bolivia durante la campaña del Che. Pilotos «gusanos» cubanos actuaron en operaciones en el Congo y ya mencionamos su participación en las acciones contra Chile en el asalto y robo a la embajada en Washington.

Los «gusanos» son fáciles de reclutar. Por un lado, ayuda a ello su fuerte ideología anticomunista y, por otro, el pago de la CIA que gratifica a sus agentes con generosidad. No es aventurado afirmar que en estos momentos están actuando en el propio territorio chileno, como asesores de los grupos de Patria y Libertad, como terroristas en la campaña de atentados de la ultraderecha, como asiduos vigilantes de la distribución de fondos a los camioneros de León Vilarín, a Proteco, a Canal 13, y como eventuales actores en una ulterior provocación destinada a crear problemas en las relaciones entre el gobierno de Allende y el gobierno revolucionario de Cuba.

Finalmente, en la conspiración contra Chile no se ha descartado la posibilidad de una invasión desde Bolivia, según el modelo de playa Girón. La frontera boliviana, al igual que Miami y algunos países del Caribe en el caso de Cuba, está siendo utilizada como campo de entrenamiento de chilenos que se encuentran en el exterior y que están en disponibilidad para atacar centros vitales como las minas de cobre de Chuquicamata o servir de apoyo a fuerzas opositoras al gobierno que pudieran rebelarse contra el poder central y montar un operativo militar desde el norte, tal como ocurrió en la guerra civil de 1891. En este sentido un exmilitar —Arturo Marshall— reconocido como agente de la CIA desempeña un papel fundamental.

La estrategia de la CIA y Chile

La oposición chilena, a través de sus líderes y sus medios de comunicación, ha negado persistentemente el papel estratégico de la CIA en la conspiración permanente que se ha desatado contra el gobierno de la Unidad Popular. Sin embargo, ha sido la propia CIA la primera en admitirlo.

Las minutas confidenciales de una reunión del Consejo de Relaciones Exteriores (Council on Foreign Affairs) sobre la CIA, tituladas «Espionaje y Política Exterior», probaron la realidad de estos vínculos más allá de cualquier duda. Toda posible acción de la CIA en Chile fue prevista y discutida en esa reunión realizada el 8 de enero de 1968 en Nueva York. Particularmente delicada, ya que trataba sobre políticas de la CIA y sus operaciones, se desarrolló en medio de estrecha vigilancia. Dirigió la discusión Richard M. Bissell Jr. Bissell es más conocido por su importante papel en la planificación de la desastrosa invasión de Playa Girón. Dejó la CIA poco tiempo después de ese fracaso, luego de servir diez años en total como ayudante especial del director y del delegado del director de planes. Es también uno de los directores de la Compañía de Aceros Norteamericana y miembro del CFR. El presidente de la reunión fue C. Douglas Dillon, subsecretario de Estado (1959-1965), banquero inversionista y director del principal banco de Nueva York, el Chase Manhattan. Otros miembros presentes en esta reunión fueron el fallecido Allen Dulles (director de la CIA, 1953-1961) y ex altos funcionarios de los departamentos de Defensa y de Estado. Las actas de la reunión demuestran claramente cómo concibe la CIA su rol en Estados Unidos y en el mundo, cómo realiza sus actividades de espionaje, cómo causa trastornos en las naciones «hostiles» y cómo recluta a los agentes no-norteamericanos. Las experiencias vividas en Chile desde 1970 confirman que las políticas de la CIA proyectadas antes de 1968 y alrededor de esa fecha fueron implementadas posteriormente.

Lo que sigue son citas directas de las actas de la reunión y su relación con Chile.

1) Sobre las actividades de la CIA en el Tercer Mundo:

«Recientemente la CIA ha efectuado un viraje en las prioridades del espionaje clásico hacia objetivos en el mundo subdesarrollado». El mundo subdesarrollado presenta mejores oportunidades para la recopilación secreta de la información, simplemente porque los gobiernos son mucho menos organizados: «existe menos sentido de la seguridad y hay una inclinación a la difusión, real o potencial, del poder entre los partidos, organizaciones e individuos fuera del gobierno central. El propósito principal del espionaje en estas áreas es entregar a Washington la información oportuna sobre el equilibrio de poder interno, una forma de espionaje que tiene una importancia táctica principalmente».

La organización Patria y Libertad, utilizada por la CIA en Chile, dio la línea para derrocar a Allende:

A medida que los movimientos de liberación nacional que amenazaban los intereses imperialistas en el Tercer Mundo ganaban fuerza, la CIA se dio cuenta de que allí tendría que desarrollar sus mayores esfuerzos.

2) Sobre las operaciones secretas en el Tercer Mundo:

«La técnica de investigar el equilibrio de poder interno es esencialmente de "penetración". Muchas de las "penetraciones" no se hacen a través de "contrataciones" sino estableciendo una estrecha o amistosa relación, la que puede o no ser fomentada con entregas de dinero de vez en tiempo.

»La esfera de acciones secretas podría incluir: a) consejo y asesoría política; b) subvención de un individuo; c) apoyo financiero y "asistencia técnica" a partidos políticos; d) ayuda a organizaciones privadas, incluyendo sindicatos obreros, empresas de negocios, cooperativas, etc.; e) propaganda secreta; f) entrenamiento "privado" de individuos e intercambio de personas; g) operaciones económicas; y h) organizaciones paramilitares para operaciones políticas dirigidas a derribar o apoyar un régimen. La intervención secreta está planeada generalmente para actuar sobre el equilibrio de poder interno, a menudo con objetivos de bastante corto plazo en vista. Un esfuerzo para construir la economía de un país subdesarrollado debe ser sutil, de larga duración, y debe abiertamente conseguir la cooperación de los grupos más importantes del país, si es que quiere lograr tener alguna influencia. Su costo es elevado. En cambio, un esfuerzo para debilitar el gobierno progresista local, para ganar una elección y para lograr resultados dentro de dos o tres años a lo más, obviamente debe ser secreto. Debe utilizar prácticamente a la gente, los medios que estén a mano y los métodos que parezcan más probables de dar resultado».

En Chile, la CIA ha utilizado toda la gama de acciones secretas: ha dado consejo a todos los partidos y grupos de oposición y ha subvencionado desde individuos, como León Vilarín, hasta Eduardo Frei. Su apoyo financiero al PDC fue revelado este año. Ha apoyado a gremios reaccionarios, a sindicatos obreros de oposición, a importantes firmas de negocios; ha ayudado a las campañas de publicidad de *El Mercurio, La Prensa*, etc. Ayudó a coordinar el bloqueo económico de Estados Unidos a Chile y planeó el caos económico interno, y ha asesorado a grupos paramilitares como Patria y Libertad para realizar ataques terroristas y asesinatos.

3) Sobre el reclutamiento, adoctrinamiento y entrenamiento de agentes internos:

«Lo esencial de esta intervención en el equilibrio de poder interno es identificar a aquellos aliados que pueden volverse más eficaces, más poderosos y quizá más atinados, con una ayuda secreta. Comúnmente estos aliados locales conocen la fuente de esta ayuda, pero ni ellos ni Estados Unidos podrían permitirse admitir su existencia».

No es ninguna sorpresa que la reacción niegue cualquier vínculo con la CIA.

«Los agentes para intervenciones menores y menos delicadas, por ejemplo alguna propaganda secreta y ciertas actividades económicas, pueden reclutarse simplemente con dinero. Pero para las intervenciones mayores y más delicadas, los aliados deben tener una motivación propia. En general, la Agencia ha tenido un éxito notable en encontrar los individuos y medios con los cuales —y a través de los cuales— ha podido operar de este modo».

La CIA no creó a Vilarín, a Jarpa, a Frei, ni a Patria y Libertad. El capitalismo lo hizo. Lo que la CIA ha hecho es organizar mejor sus esfuerzos, financiarlos y coordinar sus actividades en un ataque unificado contra la clase obrera.

«Necesitamos operar bajo mayor secreto, poner más atención en el uso de "cortes" [un término que utiliza la CIA para denominar aquellos proyectos respaldados por la Agencia pero a los cuales no se les puede seguir la pista]. El problema de las operaciones de la Agencia en el extranjero es con frecuencia un problema para el Departamento de Estado. En sus relaciones con un agente norteamericano de la CIA, los aliados locales se encuentran con que este aparece casi siempre disfrazado de funcionario del gobierno norteamericano. Existen poderosas razones para esta práctica, del mismo modo que será siempre conveniente tener algún personal de la CIA alojado en el recinto de la embajada, aunque sea solo por las necesidades propias de un puesto de mando local y para tareas de comunicaciones».

Muchos agentes de la CIA en Chile han servido en puestos oficiales en la embajada de Estados Unidos. Los ejemplos más claros son Keith W. Wheelock, quien, hasta 1971, tuvo el cargo de agregado político de la embajada norteamericana en Santiago; Sergio Benfeld del Campo, contratista de aseadores y funcionario de la embajada hasta su detención por la policía chilena, la semana pasada, y los propios embajadores Edward Korry y Nathanael Davis.

«Sin embargo es posible y conveniente, aunque es difícil y requiere tiempo, construir un aparato con una "fachada" extraoficial en el extranjero. Esto requeriría la utilización o creación de organizaciones privadas cuyo personal no sería en su mayoría de nacionalidad norteamericana, lo que le permitiría una entrada más libre en la sociedad local y con menos complicaciones para la posición oficial de Estados Unidos. Estados Unidos debería utilizar un mayor número de ciudadanos no-norteamericanos, a los que se debería incentivar a través de un esfuerzo de adoctrinamiento y entrenamiento para que llegaran a adquirir una lealtad hacia Estados Unidos, más o menos comparable a la que tiene el personal norteamericano de la Agencia. A medida que trasladamos nuestra atención a Latinoamérica, Asia y África, la acción de los agentes de nacionalidad norteamericana tiende a verse cada vez más restringida, ya que su presencia en esas áreas resulta más notoria. Por eso, recomendamos como un cambio importante la construcción de un sistema que sirva de "fachada" extraoficial para ver cuán lejos podemos llegar con ciudadanos no-norteamericanos, especialmente en operaciones en el terreno mismo. La CIA podría utilizar un número cada vez mayor de ciudadanos no-norteamericanos como "agentes de carrera", es decir, con un rango intermedio entre el de un agente clásico (aquel que

se utiliza para una sola operación compartimentalizada quizá por un limi-
tado periodo de tiempo) y el estatus de un miembro del personal permanente de la Agencia (que está implicado en muchas operaciones a través
de su carrera y está bien informado sobre las capacidades de la Agencia).
Debería estimularse a tales agentes a través de un esfuerzo de instrucción y entrenamiento, y por medio de la perspectiva de un empleo a largo
plazo para que adquirieran un sentido de lealtad hacia Estados Unidos.
La tarea central es identificar a posibles aliados nativos —tanto individuos
como organizaciones—, hacer contacto con ellos y establecer de hecho una
comunidad de intereses».

En lo esencial, la tarea de los agentes norteamericanos en Chile ha sido
infundir en los futuros agentes chilenos una lealtad hacia Estados Unidos y
no hacia Chile. A la luz de todo esto, partidos tales como el Partido Nacional
y movimientos como Patria y Libertad parecen aún más ridículos. También
los numerosos gremios y los llamados grupos de trabajadores que han surgido en el último año obviamente se ajustan a lo que la CIA entendiera como
la creación de «un aparato de fachada extraoficial».

4) Sobre el rol coordinador que desempeña la CIA:

«La intervención secreta es probablemente más efectiva en aquellas situaciones donde se realiza un amplio esfuerzo con un número de operaciones
separadas y proyectadas para apoyarse y complementarse unas a otras y
para tener un efecto acumulativo».

Evidentemente la CIA ha estado planeando y orquestando las actividades de la derecha desde 1970. Se ha calculado cada paso para producir un
«importante efecto acumulativo» en lugar de producir la caída inmediata del
gobierno. El paro de octubre, las campañas de los medios de comunicación,
la huelga de El Teniente, el mercado negro, el «fraude» electoral, la huelga
de los camioneros, la ofensiva parlamentaria, todos han sido cuidadosa-
mente planeados y ejecutados para alcanzar el mayor efecto acumulativo.

5) Sobre el uso de sindicatos obreros y agentes subversivos:

«Haciendo una observación sobre las actividades sindicales, un participante en la reunión señaló que antes de mayo de 1967 era de conocimiento
público que la CIA había prestado algún apoyo a los programas sindicales;
primero, *Ramparts* (una revista norteamericana de izquierda), y después

Tom Braden (un periodista) detallaron este apoyo en público. Aquellos que estaban comprometidos en asuntos sindicales estaban consternados y ciertos periodistas agudizaron el clima al relacionar la AID (Agencia para el Desarrollo Internacional) con la CIA, reclamando que el IADSL (Instituto Americano para el Desarrollo del Sindicalismo Libre), que pertenece a la AFL-CIO, estaba corrompido».

Las tentativas de dividir a la clase obrera en El Teniente y en otras partes fueron planeadas por la CIA y llevadas a cabo bajo la autorización de esa Agencia. Emmanuel Boggs, exjefe del IADSL en Chile, es un agente de la CIA (según Julius Mader: *Quién es quién en la CIA*).

6) Sobre el uso de extranjeros que sirven de agentes en un tercer país:

«¿Cómo se pueden conseguir ciudadanos no-norteamericanos para efectuar el trabajo secreto de la CIA y que al mismo tiempo adquieran una lealtad hacia Estados Unidos? Habría más posibilidades de que este trabajo resultara si se utilizan ciudadanos de un país B para trabajar en un país C... Es imprescindible una "fachada", y un medio natural es una organización con ciudadanos no-norteamericanos».

Estados Unidos ha utilizado «gusanos» exiliados cubanos para llevar a cabo las actividades de la CIA en todos los países latinoamericanos. Sin duda también se les está utilizando en Chile ya que si son sorprendidos se les calificaría inmediatamente como revolucionarios cubanos y no como «gusanos». El malintencionado ataque de los reaccionarios contra la Revolución Cubana está obviamente vinculado a esto. Evidentemente se puede ubicar a los «gusanos» en las filas terroristas de Patria y Libertad.

7) Sobre la utilización de corporaciones norteamericanas como puestos de mando para la actividad subversiva:

«Desearíamos que la CIA expandiera su utilización de las corporaciones privadas norteamericanas, pero para objetivos fuera de Estados Unidos. Si tenemos tratos en el extranjero, entonces se hace necesario mantener una burocracia en el exterior para tratar con los nativos. También se hace necesario utilizar comunicaciones en un medio posiblemente hostil. Si uno negocia a través de las corporaciones norteamericanas que tengan actividades en el extranjero, es posible mantener la mayor parte del personal burocrático en Estados Unidos, e intervenir a través de los cuarteles generales de la corporación, usando los canales corporativos para las comunicaciones con el exterior (incluyendo comunicaciones clasificadas)».

Los lazos entre la CIA y la ITT no son ningún secreto. Ya en 1968 la CIA previó el uso de una corporación norteamericana como el punto coordinador de la actividad contrarrevolucionaria en un país «hostil». La CIA vio esto como el mejor medio para disminuir el personal sobrante, para coordinar las comunicaciones y para planificar el sabotaje económico.

Ocho medidas para derrocar al gobierno:

1.— Unirse frente al enemigo común. (Enemigo es la UP y el Partido Comunista que la dirige).

2.— Integrarse a la protección de su sector vecinal.

3.— Sabotear las fuentes de trabajo estatales.

4.— Hacer justicia castigando directamente a los violentistas de izquierda.

5.— Denunciar toda irregularidad que observe de los enemigos solo a las fuerzas armadas.

6.— Solidarizar incondicionalmente con los combatientes nacionalistas.

7.— Anteponer las labores de resistencia a cualquier interés personal.

8.— Solidarizar con el hombre y la mujer de trabajo, que anhelan un destino claro para el país, actuando coordinadamente con los gremios.

Capítulo 52

Dice marinero torturado:
«Nuestras vidas están en peligro»*

Nauta

Responder con un paro de protesta fue la principal conclusión de la manifestación de apoyo con los marineros detenidos y torturados convocada por el Comando de Solidaridad con los Marinos Antigolpistas, que repletó el Teatro San Diego, de esta capital, de obreros, empleados, pobladores, profesionales, estudiantes y familiares de los afectados.

Partidos políticos de izquierda, Cordones Industriales, Comandos Comunales, Consejos Comunales Campesinos, el Círculo de Suboficiales en Retiro, el Centro de ex Marinos «Fragata Lautaro» y los Cristianos por el Socialismo, entre otros, solicitaron al gobierno la libertad de los marineros y la aplicación de severas sanciones, entre otras, la destitución de los oficiales torturadores.

Solo de esta manera podría ser borrado, en parte, el estigma que ha caído sobre la Armada al iniciarse un proceso contra un grupo de marineros que no cometieron otro delito que negarse a una aventura golpista, propuesta por algunos oficiales que hoy gozan de una irritante libertad.

La petición de desafuero en contra del secretario general del Partido Socialista, senador Carlos Altamirano, y del secretario general del MAPU, diputado Oscar Garretón, azuzada por los voceros periodísticos de la burguesía, ha tenido eco en los medios de la Armada, así como la orden de detención que se lanza amenazadoramente contra Miguel Enríquez, secretario general del MIR.

Se trata de vincular personalmente a esos tres altos dirigentes, no importa con qué excusa, para seguir golpeando a la dirección de la izquierda y a los

---

*   *PF* n.º 192, 11 de septiembre de 1973, pp. 8-9.

partidos de la clase obrera. El secretario general del MIR, Miguel Enríquez, fue ligado por la prensa reaccionaria a imaginarias acciones «subversivas» en la Armada. En una respuesta reciente, el dirigente señaló que «la única subversión que se ha intentado desarrollar en la Armada es la de oficiales navales reaccionarios». Esta no se ha materializado —a juicio de Enríquez— a raíz de «la decidida resistencia antigolpista que emprendió un extenso sector de la marinería que hoy paga con prisión y torturas el haberse negado a disparar contra los trabajadores».

Miguel Enríquez responde a *El Mercurio* acerca de la afirmación hecha en el sentido de que dirigentes del MIR estarían huyendo del país para eludir la acción de querellas en su contra interpuestas por la Armada. Dice: «En cuanto a que algún dirigente del MIR estuviera huyendo del país, para desilusión de *El Mercurio* y de los politicastros reaccionarios, los militantes y dirigentes del MIR no somos como sus héroes "democráticos" de Patria y Libertad, Pablo Rodríguez o Benjamín Matte, que al primer contratiempo cobardemente buscaron asilo en embajadas y huyeron del país. Para mayor desilusión de los reaccionarios, los militantes y dirigentes del MIR no somos como otros cobardes que, después de estridentes bravuconadas, terminan como Roberto Thieme y diez de sus secuaces dejándose detener pasivamente por cuatro personas».

Posición del PS

El secretario general del PS, senador Carlos Altamirano, ha hecho pública la solidaridad de esta colectividad política con los marineros detenidos. «Aspirábamos y aspiramos a una convergencia entre el pueblo y las fuerzas armadas, en una noble y patriótica misión», sostiene el parlamentario y agrega: «Lamentablemente, hay síntomas de que esos propósitos están seriamente amagados por algunos oficiales que se empeñan en alimentar pretensiones golpistas. En ese espíritu se estaría llegando al extremo de vulnerar los más elementales derechos humanos, como ocurriría en el caso de los suboficiales, clases y marineros detenidos en la Armada, bajo la acusación de "motín" o "sedición", pero de quienes se sabe no habrían hecho otra cosa que reiterar su lealtad al régimen constituido, razón por la cual el Partido Socialista les expresa su más amplia solidaridad».

«Sería irracional —dice el senador Altamirano— suponer que grupos minoritarios de oficiales pudieran arrastrar a todo el pueblo uniformado a una aventura golpista de imprevisibles y trágicas consecuencias. No queremos suponer que nuestras fuerzas armadas —renegando de su tradición más que secular, de la "doctrina Schneider" y de la notable lección moral dada por el general Carlos Prats— pudieran elegir la vía de pronunciamientos armados que las llevaran a encabezar dictaduras reaccionarias al estilo de países como Brasil u otros de penoso historial en América y en el mundo. Estamos ciertos que nuestras fuerzas armadas no están dispuestas a asumir el papel de gendarmes del restablecimiento de los privilegios e intereses de una minoría revanchista de grandes banqueros, industriales y latifundistas, o servir de instrumentos de las ambiciones personales de derechistas fracasados».

Enorme injusticia

La senadora socialista María Elena Carrera, por su parte, ha calificado este hecho como «una de las más grandes injusticias masivas», expresando su esperanza en que los mandos de la Armada descubran a los oficiales golpistas y hagan recaer sobre ellos las sanciones correspondientes.

La parlamentaria estuvo en Talcahuano, con el objeto de imponerse de la situación del grupo de marineros y de algunos trabajadores de Asmar (Astilleros y Maestranzas de la Armada) detenidos en ese puerto. María Elena Carrera enfatizó que dichos detenidos son gente leal al gobierno legalmente constituido. «De creer en sus palabras —dijo— se deduce que ellos habrían sido requeridos por oficiales golpistas para acompañarlos en acciones sediciosas».

La senadora Carrera indicó que tenía la satisfacción de decir que el ánimo «de estos modestos trabajadores estaba entero, porque se sabían en una causa justa junto al pueblo de Chile». La parlamentaria relató que uno de los detenidos tenía una herida infectada, producto de innumerables puntapiés dados en la misma parte del cuerpo. Señaló que otro presentaba graves dificultades en el lenguaje, a raíz de las torturas, lesión que antes no tenía. Destacó que de acuerdo con versiones dadas por los propios detenidos se desprende que fueron torturados cruelmente, metidos en tambores de agua, lanzados al barro, golpeados en la cabeza y obligados a comer excrementos al «estilo» de la dictadura brasileña.

María Elena Carrera expresó que a los abogados les fue prohibido acercarse a los detenidos y estos denunciaron que no fue respetada la forma legal de llevar un juicio. Solo pudieron conversar con algunos detenidos, luego de un reclamo presentado al Colegio de Abogados de Concepción.

Solidaridad

En el acto del Teatro San Diego habló el presidente del Círculo Naval de Suboficiales en Retiro «Fragata Lautaro», Eduardo Bastías. Al relatar los hechos señaló: «Algunos oficiales estaban arengando e incitando a la marinería a un golpe de Estado, a derrocar al gobierno constitucional, a reprimir con las armas al pueblo. Desde el 29 de junio fueron intensificadas esas arengas pero estos marinos, conscientes del juramento que hicieron como soldados de respetar la Constitución, se negaron a participar en esta asonada golpista, pero fueron detenidos, flagelados y humillados y brutalmente golpeados y torturados, para obligarlos a confesar que tenían vinculaciones con partidos del gobierno.

»Nada más falso. Ni los golpes, vejámenes y torturas consiguieron hacer verdad una infame mentira. Mentira hábilmente montada por algunos oficiales fascistas y aprendices de gorilas. Por eso solo pudieron acusarlos de faltar a sus deberes militares, acusación que fue cambiada hace poco por la de "subversión". Pero todos sabemos que no es ningún delito no acatar órdenes de quienes pretenden violar la Constitución con sus afanes golpistas, amparados por su privilegiada posición de oficiales.

»Exigimos que los marinos detenidos sean examinados por una comisión de médicos, a fin de constatar su estado físico y sicológico, en especial el sargento de máquinas Juan Cárdenas, que muestra en su cuerpo huellas del trato sufrido.

»Exigimos la inmediata libertad de los marinos, soldados y trabajadores, pero no para que sigan siendo humillados y vejados, sino para que se restituyan a sus respectivas funciones en forma totalmente normal y sin temor a represiones y que las autoridades den amplias garantías al respecto.

»Exigimos que se castigue en forma ejemplar y expulse de las filas de la Armada a aquellos oficiales conspiradores y golpistas implicados, que tratan de imponer una disciplina fascista y de terror en las filas de la Armada.

»Exigimos que se derogue la Ley sobre Control de Armas, más conocida como Ley Maldita, que solo ha servido para que oficiales golpistas se sirvan de ella para reprimir al pueblo, a sus hermanos de clase».

Carta de un marino

Pero uno de los afectados, actualmente en prisión, escribe a sus familiares y revela otros detalles. La siguiente es la carta que dirigió a sus padres Jaime Salazar Jeldres, marinero del crucero Latorre.

«Valparaíso, 18 de agosto de 1973. Familia Salazar Jeldres. Queridos padres, encontrándome en una situación bastante difícil, me dirijo a ustedes para ponerlos en conocimiento de mi situación. Por tener ideas afines con muchos compañeros de la tripulación que bajo presiones, amenazas, fomento del caos y golpismo por parte de un gran sector de oficiales, vimos la necesidad de reunirnos para intercambiar ideas, para evitar un golpe de Estado y una guerra civil. Actualmente, me encuentro arrestado junto a un grupo de compañeros que apoyaron nuestras ideas.

»Hemos sido torturados, ultrajados y maltratados de hecho, continuamente, tanto física como mentalmente, que nuestras vidas peligran y no tenemos seguridad de ellas. Quisiera, si es necesario, ver a mi padre, a Margarita, a Benjamín y a Claus para que comprueben, de hecho, mi estado. Si es necesario pido la intervención de un abogado civil, el cual lo pueden conseguir por medio del alcalde Palestro y muéstrenle esta carta y que en lo posible el mismo alcalde envíe una persona de confianza para que vea mi estado. Saludos a todos».

Glosario

ARAUCANÍA: Territorio del sur de Chile (su capital, Temuco, está a 700 kilómetros al sur de Santiago) habitado originariamente por el pueblo Mapuche. En su lengua, el *mapudungun*, la palabra *mapuche* (de *mapu*: tierra, y *che*: gente) significa «gente de la tierra». Los mapuche (en su plural no existe la «s») resistieron primero a los *wingka* (extranjeros) del Imperio Inca, luego a los del Imperio Español y finalmente a la República de Chile. Tanto los españoles (Pacto de las Paces de Quilín, 1641) como los chilenos (Tratado de Tapihue, 1825) reconocieron hasta mediados del siglo XIX a los mapuche su condición de pueblo-nación con territorio propio y límites fronterizos entre los ríos Biobío y Toltén, entre unos 500 y 800 kilómetros al sur de Santiago respectivamente, totalizando unos cinco millones de hectáreas. Después de la Guerra del Pacífico contra Perú y Bolivia, el Ejército chileno invadió el país mapuche en la conocida como Guerra de Pacificación de la Araucanía (1861-1883).[1]

ÁREA DE PROPIEDAD SOCIAL: Conjunto de medios de producción, financieros y comerciales, en general empresas, nacionalizadas o expropiadas. El programa de la Unidad Popular[2] establecía al respecto:

> El proceso de transformación de nuestra economía se inicia con una política destinada a constituir un área estatal dominante, formada por las empresas que actualmente posee el Estado más las empresas que se expropien. Como primera medida se nacionalizarán aquellas riquezas básicas

---

[1]   Cfr. Juan Jorge Faundes Merino (2011): *Nvtuyiñ taiñ mapu (Recuperamos nuestra tierra)*, FII- UCT, Temuco (Chile), libro disponible en Internet: http://repositoriodigital.uct.cl:8080/xmlui/handle/123456789/497.

[2]   Cfr. Programa básico de la Unidad Popular. Disponible en Internet en la URL: www.bicentenariochile.cl/index.php?option=com_content&view=article&id=19:progama-basico-de-gobierno-de-la-unidad-popular&catid=9:documentos-historicos&Itemid=9.

que, como la gran minería del cobre, hierro, salitre y otras, están en poder de capitales extranjeros y de los monopolios internos. Así quedarán integrando este sector de actividades nacionalizadas las siguientes:

1) La gran minería del cobre, salitre, yodo, hierro y carbón mineral;

2) el sistema financiero del país, en especial la banca privada y seguros;

3) el comercio exterior;

4) las grandes empresas y monopolios de distribución;

5) los monopolios industriales estratégicos;

6) en general, aquellas actividades que condicionan el desarrollo económico y social del país, tales como la producción y distribución de energía eléctrica; el transporte ferroviario, aéreo y marítimo; las comunicaciones; la producción, refinación y distribución del petróleo y sus derivados, incluido el gas licuado; la siderurgia, el cemento, la petroquímica y química pesada, la celulosa, el papel.

Todas estas expropiaciones se harán siempre con pleno resguardo del interés del pequeño accionista.

ÁREA DE PROPIEDAD PRIVADA: Conjunto de medios de producción, financieros y comerciales, en general empresas, cuyos dueños eran empresas privadas o personas naturales.

ÁREA DE PROPIEDAD MIXTA: Conjunto de medios de producción, financieros y comerciales, en general empresas, con participación accionaria estatal.

GRUPO MÓVIL: Fuerzas especiales antimotines de la policía uniformada chilena, llamada Cuerpo de Carabineros de Chile, destinados a resguardar y restablecer el orden público. Hoy esa misión corresponde a la Unidad de Fuerzas Especiales.

UNIDAD POPULAR (up): La Unidad Popular (UP) se forma en diciembre de 1969 con motivo de las elecciones presidenciales de 1970. Es conformada por los partidos Partido Radical, Partido Socialista, Partido Comunista, Movimiento de Acción Popular Unitario (MAPU), Partido de Izquierda Radical y Acción Popular Independiente. Posteriormente se incorporan los partidos

Izquierda Cristiana y MAPU Obrero y Campesino (escisión del MAPU). El Programa básico de la Unidad Popular y sus 40 primeras medidas conformaron la «revolución con sabor a vino tinto y empanadas», según un discurso de Allende. Esta «vía chilena al socialismo» se fundaba en la creencia de que un país capitalista subdesarrollado podía efectuar un tránsito democrático y no violento al socialismo, creando las condiciones para ello mediante el uso de la legalidad «burguesa», bastando una coalición de las fuerzas que estuvieran a favor de los cambios. Esta estrategia pretendía generar una hegemonía popular, en el sentido gramsciano, como alternativa a la conquista del Estado por la vía armada.

MIR: El Movimiento de Izquierda Revolucionaria (MIR) no se incorporó a la UP pues postulaba la vía armada.

IZQUIERDA REVOLUCIONARIA: El MIR y otras fuerzas como el maoísta Partido Comunista Revolucionario (PCR), así como fracciones del PS y del Movimiento de Acción Popular Unitario (MAPU) —esta tendencia del MAPU bajo el liderazgo de Óscar Guillermo Garretón—, optaron por la estrategia de crear poder popular en las barriadas obreras, en las fábricas y en los campos, a través de frentes de masas del MIR como el Frente de Trabajadores Revolucionarios (FTR) y el Movimiento Campesino Revolucionario (MCR) y del PCR como el Movimiento *Netuaiñ Mapu* (Recuperaremos la tierra), con los propósitos de defender al gobierno de Allende, exigir el cumplimiento del programa y acelerar el proceso al socialismo.

POBLACIÓN, POBLADORES: En Chile se denomina «población» a las barriadas populares que equivalen, por ejemplo en Brasil, a las favelas, y «pobladores» a sus habitantes. Cuando las poblaciones son ocupaciones ilegales sin urbanización se les denomina «campamentos». Si son construcciones de extrema pobreza con elementos como latas y cartones, se les llama «callampas». El programa de gobierno de la Unidad Popular constataba que «Medio millón de familias carecen de viviendas y otras tantas o más viven en pésimas condiciones en cuanto a alcantarillado, agua potable, luz, salubridad».[3]

---

[3]   Cfr. Programa básico de la Unidad Popular. Disponible en Internet en la URL: www.bicentenariochile.cl/index.php?option=com_content&view=article&id=19:progama-basico-de-gobierno-de-la-unidad-popular&catid=9:documentos-historicos&Itemid=9.

even Stories Press
n Gilbert
0 Watts Street
S-NY, 10013
S
tps://www.sevenstories.com
n@sevenstories.com
0-306-6987

e authorized representative in the EU for product safety and compliance is

sy Access System Europe
emu Kontttinen
ustamäe tee 50
Z, 10621

tps://easproject.com
sr.requests@easproject.com
8 40 500 3575

N: 9781925019599
lease ID: 153519522

www.ingramcontent.com/pod-product-compliance
Lightning Source LLC
Chambersburg PA
CBHW031815270326
41932CB00008B/435